Fatemeh Taheri

Deutsch als Predigtsprache des Islam

Deutsch als Fremd- und Fachsprache

Herausgegeben von
Csaba Földes und Thorsten Roelcke

Band 2

Fatemeh Taheri

Deutsch als Predigtsprache des Islam

Eine semantische und pragmatische Studie

DE GRUYTER

Diese Publikation basiert auf Forschungen, die mit Mitteln des Bundesministeriums für Bildung und Forschung (BMBF) gefördert wurden. (Förderkennzeichen: 01UD1907Y)

ISBN 978-3-11-161957-6
e-ISBN (PDF) 978-3-11-103913-8
e-ISBN (EPUB) 978-3-11-106289-1
ISSN 2750-1310

Library of Congress Control Number: 2022952121

Bibliografische Information der Deutschen Nationalbibliothek
Die Deutsche Nationalbibliothek verzeichnet diese Publikation in der Deutschen Nationalbibliografie; detaillierte bibliografische Daten sind im Internet über http://dnb.dnb.de abrufbar.

Dieser Band ist text- und seitenidentisch mit der 2023 erschienenen gebundenen Ausgabe.
Satz: Integra Software Services Pvt. Ltd.

www.degruyter.com

Vorwort

Die religiöse Sprache und Kommunikation der Muslime untereinander wie nach außen hat stets mein Interesse auf sich gezogen. In Deutschland überraschten mich der exponentielle Anstieg von islamischen Predigten in deutscher Sprache, die Predigtpraxis selbst und währenddessen die Entwicklung sowie der Gebrauch eines eigenen Wortschatzes. Jahrelange Feldbeobachtungen brachten mich zu der Feststellung, wie reich an sprachwissenschaftlichen Erkenntnissen dieses Ambiente und dieses Deutsch sind. Dieses Suchen und Finden begleiteten meine Motivation in der gesamten Arbeitsphase.

An erster Stelle möchte ich mich ganz herzlich bei meinem Doktorvater, Herrn Prof. Dr. Thorsten Roelcke, für seine hervorragende Betreuung, seine Ratschläge und Ermutigungen bedanken. Meine Arbeit hat nicht nur in erheblichem Umfang von unseren fachlichen Gesprächen und seiner Expertise profitiert, auch durch seinen freundlichen Umgang und seine offene Art hat er mich darin unterstützt, an meinem Vorhaben festzuhalten und die Arbeit erfolgreich zum Abschluss zu bringen. Auch meinem Zweitbetreuer Herrn Prof. Dr. Serdar Kurnaz möchte ich für seine wertvollen Anregungen und Hinweise danken. Durch seine konstruktive Art haben insbesondere die theologischen Aspekte der Arbeit an Kontur gewonnen.

Ich erkenne inzwischen das Abhalten von deutschsprachigen islamischen Predigten als eine große Herausforderung und noch viel mehr als eine Kunst an. Daher danke ich besonders Personen, deren Predigten die vorliegende Studie stimuliert haben und deren Vertrauen mir ein wertvolles Material zugänglich gemacht hat. Für die Unterstützung bei der graphischen Erstellung von Wortfeldern möchte ich mich bei Frau Somayeh Heydargooy sowie für das professionelle Korrekturlesen der ganzen Arbeit bei Herrn Dr. Axel Metzger ganz herzlich bedanken.

Einen besonderen Dank spreche ich zudem an meine Kolleg*innen am BIT wie auch alle Doktorgeschwister an der TU-Berlin für unseren fachlich-freundschaftlichen Austausch und ihre Hilfsbereitschaft aus. Wesentlich zum Gelingen meiner Doktorarbeit hat die Unterstützung meiner Eltern und meiner Schwestern beigetragen, deren Liebe und Zuspruch mich trotz geographischer Ferne in jeder Phase meiner Arbeit begleitet haben. Nicht in Worte zu fassen ist meine Dankbarkeit für meinen Mann, Dr. Maximiliano von Thüngen, der mir durch seine besondere seelische Nähe auch in schwierigen Phasen den Rücken gestärkt hat.

Abschließend möchte ich an dieser Stelle dem BMBF und der Konrad-Adenauer-Stiftung meine ausdrückliche Danksagung aussprechen, mit deren finanzieller Förderung mein Dissertationsprojekt erst umgesetzt werden konnte.

https://doi.org/10.1515/9783111039138-202

Inhaltsverzeichnis

Vorwort — V

Abkürzungsverzeichnis — XI

Abbildungsverzeichnis — XIII

1 Einleitung — 1
1.1 Thematik — **1**
1.2 Problematik, Aktualität und Relevanz — **3**
1.3 Aktueller Forschungsstand — **5**
1.3.1 Auseinandersetzung der (christlichen und islamischen) Theologie bzw. Religionspädagogik mit der Sprache der Religion — **6**
1.3.2 Auseinandersetzung der Linguistik mit der Sprache der Religion — **10**
1.3.3 Sonstige Forschungsarbeiten zur religiösen Sprache des Islam — **12**
1.4 Forschungsfragen — **15**
1.5 Theoretische Grundlagen und Methoden — **16**
1.6 Aufbau der Arbeit — **18**
1.7 Zielsetzung und (primäre) Zielgruppe — **19**

2 Theoretische Darstellung — 21
2.1 Theologie im Lichte der deutschen Fachsprachengeschichte bis heute — **21**
2.2 Mehrsprachigkeit im Rahmen der deutschen muslimischen Gemeinschaften — **23**
2.3 Linguistische Ansätze zur Untersuchung religiöser Sprache — **25**
2.3.1 Sprachwissenschaftliche Religionskritik — **26**
2.3.2 Sprachtheoretischer Blick auf religiöse Sprache — **27**
2.3.3 Empirische Beschreibung der Sprache der Religion — **28**
2.4 *Predigt* als Prototyp der religiösen Sprache — **32**
2.5 Grundlagendiskussion der Predigtsemantik — **33**
2.5.1 Bestimmung von Bedeutungsrelationen — **33**
2.5.2 Überblick über Wortsemantiktheorien — **37**
2.6 Charakteristika des eigenen Ansatzes — **41**

2.6.1 Pragmatischer Zugang zur Predigtsprache — **42**
2.6.2 Predigtsemantik in Wortfeldern — **43**
2.6.3 Hierarchisch-assoziative Zusammenstellung lexikalischer Bedeutungsrelationen — **44**

3 Methoden — 47
3.1 Datenerhebung und Korpuserstellung — **47**
3.1.1 Repräsentativität der Predigten — **48**
3.1.2 Authentizität der Predigtsituation — **50**
3.1.3 Transkriptionsregeln für die Aufbereitung von Predigtaufnahmen — **55**
3.2 Soziologisch-kommunikative Aspekte des Gesamtkontextes — **58**
3.3 Predigtwortschatz in Wortfelddarstellungen — **59**
3.3.1 Markierung von religionssensiblen Wortschatzeinheiten — **60**
3.3.2 Darstellungsmethode von semantischen Wortfeldern — **61**

I **Erster empirischer Teil (Grundlage: Das Feld)**

4 Pragmatischer Umriss: Die Elemente einer Predigt — 69
4.1 Prediger — **72**
4.1.1 Zur Rolle des „Imams" im schiitischen Islam — **73**
4.1.2 Die (Fremd)Sprache im Kontext der Rechtsfindung — **76**
4.1.3 Hierarchien in der schiitischen Theologie und die Stellung Irans — **79**
4.1.4 Kritische Reflexion der Sprachmodule bei der Imam-Ausbildung in Deutschland — **83**
4.1.5 Das Auftreten des neuen Phänomens „deutschsprachiger Prediger" — **87**
4.1.6 Textsorten islamreligiöser Kommunikation und die Charakteristika der Predigt — **89**
4.2 Die Predigtzuhörenden — **97**
4.3 „Predigt" als Forschungsgegenstand — **100**
4.3.1 Soziologische Gesichtspunkte — **100**
4.3.2 Kommunikative Aspekte — **113**
4.3.3 Äquivalenzfindung und -bildung: Terminologisierung des deutschen Predigtwortschatzes — **171**

II Zweiter empirischer Teil (Grundlage: Predigtkorpus)

5 Semantische Auswertung — 193
5.1 Wortbeschreibung; deskriptive und nichtdeskriptive Bedeutungsanteile — **193**
5.2 Vier zentrale Themenfelder und die Wortfelddarstellungen — **199**
5.2.1 Kategorie „Gott und die Schöpfung“ (gelbe Markierung) — **204**
5.2.2 Kategorie „Schrift und Rechtsfindung“ (dunkelblaue Markierung) — **208**
5.2.3 Kategorie „Propheten und Imame“ (hellblaue Markierung) — **211**
5.2.4 Kategorie „Glaubenspraxis und Rituale“ (lila Markierung) — **214**
5.3 Wortfelddarstellungen — **223**
5.4 Erkenntnisse aus der Wortschatzanalyse — **241**
5.4.1 Modifikation von allgemeinsprachlichen Bedeutungsrelationen — **241**
5.4.2 Unabgeschlossenheit von Wortfeldern bzw. Kategorienbestimmungen — **244**
5.4.3 Umfangsunterschiede zwischen den Kategorien — **247**
5.4.4 Abstraktionsgrade der verschiedenen Bereiche — **250**
5.4.5 Sprachliche Tendenzen der Prediger zu Allgemein-, Fremd- und Fachsprache — **254**

6 Schluss — 260
6.1 Ergebniszusammenfassung — **260**
6.1.1 Prediger und Predigtzuhörende — **260**
6.1.2 Predigt(gesamt)kontext — **263**
6.1.3 Übergang vom Kontext zum Wortschatz: Äquivalenzfindung und übersetzungsrelevante Aspekte in den Predigten — **267**
6.1.4 Ergebnisse der semantischen Auswertung — **269**
6.2 Ausblick — **273**
6.2.1 Islamreligiöse deutsche (Fach)Sprachschulung zum Abhalten von Predigten — **273**
6.2.2 Islamische Predigtlehre als Teil der universitären praktischen Theologie — **275**
6.2.3 (Angewandte) linguistische Anknüpfungspunkte — **276**

Literaturverzeichnis —— 283

Internetquellen —— 301

Register —— 305

Abkürzungsverzeichnis

(a)	arabische Textmuster, Redeformeln, Koranzitate
Abb.	Abbildung
arab.	arabisch
Aufl.	Auflage
BAMF	Bundesamt für Migration und Flüchtlinge
Bd.	Band
Bed.	Bedeutung
BIT	Berliner Institut für Islamische Theologie
BMBF	Bundesministerium für Bildung und Forschung
Bsp.	Beispiel
bspw.	beispielsweise
ca.	circa (dt. etwa)
COVID	Coronavirus-Krankheit
DaF	Deutsch als Fremdsprache
DaFF	Deutsch als Fremd- und Fachsprache
DaZ	Deutsch als Zweitsprache
d. h.	das heißt
DIK	Deutsche Islamkonferenz
DIN	Deutsches Institut für Normung
DITIB	Die Türkisch-Islamische Union der Anstalt für Religion e.V.
dt.	deutsch
ebd.	ebenda
engl.	englisch
FaP	Frage aus dem Publikum
FT	Fatemeh Taheri
GER	Der Gemeinsame Europäische Referenzrahmen
ggf.	gegebenenfalls
Halbbd.	Halbband
Hrsg.	Herausgeber
IGS	Islamische Gemeinschaft Schiitischer Gemeinden Deutschlands
i. S.v.	im Sinne von
Jh.	Jahrhundert
KaP	Kommentar(e) aus dem Publikum
Kap.	Kapitel
n. Chr.	nach Christus
P	Publikum
pers.	persisch
PRD	Prediger
RGG	Religion in Geschichte und Gegenwart
rit.	rituelle
s.	siehe
S.	Seite
TXT	Text
u.	und

https://doi.org/10.1515/9783111039138-204

u. a.	unter anderem
u.ä.	und ähnliche
unv.	unverständlich
URL	Uniform Resource Locator (dt. einheitlicher Ressourcenanzeiger)
v. a.	vor allem
vgl.	vergleiche
vs.	versus (dt. gegenübergestellt)
WFD	Wortfelddarstellung
z. B.	zum Beispiel
z. T.	zum Teil

Abbildungsverzeichnis

Abb. 1a Beispiel für die Bildung einer WFD — **64**

Abb. 1b, 1c Beispiel für die Bildung einer WFD — **65**

Abb. 2 Differenzierung von verschiedenen subjektiven Sprachleistungen des Imams in ausgewählten Tätigkeitsbereichen innerhalb der mündlichen Experten-Laien-Kommunikation — **91**

Abb. 3 Sitzordnung in einem Predigtraum — **104**

Abb. 4 Geschlechtergrenze bei einer Predigt anlässlich einer Trauerfeier — **105**

Abb. 5 Beispiel für Predigt mit Interaktionsform „Unterricht“ — **120**

Abb. 6 An die Tafel gezeichnete Tabelle während einer Predigt — **122**

Abb. 7 Einstufung von religiösen Handlungen als Beispiel für das Exaktheitspostulat in der Terminologie der schiitischen Rechtslehre — **142**

Abb. 8 Aufstellung von metaphorischen Verwendungen in der Predigtsammlung — **159**

Abb. 9 Beispiel „Niederwerfung“ für deskriptive Bedeutung — **195**

Abb. 10 Beispiel „Verehrte Geschwister!“ für soziale Bedeutung — **197**

Abb. 11 Beispiel *Imam* vs. *Āyatollāh* und *So Gott will* für expressive Bedeutung — **199**

Abb. 12 Codesystem für die Kategorisierung der Inhalte im Predigtkorpus — **202**

Abb. 13 Teil der WFD 4.2 zur Erklärung der Knoten erster und zweiter Ordnung — **203**

Abb. 14 Teil der WFD 2.4 zur Erklärung der größeren Einheiten — **204**

Abb. 15 Quantitativer Vergleich – Zahlenmatrix mit Verteilung von Wortschatzeinheiten in vier Kategorien — **250**

Abb. 16 Unterschiedliche Abstraktion in den vier zentralen Themenfeldern — **253**

Abb. 17 Unterschiedliche Tendenzen der Prediger (1–6 nummeriert) zu Allgemein-, Fremd- oder Fachsprache — **257**

https://doi.org/10.1515/9783111039138-205

1 Einleitung

1.1 Thematik

In Abgrenzung zur Alltagssprache entwickeln sich Fachsprachen mit ihrem jeweils anwachsenden Wortschatz. Sie dienen dazu, die Erkenntnisse aus unterschiedlichen Lebens- und Fachbereichen der eigenen Sprachgemeinschaft zum Ausdruck zu bringen. In der globalisierten Kommunikationswelt lassen sich die Erkenntnisse kaum mehr einer einzigen Ursprungskultur bzw. Originalsprache zuschreiben. Vor dem Hintergrund dieser sprach- und fachbezogenen Grenzüberschreitung gibt es ein gutes Beispiel mit einer sich immer mehr ausbreitenden Dimension: das Beispiel der islamischen Predigten in deutscher Sprache. Es ist noch nicht lange her, dass der Islam hierzulande „Deutsch spricht". Steht einem dabei als Allererstes die islamische Predigt als einer typischen religionssprachlichen Kommunikationsform vor Augen, so lässt sich dies ebenso auch durch diese Arbeit belegen und ist im Folgenden insbesondere als erste Entsprechung des personifiziert deutschsprechenden Islam zu verstehen.

Wenn von der religiösen Sprache im kommunikativen Kontext der muslimischen Gemeinden Deutschlands gesprochen wird, können sich die Sprechende auf fachtheologische Expert*innen beziehen oder demgegenüber auch auf die in Deutschland sozialisierten Bürger*innen muslimischen Glaubens als Fachlaien. Diese Unterscheidung ändert indes kaum etwas an der Feststellung, dass die bundesweit noch minderheitlich in manchen muslimischen Gemeinden deutschsprachig stattfindenden islamischen Predigten in ihrer aktuellen Verfassung durch gewisse sprachliche Charakteristika gekennzeichnet sind.

Zahlreiche Predigtstellen, bspw. über die Bedingungen der rituellen Reinheit (*ṭahāra*), weichen ganz offensichtlich von der deutschen Alltagssprache ab, jedoch an anderen Stellen nur ganz gering. Dies variiert je nachdem, unter welchen zeitlichen, räumlichen oder gesellschaftlichen Kommunikationsbedingungen ein bestimmter gegenwärtiger deutscher Sprachgebrauch stattfindet. Inwiefern darin Wörter oder Wortgruppen anderer Sprachen häufig oder selten auftreten, ist wiederum eine Frage, die mit multilateralen Faktorenkomplexen zusammenhängt. Diese Mehrsprachigkeit war ja lange Zeit überhaupt nicht gegeben, da das islamische Predigtgeschehen in Deutschland mehrere Jahrzehnte einsprachig stattfand und auf die Nationalsprachen der jeweiligen Länder mit muslimischer Mehrheit (Türkei, Iran usw.) beschränkt war.

Um den Gebrauch des Deutschen im Kontext des Islam in Deutschland dreht sich mittlerweile die bundesweite Integrationsdebatte. Zu Beginn wurde ihr u. a. im Jahr 2006 auf der *Deutschen Islamkonferenz* (DIK) Aufmerksamkeit zuteil. Im

https://doi.org/10.1515/9783111039138-001

Anschluss sind unter dem eingeführten Begriff *Imamausbildung* etliche Ausbildungskurse für religiöses Personal in den muslimischen Gemeinden Deutschlands (oft mit staatlicher Förderung) initiiert worden. Während Berichten zufolge im Jahr 2006 fast 90 Prozent der in Deutschland lebenden Imame aus dem Ausland stammten und ihre theologische Ausbildung nicht hierzulande erhalten haben (s. Busch und Goltz 2011), setzte sich die Bundesregierung im Rahmen der *Deutschen Islamkonferenz* immer mehr für die Sprachausbildung der Imame ein. Wenn nicht früher, so doch spätestens innerhalb des ersten Jahrzehntes des 21. Jahrhunderts, bestand parallel zu dieser staatlichen Forderung ein generell steigendes Interesse der Imame selbst – sowohl quantitativ (verbreitet unter mehreren Gemeinden) als auch qualitativ (hinsichtlich der Verbesserung sprachlicher Kompetenzen) – adäquat in deutscher Sprache mit den Gemeindemitgliedern kommunizieren zu können. Dieses Interesse hat seinen Ursprung u. a. im demographischen Wandel. Die Kommunikationspartner*innen der Imame sind überwiegend Moscheebesuchende bzw. Predigtzuhörende, die zunehmend Deutsch als Erstsprache sprechen (s. Ceylan 2010, Kamp 2006: 44).

Bereits in diesem ersten Teil der Einleitung ist eine Bemerkung über den genderspezifischen Sprachgebrauch in dieser Arbeit angebracht. Über die Eindeutschung des fremdsprachlichen Begriffs *Imam* und dessen Gebrauch in deutschsprachigen Texten hinaus ist nunmehr zwar auch die weibliche Form *Imamin* weithin geläufig.[1] Die Wortbildung des Kompositums „Imamausbildung“ etabliert sich indessen in der noch ungegenderten Form, sodass die gendergerechte *Imam*inausbildung* noch keinen Weg in die einschlägige Kommunikation gefunden hat.

Es lässt sich eine steigende Frauenquote in der Mitgestaltung von und Teilnahme an den Ausbildungsprogrammen für religiöses Personal in den Moscheen Deutschlands beobachten, was das zukünftige Panorama erheblich beeinflussen wird. Eine der ersten Motivationen für die Abfassung der vorliegenden Arbeit ist die nachdrückliche Frauenförderung im Bereich Ausbildung des religiösen Personals in den muslimischen Gemeinden Deutschlands. Ferner soll der an den Ergebnissen der Arbeit anschließende Didaktisierungsprozess insbesondere (angehende) Imaminnen und Predigerinnen als Lerngruppe in den Fokus der fachsprachsensiblen Sprachausbildung nehmen. Allerdings wird am Ausgangspunkt und während der vorliegenden Untersuchung die aktuelle Lage der Predigtpraxis beschrieben und nicht vorgeschrieben. Ungegenderte Wörter wie *Prediger* und *Imam* werden also deshalb in der vorliegenden Untersuchung verwendet, da das für die vorliegende Arbeit untersuchte religiöse Personal in den islamischen Zentren Deutschlands ausschließlich männlich ist.

---

1 Ausführlich dazu s. „Moschee als gegenderter Ort“, Akca 2020: 191–248.

1.2 Problematik, Aktualität und Relevanz

Die DIK erklärte am 10. November 2020 die Imamausbildung in deutscher Sprache zu ihrem Kernthema und forderte mehr Angebote der Imamausbildung in Deutschland und in deutscher Sprache (vgl. URL1). Diese gesellschaftlich-politische Mediendebatte wird nicht nur häufig unter dem Stichwort *Sprachausbildung* behandelt, sondern ein Überblick über die Ausbildungsinhalte für Imame bzw. über deren variierenden Unterrichtssprachen (vgl. URL2) bestätigt auch Folgendes: Die Initiierenden der Imamausbildungsprogramme scheinen von der Mehrsprachigkeit der islamischen Kommunikation in Deutschland und von den damit einhergehenden Bedürfnissen überzeugt zu sein.

Ferner weisen so gut wie alle linguistischen Unterdisziplinen eigene Berührungspunkte mit dieser aus der Praxis stammenden Sprachproduktion auf: von der Semantik und Pragmatik des theologischen Wortschatzes, der Übersetzungswissenschaft bzw. Äquivalenzfindung im Bereich des islamisch-arabischen Kernwortschatzes, über Rhetorik bis hin zu den didaktischen Fächern Deutsch als Zweit-, Fremd-, Fach- und Berufssprache für Imame als bestehende Lerngruppe. Der Text dieser Arbeit kennzeichnet die verwendete Sprache in den Predigten nicht primär als *Fachsprache* oder in relativierter, Variationen signalisierender Form als (Fach-)Sprache, sondern es wird zunächst generell von *Sprache* gesprochen. Diese Frage wird jedoch explizit zur Diskussion gestellt (Kap. 5.4.5). Die Problemstellung der Arbeit ist im Großen und Ganzen an der Schnittstelle zwischen mindestens zwei Hauptdisziplinen – *Sprache* und *Religion* – zu verorten.

Der Eintritt der Imame in die Qualifizierungsprogramme resultiert nicht nur aus operationalisierenden Initiativen in den muslimischen Gemeinden Deutschlands oder aus den Ausbildungen in anderen Ländern, wie z. B. in der Türkei, in Marokko oder in Bosnien-Herzegowina. Darüber hinaus haben diejenigen Universitäten und Hochschulen, die Zentren für Islamische Theologie eingerichtet haben, ebenfalls die neue Lerngruppe, Imame oder Religionslehrende, ins Auge gefasst. An den Universitäten Erlangen-Nürnberg, Frankfurt (mit der Universität Gießen), Münster, Osnabrück, Tübingen und Paderborn wird zurzeit das Fach „Islamische Theologie“ angeboten. Die meisten Zentren verstehen sich als Orte der Theologie, die aus diversen muslimischen Traditionen heraus arbeiten und über den Islam reflektieren (s. Engelhardt 2017). Das 2019 gegründete „Berliner Institut für Islamische Theologie“ an der Humboldt-Universität bezieht zum ersten Mal stärker die schiitische Theologie mit ein und wird, wie alle anderen genannten Zentren, vom Bundesministerium für Bildung und Forschung (BMBF) gefördert.

Häufig werden in den Diskussionen um die Ausbildung der Imame Analogien zur Ausbildung von Geistlichen anderer Religionen in Deutschland herangezogen. Neben den vergleichbaren Tätigkeitsfeldern dieses Personenkreises wird bspw.

darauf hingewiesen, dass die evangelischen Pastor*innen, katholische Priester sowie jüdische Rabbiner*innen – ergänzend zu ihrem theologischen Studium – von ihren eigenen Glaubensgemeinschaften predigtsprachlich ausgebildet werden. Daraus solle dann vorbildlich hervorgehen, Imame ebenfalls innerhalb der eigenen Gemeindeinitiativen in Kooperation mit islamtheologischen Disziplinen der staatlichen Universitäten u. a. auch sprachlich auszubilden (vgl. bspw. URL3). Eine solche Analogie missachtet die lange etablierte Tradition der Predigtlehre (fachtheologisch bekannt als *Homiletik*) in der universitären praktischen Theologie des Christentums. Hingegen gibt es erst seit Kurzem die Subdisziplin *Praktische Theologie* innerhalb der universitär verankerten islamischen Theologie, sowohl an deutschen Universitäten (wie z. B. am BIT) als auch in den anderen muslimischen Ländern. Ohne die Einarbeitung der islamischen Predigtlehre in die gegenwärtigen islamischen Theologien in Deutschland erscheint dieser Vergleich nicht ausreichend realitätsnah zu sein.

Ein anderer Gesichtspunkt, der nicht selten bei diesem Thema aufgegriffen wird, sind die Anforderungen an die Person des Imams innerhalb seiner Tätigkeitsfelder in den Gemeinden. Explizit werden die Imamausbildungsprogramme als notwendiger Bestandteil seines *Berufslebens* oder seiner *Berufsausbildung, -erfahrung* und als *berufsbegleitende Ausbildung* bezeichnet (vgl. bspw. URL2). Die Vermittlung von Sprachkenntnissen macht stets einen wesentlichen Bestandteil der meisten Imamausbildungsprogramme aus. Diese umfassen entweder Deutsch für internationale Imame oder die Aneignung von islamrelevanten Sprachen wie Arabisch, Türkisch und Persisch für deutschsprechende Imame. Das angebotene Deutsch bezieht sich dabei auf den Erwerb der Allgemeinsprache – teils auch durchgeführt vom Goethe-Institut nach Maßstäben des „Gemeinsamen Europäischen Referenzrahmens (GER)" – und wird kaum an den ausgeübten *Beruf* und die tatsächliche *Berufssprache* eines Imams angepasst.

Indem man sich bewusst macht, dass die für Imame initiierten Sprachkurse trotz ihrer allgemeinsprachlichen Ausrichtung grundsätzlich eine berufsbegleitende Sprachausbildung zum Ziel haben, kann die bis hier erläuterte Problemstellung aus dem Fachbereich „Islamische Praktische Theologie" in deutscher Sprache direkt in die linguistisch-didaktische Unterdisziplin *Deutsch als Fach-* und *Berufssprache* übergehen. Die Diskussionen um die Unterscheidung der Termini *Allgemeinsprache, Berufssprache, Bildungssprache* und *Fachsprache* haben in der Linguistik der letzten Zeit deutlich zugenommen (s. Kiefer 2013; Kiefer, Efing, Jung und Middeke 2013; Roche und Drumm 2018). Diese Differenzierung erscheint allerdings an dieser

Stelle irrelevant, da eine entsprechende Ausbildung für Imame sie auf die Kommunikation im Berufsleben vorbereiten soll.[2]

Mittlerweile kann in den meisten Sachfächern eine zunehmende Sensibilisierung für Sprache im Unterricht – sowohl für Teilnehmende mit Deutsch als Erstsprache als auch für die mit Deutsch als Zweit- oder Fremdsprache – beobachtet werden. Dementsprechend unterrichten die Lehrpersonen mehr und mehr eine sprachbewusste, sprachsensible Fachausbildung (s. Michalak, Lemke und Goeke 2015; Efing und Roelcke 2021: 72 und 105). In diesem Sinne sind die Imame eine noch nicht akademisch untersuchte Lerngruppe im DaFF-Unterricht. Die Didaktik der Sprache der Religion bzw. Theologie eignet sich daher besonders für die qualifizierende Sprachausbildung der Imame im Allgemeinen und die Förderung von Predigten in deutscher Sprache im Besonderen.

Die Textsorte der „islamischen Predigt" in deutscher Sprache ist noch ein unbekannter Gegenstand in der theoretischen sowie empirischen Sprachforschung. Aus der Überzeugung heraus, dass jede sprachliche Didaktik zunächst einer linguistischen Fundierung bedarf, kann eine pragmatisch-semantische Predigtanalyse grundsätzlich zur Didaktik einer fachsensiblen islamischen Predigtlehre in deutscher Sprache führen. Mit anderen Worten: Bevor eine religiöse Sprachbildung Ansätze wie die Vermittlung sowie Aneignung aufgreift, um sie zum Gegenstand des Lernens und des Lehrens anzuwenden, steht es im Vordergrund des Interesses, die jeweiligen Formen der religiösen Sprache in der islamischen Predigt zu entdecken. Dieses sogenannte *Wahrnehmungsparadigma*[3] setzt sich für die religionssprachliche Aufmerksamkeit der Subjekte ein. Das bedeutet für diese Arbeit, die muslimische Sprachtradition in den Predigten in ihrer Normativität zurückzustellen und nicht an der Vermittlung religiöser Botschaften in der Praxis zu arbeiten, sondern subjektiv als Forschende die pragmatisch-semantischen Aspekte dieser Sprache mitzuerleben.

1.3 Aktueller Forschungsstand

Bis heute ist die deutsche islamische Predigtsprache weder in den islamtheologischen, noch in den sprachwissenschaftlichen Disziplinen Gegenstand der Analyse gewesen. Am Rande dieses spezifischen Schwerpunkts kann jedoch auf einige be-

2 Ausführlich zur Berufssprache s. Efing 2014 und zu einem Gegenentwurf dazu s. Roelcke 2020b.

3 Ausführlich zu den drei Ansätzen religiöser Sprachbildung im Christentum seit 1970 – das Vermittlungs-, das Aneignungs- und das Wahrnehmungsparadigma s. Altmeyer 2011: 65–95.

nachbarte Forschungsarbeiten verwiesen werden. Dafür erscheint hier die Unterscheidung zwischen den drei folgenden Bereichen sinnvoll zu sein:

Einerseits hat sich die (christliche, vereinzelt aber auch islamische) Theologie und stärker noch die Religionspädagogik mit der Sprache der Religion im Allgemeinen und insbesondere mit der Sprache der Predigt auseinandergesetzt. Andererseits sind in der Sprachwissenschaft Arbeiten zu finden, die Materialien aus dem theologisch-religiösen Bereich theoretisch sowie empirisch untersucht haben. Es besteht eine dritte Gruppe von Arbeiten in jüngerer Zeit, in denen die religiöse islamische Sprachausbildung bzw. die Sprache in den muslimischen Gemeinden Deutschlands thematisiert werden. Wie weiterhin im Theoriekapitel (vgl. Kap. 2.3) verdeutlicht werden soll, verfolgen diese drei Gruppen von Forschungsarbeiten unterschiedliche Erkenntnisinteressen und Ziele. Im Folgenden wird ein Überblick über die wichtigsten Forschungsarbeiten in diesen drei Gruppen gegeben.

1.3.1 Auseinandersetzung der (christlichen und islamischen) Theologie bzw. Religionspädagogik mit der Sprache der Religion

Innerhalb des Faches Theologie lässt sich die *religiöse Sprachbildung* unter der Religionspädagogik verorten. Die Rede ist hier etwa von der sogenannten Kinder- und Jugendtheologie, die als wichtiges religionspädagogisches Praxis- und Forschungsfeld seit ungefähr zwanzig Jahren eine wachsende Aufmerksamkeit erfährt (s. u. a. Zimmermann 2010). Die religiöse Sprachbildung dient hier überwiegend zur kommunikativen Verständigung über Religion.[4] Die Untersuchung von Predigten stellt einen bekannten Schwerpunkt der christlichen Predigtlehre (Predigtanalyse zwecks Ausbildung von religiösen Instanzen) dar. Die zwei folgenden Eigenschaften kennzeichnen die christlich ausgerichteten Arbeiten über Predigtanalyse:

Erstens weisen sie durchaus präskriptive Tendenzen auf. Die klassischen Werke der Predigtlehre fragen bspw. danach, „wie die Predigt von gestern zur Predigt von morgen werden kann. Was muss verändert werden? Welchen Zeitbezug hat die Predigt heute?“ (Bohren und Jörns 1989: 100). Die christliche Predigt wird in einer Sprachkrise bzw. mit gegenwärtigen Sprachproblemen konfrontiert gesehen, deren analytische Beobachtung für eine neuzeitliche Predigtlehre nutzbar sei (s. Trillhaas 1974: 87). Es gibt auch Werke, die die rhetorische Schulung im Theologiestudium als vernachlässigt beurteilen. Die „Rhetorische Predigtlehre“

4 Zur Stellung der religiösen Ansprache in der muslimischen (insbesondere schiitischen) Tradition vgl. Kap. 4.3.

von G. Otto versteht sich bspw. als praxisbezogenes Lehr- und Arbeitsbuch und veranschaulicht anhand mehrerer Beispiele die Unterscheidungskriterien der von ihm als *gut* und *schlecht* beurteilten Predigten (s. Otto 1999).

Unter den aktuellsten Forschungen ist die neu bearbeitete und aktualisierend erweiterte Auflage des Nachschlagewerkes „Einführung in die Homiletik" von W. Engemann zu erwähnen. Er stellt zwar die Predigtsprache als wichtiges Element des Predigtgeschehens dar (s. Engemann 2020: 270–322), die normative Gesamtbotschaft des Werkes besteht indessen daraus, vor welchen Aufgaben die religiöse Praxis des Predigens steht (s. Engemann 2020: 553–576) und wie sich eine Predigt an den Kommunikationsprinzipien orientieren muss (s. Engemann 2020: 580–614). Dass die universitären praktischen Theologien so einen direkten Bezug zur Praxisszene und zu einer präskriptiven Priesterausbildung aufweisen, erschwert allerdings die Grenzziehung zwischen akademischen und nichtakademischen Forschungen. Aber das mindert die Objektivität der Forschung nicht. Es ist immerhin üblich, dass die Universitätsprofessor*innen in Theologiefächern Autor*innen einschlägiger Monographien sind und gleichzeitig selbst Priestertätigkeiten ausüben. Das Beispiel der Universität Heidelberg verdeutlicht, dass die verbindenden Komposita wie „Universitätsgottesdienste" oder ferner „Universitätsprediger" praktisch realisierbar sein können.[5]

Die zweite Eigenschaft der christlich-theologischen Studien über die Sprache der Religion ist, dass die aktuellen Priesterschulungen nicht selten auf der Basis von zeitlich weiter zurückliegenden Predigten konzipiert werden. So wurde die Predigt von *Karl Barth über Galater 6,2* bspw. 1963 gehalten und im Jahr 1979 in seinen „Gesamtpredigten" (gehalten von 1954 bis 1967) von Stoevesandt und Drewes (1979) in erster Auflage herausgegeben. Diese Predigten wurden erst im Jahr 1989 – nach 26 Jahren – als Gegenstand zum Zweck der Predigtlehre analysiert und sind in einem Werk von R. Bohren erschienen (s. Bohren und Jörns 1989: 75).

Bohren und K. Peter sind in der Predigtlehre v. a. durch die Entwicklung der linguistisch versierten *Heidelberger Methode* der Predigtanalyse bekannt. Dieses Modell bildet eine Art Kriterienraster für die Prediger (von ihm „Verkünder" genannt). Für Bohren prägt die Predigtanalyse die Zukunft der Prediger und der Predigten. Darauffolgend entstehe die Mündigkeit der Gemeindemitglieder, die befähigt werden sollen, sich eine Predigt beurteilend anzuhören und mit deren Inhalt verantwortlich umzugehen (s. Bohren und Jörns 1989: 57).

Das Heidelberger Modell liegt weiterhin als Analysegegenstand vor. S. Wöhrle (2006) gibt einen Überblick über die verschiedenen, seit 1945 in Deutschland entwi-

5 Ausführlich zu Geschichte und Gegenwart der Predigtforschung an der Universität Heidelberg vgl. URL4.

ckelten Verfahren zur Predigtanalyse für die Predigtpraxis. Nach Wöhrle lassen sich die entstandenen Modelle in drei Gruppen einteilen: Analysen der Selbstäußerungen des Predigers, Analysen der Signalfunktion von Predigten und Analysen der Darstellungsfunktion von Predigten (s. Wöhrle 2006). Wöhrle (2006), Grözinger (2008) und Engemann (2020) erklären alle in ihren Arbeiten, dass die Stärke des Heidelberger Modells in seinem Fokus auf die Predigtzuhörenden und deren „subjektive, gefühlsmäßige Reaktion auf die Predigt" (Bohren 2000: 20) liege.

Die normative Perspektive auf die Predigtsprache einerseits und der Rückgriff auf ältere religiöse Texte als Vorbild (allen voran Predigten) für sprachsensible Predigerausbildung andererseits stellen zwei Charakteristika der christlich orientierten, deutschsprachigen Predigtarbeiten dar. Diese zwei Eigenschaften können vor dem Hintergrund der islamischen Religion überprüft werden: Die islamischen Religionsgemeinschaften in Deutschland verwenden erst seit Kurzem das Deutsche als Kommunikationssprache, weswegen keine deutschsprachige Predigttradition des Islam vorhanden ist, auf die zurückgegriffen werden könnte.

Die Normativität lässt sich hingegen eindeutig bei der islamreligiösen (Sprach-) Ausbildung erkennen. Die Vertretenden der islamischen Religion in Deutschland, insbesondere die Moschee-Verantwortlichen, fordern innerislamisch geleistete Gemeindearbeiten, die zum Aufbau eines „erfolgreichen" deutschsprachigen Islam verhelfen sollen. Dabei werden die als angemessen definierte Themenauswahl sowie die Verwendung einer allgemein zugänglichen Sprache für Predigten besonders in den Vordergrund gestellt. Ferner wird das sogenannte islamreligiöse Wissen im Rahmen einer normativ verstandenen praktischen Theologie des Islam umgesetzt. Abgeleitet davon zeichnen sich dann die mittlerweile zahlreichen deutsch- und englischsprachigen Studien zu Moscheen in Deutschland durch Handlungsempfehlungen für Moscheen bzw. für die Moscheeleitungsebene aus (s. u. a. Spuler-Stegemann 2014). Diese Normativität wie auch die bekannte Annahme, religiöses Wissen und Praxis seien von der Verbandsebene auf die lokalen Moscheegemeinden reibungslos übertragbar, werden allerdings ethnographisch hinterfragt (s. Akca 2020).

Die innerhalb des Fachbereichs islamische Theologie schiitischer Prägung aufgefassten Literaturquellen weisen die beanspruchte Normativität durchaus in der persischsprachigen Literatur[6] auf. Islamtheologisch-präskriptive Arbeiten über Predigt (in den staatlich-iranischen Bibliotheken bspw. unter dem Stichwort „Mission und Predigt" auffindbar; pers. *tablīq wa ḫaṭābe*) werden von und für (angehende) schiitische Geistliche, aber auch überwiegend bei den in Qom ansässigen Verlagen

---

6 Auch wenn der Islam historisch überwiegend in arabischer Sprache kommuniziert wurde (s. Krämer 2005), stellt heutzutage das Persische eine der ersten Sprachen des schiitischen Islam der Gegenwart dar.

publiziert. Bei den Werken dieses begrenzten Autorenkreises sowie den entsprechenden Verlagen gilt grundsätzlich die Zielsetzung, dass diese im Rahmen der beruflichen Tätigkeit der Gelehrten sowohl intern für die möglichst attraktive effektive Gestaltung der Gemeindepredigten als auch extern für die Förderung des interkonfessionell-interreligiösen Dialogs angewendet werden.

Naẓarī stellt in seinem Werk – wie mehrere andere persischsprachige Literaturquellen, die die Thematik in der letzten Zeit vermehrt aufgreifen – verstärkt das zuhörende Publikum und dessen Überzeugung ins Zentrum einer „guten" Ansprache (Naẓarī 2006). Mit der Sprache der Predigt beschäftigt sich Falsafī ausführlich in einer pragmatischen Orientierung und betont dabei den Mut der Prediger, der dazu verhelfen soll, mithilfe leicht verständlicher Wörter sowie kurzer Sätze harmonische Ansprachen zu halten (s. Falsafī 2015: 285–312). Weiterhin wird in der Literatur über die Verpflichtungen des Predigers im Rahmen der Prinzipien und Techniken der Ansprache diskutiert (s. Ṭāleqānī 2017). Anhand von Fragen wie z. B., welche Nutzen und Notwendigkeiten für die Predigt festzustellen sind und welche alternativen Vorgänge dafür bestehen, führen zwei Sammelwerke von Salmeyī verschiedene Methoden zum Einsatz in der Predigt aus – u. a. Suggestionen, Erzählungen, Gleichnisse, Erinnerungen und Anekdoten von Wundern. Die Emotionen, die jeweils bei Predigten zu unterschiedlichen schiitischen Anlässen auftreten und der Abschluss der Predigt mit Trauergedanken werden auch in seinen Sammelwerken aufgegriffen (s. Salmeyī 2013 und 2017).

Šarīʿatī Sabzewārī behandelt in seinem Buch die theoretischen sowie praktischen Zugänge zum Halten einer Predigt heute. Wie die anderen hier genannten Autoren ist er auch selbst als Gelehrter tätig, widmet sich sowohl der Definition und Geschichte der religiösen Handlung des Predigens, als auch deren traditionell überlieferten Bestandteilen und der Reihenfolge verschiedener Predigtteile. Seine Darstellung einiger Herausforderungen, mit denen sich der Prediger konfrontiert sieht, bietet des Weiteren methodische sprachbezogene Richtlinien für die Gestaltung kommunikativer Predigten an (s. Šarīʿatī Sabzewārī 2013). Diese exemplarisch erwähnten Arbeiten innerhalb der Disziplin schiitischer Theologie in persischer Sprache versuchen, die jahrelang mündlich ausgeübte Predigtpraxis zu systematisieren und die Inhalte zwecks Gelehrtenausbildung zu didaktisieren. Dafür greift man häufig auf historisch vorhandene Predigttexte als Vorbilder zu. Deren sprachliche Eigenschaften (Syntax, Predigtaufbau, Rhetorik etc.) sollen als Beispiele für die gegenwärtige Praxis des Predigens auf Persisch fungieren, auch wenn diese historischen Predigttexte nicht auf Persisch, sondern arabischsprachig gehalten worden sind.

1.3.2 Auseinandersetzung der Linguistik mit der Sprache der Religion

Der Abstand der linguistischen Forschung zu Texten, die per se als theologisch/religiös klassifiziert werden, beruhte lange Zeit auf dem Gedanken, in bestimmten Glaubensgruppen auf der Befürchtung, dass eine linguistische Analyse dieser Texte letztendlich die fachliche Kompetenz zur Textauslegung, die ausschließlich der Deutungshoheit theologischer Disziplinen zukomme, in Frage stelle (s. bspw. URL5). Es kann generell ein zurückhaltender Umgang der Linguistik mit sprachlichen Phänomenen des Bereichs Religion beobachtet werden – und dies sogar auch während der pragmatischen Wende und des damit einhergehenden Interessenzuwachses am kommunikativen Sprachgebrauch (s. Lasch und Liebert 2015: 475–476).

Auch aus der Warte der Fachübersetzung finden sich Nachlässigkeiten gegenüber dem Arbeitsfeld der Kirchen auf. Der kirchliche Kommunikationsbereich werde in der deutschsprachigen Fachsprachenforschung im Verhältnis zu den technischen, rechtlichen oder wirtschaftlichen Bereichen weniger ernst genommen, obwohl die Kirche praktisch einer der größten Auftraggeber für weltweit vernetzte Übersetzungskräfte sei (s. Stolze 1999: 193). Die religiöse christliche Sprache als linguistischer Analysegegenstand wird oft auf den überlieferten Textkanon (heilige Schrift, Dogma, Liturgie etc.) eingeschränkt. Das Interesse für die empirische religiöse Sprache, bspw. die tatsächlich gebrauchte Verkündigungssprache oder die subjektiv verwendete Sprache der Religionslehrenden und Prediger wird bislang als gering eingeschätzt (s. Altmeyer 2011: 123).

Die Studien im deutschsprachigen Raum zur Sprache anderer Religionen als dem Christentum stellen in der Linguistik ebenso ein Desideratum dar (s. Lasch und Liebert 2015: 475). Die sprachwissenschaftlichen Forschungen über Religion orientieren sich eher an der christlichen Textgeschichte. Analyse der sprachhistorisch relevanten Texte, allen voran der Bibelübersetzung Luthers, ihre Wechselwirkung mit der Alltagssprache und die Mystik sind einige der klassischen Schwerpunkte. Unter den Einzeluntersuchungen der letzten Zeit hat Greule (2004) das Gesangbuch und Kirchenlied im Textsortenspektrum des Frühneuhochdeutschen erforscht. Pfefferkorn (2005) untersuchte die Textsorten Predigt, Andacht und Gebet im deutschen Protestantismus des späten 16. und 17. Jahrhunderts. Linguistische Untersuchungen zum öfters erforschten Gebiet der Rhetorik und Stilistik der religiösen Sprache haben u. a. Grözinger (2009) und Paul (2009) geleistet.[7]

7 Ausführlich zum Stand der weiteren Forschungen über „Sprache und Religion" im christlichen Kontext und zu detailliert erfassten Desideraten der Forschungslage s. Lasch und Liebert 2015: 475–478.

Unter den Forschungsarbeiten, die die Sprache der Religion linguistisch behandeln, lassen sich – nach Altmeyer (2011: 96–107) – drei Perspektiven voneinander unterscheiden: der Sprachgebrauch in den religiösen Kontexten wird paradigmatisch entweder unter den religionskritischen, sprachtheoretischen oder sprachempirischen Aspekten erfasst. Mit der Darstellung der jeweiligen Perspektiven und den einschlägigen Werken setzt sich der theoretische Teil der vorliegenden Arbeit auseinander (vgl. Kap. 2.3). Zum Forschungsstand zählt hier nur die dritte Gruppe der Arbeiten, in denen die Sprache der Religion *sprachempirisch* erfasst worden ist. Nach Janner soll das Interesse an der sprachempirischen Perspektive in diesem Forschungsfeld zugenommen haben (vgl. Janner 2006: 9), von denen einige hier exemplarisch genannt werden:

A. Greule hat 2006 den Sammelband „Aktuelle Probleme der religiösen Kommunikation“ herausgegeben, dessen Beiträge die unterschiedlichen Verhältnisse zwischen der Sprache der Religion in den Sekundärtexten und in den christlichen Primärtexten aufgreifen. 2009 haben Hoberg und Gerber das Überblickswerk „Sprache und Religion“ herausgegeben. Die linguistische Hinwendung zur Sprache der Religion brachte weiterhin die sprachwissenschaftliche Reihe *Theolinguistica* (seit 2008) für linguistische Arbeiten zum Sprachgebrauch im Christentum und auch in anderen Religionen hervor. Empirisch – mit einem semantischen Schwerpunkt – ist die Arbeit von Ch. Dube zu nennen, die ausgewählte Redetexte Hitlers im Hinblick auf einen religiösen Wortschatz analysiert (Dube 2004). Auch T. Funk greift einen als *religiös* definierten Wortschatz auf und anhand dessen vergleicht er die evangelischen und katholischen Weihnachtspredigten miteinander (Funk 1991).

Setzt man sich mit religionsspezifischem Sprachgebrauch aus dem Alltagsleben der Menschen auseinander (s. Scherer 2006: 1), wird man mit empirischen Ergebnissen aus nicht-linguistischen Forschungen in dem Bereich „Sprache und Religion“ konfrontiert (s. Lasch und Liebert 2015: 478). Eben diese Interdisziplinarität in der Untersuchung von Fachsprache und -kommunikation wirkt in der Regel fruchtbar und sinngebend für die linguistische Analyse und resultiert in der „Öffnung der Perspektive innerhalb einer Wissenschaft“ (Stolze 1999: 19). Zu den Vorteilen der interdisziplinären Fachsprachenforschung können die Genauigkeit durch die Beschreibung außersprachlicher Bedingungen, die Beobachtung des ganzen Kommunikationsprozesses oder aber später auch bspw. die didaktischen Anwendungsmöglichkeiten der Ergebnisse gezählt werden (s. Roelcke 2020a: 27–28). Trotzdem sollten bei einer so wenig sprachwissenschaftlich erforschten Textsorte wie der islamischen deutschsprachigen Predigt gerade auch die genuin linguistischen Fragestellungen durch interdisziplinäre Einbindungen nicht vernachlässigt werden.

Die Arbeit von Nina Kalwa stellt ein gutes Beispiel für diese Interdisziplinarität dar. Sie schließt sich der Überzeugung an, dass dem Menschen bestimmte

Symbolsysteme für die Wahrnehmung und Verarbeitung der Wirklichkeit zur Verfügung stehen, die in den kulturellen Gemeinschaften produziert werden. Wird die Sprache dabei als „spezifische Gestaltung der kulturellen Welt" (Gardt 2003: 286) angesehen, verknüpft sich somit ihre sprachwissenschaftliche Arbeit mit der Kulturwissenschaft. Methodisch geht sie sowohl qualitativ als auch quantitativ-korpusbasiert (Ausschnitten von Zeitungstexten) vor und zeigt anhand von Kollokationen, wie die öffentlichen Diskurse über die islamische Religion nicht nur Konzepte des Islam beschreiben, sondern die Konzepte selbst werden von Diskursteilnehmenden inhaltlich geformt und präsentiert. In diesem Sinne verortet sich ihre Forschung „das Konzept Islam" (Kalwa 2013) neben der lexikalischen Semantik ebenfalls in der Text- und Diskurslinguistik. Sie untersucht die semantischen Beziehungen zwischen dem Wort „Islam" und den unmittelbar benachbarten Wörtern, die mit dem Wort „Islam" öfters wiederkehrende Kombinationen bilden. Des Weiteren sind zur Sprachkritik und Sprachkritikkompetenz zwei Handbücher zu nennen, die jeweils von Niehr, Kilian und Schiewe (2020) und von Schiewe, Niehr und Moraldo (2019) herausgegeben worden sind. Beide Werke betreffen unterschiedliche Bereiche der Sprache und befassen sich mit aktuellen Themen und Diskursen sowie historischen Hintergründen für Textbeurteilungen.

Bei der Untersuchung der religiösen Sprache soll noch auf die Studie von U. Schleiff (2005) hingewiesen werden, die deren Verhältnis zur Alltagssprache behandelt. Der Gegenstand ihrer Studie ist das Phänomen der religiösen Diglossie (Zweisprachigkeit). Sie widmet sich der Tatsache, dass viele Angehörige von Glaubensgemeinschaften eine von ihrer Erstsprache abweichende eigene religiöse Sprache kennen. Traditionell hat man dieses Phänomen in Bezug auf unterschiedliche Vorstellungswelten infolge des Kontakts mit fremdsprachigen heiligen Texten behandelt. Die Forschung sieht den kommunikativen Aspekt als grundlegend für die Sprachanalyse und die referentielle Funktion der religiösen Sprache als unterscheidendes Merkmal an. Darüber hinaus wird an dieser Stelle die Dissertationsarbeit von C. Dix (2021) erwähnt, die die christliche Predigt als eine multimodal realisierte rekonstruktiv-prospektive kommunikative Gattung untersucht und dabei auf natürliche Audio- und Videodaten zugreift. Theoretisch und methodisch ist diese Arbeit an der Schnittstelle zwischen Linguistik und Soziologie zu verorten.

1.3.3 Sonstige Forschungsarbeiten zur religiösen Sprache des Islam

Es gibt seit den 2000er Jahren zunehmend Forschungsarbeiten über die verschiedenen Facetten der aktuellen islamisch-religiösen Kommunikation und der Religionspraxis in Deutschland, die an sich keine linguistischen Studien sind. Nichtsdestotrotz behandeln sie so gut wie immer die deutsche Sprache des Islam (zur Aktualität und Relevanz vgl. Kap. 1.2). Dieses Thema scheint nicht zu umgehen zu sein. Der deutsche Sprachgebrauch und zugleich die Feststellung der Mehrsprachigkeit in der Kommunikation während des muslimischen Gemeindelebens in Deutschland, die sprachliche Qualifizierung der Imame, die Akademisierung islamtheologischer Ausbildungen, die islamische Religionspädagogik in deutscher Sprache u.ä. sind von folgenden exemplarischen Arbeiten zur Debatte gestellt worden:

Generell zum Islam in Deutschland sowie zur Stellung und zum Rollenverständnis der Imame in Deutschland sind die Arbeiten von Rohe (2016), Cekin (2004), Kamp (2006), Schmid (2007), Ceylan (2010) und Ucar (2010) zu nennen. Die muslimischen Imame im österreichischen Kontext haben Aslan, Akkılıç und Kolb behandelt (Aslan, Akkılıç und Kolb 2015). Spielhaus hat im Jahr 2012 das Thema der Imaminnen in Deutschland aufgegriffen, um die weibliche Autorität und ihre Repräsentation im Islam zu erfassen (Spielhaus 2012). Zur Imamausbildung, zur Akademisierung der islamtheologischen Ausbildungen und zur islamischen Religionspädagogik sind Studien von Graf und Gibowski (2007), Ceylan (2008), Ucar und Bergmann (2010) und Ceylan (2019) erschienen.

Ethnologisch-soziologisch erforscht Ayşe Almıla Akca (2020) das Moscheeleben in Deutschland und behandelt dabei stellenweise die dort gesprochene Sprache. Die Kernthese der Arbeit besteht darin, dass das religiöse Wissen des Islam in Deutschland nicht mehr ausschließlich von ausgebildeten Expert*innen mit religiöser Deutungshoheit produziert, legitimiert und geändert wird, sondern das Expert*innenwissen ist vielmehr durch islamisch-religiöse Konstellationen und mitbestimmende Akteur*innen an den Rand getreten (s. Akca 2020: 17). In den von ihr untersuchten Feldforschungsorten betreffen deutschsprachige Angebote nur einen Teil des Moscheelebens, v. a. die Kommunikation unter Jüngeren (s. Akca 2020: 25). Akca stellt den Gebrauch einer sogenannten *religiösen Sprache* fest, die das Handeln der Gemeindemitglieder reguliert. Ihre Beobachtungen von informellen Kommunikationsinteraktionen im Forschungsfeld (z. B. Begrüßung, Verabschiedung oder Segenswünsche nach der Organisation eines Treffens; s. Akca 2020: 74 und Fußnote Nummer 201) verdeutlichen, dass unter *religiöser Sprache* ein original-arabischer islamisch-religiöser Sprachgebrauch mitten in der deutschsprachigen Kommunikation gemeint ist. Somit stelle die Mehrsprachigkeit das höchste Diversitätselement im Moscheeleben und dessen festen Bestandteil dar, von Predigten und Vorträgen bis zu den Kursprogrammen und dem Unterricht für Kinder. Sie plädiert dafür, dass die türkischsprachigen Angebote kritisch hinterfragt werden sollten (s. Akca 2020: 146).

Während sich Akcas Studie dem Zusammenspiel zwischen Akteur*innen mit oder ohne amtsreligiöse Expertise innerhalb von Moscheen widmet, um die Generierung des islamischen Wissens unabhängig von der Sprache aufzuzeigen (s. Akca 2020: 18), orientiert sich die vorliegende Studie zwar auch am Kontext der religiösen Praxis, aber viel stärker an diesem *Wissen* selbst und an dessen Wortschatzeinheiten, sofern es von den Autoritätspersonen innerhalb der Predigten in deutscher Sprache reproduziert wird (zur Fragestellung der Arbeit vgl. 1.4.).

Im akademischen Bereich ist die Debatte um den Islam in Deutschland größtenteils polarisiert geführt und politisiert erforscht worden. Schirin Amir-Moazami macht in dieser Hinsicht darauf aufmerksam, dass die liberal-säkulare Staatlichkeit und das damit verbundene partikulare Religionsverständnis die bestehenden Diskurse über die „muslimische Frage" leiten, anregen und reduzieren (s. Amir-Moazami 2016: 31). Die Publikationen einiger Werke lassen sich vor diesem Hintergrund besser verstehen. C. Schreiber erwähnt bei der Beschreibung des Anlasses seiner nichtakademischen Studie über die islamischen Predigten in Deutschland die erneut erhobene „Forderung aus der Politik, Moscheen enger zu überwachen und Predigten auf Deutsch zu halten" (Schreiber 2017: 10). Er konzentriert sich auf die islamischen Predigten in Deutschland, zeichnet eine Auswahl davon auf, transkribiert sie und teilt deren Inhalt in drei Kategorien (Religiöse Themen, das Leben in Deutschland und politische Bezüge; Schreiber 2017: 238) ein.

In einer quantitativen und qualitativen Inhaltsanalyse von Freitagspredigten der Türkischen Islamischen Union der Anstalt für Religion beschäftigten sich Carol und Hofheinz (2021) mit 481 Predigten, die zwischen 2011 und 2019 auf der Internetseite von DITIB veröffentlicht wurden. Die Inhaltsanalyse zeigt, dass die Predigten das Konzept Heimatland im Wesentlichen auf fünferlei Weise thematisieren. Innerhalb der Studien der Kultur und Religion des Islam haben J. Scholz, U. Simon und M. Stille einen Beitrag im Handbuch Homiletische Rhetorik veröffentlicht, die v. a. arabische Rhetorik in den historischen Predigten analysiert.

Im Kap. 1.3.1 sind u. a. theologisch-präskriptiv ausgerichtete Werke im persischsprachigen Raum genannt, die sich mit der Sprache im Kontext der islamischen Religion befassen. Unter persischsprachigen Arbeiten aus sonstigen Forschungsbereichen kommen die Predigt und Predigtanalyse in den Fächern der islamischen Geschichtsforschung bzw. Islamwissenschaft eher beschreibend vor. Der Forschungsgegenstand in diesen Werken erfasst historische, auf Arabisch vorhandene Standardwerke. Rūdgar beschreibt die vorislamische Stellung der Predigt auf der Arabischen Halbinsel als mündliches Kommunikationsmedium des Machtapparats, weswegen den predigenden Personen hohes gesellschaftliches Prestige zugestanden worden ist. Die damals bereits eingebettete Stellung der Predigt, deren Inhalte und sprachliche Ästhetik strukturieren sich in den späteren Zeiten mit dem Islam neu, so die Hauptthese der Arbeit (s. Rūdgar 2011).

Es bestehen Arbeiten im persischsprachigen Raum, die die berühmten Predigttexte der schiitischen Persönlichkeiten zum Basismaterial nehmen und ihre funktionale gesellschaftlich-politische Rolle im Anbetracht ihrer Sprache im historischen

Kontext aufarbeiten. Über die Predigt *ḫuṭba Qadīr* des Propheten Muhammad, gehalten am 16. März 632 n. Chr., die Predigt *al-ḫuṭba al-Fadakīya* der Prophetentochter *Fāṭima az-Zahrā'*, gehalten kurz nach dem Tod des Propheten, am 8. Juni 632 n. Chr. oder die Predigt *Muttaqīn* von ʿAlī ibn Abī Ṭālib (600–661 n. Chr.) sind exemplarische Forschungsarbeiten dieser Art geschrieben worden (s. dazu Anṣārī Maḥallātī 2007, Nadrī Abyāne 2005, Eqbālī und Ḥasanpūr 2016).

1.4 Forschungsfragen

Nach der Erläuterung des Forschungsstandes und der Veranschaulichung der Forschungslücke werden drei Fragenkomplexe entwickelt, die im weiteren Verlauf der Arbeit bearbeitet und beantwortet werden sollen:[8]

Für die Beleuchtung des gesamten Predigtkontextes fragt die vorliegende Arbeit zunächst nach den jeweiligen Kommunikationsbeteiligten, die die Predigt beeinflussen. Welche sprachlichen Anforderungen stellen sich generell an das religiöse Personal in den muslimischen Gemeinden in Deutschland und aufgrund von welchen konkreten Charakteristika lässt sich die Wahl der Textsorte *Predigt* in dieser Arbeit unter mehreren religionssprachlichen Erscheinungsformen rechtfertigen?

Die zweiten Fragegruppe fasst die Predigt als Textäußerung auf und folgt pragmalinguistischen Kontextfragen wie z. B.: Welchen soziologisch-kommunikationswissenschaftlichen Gesichtspunkten kann in den schiitischen deutschsprachigen Predigtsituationen eine besondere Bedeutung zukommen? Hier geht es um die Frage nach diversen Funktionen der Predigt als zentraler Textsorte der religiösen Kommunikation und inwiefern sich ausgewählte fachsprachliche Eigenschaften im Bereich des Wortschatzes bzw. Textes auf den vorliegenden Untersuchungsgegenstand übertragen lassen? Lassen sich bspw. grundsätzlich und langjährig geltende Eigenschaften wie Anonymität, Objektivität, Verständlichkeit, Eindeutigkeit etc. mit ihren heutzutage relativierten Ansprüchen auch empirisch im Spiegel der deutschen Sprache der islamischen Predigt erkennen? Kann man gewisse, wiederkehrende Metaphern in den Predigten feststellen? Welche Strategien werden beim bilingualen Sprachgebrauch (hauptsächlich Deutsch und Arabisch) der Predigt verwendet?

Im Mittelpunkt der Forschung steht dann die dritte Gruppe der Fragestellungen. Bei der Untersuchung der religionssensiblen Wortschatzausschnitte des Predigtkorpus geht die Arbeit der Frage nach, welche semantischen Besonderheiten

8 Es wird in der vorliegenden Arbeit bewusst auf eine Hypothesenbildung verzichtet, um den möglichen Ergebnissen nicht vorzugreifen.

der Predigtwortschatz aufweist? Bestehen irgendwelche semantischen Bedeutungsrelationen zwischen den Wortschatzeinheiten und können daraus bestimmte Themen- und Wortfelder entwickelt werden? Wie lassen sich die Wortfelder am besten veranschaulichen? Nach der Klärung dessen stellt sich abschließend die Frage, welche Erkenntnisse sich aus diesem semantischen Analyseprozess für die Predigt im deutschsprachigen schiitischen Islam von heute ergeben.

1.5 Theoretische Grundlagen und Methoden

Die deutschsprachigen schiitischen Predigten werden in dieser Arbeit als typisch religiöse Sprache wahrgenommen. Für die Erörterung der theoretischen Grundlage dieser Arbeit werden Mehrsprachigkeit im Rahmen des Islam, linguistische Ansätze zur Untersuchung religiöser Sprache, Predigten als Prototyp einer religiösen Textsorte, diverse Semantikmodelle und die Bestimmung von Bedeutungsrelationen sowie die Charakteristika des eigenen Ansatzes einer pragmatischen und semantischen Erfassung und Beschreibung von Predigten und deren Wortschatz dargestellt.

Eine kurze Beschreibung von diversen Semantikmodellen ergibt mit Blick auf die Forschungsfrage die nötigen Basis für das Analysevorhaben. Keines von diesen allein erscheint geeignet und daraufhin wird ein eigener Ansatz auf der Grundlage von Pragmalinguistik (bzw. praktischer Semantik), Wortfeldtheorie und einer Zusammenstellung lexikalischer Bedeutungsrelationen entwickelt.

Die pragmatische Orientierung sorgt zunächst für eine Analyse des Sprachgebrauchs im Rahmen der religiösen Predigtpraxis. Hauptsächlich beruht die empirische Einbettung auf der klassischen *Wortfeldtheorie* von Trier (1973). Sie fügt sich insofern passend in die vorliegende Arbeit ein, da die Wortfelder durch Beziehungsanalyse entstehen und den Wortschatzeinheiten semantische Ordnung verleihen (s. Staffeldt 2017: 120). Dabei wird keine lückenlose Abdeckung der Wortschatzeinheiten bzw. keine Grenzschärfe zwischen den Wortfeldern beansprucht, sondern die inhaltlich-semantische Nähe soll durchaus flexibel und graduell verstanden werden (s. Staffeldt 2017: 119–120).

Bei der Wortschatzstrukturierung steht eine gewisse Anzahl von Wörtern zur Verfügung, die sich kaum in der Wortfeldhierarchie verorten lassen, sondern mit den Wörtern des Wortfeldes assoziativ verknüpft sind. Die Bedeutungsbeschreibungen der Wortschatzeinheiten werden nicht nur hierarchisch, sondern dann auch assoziativ bestimmt. Dadurch ergänzt sich die Strukturarbeit in den Wortfeldern. Die Predigtwortschatzanalyse setzt sich für eine konzeptorientierte und zugleich empirisch operationalisierbare Theorie ein.

Entsprechend dieses integrierten theoretischen Ansatzes verfolgt die Studie diese methodischen Schritte:

Zunächst wird die Auswahl von sechzehn Predigttexten von zusammen sechs Predigern hinsichtlich ihrer Repräsentativität und Authentizität erörtert. Unter allen islamischen Gemeinden unterschiedlicher Rechtsschulen in Deutschland konzentriert sich die Datenerhebung aus Gründen, die im einschlägigen Kapitel erläutert werden, auf die zwölferschiitische Glaubensgemeinschaft. Von den in ihrem Dachverband[9] registrierten Predigern erfolgt die Auswahl unter Personen, die zurzeit bundesweit in deutscher Sprache predigen. Um die Repräsentativität der Daten zu gewährleisten, beschränkt sich die Forschung auf Personen mit theologischem Hochschulabschluss aus diversen Gemeinden, von denen durchschnittlich zwei (jeweils eine bis vier) Predigten aufgezeichnet werden.

Die exemplarischen Predigten dieser Arbeit fanden innerhalb eines sechsmonatigen Zeitraums (vom 06.06.2018 bis zum 02.12.2018) anlässlich verschiedener schiitischer Feierlichkeiten statt. Um die zugesicherte Anonymität der Prediger zu wahren, sind ihnen jeweils Nummern (von eins bis sechs) zugeordnet worden. Die Prediger wissen über die Forschung Bescheid und ihnen wird vor der ersten Aufzeichnung eine angefertigte Dateneinverständniserklärung mit Informationen über das Dissertationsprojekt zur Verfügung gestellt. Die Datenerhebung ergibt sich aus der linguistisch unreflektierten Kommunikationssituation der gottesdienstlichen Predigtpraxis. Sowohl das Predigtgeschehen wird teilnehmend beobachtet, reflektiert und wahrgenommen als auch die Predigt in Form von Audiodateien aufgezeichnet.

Es folgen Überlegungen zu deren Transkription mit Hilfe einer Software und unter bestimmten Transkriptionsregeln. Mit Blick auf eine ausschließlich lexikalisch-semantische Analyse wird die Transkription einfach, d. h. ohne Angaben zu para- und nonverbalen Ereignissen gehalten. Die Sprache wird geglättet, indem Sätze in grammatikalisch-satzstrukturell korrekter Schriftform transkribiert werden. Bei Bedarf sind kurze Ergänzungen in Klammern hinzugefügt. Ebenso beim Zitieren derjenigen Predigtstellen mit arabischen Begriffen wird im Haupttext der Arbeit die deutschsprachige Entsprechung in Klammern angegeben. Die Erwähnung von originalsprachlichen Begriffen der islamisch-schiitischen Theologie ist für einige Textstellen nötig und ihre Transkription wird abhängig von der Sprache des Literaturverweises in Arabisch (nach DMG) oder aber auch in Persisch umschrieben. Denn unter allen islamrelevanten Sprachen stellt sich das Persische neben dem Arabischen als charakteristisch für die schiitische Theologie

9 Islamische Gemeinschaft Schiitischer Gemeinden Deutschlands e.V. (abgekürzt IGS).

der Gegenwart dar. Bei einigen arabischen und im Deutschen geläufigen Begriffen wird ihre eingedeutschte Schreibweise verwendet (vgl. Kap. 3.1.3).

Das Korpus gilt ab dann als Untersuchungsmaterial. Die semantische Arbeit mit dem bereitgestellten Predigtkorpus beginnt mit der Definition von vier zentralen Themenfeldern für eine provisorische Einordnung der religionsspezifischen Wortschatzausschnitte. Diese werden im Laufe des explorativen Verfahrens so modifiziert, dass sich am Ende auch andere Kategorien (inklusive Subkategorien) herausstellen. Bei der Auswahl des Wortschatzes und der darauffolgenden farbig markierten Codierung wird häufig ein hermeneutischer Prozess verfolgt (eher pragmatische als theoretische Kriterien; s. Haß und Storjohann 2015: 161). Damit werden einschlägige Wortschatzeinheiten ermittelt, die im Verhältnis zur deutschen allgemeinen Gegenwartssprache schiitisch-religionssensible Züge zeigen. Die Codierung bezieht alle Wortarten in morphologisch einfachster schriftlicher Form mit ein. Falls von einer Bedeutungsdenotation mehrere Wortarten existieren, z. B. *Reinigen, rein, Reinheit,*[10] wird der am meisten gebrauchten Form der Vorrang eingeräumt.

Zur Erfassung und Strukturierung der einzelnen Wortfelder dieser Einheiten werden dann unter Einbeziehung einschlägiger Wörterbücher zur islamischen Theologie, insbesondere des virtuellen *Lexikon des Islam in deutscher Sprache,* der einzigen islamischen Enzyklopädie schiitischer Ausrichtung, diverse semantische Bezüge unter den lexikalischen Einheiten ermittelt, wobei hierarchische Relationen wie auch assoziative Zusammenhänge Berücksichtigung finden, um der semantischen Offenheit bzw. Vielfalt dieser Felder gerecht zu werden. Die Felder selbst werden in sog. Wortfelddarstellungen (WFD) aufgearbeitet, die einer eigens entwickelten Graphie hinsichtlich hierarchischer und assoziativer Relationen folgen. Es wird versucht, zum einen eine Rückbindung an theologisches Wissen anhand der Berücksichtigung genannter Lexikographie und zum anderen hermeneutische Vielfalt durch eine offene Erfassung von Wortfeldern zu gewährleisten.

1.6 Aufbau der Arbeit

Die vorliegende Arbeit gliedert sich in sechs Teile. Nach der Einleitung folgt im zweiten Kapitel die theoretische Grundlegung. Die Beschreibung des selbstentwickelten Ansatzes wird zum Kapitelende an einem kleinen Beispiel veranschaulicht. Im dritten Kapitel zur Arbeitsmethode in unterschiedlichen Forschungsetappen werden die Wahl der sechs Prediger, dann das Aufzeichnungsverfahren der Predig-

10 Original: *taṭhīr, ṭāhir, ṭahāra.*

ten und die Transkriptionsregeln und schließlich die Herangehensweise an den Wortschatz sowie dessen Strukturierung in Wortfeldern erläutert.

Nach der Beschreibung des theoretisch-methodologischen Zugangs stellt die Arbeit im vierten Kapitel ihre empirische Auseinandersetzung vor. Beide Kommunikationsbeteiligten, Prediger und Predigtzuhörende, werden zunächst unter außersprachlichen Bedingungen dieser religiösen Praxis untersucht. Ausgewählte soziologisch-kommunikative Gesichtspunkte sowie relevante fachsprachliche Eigenschaften im Predigtfeld werden zur Diskussion gestellt. Den Abschluss des vierten Kapitels bildet die Erörterung unterschiedlicher Strategien, die die Prediger bei der arabisch-deutschen Äquivalenzfindung anwenden, wodurch sie die aktuelle Terminologienormung auf Deutsch in diesem Wissensbereich vorantreiben.

Das fünfte Kapitel befasst sich mit der Wortschatzanalyse. Vier große Themenfelder lassen sich voneinander unterscheiden. Ihr jeweiliger Wortschatzbestand wird systematisch erfasst, zusammengetragen und in graphischen Wortfelddarstellungen illustriert. Im Anschluss hieran werden Beobachtungen während des gesamten Arbeitsprozesses ausgewertet und jeweils in separaten Unterkapiteln – teils begleitet von Abbildungen – diskutiert. Den sechsten und letzten Teil der Arbeit bildet das Schlusskapitel, in dem die wesentlichen Ergebnisse der vorliegenden Arbeit vorgeführt werden und ein Ausblick auf weitere Folgestudien gegeben wird.

1.7 Zielsetzung und (primäre) Zielgruppe

Diese Arbeit setzt es sich zum übergeordneten gesellschaftlichen Ziel, den aktuellen Diskurs über die Sprachausbildung der Imame fachsprachlich bzw. berufsspezifisch zu steuern und diesem eine sprachwissenschaftliche Fundierung zu verleihen. Daraus ergibt sich für das DaFF-Gebiet die Aufgabenstellung, den fortschreitenden Übergangsprozess von nichtdeutschsprachigen zu mehrsprachig-deutschsprachigen islamischen Predigten in Deutschland mit praxisorientierten Forschungsergebnissen zu erleichtern und zu bereichern. Diese Forderung entspricht zwar dem staatlichen Wunsch, stützt sich mittlerweile jedoch auf überwiegend muslimische oder zumindest schiitische Gemeinden selbst, wobei sich einerseits die geistlichen Leitungspersonen immer mehr nach einem islam-relevanten äquivalenten Kernwortschatz in deutscher Sprache sehnen. Andererseits bedürfen dies inzwischen auch die erstsprachig deutschsprechenden Gemeindemitglieder. Deshalb muss die Entwicklung einer berufsspezifischen religionssensiblen Sprachausbildung für angehende muslimische Prediger*innen auf der Analyse von aktuell stattfindenden Predigten solcher Art basieren.

Über diese sozial verankerte Zielsetzung hinaus liegt es im Interesse der Arbeit, die gelebte Sprache der islamischen Religion als empirischen Gegenstand aktiv den DaZ-, DaF- und DaFF-Forschenden anzubieten und somit zur Eröffnung und Entwicklung weiterer wissenschaftlicher Perspektiven einen Beitrag zu leisten. Durch Wortschatzarbeit kann sich ein großes Potential für die linguistische Forschung über die islamische Religionspraxis deutscher Sprache entfalten.

Im Weiteren zielt die Arbeit darauf ab, durch den Vergleich von Predigtsprache mit Fachsprache auf der Basis von Roelcke (2020a) und anhand der Angabe von Gemeinsamkeiten und Unterschieden eine Profilierung der Merkmale von Predigtsprache zu ermöglichen. Dabei soll veranschaulicht werden, inwieweit sich die theoretisch und fachübergreifend aufgefassten diversen Fachspracheneigenheiten auch im empirischen Kontext des Deutschen als islamreligiöser Sprache einer Predigt aufzeigen lassen.

Mit der wortsemantischen Ausarbeitung und der weiteren Auswertung von Kategorienbildung und -beschreibung bezweckt die Studie eine adaptive systematische Erstellung des islamischen Predigtwortschatzes in deutscher Sprache, die nicht allein für weitere sprachwissenschaftliche, sondern insbesondere auch für sprachdidaktische Untersuchungen eine wertvolle Grundlage bilden kann.

Die arabischen Begriffe der islamischen Theologie und Rechtswissenschaft werden immer häufiger ins Deutsche übertragen. Dementsprechend wächst der islamisch-religionssensible Terminologiebestand des Deutschen permanent an. Eine ganzheitliche Darstellung des islamischen Predigtwortschatzes wird nicht beansprucht, daher soll eine Generalisierung der Ergebnisse bis auf die Vollständigkeit des wortfeldtheoretisch präsentierten Predigtwortschatzes vermieden werden.

An dieser Stelle soll der Verweis darauf nicht fehlen, dass diese Arbeit als Allererstes Forschende aus der Linguistik und der praktischen Theologie des Islam ansprechen möchte. Hierbei verflechten sich zwar die theologischen und sprachlichen Ebenen ineinander, aber die Forschung setzt eindeutig an der sprachlichen und nicht primär an der religionsfachlichen Ebene an. Gemäß den oben ausgeführten Zielen, insbesondere das Interesse von bundesweit tätigen Theolog*innen und Vertretenden der islamischen Religionsdidaktik für alles Sprachliche in ihrem Berufsleben zu wecken, soll die Arbeit weiterhin auch die nichtlinguistische Leserschaft wie die Gemeindemitglieder ansprechen. An weitere Interessierte aus dem Feld der gesellschaftlich-politischen Akteur*innen ist diese Arbeit ebenfalls gerichtet.

2 Theoretische Darstellung

Dieses Kapitel ist zunächst der Darstellung und Erörterung historischer und theoretischer Grundlagen gewidmet. Es wird daraufhin versucht, durch eine kurze Diskussion von zentralen Begriffen der Wortsemantik eine gewisse Einigkeit über deren Schlüsseltermini zu erreichen. Darauf aufbauend werden diverse Semantikmodelle diskutiert, mit dem Ergebnis, dass keines von diesen für das Analysevorhaben allein geeignet erscheint. Im Anschluss daran werden die Charakteristika des selbstentwickelten Ansatzes auf der Grundlage von Pragmalinguistik, Wortfeldtheorie und einer Zusammenstellung lexikalischer Bedeutungsrelationen erörtert.

2.1 Theologie im Lichte der deutschen Fachsprachengeschichte bis heute

In der sprachlichen Verwendung der Begriffe *Theologie* und *Religion* in dieser Arbeit wird folgendermaßen vorgegangen: Die Theologie wird als wissenschaftliche Reflexion von Religion aus der Innenperspektive der jeweiligen Religion beschrieben. Im Unterschied dazu versucht die Religionswissenschaft einen Standpunkt von außen einzunehmen (s. Schwöbel 2005; Lexikonartikel unter den Lemmata „Theologie" und „Religion" in RGG).

Seitdem Menschen im Rahmen einer Arbeitsteilung in eine entsprechende Kommunikation miteinander treten, lässt sich von der Existenz von Fachsprachen überhaupt ausgehen. Um allerdings einen sprachtheoretischen Zugang zu dem Bereich Religion zu schaffen, empfiehlt es sich, zunächst kurz die Periodisierung der deutschen Fachsprachgeschichte mit dem Fokus auf Theologie in den jeweiligen Epochen zu betrachten.[11]

Der Ausgangspunkt dieser historischen Betrachtung kann auf das Mittelalter (8.–14. Jh.) festgelegt werden. Das mittelalterliche Fächersystem gestaltete sich infolge von politischen, religiös-kulturellen und sozialen Kriterien in zwei hierarchisch zueinander stehenden Kanons – sog. *dienende Eigenkünste* (Artes mechanicae) und *freie Künste* (Artes liberales). Der zweite besteht hauptsächlich aus drei Fakultäten: Theologie, Jurisprudenz und Medizin (s. Roelcke 2020a: 43, 225 und 226). Während für die handwerkliche und technische Fachsprache in dieser Epoche reichlich deutschsprachiges Schrifttum vorliegt, zeichnet sich der Bereich „Geist und Wissenschaft" durch die Dominanz des Lateinischen aus. Latein hatte sich schriftlich wie auch mündlich als internationale europäische Gelehrtensprache etabliert, was die jeweiligen Lan-

11 Ausführlich zur Geschichte der deutschen Fachsprache s. Roelcke 2020a: 222–254.

https://doi.org/10.1515/9783111039138-002

dessprachen in diesem Bereich weitgehend marginalisierte. Außer aus dem Lateinischen fließen v. a. in den Bereichen Mathematik, Astronomie und Medizin bestimmte Wörter arabischer Herkunft in die europäischen Sprachen ein, sodass die einschlägige Literatur von der Entwicklung einer verbreiteten internationalen Geistes- und Wissenschaftssprache in mittelalterlicher Zeit berichtet. Konsequenterweise ist die fachliche Kommunikation in dieser Zeit auf eine elitäre Minderheit begrenzt.

Die Angehörigen dieser Minderheit kommen aus Klöstern und später aus den Universitäten. Das führte dazu, dass Betreibende der Geisteswissenschaften im Allgemeinen und die theologischen Gelehrten im Besonderen sich in dieser Epoche eher überregional und dazu noch schriftlich austauschten und sich somit sprachlich – wie geistig – von der mehrheitlichen Kommunikationsgemeinschaft mit eher niedrigem sozialen Status distanzierten (s. Roelcke 2020a: 229 und 230). Im Laufe der Zeit verliert das Lateinische an Exklusivität, indem die Angehörigen dieser theologischen Elite durch die Entwicklung einer Enzyklopädie, des deutschen „Lucidarius", den Zugang der deutschsprachigen Leserschaft v. a. zum theologischen und philosophischen Wissensbestand ermöglichen. Am meisten profitieren hier zum einen der Unterricht und zum anderen die Predigt von der vielfältigen deutschsprachigen Glossen- und Wörterbuchliteratur des Mittelalters und der frühen Neuzeit. Der Grund liegt bei deren thematischen Schwerpunktsetzungen. Das Werk „Lucidarius" umfasst bspw. die drei folgenden Teilbereiche: Schöpfung und irdische Ordnung, Christenheit und Liturgie, Seelenschicksal nach dem Jüngsten Gericht. Trotz zahlreicher Übersetzungsbestrebungen, die v. a. aus Lehnübersetzungen und Lehnschöpfungen resultierten (zu Lehnwörtern und Lehnprägungen im Vor- und Frühdeutschen s. Betz 1974), stand die theologische Fachsprache in Werken wie dem „Lucidarius" immer noch unter dem starken Einfluss des Lateinischen. Zu dieser Zeit gab es noch keine deutsche Geistes- oder Wissenschaftssprache. Die Syntax der Fachtexte folgte dem Lateinischen und die Wortschatzeinheiten änderten sich kaum oder wurden assimiliert (s. Roelcke 2020a: 230).

Die Buchproduktion in Papierform prägt maßgeblich die Fachsprachen der frühen Neuzeit (14.–17. Jh.). Die Lese- und Schreibfähigkeit wird für breitere Bevölkerungsschichten zugänglich. Die alte Wissenschaftssprache Latein sowie die griechischen Texte werden im Europa des 16. und 17. Jh. immer mehr marginalisiert und müssen mit neuen nationalen Wissenschaftssprachen konkurrieren. Diese können nicht mehr nebeneinander existieren. Im deutschsprachigen Raum bezieht sich diese „Vertikalisierung des Wissens" am meisten auf die Sprache der Theologie. In deren Zentrum steht die Bibelübersetzung Martin Luthers (1483–1546) und der enge Kreis von Fachtextautoren, der seit dem frühen Mittelalter aus den Klerikern, den Angehörige des weltlichen Adels und später der bürgerlichen Gelehrtenschicht bestand, weitet sich immer mehr aus (s. Roelcke 2020a: 232–236).

Die geschichtliche Periode der neuzeitlichen Fachsprache (vom 18. bis 20. Jh.) rückt die Popularisierung des Wissens (Daum 2006) in ihr Zentrum. Im 19. Jh. entwickelt sich die deutsche Wissenschaftssprache im Rahmen von unterschiedlichen Verfahren weiter. Priorität hat dabei immer noch (wie in der frühen Neuzeit) der Ersatz des lateinischen Fachwortschatzes durch deutschsprachige Äquivalente. Im Großen und Ganzen werden drei Ersetzungsstrategien angewandt: Innovative Schöpfung neuer Ausdrücke, morphologische Assimilation von Fremdwörtern ins Deutsche und schließlich die Übersetzung ohne bzw. mit separater Nennung des Fremdworts. Die Sprache der Theologie stellt neben der Mathematik einen der wenigen Fachbereiche dar, worin sich das Deutsche spätestens bis zum Beginn des 19. Jh. gegenüber dem Lateinischen durchsetzen kann (s. Roelcke 2020a: 240 und 241).

Spätestens in der zweiten Hälfte des 20. Jh. etabliert sich das Englische als internationale Wissenschaftssprache, allen voran in den Naturwissenschaften. Begründet wird diese Ausbreitung mit der internationalen Aufnahmefähigkeit. Nichtsdestotrotz bleiben die geisteswissenschaftlichen Disziplinen – wie Rechtswissenschaft oder Theologie – innerhalb der internationalen Kommunikation vorwiegend auch einzelsprachlich, d. h. generell mehrsprachig, geprägt (s. Roelcke 2020a: 244).

Im Rahmen der deutschsprachigen Informationsbedürfnisse der Gegenwart rücken insbesondere die Naturwissenschaften, Technik und Wirtschaft als internationale Austauschfelder in den Fokus. Ob der Austausch in Deutsch, Englisch, in der Erstsprache der Kommunikationsbeteiligten oder in sprachlichen Mischformen einer spezifischen Kommunikationssituation stattfindet, hängt mit einschlägigen Disziplinen, den Kontexten und ihren Ebenen zusammen (s. Buhlmann und Fearns 2000: 367). Dieser Überblick über das Schicksal der theologischen Fachsprache, vom Lateinischen über das Deutsche und deren Ausweitung dann bis hin zu den jeweiligen Landessprachen betrifft die Sprache der christlichen Theologie. Wechselt man in dieser Hinsicht die Perspektive zur Sprache des Islam, so zeichnet sich letztere zunehmend durch Mehrsprachigkeit in der religiösen Kommunikation aus.

2.2 Mehrsprachigkeit im Rahmen der deutschen muslimischen Gemeinschaften

Das Kulturphänomen *Mehrsprachigkeit*[12] in der islamischen Kommunikation ist an das glaubensbedingte Verständnis der Sprache des Koran als Wunder zurückzufüh-

12 Ausführlich dazu s. Földes und Roelcke 2022.

ren. Davon ausgehend gilt es, den Korantext im arabischen Original zu rezitieren. Diese unter den Muslim*innen flächendeckende Annahme impliziert eine untrennbare Verbindung zur (hoch-)arabischen Sprache, die durchaus unabhängig von der jeweiligen Erstsprache der gläubigen Person besteht.[13] Die Entlehnung arabischer Fachtermini in den verschiedenen islamisch geprägten Sprachgemeinschaften verläuft zwar nicht überall einheitlich, exemplarisch wie z. B. das Persische im Vergleich zu der Eliminierung arabischer und persischer Wörter aus dem Türkischen (s. Jastrow 1984: 585). Der Stellenwert des Arabischen als islamtheologische *lingua franca* und das Eindringen des arabischen Wortschatzes in die anderen Sprachen der Muslime weltweit können dennoch gut mit der dominierenden Position des theologischen Lateins in den europäischen Nationalsprachen (s. Roelcke 2020a: 230) verglichen werden.

Die Globalisierung und die jahrzehntelange Einwanderung nach Europa prägt die Mehrsprachigkeit der Kommunikation innerhalb der islamischen Religion und Theologie maßgeblich. Während verschiedene Szenen der islamreligiösen Kommunikation im deutschen Kultur- und Sprachraum weder theoretisch noch religionspraktisch vom Arabischen abgelöst zu sein scheinen, finden immer mehr muslimischen Predigten und schulischer Religionsunterricht deutschsprachig statt. Die Herausforderungen in Bezug auf semantische, grammatikalische und pragmatische Äquivalenz von Einzelsprachen und somit besondere Anforderungen an die fachsprachliche Übersetzung und Verdolmetschung treten hier zugespitzt in der Wechselbeziehung zwischen arabischer und deutscher Sprache auf.[14]

Die theoretische Frage, inwieweit sich der islamreligiöse Wortschatz vom Arabischen ins Deutsche integrieren lässt, bspw. im Hinblick auf Laut- und Silbenstruktur, eröffnet ein breites linguistisches Forschungsspektrum im Bereich der Sprache des Islam. Der Bestand der Einzelsprache Arabisch gilt aber praktisch als Lingua franca der islamreligiösen Kommunikation und prägt das Deutsche, ähnlich wie die Fachkommunikation im Bereich Technik weitgehend angloamerikanisiert ist.

In diesem Sinne wird nicht nur der Bezug des Arabischen zum deutschsprachigen islamspezifischen Text und Kontext gerechtfertigt. Vielmehr wirkt sich die

---

13 Durch die Islamisierung nicht-arabischsprachiger Völker erlebten nicht nur ihre religiösen Lebenssphären gründliche Veränderungen, sondern auch ihre Sprachen. Die sprachliche Beeinflussung durch die arabische Schrift und den arabischen Wortschatz beschränkte sich nicht nur auf die religiösen Gelehrten, die Bereiche Religion und islamisches Recht, sondern betraf auch die Fachsprachen der Medizin, Naturwissenschaften etc. und schließlich auch die alltägliche Sprache der einfachen Bevölkerung. Siehe weiterhin zu islamischen Idiomen in den Sprachen muslimischer Völker: Jastrow 1984.

14 Ausführlich und fachübergreifend behandelt Roelcke die allgemeine Pluralität fach(fremd) sprachlicher Kommunikation sowie die damit einhergehenden didaktisch-methodischen Ansätze (s. Roelcke 2020a: 177–220).

Mehrsprachigkeit in der Wissenschaftskommunikation sowie auf gegenwärtige Gesellschaftsdebatten über das muslimische Leben in Deutschland vorteilhaft aus: Indem sich die fachwissenschaftlichen Bereiche der islamischen Theologie trotz ihrer arabischen Prägung mehrsprachig entwickeln können, intensiviert und beschleunigt sich der Prozess der Wissensproduktion. Nimmt man das Predigtgeschehen dann als einen der Treffpunkte zwischen dem Theologieexperten und -laien wahr, so wird die Mehrsprachigkeit dieser Wissenschaft entsprechend von der Mehrsprachigkeit innerhalb der muslimischen Glaubensmitglieder in der Gesellschaft selbst abgebildet. Diese „Sprachnähe von Wissenschaftssprache und alltäglicher Sprache“ (Ehlich 2006: 27) verhindert eine potenzielle Isolation islamtheologischer Wissensproduktion in der deutschen Sprache.

2.3 Linguistische Ansätze zur Untersuchung religiöser Sprache

Die Entwicklung der Sprache in religionspädagogischen Zusammenhängen ist nicht primär in der deutschsprachigen Literatur erforscht worden. Die Grundlagen dieser Forschung gehen auf die „linguistische Wende“ (*linguistic turn*: Richard Rorty 1967) der Philosophie im angelsächsischen Raum zurück. Ab dieser Zeit gilt die Sprache nicht mehr als direktes Abbild der Wirklichkeit (Stiver 1996: 60).[15] Die auf diese Weise der Sprache zugewandte bzw. sprachkritische Philosophie wird nunmehr infolge der Arbeiten von Ferdinand de Saussure (dazu s. bspw. de Saussure 1972 und Wittgenstein 2011 [1953]) weitaus komplexer gedacht und die Prozesse der Vorstellungsbildung der Wirklichkeit werden als erst sprachlich geformt und davon abgeleitet angesehen.

Dieser Paradigmenwechsel hat ebenfalls die Sprache der Theologie maßgeblich beeinflusst. Die Sprache dieser Disziplin gegenstandsangemessen zu erforschen, konnte ab den 70er Jahren nach wie vor schwer gelingen, weil für diese Sprache grundsätzlich keine außersprachliche Wirklichkeit erfasst werden kann. Vielmehr ging es aber um die Frage, inwiefern die religiöse Sprache in der Lage ist, Erfahrungen von religiöser Wirklichkeit zu strukturieren (s. Krämer 2006: 106–134). Eine Zusammenfassung der Bedeutungshaltigkeit der religiösen Sprache sowie Kennzeichen religiösen Sprachgebrauchs leistet Altmeyer (2011: 59–64).

Der Bereich Religion ist bis heute auf vielfältige Weise Gegenstand sprachwissenschaftlicher Untersuchung gewesen. In diesem Kapitel werden diverse Ansätze diskutiert, angesichts dessen eine bestimmte religiöse Sprache als Gegenstand heu-

15 Ausführlich zum Thema s. Rorty 1967: 197–201.

tiger Linguistik erforscht werden kann. Drei linguistische Zugänge stellen sich nebeneinander: religionskritisch, sprachtheoretisch oder sprachempirisch.[16]

2.3.1 Sprachwissenschaftliche Religionskritik

Hauptsächlich in der zweiten Hälfte des 20. Jahrhunderts – und insbesondere in der angelsächsischen Philosophie und ihrer Rezeption – ist die religiöse Sprache aus einer religionskritischen Perspektive behandelt worden. Einen Überblick über die rationalistisch-positivistische Kritik religiöser Sprache hat Track im Lexikonartikel „Philosophie" geleistet (s. Track 1996). Die einführende These von Klaus Bayer aus dem Jahr 2004 hat sich in der deutschsprachigen Sprachwissenschaft zum Ziel gesetzt, die Merkmale der religiösen gegenüber der wissenschaftlichen Sprache voneinander zu unterscheiden. Durch seine ebenfalls rationalistische Prämisse (s. Bayer 2004: 41) versucht er, gewisse Textstellen im religiösen Sprachgebrauch zu identifizieren, anhand derer bewertet werden soll, wie diese der kritischen Vernunft widersprechen (s. Bayer 2004: 77). Bei linguistisch gestützter Beurteilung der religiösen Sprache rücken die Funktion solchen Sprechens sowie die eventuellen Absichten des religiösen Sprechers vermehrt in den Fokus. Beispielsweise verdeutlichen Bayers Ausführungen zum „religiösen Weltbild" (Bayer 2004: 12–20), dass ein religionskritischer Blickwinkel auf die Sprache der Religion grundsätzlich die Aufklärung über eine behauptete Irrationalität religiöser Sprache und deren Wirkungsweisen beansprucht. Dementsprechend sollen Phänomene wie z. B. Mystifikation, Poetisierung, Metaphorik etc. seiner Ansicht nach dazu beitragen (s. Bayer 2004: 31, 47–50), semantische und logische Unzulänglichkeiten in der religiösen Sprache zu vertuschen (s. Bayer 2004: 113). Der zentrale Kritikpunkt in diesem Ansatz besteht darin, dass sogenannte Merkwürdigkeiten in der irrationalen Sprache der Religion in der Konsequenz die Erhaltung bzw. Verbreitung eines religiösen Weltbildes und ferner die Verteidigung religiöser Autorität generieren (s. Bayer 2004: 62). Im Anschluss hieran wird behauptet, dass die religiöse Sprache an Attraktivität verliere, wenn sie ihre sprachlichen irrationalen Merkwürdigkeiten reduzieren würde (s. Bayer 2004: 107–109).

16 Die Idee dieser Unterscheidung stammt von Altmeyer (2011: 96–107).

2.3.2 Sprachtheoretischer Blick auf religiöse Sprache

Eine sprachtheoretische Perspektive auf die Sprache der Religion sucht als Allererstes nach linguistischen Kriterien, angesichts dessen eine aktuelle oder frühere Sprachproduktion als „religiös" bezeichnet werden kann. Es folgen theoretische bzw. theoriebildende Überlegungen für die grundsätzliche Zuordnung weiterer Materialien aus dem religiösen Bereich. Zur Entwicklung von allgemeinen Theorien wird das Material aus einer Einzelsprache hinsichtlich seiner Eigenschaften abstrahiert und analysiert (s. Bußmann 2002: 633). Dieser Ansatz befasst sich in der Regel mit den klassischen religiösen literarischen Texten, wie z. B. der Bibel und ihren sprachlichen Besonderheiten.[17] Insbesondere die gesprochenen Sprachen innerhalb der Religionspraxis, d. h. Untersuchungsmaterialien aus dem empirischen Umfeld bleiben hingegen weitgehend unerforscht.

Um einige Arbeiten sprachtheoretischer Tendenz zu erwähnen, sei Manfred Kaempferts sprachwissenschaftliche Theorie zur religiösen Sprache erwähnt. Demnach handelt es sich bei religiöser Sprache um den Übergang, wenn das religiöse innerliche Leben aus der Subjektivität heraustritt und in der sogenannten „Intersubjektivität der Religiosität" (Kaempfert 1983: 259) zum Ausdruck kommt. Für die linguistische Erschließung verwendet er drei Modelle: die Erklärung der religiösen Sprache durch ihre Funktion, durch die Widerspiegelung der religiösen Äußerungen auf die Innenwelt des Sprechers und schließlich durch eine eher auf die Sprache selbst fokussierte Elementbeschreibung (s. Kaempfert 1983: 263–265).

Die zentrale Annahme seiner Theorie besagt, dass die theologischen, soziologischen oder psychischen Erkenntnisse zwar bei der Analyse von religiöser Sprache einer Person mitberücksichtigt werden können, das wesentliche Analysekriterium aber auf ein sprachliches Kennzeichen begrenzt bleibt. Die seine These illustrierenden Beispiele beziehen sich vorwiegend auf den religiösen Wortschatz und die Lexikologie religiöser Sprache.[18] Dieses deduktive Vorgehen geht von der Theorie und nicht vom Sprachmaterial aus. Der Versuch, eine allgemeine Theorie religiöser Sprache zustande zu bringen, stößt vor allem bei der theologischen Rezeption auf Kritik, da die Religiosität sich aus bestimmen Äußerungssituationen ergebe und nicht lediglich aus einem definierten Wortschatz, so eine der theologisch motivierten Reaktionen (s. bspw. Zirker 1991: 81).

---

17 Stolze nennt unter den wichtigsten Textsorten, die in der kirchlichen Kommunikation bestehen, bspw. die Folgenden: „liturgisch-gottesdienstliche Agenden, persönliche Andachts- und Erbauungsliteratur, Predigten, kirchliche Verlautbarungen [...], Berichte im Rahmen kirchlicher Entwicklungshilfe, ökumenische Konferenztexte oder Korrespondenz" (Stolze 1999: 193).

18 Dazu ausführlich s. Kaempfert 1972, 1974.

In sekundärer Aufarbeitung von Kaempferts Theorie hat bspw. Christian Dube die „religiöse Sprache in Reden Adolf Hitlers“ anhand ausgewählter Reden aus den Jahren 1933–1945 untersucht (Dube 2004). Der Fokus der sprachtheoretischen Ansätze auf die religiöse Sprache und in diesem Fall auf den Wortschatz widerspricht der Tatsache, dass die Texte nicht an sich religiös seien, sondern erst innerhalb einer bestimmten Kommunikations- und Äußerungssituation religiös verstanden würden. Die Herstellung des religiösen Kernwortschatzes solle daher im Zusammenhang von bspw. ausgewählten Predigten und als situativ daran gebunden betrachtet werden. Eine solche Situationsgebundenheit der religiösen Sprache sei „gleichfalls starr und veränderbar; starr in zentralen Inhalten, wie den Wörtern des Kernwortschatzes, veränderbar in der Vermittlung der Inhalte“ (Dube 2004: 88).

Dube betont, dass eine Theorie religiöser Sprache nur durch Verknüpfung der beiden Disziplinen Theologie und Sprachwissenschaft zustande komme. Denn zum einen kann die „Sprachwissenschaft ohne die Theologie keine Kriterien für Religiosität bieten, da dies ein Bereich außerhalb der Sprache ist. Zum anderen ist die Theologie in ihrer Forschung auf Texte angewiesen und braucht dafür die Erkenntnisse der Sprachwissenschaft“ (Dube 2004: 56). Aus dieser Verbindung resultiere, dass die religiöse Sprache wesentlich mehr Funktionen besitze als nur ihre semantischen Bezüge (s. Schleiff 2005). Für den deutschen Sprachraum sind ebenfalls die wortgeschichtlichen Arbeiten Friso Melzers (z. B. Melzer 1951 und 1990) beachtenswert, die in lexikalischer Breite die Herkunft des deutschen religiösen Wortschatzes erforscht und dokumentiert haben.

2.3.3 Empirische Beschreibung der Sprache der Religion

Die Sprache der Religion ist bislang neben den oben genannten religionskritischen und rein sprachtheoretischen Perspektiven auch noch sprachempirisch erfasst worden. Lasch und Liebert schätzen es bei der Darstellung dieses Forschungsstands als unbefriedigend ein, auf der Basis von Ergebnissen der Nachbardisziplinen eine linguistische Perspektive zu eröffnen und den Gegenstand beschreiben zu wollen (s. Lasch und Liebert 2015: 478). Während der sprachtheoretische Ansatz (vgl. Kap. 2.3.2) die religiöse Sprache als System für den Forschungsgegenstand bevorzugt, führt der empirische Ansatz ihre Beschreibung auf der Ebene des Sprachgebrauchs durch (s. Scherer 2006: 1).

Seit den 1980er Jahren wird die Sprache der Religion überwiegend in konkreten empirischen Einzelstudien als Material herangezogen. Grundsätzlich steht dann eine Reihe von methodischen Alternativen zur Beschreibung von Feldausschnitten zur Verfügung. Die bis heute noch distanzierte Haltung der Sprachwissenschaft gegenüber der Sprache der Religion scheint in letzter Zeit abzunehmen. Der Gegenstandsbereich zieht wachsendes Interesse auf sich und ist erweitert worden (s. Janner 2006: 9–10).

Der von Albrecht Greule im Jahr 2006 herausgegebene Sammelband stellt studentische Einzelbeiträge zusammen, die sich mit konkreten empirischen Erscheinungen, bezeichnet als „aktuelle Probleme der religiösen Kommunikation", auseinandersetzen. Die darin enthaltenen Arbeiten untersuchen die religiöse Sprache der Sekundärtexte, die unterschiedliche Verhältnisse zu den religiösen Primärtexten aufweisen und sich thematisch in kircheninterne, kirchenexterne Kommunikation und Didaktik der religiösen Sprache gliedern. Nach diesem Sammelband haben Hoberg und Gerber im Jahr 2009 das Überblickswerk „Sprache und Religion" herausgegeben, um die Beziehungen zwischen Sprache und Religion in ihren verschiedenen Dimensionen aufzugreifen.

Infolge dieses zunehmenden linguistischen Interesses erscheint seit dem Jahr 2008 die sprachwissenschaftliche Reihe *Theolinguistica*. In dieser Reihe werden Arbeiten (bislang sieben publizierte Sammelbände und Monographien) zum interdisziplinären Forschungsbereich „Sprache und Religion" veröffentlicht, die sich wissenschaftlich mit Fragen zur religiösen Sprache auseinandersetzen. Im Vordergrund stehen zwar Arbeiten zur Sprachverwendung in den Kirchen und christlichen Glaubensgemeinschaften. Die Reihe erklärt sich indessen auch bereit, Arbeiten zum Sprachgebrauch in anderen Religionen wie im Islam aufzunehmen (vgl. URL6). Dabei handelt es sich vermehrt darum, wie die religiöse Sprache gebraucht, von wem und wann sie gesprochen wird. Zu den Forschenden über die Sprache der Religion in einer pragmatischen Perspektive gehört Jean-Pierre van Noppen, dessen Arbeiten die Entwicklung des Sachverhalts innerhalb von etwa dreißig Jahren im englischsprachigen Raum widerspiegeln. Während er sich in den 1980er Jahren zunächst mit der Bedeutung der religiösen Sprache – und insbesondere mit Metaphern – auseinandergesetzt hatte, verfolgte er Mitte der 90er Jahre die sogenannte „kritische Theolinguistik", in der religiöse Sprache vom Standpunkt kritischer Diskursanalyse erforscht wird.[19]

Zu den empirischen religionssprachlichen Studien jüngeren Datums, deren Schwerpunkt gegenüber dem Pragmatischen auf der Semantik liegt, zählt die Arbeit von Christian Dube. Seiner methodischen Entscheidung nach greift er mittels Wörterbucheinträgen auf einen vordefinierten religiösen Wortschatz zu, anhand dessen er ausgewählte Redetexte Hitlers analysiert (Dube 2004). Exemplarisch erwähnt sei noch die semantische Forschung von Tobias Funk. Er baut seine Arbeit

19 Für Arbeiten mit dem Schwerpunkt auf pragmatischen Positionen s. van Noppen 1983, 1988, 1996 und 2006. Arens 2009, Martin 2002, N. Heather 2000, O. Panagl 1991, H. Peukert 1977.

auf die Überlegungen von Kaempfert zum religiösen Wortschatz auf; der Ausgangspunkt dabei ist „die isolierte sprachliche Form" (Funk 1991: 27). Sein Material, ein Sprachkorpus evangelischer und katholischer Weihnachtspredigten, befragt er nach den Besonderheiten religiöser Sprache sowie nach deren Prägung durch die jeweilige christliche Konfession.

Für die religiöse Sprache und den sprachempirischen Gegenstand wird die Existenz des Transzendenten angenommen, unabhängig von der Einstellung der Forschenden. Daraus leitet sich der Gedanke von zwei unterschiedlichen Welten ab, wobei die des Transzendenten sinnlich unfassbar ist und im Zusammenhang und in einer Wechselwirkung zur Menschenwelt steht (s. Lasch und Liebert 2015: 478). Das Transzendente befindet sich im Feld einer religionsspezifischen Metaphysik, in dem die Beschreibung des Unbegreiflichen erst durch indirekte Kommunikationsformen (wie Metaphorik) ermöglicht werden kann (s. Lasch und Liebert 2015: 479–480). Verschiedene Religionen gehen mit der Verbindungsfrage zweier Welten auf einem breiten Spektrum um: Es reicht von der direkten Verkörperung des Transzendenten im menschlichen Leben bis hin zur Erscheinung von Figuren mit institutionalisierten Mittlerrollen zwischen dem Transzendenten und den Menschen. Charismatische Vertreterfiguren dieser Rollen verfügen in diesem Fall über die Autorität darüber, auf die Lebenswirklichkeit der Anhänger normativ einzuwirken (s. Lasch und Liebert 2015: 479).[20]

Bei allen drei oben genannten linguistischen Perspektiven (Kap. 2.3.1, 2.3.2 und 2.3.3) handelt es sich um eine ausschnittsweise Beschreibung des Forschungsfeldes religiöser Sprache, das prinzipiell schwer von anderen Nachbarfeldern abgrenzbar ist. Die methodische Auswahl eines Sprachkorpus kann hier entweder als religiös geltende Texte (z. B. Predigten) betreffen oder, nach soziolinguistischem Ansatz, eine religiöse Kommunikationssituation betreffen. Folglich hängen die Ergebnisse dann stark von dem ausgewählten Korpus, von der spezifischen Fragestellung und der ausgewählten Methode ab. Je konkreter die religiöse Sprache inzwischen verstanden wird (i. S.v. Sprache des Textes oder darauf bezogenem Sprechen; s. Greule 2006), desto singulärer sind die späteren Erkenntnisse einzuschätzen.

Der Gegenstand der vorliegenden Arbeit wird aus der zuletzt beschriebenen sprachempirischen Perspektive und konkret an einem empirischen Textkorpus untersucht. Welcher Text gilt denn wann als *religiös*? Gibt es dafür innersprachliche Kriterien? Studien christlicher Ausrichtung identifizieren das Predigtkorpus

---

20 Die Vermittlerrolle wird in den nicht-institutionalisierten Religionen, wie z. B. dem Buddhismus, anders konzipiert. Ihr Fokus auf die persönlichen religiösen Erfahrungen verleiht der Vermittlerfigur eine eher begleitende Rolle und weniger eine Autoritätsfunktion. Es gibt Stimmen, die die nicht-institutionalisierten Religionen den Bedürfnissen der „spätmodernen Menschen" eher entsprechend ansehen. Ausführlich dazu s. Gebhardt, Engelbrecht und Bochinger 2005.

aufgrund eines textexternen Kriteriums eindeutig als *religiöses Sprechen*: Verkündungssituation (s. Funk 1991: 12). Dieser Frage widmet sich auch der schwedische Priester und Religionswissenschaftler Anders Jeffner. Er unterscheidet insgesamt zwischen vier Typen von sprachlichen Produktionen, die als *religiös* erkannt werden können – aufgrund der textkanonischen Herkunft einer Religion bzw. Absicht der Sprachproduzierenden, aufgrund einer bestimmten Sprechsituation wie z. B. der Predigt, aufgrund eines religionsspezifischen Wortschatzes und schließlich aufgrund einer religiösen Interpretation oder eines religionsspezifischen Gebrauchs (s. Jeffner 1972: 3–10).

Jede Sprachproduktion, die zunächst nach diesen Kriterien als religiös identifiziert wird, kann in einem anderen Kontext ihre Religiosität wiederum verlieren. Das bedeutet, dass die Wortbedeutungen normalerweise nicht unter einem einzigen Gesichtspunkt erschlossen werden können. Das erinnert an Merkmale der Fachlichkeit und das treffende Beispiel von einer religionsspezifischen Bedeutung, die nur angesichts ihres Kontextes erkennbar ist: Das Wort *Apfel* stellt an sich keinen religiösen Fachbegriff dar. Verwendet wird das Wort im Kontext des Genießens sowie des Hungers. Wird hingegen im Kontext der Theologie, bspw. über die Geschichte von Adam und Eva kommuniziert, so tritt die religiöse Fachlichkeit des Wortes in den Vordergrund (s. Kalverkämper 1998: 31). Gleiches gilt für das Wort *Schweinefleisch* im Supermarkt-Kontext gegenüber dem der islamischen Rechtslehre.

Diese Kontextgebundenheit blendet in der sprachempirischen Forschung von heute die klassische Polarisierung zwischen Fachsprache und Gemeinsprache überhaupt aus (zu den einschlägigen Systematisierungs- und Abgrenzungsversuchen zwischen Fach- und Gemeinsprache s. Becker und Hundt 1998, Hoffmann, Kalverkämper und Wiegand 1998, 1999 und Roelcke 2020a: 11–40). Die jüngeren Debatten diskutieren mehr die Überschneidungen wie auch Abgrenzungen zwischen der Allgemeinsprache, Berufssprache (s. Kiefer, Efing, Jung und Middeke 2013), Bildungssprache und Fachsprache (s. dazu das konzeptionelle und terminologische „Spannungsfeld berufsrelevanter Register“: Efing 2014: 420).

Zwar gibt es die Auffassung vom „Beruf“ eines Pfarrers oder Diakons, aber die Sprache während der Tätigkeiten der religiösen Autoritäten ist bis jetzt in keiner der Religionen als *Berufssprache* bezeichnet worden. Als *Arbeit* werden zieldefinierte Beschäftigungen in den menschlichen und handelnden Gemeinschaften betrachtet und es wird zwischen den Lebensbereichen *Alltag* einerseits und *Arbeit* andererseits unterschieden.[21] In dieser Hinsicht wäre es definitiv herausfordernd, die Alltags- und Arbeitswelt der Imame in Deutschland voneinander abgrenzen zu

21 Ausführlich zur Fachsprache und beruflichen Kommunikation s. Roelcke 2020a: 18–23.

wollen. Zugleich wäre es so zu rechtfertigen, warum die deutschsprachigen Predigten bis heute noch keinen Weg in die einschlägigen Forschungslandschaften in „Deutsch als Fachsprache", „Deutsch als Fachfremdsprache" (Roelcke 2020a: 180) oder in „Deutsch als Berufssprache" gefunden haben.

2.4 *Predigt* als Prototyp der religiösen Sprache

Die Predigtpraxis im Christentum ist seit 1945 im Rahmen von unterschiedlichen Analyseverfahren und -methoden erforscht und die Predigtsprache in den Mittelpunkt der Debatte über die religiöse Sprache gesetzt worden. Bevor sich der empirische Teil der vorliegenden Studie mit unterschiedlichen Textsorten innerhalb der islamreligiösen Sprache der Gelehrten befasst, lohnt es sich, anhand von exemplarisch hier genannten Beispielen die Position der Predigt als zentrale, prototypische Textsorte darzustellen, wenn die Sprache der Religion diskutiert wird.

Nach den Dissertationsergebnissen von Stefanie Wöhrle geht es bei dem Gegenstand der Predigtanalyse entweder um die Analyse der Selbstäußerungen des Predigers, die Analyse der Signalfunktion von Predigten oder die Analyse der Darstellungsfunktion von Predigten. Die erste Analyse stellt die Persönlichkeit des Predigers, seine Erfahrungen und Gewohnheiten in den Vordergrund der Predigt (s. Wöhrle 2006: 9). Des Weiteren gibt Nicol einen Überblick über verschiedene sprachspezifische Zugänge zur Predigt und erläutert, dass die Predigtsprache rhetorisch, kommunikationstheoretisch, rezeptionsästhetisch oder medientheoretisch betrachtet werden kann (s. Nicol 2003).

Der Rhetoriker und Sprecherzieher M. Thiele hat die Predigt unter rhetorischen Gesichtspunkten untersucht. Nach seinem Ansatz ist es in der Rhetorik einer öffentlichen Rede unmöglich, jeden beliebigen Inhalt in der entsprechenden Kunst zum Ausdruck zu bringen. Er behauptet eine Verbindung zwischen ethischer Verantwortung in der Rhetorik und Befreiung der (religiösen) Rede von der Manipulation (s. Thiele 2008). Der Germanist K. Bayer befasst sich in seinem Werk (Bayer 2004) mit den Merkmalen des religiösen Sprachgebrauchs u. a. am Beispiel der Textsorte Predigt. Er hat in den einzelnen religiösen Texten Auffälligkeiten hinsichtlich religiöser schwerverständlicher Wörter mit mythischem, rituellem und poetisch stark strukturiertem Charakter beobachtet. Die Frage danach, was den religiösen Sprachgebrauch vom profanen unterscheidet, wird mit einer Unabgrenzbarkeit dieser beiden beantwortet. Seine skeptische Einschätzung gegenüber religiöser Kommunikation (Bayer 2004: 9–10) eröffnet eine neue Perspektive im Hinblick auf den profanen Sprachgebrauch.

Matthias Vogel wendet mit seinen Forschungsschwerpunkten auf angewandte Sprach- und Übersetzungswissenschaft sowie Fachtextlinguistik in seinem Werk

(Vogel 2002) Kriterien der hermeneutischen Übersetzungswissenschaft und der Terminologielehre auf das klassische Feld biblischer Hermeneutik – das Genre der Predigt – an.[22] Am Beispiel von zwei ausgewählten Predigten, von denen eine der Vergangenheit und die andere der Gegenwart angehört, analysiert er das Phänomen *Auslegung* als intralinguale Übersetzung. Aus der terminologischen Analyse verschiedener Begriffe resultiert die Gestaltung eines theologischen Begriffswörterbuches.

Die Forschung von Tobias Funk (Funk 1991) behandelt die religiöse Sprache und ihre konfessionsspezifischen Varianten in der deutschsprachigen Verkündigung der Gegenwart methodisch in zweifacher Weise. Er arbeitet sowohl wortsemantisch mit religiösem Predigtwortschatz, als auch satzsemantisch mit Prädikationen einerseits über das Gottesbild und andererseits über das Verhältnis des Menschen zu Gott. Er kommt zu dem Ergebnis, dass traditionell-religiöse Sprachelemente heute weniger verwendet werden als in Texten der Vergangenheit. Darüber hinaus stellt er immer mehr abnehmende konfessionsspezifische Verwendungsvarianten in den Predigten fest (s. Funk 1991).

Zuletzt wird exemplarisch die Arbeit von Stefan Altmeyer aus dem Jahr 2011 genannt (Altmeyer 2011). Er hat in seiner ebenfalls sprachempirischen Studie im Kontext religiöser Bildung Perspektiven des religiösen Sprachgebrauchs von Jugendlichen im Religionsunterricht mit ausgewählten Predigten als sogenannter offizieller religiöser Sprache verglichen. Dabei wird anhand von Strukturgraphen dargestellt, wie die vordefinierten religiösen Schlüsselwörter von zweierlei Korpora gebraucht werden. Eine der in seinem Werk behandelten zentralen Fragen lautet, ob sich die religiöse Sprache in der Predigtpraxis in eine sogenannte Fremdsprache umgewandelt hat.

2.5 Grundlagendiskussion der Predigtsemantik

2.5.1 Bestimmung von Bedeutungsrelationen

Die Disziplin *Semantik* setzt sich nach Charles W. Morris mit der Beziehung zwischen den Zeichen einerseits und der Wirklichkeit, auf die sich diese beziehen, andererseits auseinander (s. Morris 1972: 94). Somit besteht die Aufgabe der Semantik darin, Bedeutungen zu beschreiben. Wie die Wörter *Ausdruck, Bedeutung, Begriff* und *Wort* in der Sprachwissenschaft verwendet werden, ist nicht immer ganz einheitlich. Da sie die Grundtermini der Diskussion über Semantiktheorien

---

22 Ausführlich zur Hermeneutik von religiöser Rede s. Gräb 2013: 85–99.

ausmachen, erscheint an dieser Stelle eine der aktuellsten Differenzierungen zwischen ihren Gebrauchsweisen sinnvoll:

> *Ausdruck* = formale (schriftliche oder lautliche) Seite eines (lexikalischen) Zeichens;
>
> *Bedeutung* = funktionale (inhaltliche) Seite eines (lexikalischen) Zeichens;
>
> *Wort* = (lexikalisches) Zeichen als Einheit aus Ausdruck und Bedeutung mit Betonung der Ausdrucksseite;
>
> *Begriff* = (lexikalisches) Zeichen als Einheit aus Ausdruck und Bedeutung mit Betonung der Bedeutungsseite. (Efing/Roelcke 2021: 31)

Darüber hinaus ist auf die wesentliche Komponente *Referenz* hinzuweisen. Das sogenannte *semiotische Dreieck* (s. Ogden und Richards 1969) hat de Saussures bilaterales Zeichenmodell (de Saussure 1972) mit dieser dritten Komponente erweitert. Unter *Referenz* versteht man den konkreten Bezug von sprachlichen Zeichen auf Gegenstände und Sachverhalte der (außersprachlichen) Wirklichkeit (zu dieser und einer alternativen Interpretation des semiotischen Dreiecks s. Roelcke 2017: 25–29). Dadurch eröffnet sich die Möglichkeit, die Wortbedeutung ebenfalls für Gegenstände aus einer nicht-dinglichen Welt zu konstituieren. Die wortsemantische Referenz erhält daher im Fachbereich Religion aufgrund ihrer erst mittelbaren (bildlich unterbrochenen) *Bedeutungsrelation* zum Ausdruck umso mehr an Relevanz. Die gegenseitige Relation zwischen Ausdruck und Bedeutung wird hingegen als unmittelbar bzw. kausal verstanden (s. Roelcke 2017: 28). Wörter und deren Bedeutungen sind wie ein Netz miteinander verbunden. Die klassischerweise bekannten Bedeutungsrelationen werden hier an die Aufteilung von Roelcke angelehnt (s. Roelcke 2017: 35–45; Efing und Roelcke 2021: 57–65) und sowohl mit allgemein- als auch predigtsprachlichen Beispielen versehen.

2.5.1.1 Gleichnamigkeit und Mehrdeutigkeit

Die Gleichnamigkeit basiert auf dem bilateralen Zeichenmodell für die Beschreibung der Relation zwischen Ausdruck und Bedeutung eines Wortes. Dabei handelt es sich bei *Monosemie* bzw. *Mononymie* um eine einzige gegenseitige Verbindung zwischen Ausdruck und Bedeutung. Dies stellt einen Idealfall im Bereich der Terminologielehre dar. In der Alltags- und Fachkommunikation handelt es sich bei einer solchen eine einzigen Zuordnung vielmehr nur um den Ausnahmefall, denn für den Ausdruck eines Begriffs bestehen in der Regel mehrere Bedeutungen und umgekehrt. Diese Beziehungen sind entsprechend als *Polysemie* oder *Homonymie* und *Synonymie* bekannt. Um aus dem Predigtwortschatz Beispiele anzuführen, gilt der Ausdruck *Wurzel* unter der Bedeutung ‚Wortstamm' eines arabischen Wortes (s. WFD 2.4) – hinsichtlich der äußeren Form auch ‚Pflanzenteil' – als *polysem* und die zwei Ausdrücke *Gebetsstein* und *Gebetssiegel* (s. WFD 4.7) gelten als *synonym*.

Eines der etablierten Begriffspaare in der Semantik sind *Denotation* und *Konnotation*. Diese zwei unterschiedlichen Bedeutungsaspekte beziehen sich auf Wörter, die zwar auf denselben Gegenstand bzw. Sachverhalt hinweisen, also als Synonyme bezeichnet werden, sich aber im Hinblick auf deren wertende Beurteilung unterscheiden. Alle Synonyme haben jeweils dieselbe denotative Bedeutung, können aber andere konnotativen Bedeutungen haben (z. B. bei *Hund/Köter*), müssen es aber nicht (z. B. *Orange/Apfelsine*). Diese Unterscheidung wird seit langem mit der Gegenüberstellung von „begrifflichem Inhalt" und „Nebensinn und Gefühlswert" der Wörter erläutert (s. Erdmann 1900).

Im verwendeten Wortschatzbestand der deutschsprachigen islamischen Predigten fallen die konnotativen Bedeutungsanteile besonders auf. An einer Predigtstelle wird die Konnotation zwischen den synonymen Begriffen *Befolgung* und *Nachahmung* (WFD 2.3) explizit thematisiert, indem ein theologisch-übersetzungssemantisches Dilemma hervorgehoben und auch das Laienpublikum daran beteiligt wird. Das arabische Wort *taqlīd* sei mit *Befolgung* wertneutral übersetzt, während die Übersetzung mit *Nachahmung* negativ konnotiert sei, so die Begründung des Predigers für seine Wortwahl (vgl. TXT6, PRD3, 2018-07-08). Die sachliche Bedeutungskomponente verweist auf die denotative und die wertende bzw. abschätzige Bedeutungskomponente hingegen auf die konnotative Bedeutung eines Wortes.

Häufig verändern sich im Laufe der Zeit die denotativen und konnotativen Bedeutungen der Wörter.[23] Diese zeitbedingte Änderung der Konnotationen betrifft sowohl deutsche als auch arabische Wörter. In dem Beispiel *taqlīd* und seiner zweifachen Übersetzung handelt es sich zwar um die persönliche Argumentation des Sprechers, die Konnotation der beiden deutschen Wörter entspricht aber den intersubjektiven Bewertungen, die auch für die Sprachgemeinschaft nachvollziehbar sind.

2.5.1.2 Über- und Unterordnung

Ein Teil der WFD 2.1 (vgl. Kap. 5.3) beinhaltet die Wörter *Korantext*, *Sure* (ein Abschnitt oder Kapitel des Koran mit eigenständiger Überschrift) und *Vers*. Der Korantext gliedert sich in mehrere *Suren* und jede *Sure* enthält mehrere Verse. Diese drei Wörter (*Korantext, Sure, Vers*) sind bedeutungsmäßig miteinander verwandt und tragen sie verschiedene Bedeutungen. Für das Verhältnis eines Ganzen zum

23 Für einen Überblick zum Bedeutungswandel – Erweiterung und Einengung von denotativen sowie Verbesserung und Verschlechterung von konnotativen Bedeutungen – s. Fritz (2006); zur zeitlichen Gebundenheit des Wortgebrauchs als einer der Typen von Konnotation s. Schippan 1992: 121–123.

Teil bzw. zu den unterschiedlichen Teilen dieses Ganzen stellt man das allgemeinsprachliche Beispiel mit der Bedeutungsrelation zwischen *Vogel* und *Flügel* dar (s. Efing und Roelcke 2021: 63). Diese semantische Relation, auch häufig zwischen Predigtwortschatzeinheiten auffindbar, ist hierarchisch aufgebaut wird – wie im Fall von *Korantext, Sure* und *Vers* – als *Partonymie* bzw. *Meronymie* bezeichnet.

In einem anderen Beispiel lassen sich die Eigennamen *Adam, Noah* und *Abraham*, wie diese in den Predigten gebraucht worden sind, semantisch dem Wort *Propheten* unterordnen (s. Teil der WFD 3.1). Dabei stellt das Wort *Propheten* ein *Hyperonym* zu den Wörtern *Noah* und *Abraham* dar, während diese jeweils dessen *Hyponyme* sind; da *Noah* und *Abraham* gemeinsam *Propheten* untergeordnet sind, ist hier auch von gemeinsamer Bedeutungsunterordnung bzw. von *Kohyponymie* die Rede.

Das Wortbildungspotential der deutschen Sprache trägt dazu bei, die Terminologisierung des predigtrelevanten Wortschatzes – insbesondere bei *Hyperonymie*-Relationen – zu fördern. Roelcke betont die Bedeutung dieses Potentials für die hierarchischen terminologischen Wortschatzsysteme der Fachsprachen (s. Roelcke 2017: 40). Es handelt sich hierbei um abstrakte gegenüber konkreten Wörtern innerhalb der Fachsprachen. So bildet zum Beispiel das Wort *Gebet* ein Hyperonym zum Wort *Spätabendgebet* und findet unmittelbar im predigtspezifischen Sprachgebrauch Verwendung. Das Wort *Gebet* erweist sich im Hinblick auf seine untergeordnete Bedeutung zum Wort *Glaubenspraxis* als hyponym (s. Teil der WFD 4.3), zugleich jedoch im Hinblick auf seine übergeordnete Stellung zum Wort *Spätabendgebet* als hyperonym (s. Teil der WFD 4.7).

2.5.1.3 Gegenordnung

Die dritte große Gruppierung von Relationen bezieht sich auf die *Gegenordnung*, die entweder einen relativen (*Antonymie*) oder einen absoluten Bedeutungsgegensatz (*Komplenymie*) repräsentiert. Als bekannte Beispiele für *Komplenymie* gelten *tot* und *lebend*. Im Predigtwortschatz finden sich reichlich Ausdrücke beider Arten der semantischen Gegenordnung. So können Wörter *abwesend* und *anwesend* (Teil der WFD 3.2) theoretisch nicht gleichzeitig für den Gegenstand x gelten. Andere Beispiele sind *Hölle/Paradies* (Teil der WFD 4.10), *erlaubt/verboten* (Teil der WFD 4.4), *gültig/ungültig* (Teil der WFD 4.4).

Im Unterschied zu den Wörtern *abwesend* und *anwesend* können die predigtrelevanten Wortpaare *Laie/Experte* (Teil der WFD 2.3) wie auch aus der Allgemeinsprache bekannten Paare *groß/klein* als Beispiele relativer Gegensätze genannt werden, da hier eine Vergleichsgröße bzw. einen allmählichen Übergang von einer zu anderer Bedeutung vorstellbar ist. Eine Person mit einem bestimmten Wissensstand erscheint im Vergleich zu anderer Person eher Experte und im Vergleich zu wiederum einer dritten eher Laie. Die Einschätzung über diese Bezeichnung erfolgt vor dem Hintergrund eines Kontinuums oder einer Skala und bedarf stets einer vergleichenden Größe.

Als zwei weitere Arten der Bedeutungsgegensetzung gelten *Konversonymie* und *Heteronymie* (Roelcke 1992): Die lexikalischen Konversen stehen in einer semantischen Relation des Gegensatzes zueinander, die die unterschiedlichen Seiten ein und desselben Vorgangs bilden. Das konversonyme Verhältnis des bekannten Gegensatzpaares *Arbeitgeber* und *Arbeitnehmer* lässt sich gut in das Beispiel des Wortpaares *Schöpfer* und *Geschöpf* (Teile der WFD 1.2) als Existenzgeber bzw. -nehmer im religiösen Sprachgebrauch übertragen.

Zuletzt erklärt die *Heteronymie* bzw. *Inkompatibilität* eine semantische Beziehung, die zwischen mehreren lexikalischen Zeichen besteht. Diese befinden sich einerseits auf einer hierarchischen Ebene zueinander. Andererseits bilden sie alle zusammen einen Wirklichkeitsausschnitt und können daher nur alternativ verwendet werden. Während die Wochentage und Monatsnamen oft erwähnte Beispiele für Gegenordnungen allgemeinsprachlicher Art sind, stellen die fünf grundlegenden *Glaubensprinzipien* entsprechende Beispiele aus dem Predigtwortschatz dar oder auch die zehn *Handlungsprinzipien*, die die Glaubenspraxis ausmachen (Teile der WFD 4.1 und 4.6). Heteronyme sind eine der klassischen Gegenstände der Theorie der Wortfelder (s. Linke, Nussbaumer und Portmann 2004: 161).

2.5.2 Überblick über Wortsemantiktheorien

Anhand von zahlreichen Ansätzen und Modellen lassen sich Bedeutungsbeschreibungen theoretisch sowie praktisch ausführen.[24] Gemäß der geschichtlichen Reihenfolge werden hier die Wortfeldtheorie und Merkmal- bzw. Komponentensemantik ausgewählt. Diese repräsentieren systematisch-strukturalistische Ansätze. Im weiteren Verlauf folgen unter den kognitiven Ansätzen die Prototypen- sowie Stereotypen-Semantik, die praktische Semantik (bzw. Pragmalinguistik) und die Frame- sowie Skriptsemantik, der gegenwärtig gewisse Aufmerksamkeit geschenkt wird (s. Busse 2009: 14).[25]

24 Zu einer theoretisch orientierten Ausführung anhand des einheitlichen *Grundel*-Musterbeispiels s. Staffeldt und Hagemann 2017.

25 Bei der Zusammenführung verschiedener Semantiktheorien werden einige in diesem Rahmen nicht erläutert werden, da sie für die semantischen Grundlagen der vorliegenden Arbeit irrelevant erscheinen. Dazu gehören bspw. die Korpussemantik (s. Storjohann 2017) und die Konzeptuelle Semantik (s. Maienborn 2017).

Der Terminus *Wortfeld* ist zum ersten Mal durch Jost Trier definiert worden. Die später davon abgeleitete *Wortfeldtheorie* stützt sich auf den Gedanken, dass die Wörter nicht für sich allein, sondern stets in Beziehung zu und in Abgrenzung von anderen benachbarten Wörtern stehen. Die Wörter positionieren sich in den *Wortfeldern* und gemeinsam machen sie den Wortschatz einer Sprache aus. Wortfelder kennzeichnen sich demnach zum einen durch die Eigenschaft der Abgrenzbarkeit von anderen Wortfeldern und zum anderen durch ihre Vollständigkeit und Unterscheidbarkeit (s. Trier 1931/1973: 40–65).

In den späteren linguistischen Diskussionen über Wortfelder werden beide genannten Eigenschaften hinterfragt. Die grundsätzlichen Begründungen fußen vor allem darauf, dass es sowohl zahlreiche lexikalischen Einheiten im Deutschen gibt, die mehreren Wortfeldern zugeordnet werden können und daher semantische Überlappungen aufweisen, als auch dass es andere Wortfelder gebe, deren semantische Lücken die Eigenschaft der Vollständigkeit und dementsprechend die ganze Wortfeldlehre in Frage stellten (s. hierzu Engelberg und Rapp 2017: 54–56; zu kritischen Ansichten gegen die Wortfeldtheorie s. u. a. Gabka 1967 und Hoberg 1970).

Die Weiterentwicklung der Wortfeldtheorie resultiert in Modellen der *Merkmalsemantik*, die dem strukturalistischen Verfahren verpflichtet sind. Die Wortbedeutung lässt sich demnach aus mehreren semantischen Bestandteilen eruieren bzw. aus den zwischen ihnen bestehenden Relationen entnehmen. Zu den Teileinheiten eines Wortes gelangt man durch strukturalistische Zerlegung. Die Unterscheidung zwischen den Bedeutungen von Wörtern erfolgt dadurch, dass deren „Komplex semantischer Merkmale“ (Schippan 1972: 29) berücksichtigt, analysiert und miteinander verglichen wird. Für die Definition der Inhaltselemente gibt es demnach die klassischen aristotelischen Kriterien des übergeordneten Gattungsbegriffs sowie des Artunterschieds (das Genus proximum und die Differentia specifica; mehr dazu s. Buldt 2008).

Die beschreibungstheoretische Einteilung in Ober-, Unterkategorien und mehrere unterscheidende Merkmale stößt praktisch-methodisch auf gewisse Anwendungshindernisse. Ein zentraler Kritikpunkt betrifft die merkmalsemantische Annahme, dass die Bedeutungen sprachlicher Zeichen nicht nur in kleinere Teile (auch *Seme* genannt) zerlegbar seien, sondern es dazu noch begrenzte Bedeutungseigenschaften gebe, die durch binärmarkierte Merkmalsangaben vollständig beschreibbar seien (s. Wiegand und Wolski 2011: 206 und Lutzeier 1985: 94). Durch diesen dekomponierenden Prozess gelangt man zu der Auflistung von Bestandteilen einer Wortbedeutung, was bei der Bedeutungsvermittlung im Fremdsprachenunterricht gewinnbringend wirken kann. Gewisse Einschränkungen treten allerdings auf, wenn diese Theorie über die Beschreibung der einzelnen Wortbedeutung hinaus Anspruch auf die Erklärung der Wortbedeutung selbst erhebt.

Die merkmalsemantischen Darstellungen mit ihren offenen Fragen und Unklarheiten stoßen auf bestimmte Schwankungen wie z. B. welche Merkmale überhaupt einem Lexem zugeordnet werden sollen oder wie bei den Merkmalzuweisungen mit den graduellen Merkmalen und Überschneidungen umzugehen ist (zu einem kritischen Zugriff auf die Merkmalsemantik, s. Engelberg und Rapp 2017: 53–59 und Staffeldt 2017: 123–124).

Semantische Theorien werden ab den 1980er Jahren größtenteils von kognitionswissenschaftlichen Ansätzen geprägt. Modelle des semantischen Wissens sowie der Sprachverarbeitung können als Schwerpunkte der *kognitiven Semantik* genannt werden. Durch ihre jüngeren Ansätze erweitert sich der traditionell eher eingeengte Bedeutungsbegriff, sodass alle für das Sprachverstehen relevanten Semantikaspekte in den Vordergrund treten und eine bestimmende Rolle spielen können. Über den Begriff hinaus erweitert sich ebenfalls der Analysegegenstand und lässt sich leichter an die kulturwissenschaftlichen Disziplinen anknüpfen (s. Schwarz 2008)

Die *Stereotypen-* und *Prototypen-Semantik* setzt an den problematischen Punkten der Merkmalsemantik an. Die Kritik bezieht sich v. a. darauf, dass die für eine Bedeutungsbeschreibung notwendigen und hinreichenden Merkmale eines Wortes kaum festlegbar zu sein scheinen. Dementsprechend sei für die Erfassung der Wortbedeutung oder die Unterscheidung lexikalischer Einheiten eines Wortfeldes keine Angabe von deren Merkmalen relevant. Stattdessen ergibt sich die Wortbedeutung aus den stereo- bzw. prototypischen Vorstellungen über gegebene Objekte, die durch den Sprachproduzenten vermittelt werden. In der kognitiven Semantik werden somit die semantischen Phänomene nicht mehr rein linguistisch-strukturalistisch, sondern hinsichtlich ihrer mentalen Repräsentationen analysiert. Die abstrakt erfolgte „Kategorisierung von Entitäten“ (Gansel 2017: 77) durch den menschlichen Geist trägt zu diesem Zweck bei. Jede Kategorie verfügt dann über sogenannte „ideale Vertreter“ (s. Rosch 1977: 20–22) und die standardisierten Charakteristika einer Kategorie nennt man *Stereotype* (s. Putnam 2021: 75–79).

Die *Typensemantik* (Konerding 1993) greift den Referenzbegriff auf – ein Terminus, der den Gegenstandsbezug der Wörter in den Fokus rückt, jedoch mit flexiblem Zugehörigkeitsanspruch. Ein teilweises Ähnlichkeitsverhältnis solle dabei ausreichen, unterschiedliche Elemente einer Klasse als Subkategorie einem Bezugsobjekt zuzuordnen. Von Wittgenstein wird der Begriff „Familienähnlichkeit“[26] für die Verhältnisse zwischen den Begriffen einer Kategorie geprägt. Referenz wird sodann nicht mehr als eine Eigenschaft der Wortbedeutung angesehen, sondern als

26 Ausführlich zu seinen Analysen s. Wittgenstein (2011).

Handlungen der Sprachproduzenten, durch deren Äußerungen zu Gegenständen der Welt bzw. des Wissens Bezug genommen wird (s. Lutzeier 1985: 106).

Die meisten Modelle der Typensemantiktheorien hierarchisieren verschiedene Vertreter einer bestimmten Kategorie in *zentrale* und *periphere*. Diese Abgrenzung mag wohl das Problematischste bei den Wortfeldern und bei der Merkmalsemantik sein. Je weiter sich eine Unterkategorie vom zentralen Vertreter entfernt und je weniger irgendeine „Ähnlichkeit mit dem Prototyp" (Langacker 1987: 371) wahrgenommen wird, desto schwieriger wird die Entscheidung über deren Zugehörigkeit zu dem Typ. Verschiedene Kategorien, die sich auf diese Weise gestalten, verfügen über unscharfe Grenzen und die Wörter können mehreren Kategorien angehören. In diesem Sinne fasst Putnam die Unschärfe der Bedeutungsgrenzen so zusammen, dass die Zuordnung von Gegenständen zu Wortbedeutungen in natürlichen Sprachen meist eher eine Sache des „mehr oder minder" als des „wahr bzw. falsch" (Putnam 2021: 80 und 56) sei.

Kategorien und Prototypen sind nach den prototypischen Ansätzen nicht universell, begrenzen sich in spezifischen soziokulturellen Kontexten und sind wesentlich durch subjektive Erfahrungen und Einstellungen geprägt. Die hierbei postulierte Annahme, dass die Bedeutungsbeschreibungen sich in erster Linie von individuellen Interpretationen ableiten lassen bzw. es einzelne Individuen sind, die den ‚normalen' Vertreter festlegen (s. Putnam 2021: 49), verdeutlicht, dass die Typensemantik kaum das Problem lösen kann, das sie bei der Merkmalsemantik empfunden und dessen Behebung sie sich primär zum Ziel gesetzt hatte (s. Busse 2009: 56). Darüber hinaus zeigen Prototypen- und Stereotypensemantik – trotz der Betonung auf Flexibilität der Bedeutungskategorien im Bereich von Abstrakta – gewisse Beschränkungen. Putnam bspw. begrenzt die Reichweite seiner Theorie auf die natürlich gebrauchten, physikalischen und sinnlich wahrnehmbaren Lexeme (s. Putnam 2021: 48).

Bereits in der Stereo- und Prototypensemantik ist der soziokulturelle Kontext eines Wortes für dessen Bedeutungsbeschreibung wichtig. Für eine vernünftige semantische Beschreibung soll demnach keine Grenze zwischen Sprachwissen und einem Wissen über die Welt gezogen werden (s. Lutzeier 2002: 38). Die *Praktische Semantik* wendet sich zunächst von der Annahme der traditionellen Semantik ab, jede Wortverwendung sei systematisch, einheitlich und teilweise eindeutig (s. Heringer 1974: 19). Stattdessen entscheidet für die Erfassung der Bedeutung ihr schriftlicher oder mündlicher Gebrauch und zwar nach den zugrundeliegenden praktischen „Regeln" (Heringer, Öhlschläger, Strecker und Wimmer 1977: 7). Vernachlässigt man bei der Beschreibung eines Begriffs seine sozialen lebensweltlichen Verknüpfungen, so entstehen Missverständnisse unter den Kommunikationsteilnehmenden. Die Pragmalinguistik erforscht in einer nicht-klassischen Form die „kontext-, gebrauchs- und benutzerabhängigen Aspekte der bedeutungshaften

Leistung sprachlicher Einheiten und ihrer Benutzung zu kommunikativen Zwecken“ (Busse 2009: 72).[27]

Die bis hier erwähnten Ansätze stützen ihre Analyse auf die Wortbedeutung und auf die zwischen ihnen bestehenden multilateralen Bedeutungsrelationen. Die *Frame-* und *Skriptsemantik* geht zusätzlich von einer bestimmten Menge von Informationen bzw. Wissen aus, die für das Verstehen eines Wortes relevant seien. Diese frame- und skriptsemantischen Modelle besagen, dass das Weltwissen der jeweiligen Menschen von komplexen, mental repräsentierten „Frames“ oder „Skripts“ geformt wird (s. u. a. Busse 2009: 80–90). Den einen oder anderen Frame zu verstehen, erfordert demnach das Verstehen, genauer die Produktion und Rezeption eines jeden Wortes und seines ganzen Handlungszusammenhangs als Struktur, in der es vorkommt (s. Fillmore 1982: 3). Die dadurch entstandenen Vorstellungen steuern sodann die entsprechende Kommunikation. Es sei daher weder eine Trennung zwischen Sprachwissen und Weltwissen sinnvoll, noch eine Grenzziehung zwischen semantisch und kognitiv (s. Fillmore 1977: 99). Das kann als zentrale Auffassung der Frame- und Skript-Semantik betrachtet werden. Werden die semantischen Verhältnisse innerhalb des allgemeinsprachlichen Wortschatzes als assoziative Strukturen verstanden, die unterschiedliche Kenntnisszenarien voraussetzen, könnte sich diese Annahme im erweiterten Sinne auch für Fachsprachen eignen (s. Roelcke 2020a: 80).

2.6 Charakteristika des eigenen Ansatzes

Die Semantikforschung hat sich generell eher der Wortbedeutung als Satz-, Text- und Diskursbedeutung gewidmet. Innerhalb der Wortsemantik erscheinen die Begriffswörter wie Substantive (sog. *Autosemantika*) viel häufiger als Funktionswörter wie Präpositionen, Artikel etc. (sog. *Synsemantika*) Gegenstand der Forschung gewesen zu sein (s. Busse 2015: 46 und 52). Im Hinblick auf den deutschsprachig-islamischen Predigtwortschatz, welcher durchaus neu seinen Weg in die wortsemantische Forschungslandschaft findet, liegt der Schwerpunkt vorrangig auf den Begriffswörtern.

Die kurze Darstellung von verschiedenen semantischen Ansätzen in 2.5.2 beleuchtet das Spektrum des komplexen Bereichs. Zum einen gibt es fragwürdige Annahmen bzw. Resultate bei allen Ansätzen. Zum anderen erhebt keines der erwähnten Modelle den Anspruch, Bedeutungen in ihrer ganzheitlichen Dimension

27 Abgeleitet von der Praktischen Semantik sind mehrere Bedeutungsmodelle entstanden; u. a. s. Schwarz-Friesel 2017.

pauschal beschreiben und bestimmen zu können. Vielmehr eröffnen sich durch den spezifischen Charakter der jeweiligen Semantiktheorien neue Perspektiven. Jede dieser neuen Erkenntnisse kann dann gemäß der zu erforschenden Textsorte ausgewählt und zur Analyse herangezogen werden. Die Übernahme nur eines einzigen theoretischen Semantikmodells kann der Zielsetzung dieser Arbeit nicht angemessen gerecht werden. Sinnvoll erscheint dafür vielmehr eine mehrdimensional voranschreitende empirische Abhandlung.

Werden für die Beleuchtung der Bedeutungsbeziehungen bzw. für den Vergleich von verschiedenen Semantiktheorien in den einschlägigen Semantikwerken unterschiedliche oder einheitliche Wortbeispiele hervorgebracht, beziehen sich diese zumeist auf Konkreta (dazu s. z. B. die Auseinandersetzung prominenter Semantiktheorien mit dem einheitlichen *Fisch*-Beispiel in: Staffeldt und Hagemann 2017). Ein Charakteristikum von Sprache in der Religion, das eine theoretisch unifizierte Rahmensetzung besonders erschwert, ist ihre überwiegend abstrakte Natur. Die geschilderten Wortsemantikmodelle bleiben für die Analyse von Abstrakta nicht selten mit Hindernissen konfrontiert. Die Sprache der Religion zeichnet sich u. a. gerade durch eine Anhäufung von Wörtern „ohne ein sinnesphysiologisch verifizierbares Korrelat“ (Busse 2015: 46) oder „Nicht-Dinge“ (Busse 2015: 53) aus. In dieser Hinsicht werden gewisse Einsichten von diversen Semantikmodellen übernommen und in unterschiedlichen Forschungsphasen nebeneinander zum Einsatz gebracht. Auf diese Weise entwickelt sich das eigene Konzept für eine möglichst nachvollziehbare Auffassung von Wortschatzeinheiten und der zwischen ihnen bestehenden Bedeutungsrelationen.

2.6.1 Pragmatischer Zugang zur Predigtsprache

Die pragmatische Semantik, allen voran Wittgenstein (2011 [1953]), sieht die Bedeutung eines Wortes nicht nur als „Gegenstand“, „Ding“, „Bild“ oder „Vorstellung“ an. Ihre Bedeutungsauffassung richtet sich an unterschiedliche Erklärungen und Verwendungsbeispiele, die zu kommunikativen Zwecken erläutert werden. Während und innerhalb der tatsächlich stattfindenden Predigtpraxis finden auch die religionssensiblen Termini ihre Verwendung und Bedeutungen. Dieser Ansatz nimmt die semantischen Regeln als Konventionen wahr, die von sozialen Gruppen über die Verwendung sprachlicher Zeichen festgelegt worden sind und immer wieder während des Sprachgebrauchs neu festgelegt werden (s. Wittgenstein 2011 [1953]). Die deutsche Sprache in den islamischen Predigten stellt neue Ausdrucksmöglichkeiten und zugleich -bedürfnisse her, die stets durch einschlägige Kommunikationssituationen verändert werden. Für Heringer kann es gerade den Sinn der

Kommunikation ausmachen, die Bedeutung von Ausdrücken zu erläutern (s. Heringer 1974: 100).

2.6.2 Predigtsemantik in Wortfeldern

Zur Strukturerkennung im vorliegenden Predigtwortschatz stellt die klassische Wortfeldtheorie einen angemessenen Ansatzpunkt dar. Nach Busse lässt sie sich im Vergleich zu anderen klassischen Ansätzen der Wortsemantik, die sehr begrenzt praktisch umsetzbar sind (wie die Merkmalsemantik), empirisch leichter einbetten (s. Busse 2015: 53). Diese Vorgehensweise deckt semantische Relationen zwischen den korpusbasierten Wortschatzeinheiten auf. Die wortfeldbasierte Analyse verfolgt die Zielsetzung, das gesamte religionsspezifische Wortschatzmaterial erneut semantisch-systematisch aufzubauen. Um es mit Staffeldts Worten zu formulieren: Wenn man die Wortfelder praktisch modellieren und sie miteinander in Beziehung setzen will, ist dies als „eine lexikologische Tätigkeit des Ordnens eines Wortschatzes“ (Staffeldt 2017: 120) wahrzunehmen. Dafür muss genau erklärt werden, was in diesem Kontext unter dem Begriff *Wortfeld* zu verstehen ist, woraus die Einheiten bestehen und mit welchen Kriterien sie aus dem Predigtkorpus ausgesucht werden. Die zwei letzteren Fragen werden im Kapitel zur Methode erläutert (Kap. 3). Im Folgenden wird aufgezeigt, was in der vorliegenden Arbeit unter *Wortfeld* zu verstehen ist.

Der Hauptvertreter der Wortfeldtheorie, Jost Trier, erläutert seine Begründungen für die entsprechenden Bedeutungsbeschreibungen häufig mithilfe metaphorischer Bezeichnungen, beginnend mit dem Begriff Wort*feld* selbst. Unter einem Wortfeld versteht er einen „inhaltlich zusammengehörigen Teilausschnitt des Wortschatzes“ (Trier 1931/1973: 40). Er begreift diese Zusammensetzung als „mosaikartig“ (Trier 1931/1973: 40). Einen unbekannten Wortschatzbereich muss man sich somit zunächst als ungegliedert vorstellen, wobei erst durch Wahrnehmung von kleinen Mosaikstücken die Wahrnehmung des Ganzen ermöglicht wird. Weitere, in ihren Anfängen aufgeführte *Mantel*- und *Netz*-Metaphern (s. Trier 1931/1973: 41–42) sprachen beide für das Prinzip der lückenlosen Abdeckung der Wortschatzeinheiten. Diese Annahme wird später von anderen Wortfeldsemantiker*innen widersprochen. Bei ihm selbst entwickelt sie sich, wiederum metaphorisch, zu einem teils ergänzten und teils korrigierten Postulat:

Das Bild der rennenden Pferde in einem Feld soll nunmehr die ältere Feldtheorie, bildlich die statischen Mosaike, ersetzen. Die Metapher der *rennenden Pferde* steht dafür, dass sich die unterschiedlichen Stellungsverhältnisse zwischen den Wörtern eines Wortfeldes permanent ändern (s. Trier 1931/1973: 193). Die darauffolgende Metapher der *Strahlen eines Sterns* weist auf die flexiblen Wortfeldumrandungen hin, die zwischen den benachbarten Feldern bestehen. Mit anderen Worten: Die „Pferderennen-Metapher" verweist auf die Unvollständigkeit und die „Strahlen-Metapher" auf die unscharfe Abgrenzung des Wortfeldes (s. Trier 1931/1973: 195).

Manchmal äußern sich einige Vertretende der Wissenschaftssprache zunächst kontrovers zum metaphorischen Zugang zur Wortfeldsemantik, was häufig darin mündet, dass sie die Unvollständigkeit bzw. Grenzunschärfe der Wortfelder nicht tolerieren. Neben Klassikern wie Lutzeier (1983: 48–49) haben sich einige modernen Semantiker*innen (bspw. Zimmermann 2014: 9) explizit vom Wortfeldbegriff distanziert. Trotzdem erscheint der in der Wortfeldtheorie reichlich vorhandene Metapherneinsatz und v. a. auch die dynamische Modellierung dieser Theorie in letzter Zeit mehr Akzeptanz gefunden zu haben. Staffeldt spricht sich bspw. dafür aus, die gewisse inhaltlich-semantische Nähe, die unter den Wortfeldmodellierungen gilt, als gemeinsamen Konsens durchaus flexibel und graduell zu verstehen (s. Staffeldt 2017: 119–120).

Es gibt verschiedene Konzepte für Wortfelder (s. u. a. Heusinger 2004: 119–121). Allein der Wortfeldbegriff ist in unterschiedlichen Dimensionen aufgefasst worden: Extrem eingegrenzt und präzisiert haben ihn Coseriu (1967/1974) und später Löbner mit bekannten Beispielen von Personen- und Verwandtschaftsbeziehungen (s. Löbner 2003: 132–150) verstanden. Demgegenüber haben bspw. Warnke (1995) und Gloning (2002: 728) den Wortfeldbegriff erweitert bzw. weiter gefasst. Welche Position in so einem breiten Spektrum am ehesten eine konkrete Realität beschreiben kann, scheint eine wenig sinnvolle Frage zu sein, denn die Wortfelder reflektieren keine sprachliche Realität. Vielmehr dient eine wortfeldbasierte Beschreibung der Erfüllung eines bestimmten Zwecks (s. Weber 2004: 52). Wie weit oder wie eng die Beschreibung gefasst wird, hängt dann vom entsprechenden Zweck ab.

Die theoretische Grundlage dieser Studie vermeidet insofern ein striktes Verständnis der Wortfeldtheorie. Einen bestimmten Wirklichkeitsausschnitt abzudecken, ist stets unweigerlich mit Lücken und Überschneidungen versehen. Dabei ist insbesondere darauf hinzuweisen, dass die hermeneutische Vielfalt des theologischen Wissens durch eine offene Erfassung von Wortfeldern gewährleistet wird. Abgeleitet von diesem Anspruch wird das Wortfeldmodell im nächsten Teil mit kognitiv-assoziativen Zügen vervollständigt.

2.6.3 Hierarchisch-assoziative Zusammenstellung lexikalischer Bedeutungsrelationen

Die ursprünglich traditionelle Wortfeldtheorie erhält in der vorliegenden Arbeit eine neue Zielrichtung und daher eine moderne semantische Aufgabenstellung.

Für die Zusammenstellung lexikalischer Bedeutungsrelationen zwischen den religionssprachlichen Wörtern und als Ergänzung zur Wortfeldtheorie kann man sich kaum auf einen typentheoretischen Ansatz verlassen. Die Stereotypentheorie weist lediglich auf allgemeinsprachliche Bedeutungsmerkmale hin und nicht auf fachsprachliche.

Das Beispiel *Wasser* verdeutlicht, wie unterschiedlich die Merkmale eines Wortes in seinem allgemeinsprachlichen gegenüber seinem naturwissenschaftlichen Gebrauch (hier: die chemische Formel) sein können (s. Roelcke 2020a: 78). Dasselbe Beispiel illustriert gut die Varianten eines allgemeinsprachlichen gegenüber einem islamreligiös spezifischen Gebrauch: Die Bedeutungsbeschreibung des Wortes *Wasser* bezieht sich im islamisch-rechtswissenschaftlichen Fachbereich auf andere Eigenschaften, bspw. „eines der rituell reinigenden Elemente" (URL7). Das Einbauen von framesemantischen Zügen erscheint demgegenüber passend zu sein. Die sich innerhalb der Predigtkommunikation aktivierenden Frames treten beim Verstehen der jeweiligen Wörter in den Vordergrund. Die Erfassung der vorhandenen Wort- sowie Wortfeldbedeutungen geschieht durch Rücksichtnahme auf das – Fillmore zufolge – notwendige verstehensrelevante Wissens innerhalb einer abstrakten Struktur (s. Fillmore 1982: 117).

Ein gutes Beispiel für aktivierte Frames stellt das hier zentrale Wort *Predigt* dar. Das Verstehen des Wortes *Predigt* ist der Grundbaustein für das Verstehen aller anderen Teile der vorliegenden Arbeit. Dies setzt wiederum das Verstehen von einigen anderen Framekomplexen voraus, die ein bestimmtes (Vor- und Welt-)Wissen mit dem Wort Predigt verknüpfen: Die verstehende Person muss zunächst den Frame der eher aus institutionalisierten Religionen bekannten Autoritätsfiguren kennen, mit denen dann der Frame aufgerufen wird, dass den Autoritätsfiguren regelmäßig Gelegenheit zur öffentlichen Ansprache zur Verfügung steht. Darauf stützt sich der nächste Frame, dieses Treffen selbst gelte als religiöse Praxis. Ungeachtet dessen, ob diese kollektiv durchgeführte Praxis im Rahmen der religiösen Pflichten oder eher aufgrund des eigenen Interesses der Glaubensgemeinschaftsangehörigen geschieht, wird diese Zusammenfügung von verstehensnotwendigen Aspekten wachgerufen und eine Reihe von Predigt-Frames mental aktiviert. Erst damit kann letztendlich die Wortbedeutung *Predigt* identifiziert und eine Vorstellung davon aufgebaut werden.[28]

28 Das Bewusstsein über dieses Vorverständnis erleichtert es, die eigene Erfahrung der Autorin besser zu beschreiben, wie herausfordernd es gewesen ist, z. B. für eine Gruppe chinesischer Rezipierenden, bei deren Religionsverständnis die genannten notwendigen Wissensrahmen, Frames, über Predigt kaum vorhanden waren, die wortfeldsemantische Analyse des Predigtwortschatzes nachvollziehbar darzustellen. Für ein ähnliches Beispiel über die Verwendung des Wortes „Alimente" und seine zum Verständnis notwendigen Frames oder „Szenarios" s. Fillmore 1976: 28.

Bei der theoretischen Modellentwicklung in der vorliegenden Arbeit erscheint es sinnvoll, die Betonung auf dynamische relationale Strukturen, die von Frames in den Kognitionswissenschaften bekannt sind (s. Schwarz-Friesel 2017), zu übernehmen. Dementsprechend gestalten Frames ihre semantischen Grenzen gemäß menschlicher Perspektiven und Kognitionen. Aus dieser Gegebenheit erfolgt dann zum einen die Unabschließbarkeit der Begriffe und zum anderen das menschliche Potential, zahlreiche Konzepte im Feld ein und desselben Frames neu zu erzeugen (s. Schwarz-Friesel 2017). Die Neuerzeugung der Wörter in einem semantischen Feld entsteht aufgrund von Gemeinsamkeiten, an denen die linguistische Kategorie angesetzt hat.

Das Nennen oder Benutzen eines Wortes kann automatisch die Assoziation zu anderen Wörtern desselben Wortfeldes eröffnen. Bei der Wortschatzstrukturierung tritt eine gewisse Anzahl von Wörtern auf, die sich nicht strukturell in der Wortfeldhierarchie verorten lassen, sondern mit den Wörtern des Wortfeldes assoziativ verknüpft sind. Somit zeigt sich die Berücksichtigung des Kognitiven für die vorliegende Modellentwicklung als besonders einschlägig. Gerade das Geflecht von assoziativen Beziehungen begründet, warum der gegebene Zusammenhang von Weltwissen und Sprachwissen in Wortfeldern so eindeutig in der Framesemantik vertreten ist (s. Busse 2009: 108–109). Welt- und Sprachwissen können bei der predigtrelevanten Wortfeldbeschreibung hermeneutischer Natur kaum voneinander getrennt werden.

Der wortfeldtheoretische Kern dieser Arbeit soll also strukturell und zugleich auch funktional-kognitiv aufgebaut sein. Die Bedeutungsbeschreibungen des Predigtwortschatzes werden überwiegend hierarchisch, aber dazu auch noch assoziativ bestimmt. Durch assoziative kognitiv-funktionale Darstellung der semantischen Einheiten wird die Strukturarbeit in den Wortfeldern ergänzt.

Die vorliegende Predigtwortschatzanalyse bedarf einer konzeptorientierten und zugleich empirisch operationalisierbaren Theorie. Hierzu erscheint die Benennung der komplexen Fachwortschatz*struktur,* die sich aus dem Zusammenkommen von Fachwortschatz*systemen* und *-feldern* ergeben hat (Roelcke 2020a: 80), eine adäquate Beschreibung für den entwickelten Ansatz zu sein. Sie umfasst sowohl theoretische als auch erste methodische Gesichtspunkte und leitet somit zu dem nächsten Kapitel über die Methode der strukturell-hierarchischen und insbesondere assoziativen (kognitiv-funktionale Semantik) Wortfelddarstellungen über.

3 Methoden

In diesem Kapitel werden zunächst die Kriterien beschrieben, auf deren Grundlage das Predigtkorpus empirisch erstellt wurde: Anhand von statistischen ethnographischen Hintergrundinformationen über die zwölferschiitische Glaubensgemeinschaft weltweit sowie speziell in Deutschland wird erläutert, dass die deutschsprachigen Predigten innerhalb der Gemeinden dieser sprachlich heterogenen Glaubensgemeinschaft eine gewisse Repräsentativität für die Predigtkommunikation an sich und für die islamischen Predigten in deutscher Sprache aufweisen. Ferner wird die Natürlichkeit und Authentizität dieser sprachlichen Produktion diskutiert und detailliert über den Zugang zur Predigtsituation berichtet. Die Entscheidung über die Auswahl von sechs Predigern infolge des Kontakts mit dem zentralen Dachverband wird danach begründet.

Des Weiteren werden Transkriptionskonventionen für die Aufbereitung der Predigtaudios festgelegt. Wie die religionssensiblen Wörter und Wortgruppen aus dem Predigtkorpus ausgesucht, miteinander in semantischer Beziehung gebracht und in den Wortfeldern dargestellt werden, wird dann methodisch anhand eines kleinen Beispiels erläutert.[29]

3.1 Datenerhebung und Korpuserstellung

Die methodische Auswahl des Sprachkorpus betrifft in der vorliegenden Arbeit zum einen den als *religiös* geltenden Predigttext, zum anderen ist sie in der Kommunikationssituation begründet. So lässt sich die Religiosität des Predigtkorpus inhaltlich, situativ und sprecherabhängig identifizieren (ausführlich dazu vgl. Kap. 2.3.3) und die methodischen Zugänge entsprechend der Bedeutungstheorie erschließen (s. Busse 2015: 53).

Die *Korpuslinguistik* kann sowohl als linguistische Disziplin für die Einordnung der Korpustheorie aufgefasst werden (s. Storjohann 2017) als auch als empirische Arbeitsmethode auf der Basis anderer theoretischer Grundlagen gelten, wie im Falle der vorliegenden Forschung. Mit der empirischen Materialsammlung während des Predigtgeschehens entstehen umfangreiche Sprachdaten, die sich im Nachhinein mit wortfeldbasierten eigenen Ansätzen erklären lassen. Der Aus-

29 Ausführlich zu empirischen Forschungsmethoden für Deutsch als Fremd- und Zweitsprache s. Settinieri, Demirkaya, Feldmeier, Gültekin-Karakoç und Riemer 2014.

https://doi.org/10.1515/9783111039138-003

gangspunk für predigtsprachliche Belege ist die Korpuserstellung.[30] In der Regel werden drei Kriterien für die Korpuserstellung erwähnt: Repräsentativität, Authentizität und Digitalisierung. Die ersten zwei kommen bei der Auswahl der Texte infrage und das letzte Kriterium, in der Literatur auch genannt als „Computerisierung", betrifft die Datenaufbereitungsphase (s. Mukherjee 2009: 21–23).

3.1.1 Repräsentativität der Predigten

Die Repräsentativität im sprachempirischen Kontext wird teilweise durch eine Stichprobe der Sozialforschung deutlich. Es handelt sich hierbei um eine aussagekräftige Sprechergruppe, wobei die linguistisch relevanten Kontextinformationen auch berücksichtigt werden und allesamt die Situation der Textentstehung beeinflussen. Die schiitische Strömung stellt die zweitgrößte Konfession in der muslimischen Weltgemeinschaft dar, in der wiederum die Zwölferschiiten zahlenmäßig die bedeutendste Richtung sind. In Iran, im Süd-Irak und in einigen Regionen Südasiens bilden sie die Mehrheit und in Afghanistan, im Libanon, im ehemaligen sowjetischen Zentralasien, in der Türkei, auf Bahrain und in den Küstenregionen der arabischen Golfländer sind sie in der Minderheit vertreten. Das Thema der muslimischen Minderheit in Westeuropa ist in Deutschland seit dem Zweiten Weltkrieg relevant (s. Ende 1984: 451).

Nach Frankreich hat Deutschland den zweitgrößten muslimischen Bevölkerungsanteil in Europa. Die Zuwanderung der letzten Jahre nach Deutschland hat zum einen die Zusammensetzung in Bezug auf die Herkunftsländer vielfältiger gemacht und zum anderen die Zahl der muslimischen Religionsangehörigen stark verändert. Die muslimische Bevölkerungsgruppe mit Migrationshintergrund macht in Deutschland nun nach neuster Statistik zwischen 5,3 und 5,6 Millionen Personen aus. Ihr Anteil an der Gesamtbevölkerung liegt im Jahr 2019 zwischen 6,4% und 6,7% (Pfündel, Stichs und Tanis 2021: 9). Nach einer Prognose des *Pew Research Center* wird 2030 die Zahl dieser religiösen Minderheit im mehrheitlich christlichen Deutschland auf bis zu 5,5 Millionen (7.1% der Gesamtbevölkerung) angewachsen sein (Pew Forum on Religion & Public Life 2011: 124).[31] Während vor 2013 die muslimische Bevölkerung in Deutschland mehrheitlich türkischstämmig war, nimmt die

30 Ausführlich zur Korpuslinguistik als methodologisches Paradigma s. u. a. McEnery, Xiao und Tono 2006 oder Gries 2010.

31 Hier gilt der Hinweis, dass die Prognose für 2030 auf der Basis von Statistiken aus dem Jahr 2010 erstellt worden ist. Eine Aktualisierung auf der Basis von Statistiken der Gegenwart kann die Analyse verändern.

Vielfalt des muslimischen Lebens aufgrund der unterschiedlichen Traditionen der Herkunftsländer weiterhin zu (s. Stichs 2016: 32).

Für die Machbarkeit der akademischen Studien über das mehrdimensionale Phänomen der Migration aus muslimisch geprägten Ländern nach Deutschland entscheidet die Transparenz der institutionellen islamischen (Infra-)Strukturen hierzulande sowie der leichte Zugang dazu. Für ein nichtakademisches Buch mit dem Titel „Inside Islam, was in Deutschlands Moscheen gepredigt wird" (Schreiber 2017), das sich mit dem Inhalt der islamischen, vorwiegend sunnitisch geprägten Predigten beschäftigt, hat der Autor – seinen Angaben zufolge – Landesministerien, das Bundesinnenministerium, die Innenministerkonferenz, den Zentralrat der Muslime in Deutschland und das Statistische Bundesamt angefragt. Er musste feststellen, dass diese keine Einschätzung über die Anzahl und Orte der Moscheen bundesweit haben (s. Schreiber 2017: 32). Es gibt in Deutschland muslimische Verbände, Vereine und Gemeinschaften, die sich aufgrund ihrer gemeinsamen Zugehörigkeit zum sunnitischen Islam eher national und politisch als religiös identifizieren (s. Rohe 2016: 117–185). Bei den Schiiten sieht es anders aus. Seit 2009 vertritt der Dachverband „Islamische Gemeinschaft Schiitischer Gemeinden Deutschlands e.V." (abgekürzt IGS) den Großteil der etwa 180 zwölferschiitischen Gemeinden in Deutschland. Ihre Minderheitsposition in der gesamtmuslimischen Minderheit in Deutschland („doppelte Minderheit") scheint ihre nationale Heterogenität gewissermaßen ausgeblendet und dagegen eine rechtsschulorientierte Verbundenheit in den Vordergrund gerückt zu haben.

Die zentralisierte Mitgliedschaft der zwölferschiitischen Gemeinden[32] ermöglicht einen beträchtlich erleichterten Zugang zu ihren internen Strukturen, Zielsetzungen und Herangehensweisen. Eigenen Angaben zufolge beträgt die Anzahl der Mitglieder der IGS bis zu 179 schiitische Moscheevereine und Gemeinden verschiedener politisch-theologischer Ausrichtungen. Die Gemeinschaft versteht sich als Dienstleister, Vernetzer und Vertreter ihrer Mitgliedsgemeinden und verfolgt dabei u. a. bildungs-, religions- und gesellschaftsspezifische Ziele, um die Bewahrung der islamisch-schiitischen Identität zu fördern (vgl. URL8).

Das Zahlenverhältnis von Sunniten und Schiiten in Westeuropa und auf dem amerikanischen Kontinent verhält sich in etwa so wie das Verhältnis in der muslimischen *Umma* (Gemeinschaft der Gläubigen) weltweit – knapp 10% Schiiten stehen rund 90% Sunniten gegenüber (s. Ende 1984: 466). Das BAMF hat im Jahr 2017 ein Anwachsen des schiitischen Anteils unter den muslimischen Glaubensangehörigen in Deutschland von 7,1% im Jahr 2009 (s. Haug, Müssig und Stichs 2009:

32 Der Einfachheit halber werden in dieser Arbeit ab hier die Begriffe Schiit/schiitisch anstatt von Zwölferschiit/zwölferschiitisch verwendet.

97) bis auf ca. 10% prognostiziert (s. Siegert 2020: 4), die vorwiegend aus Iran sowie dem Irak, Afghanistan, Libanon und Pakistan stammen und persisch-, arabisch- und urdu-sprachige Gruppen umfassen. Aus diesem Grund ist die Verkehrssprache des schiitischen Verbands Deutsch. Die sprachliche Diversität unter den schiitischen Muslimen zeigt sich auch bei den Gemeindevertretenden mit ihren stark differenzierten Biographien sowie auch in den sprachlich heterogenen Gemeinden.

3.1.2 Authentizität der Predigtsituation

Die empirische Sprachforschung setzt sich immer stärker für eine als zyklisch gedachte Methodik ein, bei der das Thema aus der Praxis entnommen, systematisch erforscht und die Ergebnisse wiederum in die Praxis eingebracht werden können (s. Schmelter 2014: 34). Mit *Praxis* ist hier der Kommunikationskontext gemeint, der als Untersuchungsfeld möglichst natürlich bleibt, indem die Beteiligten so wie sonst üblich sprechen, handeln und aus eigener Initiative zu Wort kommen (s. Schmelter 2014: 41).

Die Daten dieser Studie werden nicht experimentell erhoben, indem beispielsweise die Prediger selbst gebeten werden, mithilfe einer de-kontextualisierten Methode ihre bereits abgehaltenen oder zukünftigen Predigttextexemplare der Forschung zur Verfügung zu stellen. Die Datenerhebungssituation, hier das Predigtgeschehen in den Gemeinden, weist den höchsten Grad der Kontextualisierung und Authentizität auf. Authentisch bedeutet hierbei, dass die Texte auf linguistisch unreflektierte Kommunikationssituationen zurückgehen (s. Lemnitzer und Zinsmeister 2006: 14). Die Korpuslinguistik zielt auf die Natürlichkeit der Sprachdaten, „von wirklichen Sprechern in realen Kontexten. [...] Auch sollte im Idealfall die in einem Korpus dokumentierte Sprache nicht eigens für das Korpus produziert worden sein, weil dies auch die Natürlichkeit der Daten gefährden könnte“ (Mukherjee 2009: 21). Die Predigten erfüllen die Bedingungen dieses Idealfalls.

Aus forschungsethischen Gründen wissen die Prediger über das offengelegte Vorhaben Bescheid. Um ihr Vertrauen für die Studie zu gewinnen, wird das Projekt transparent dargestellt und den Predigern genügend Informationen darüber geliefert, wie mit den erhobenen Daten umgegangen wird. Ein offizieller Brief des IGS-Vorstands über die Unterstützung der Dissertation inklusive einer schriftlichen Einverständniserklärung wird im Vorfeld der Kontaktaufnahme an die jeweiligen

Kontaktpersonen elektronisch verschickt bzw. ihnen in Papierform übermittelt.[33] Das Angebot, sie nach Abschluss der Arbeit über die Ergebnisse zu informieren, wird ebenfalls unterbreitet.

Der islamkonforme distanzierte Umgang der männlichen Prediger mit Personen anderen Geschlechts spricht u. a. für die Passgenauigkeit der qualitativen Methode: Sie ermöglicht die (unauffällige) Beobachtung der Predigtsituation, die begleitende Tonaufnahme der Predigten und dadurch die absolute Wahrnehmung der Predigt bei geringstem persönlichem Kontakt. Es wäre nicht unmöglich, jedoch unüblich, wenn längere Gespräche über die Details des Forschungsvorhabens, der -ziele, -methoden etc. mit den Predigern (mindestens mit ausgewählten Personen in den Gemeinden) durchgeführt worden wären. Zum Publikum der Predigt gehören Menschen, die durch veröffentlichte Online-Flyer in den sozialen Medien über den Ort, die Zeit, das Programm, die predigende Person und das Thema der Sitzung informiert worden sind. Nach der persönlichen Absprache mit den jeweiligen Predigern nimmt die Autorin – wie die anderen Teilnehmerinnen und Teilnehmer – ab Beginn des Programms daran teil.

Frauen und Männer sitzen separat. In einigen Gemeinden ist hierfür der Predigtraum, dem oft der Hauptteil des Moschee- bzw. Versammlungsraums zugeteilt wird, durch Falttüren oder Vorhänge voneinander getrennt, sodass durch frontale Sitzordnung dem Prediger eine Sicht zu beiden Gruppen von Zuhörenden verschafft wird. Das Aufnahmegerät wird kurz vor dem Beginn der Predigt und normalerweise beim Eintritt des Predigers auf den Tisch des Sitzplatzes, *minbar*, gelegt. Dabei wird u. a. beabsichtigt, dass er sich durch den Blickkontakt bzw. die begrüßende Geste an das im Vorfeld besprochene Projekt erinnert. Als Sicherheitskopien werden die Predigten dazu noch mit dem Smartphone und von der Räumlichkeit der Zuhörerinnen aus aufgenommen. Die Anwesenheit der Autorin unter anderen Teilnehmerinnen wird danach dem Sprecher nicht mehr auffallen und somit der unmittelbare Zugriff auf die authentische Sprache der Predigt erreicht. Um wiederholte Abrufbarkeit der Predigtinhalte zu gewährleisten, wird eine audiographische Beobachtung gewählt. Videoaufnahmen erhöhen den Aufwand unnötig, zumal diese für das Forschungsinteresse irrelevant sind.

Obwohl die Beobachtung des Predigtgeschehens und die Aufnahme der Predigten nicht verdeckt („undercover“: Schreiber 2017: 236), sondern offen durchgeführt werden, ist die Studie von einer entscheidend großen „Verhaltensveränderung bei

33 Für die Predigtteilnahme sowie -aufnahme war datenschutzrechtlich weder das Einreichen einer Einverständniserklärung noch ein von der IGS ausgestellter Unterstützungsbescheid notwendig, sondern eher ein zusätzliches Verfahren. Der öffentliche Zugang zu diesem Material wird insbesondere via Soziale Medien wie auch für die weitere Verwendung von den Zuhörenden selbst gewährleistet.

den beobachteten Personen“ (Brede 2014: 138) nicht betroffen. Der Grund liegt vorwiegend an der Funktion des Predigens, idealerweise eine möglichst breite Audienz sowie Resonanz zu erreichen. Demzufolge macht die Predigtaufzeichnung für die vorliegende Arbeit nicht die einzige vor Ort aus. Es gibt häufig Zuhörende, die die Predigt aus persönlichem Interesse zum Nachhören bzw. zur Weiterleitung an Abwesende per Smartphone aufzeichnen. Außerdem bieten oft die Organisierenden der Programme selbst Live-Übertragungen an oder nehmen die Predigt zu Archivierungszwecken mit großen Kameras auf. Immerhin lässt sich eine forschungsbedingte Inhaltsänderung aufzeigen, die zwar die Predigtsprache keineswegs als Ganzes beeinträchtigt, aber sprachlich und kontextuell bemerkenswert ist:

Die Prediger reagieren auf die Projektidee ausnahmslos positiv. Vorwiegend alle zeigen Interesse an der Thematik und verkünden ihre Kooperationsbereitschaft. Dieser Aufmerksamkeit entsprechend machen sie bei ihren Predigten, die unmittelbar nach der Kenntnisnahme der Forschung aufgenommenen werden, einschlägige Beiträge und weisen explizit auf semantische Aspekte irgendwelcher religiöser Termini oder auf die Problematik der Entsprechungsfindung von arabischen Begriffen hin. Dazu folgende zwei Beispiele:

> Hier kommt wieder (das Wort) *ʿadl* vor. *Yaʿdilūn* heißt hier *širk*. Was den einen oder anderen, der sich mit Sprache auseinandersetzt oder in dem Bereich vielleicht studiert, sehr interessieren wird, (ist), dass es von derselben Wurzel kommt, aber hier etwas komplett anderes gemeint ist als das, was wir als *ʿadl* kennen. Das heißt: Nicht jeder Vers im Koran, wo *ʿadl* vorkommt, kann für unsere Diskussion verwendet werden. (2, PRD2, 2018-06-09, Absatz 8)

> Interessant für die – wie soll ich es sagen – Insider oder die, die noch Lust auf bestimmte arabische Begriffe haben: Das Wort *taqlīd* ist die Befolgung an sich. Das Wort *muqallad*, (bedeutet der,) der befolgt wird. Dieses Wort wird selten benutzt, aber falls ihr es mal lest, dann wisst ihr, worum es geht. (6, PRD3, 2018-07-08, Absatz 4)

Die Tatsache, dass die Prediger sich während der Rede an die Forschung erinnern und sich unmittelbar zu einem linguistischen Aspekt äußern, kann erst dadurch zustande kommen, dass die Sprache der Predigt spontan produziert und mündlich frei übermittelt wird (vgl. Kap. 4.1.6). Das betroffene Register, in unserem Fall die konzeptionelle Mündlichkeit des sprachlichen Gegenstands, ist einer der wichtigsten Faktoren bei der Erhebung von Performanzdaten (s. Ahrenholz 2014: 172). Die Beobachtung vollzieht sich in dieser Arbeit ohne verbale Teilnahme – weder während der Predigt noch zum Diskussionsteil werden Meinungen, Fragen, Kommentare, Kritiken etc. seitens der Forscherin geäußert.

Die Arbeit erhebt keinen Anspruch auf die Erfassung der gesamten religiösen islamisch-schiitischen Terminologie, was ja auch nicht machbar wäre. Die Kapitel 4.1.5. und 4.1.6. begründen, warum von allen Erscheinungsformen und Textsorten innerhalb der deutschsprachigen islamischen Kommunikation das Predigen unterstrichen wird. Die Methode basiert dementsprechend auf thematisch, lokal und temporal eingeschränkten Einheiten (Zeit- und Anlass-*Sampling*):

Das Korpus entsteht innerhalb einer ca. sechsmonatigen Datenerhebungsphase, vom 06.06.2018 bis zum 02.12.2018 (erste bis letzte Predigt) in unregelmäßigen zeitlichen Abständen (*intervals*: Bakeman und Gottman 1994: 48–69). Thematisch beziehen sich die Predigten auf wöchentliche Vortragsreihen, jeweils mit vorher angekündigten Schwerpunkten, wie aber auch auf islamische bzw. speziell schiitische Anlässe und historischen Ereignisse (*events:* Bakeman und Gottman 1994: 48–69). Man kann hierbei die ritualisierten Teile der Predigten, beruhend auf der muslimischen Tradition gegenüber Teilen der Predigten, die zu Feierlichkeiten gehalten werden, kaum voneinander abgrenzen. Denn zum einen variieren die Bestandteile der Predigten hinsichtlich des Sprechers, z. B. selbst der Beginn und das Ende der Predigt wird nicht bei allen Predigern gleichermaßen auf Arabisch gehandhabt, sodass man von keinem gegenwärtig geltenden Ritual sprechen kann. Zum anderen besitzen die im islamischen Recht detailliert dargestellten Vorgaben für Predigten in den Literaturquellen der schiitischen Gelehrsamkeit von heute keinen normativen Status mehr. Sprecher und Themen gestalten zusammen die Predigtrede und dafür kann kein verbindliches Muss beobachtet bzw. kein Muster erkannt werden, das sich in der Praxis wiederholen würde.

Die wichtigste Einschränkung bei der Datenerhebung betrifft die Auswahl der Prediger. Dazu wurde zunächst mit dem schiitischen Dachverband Kontakt aufgenommen und der Forscherin wurde eine vertrauliche Gelehrtenliste mit den Namen von angeblich allen vom Dachverband anerkannten Predigern zur Verfügung gestellt. Die Liste enthält nur männliche und u. a. auch nicht-deutschsprachige Gelehrte. Zur Fragestellung der vorliegenden Arbeit trägt die Liste kaum bei. Denn nicht-deutschsprachige Prediger – sowohl die, die in anderen Sprachen predigen, als auch die, deren Predigten simultan ins Deutsche gedolmetscht werden, – sind nicht von Interesse. Die Untersuchung von übersetztem Datenmaterial stellt generell für die qualitativen Forschungen methodologische, finanzielle und personelle Herausforderungen dar. Der simultanen Übersetzung der Predigtinhalte liegt darüber hinaus ein komplexer Sprach- und Kulturtransfer zugrunde, wobei die Sprache und Perspektive der Prediger selbst durch die sprachliche Übertragung modifiziert bzw. verzerrt werden kann. Daher empfiehlt es sich, die Datenanalyse in derselben Sprache wie der der Forschungsteilnehmenden durchzuführen (s. Demirkaya 2014: 215). Darüber hinaus konnte die von der IGS zur Verfügung gestellte Gelehrtenliste deswegen nicht genutzt werden, da bei dieser die Namen einiger deutschsprachiger Prediger mit theologischem Abschluss gefehlt haben bzw. mit nicht aktualisierten Daten erwähnt worden waren.

Bedingt durch diesen Umstand wird ein forschungseigener Predigerindex erstellt. Dies gelingt durch eine bewusste, Kriterien gesteuerte Fallauswahl von Predigern. In einer beratenden Sitzung mit dem Leiter der theologischen Abteilung des Dachverbands konnte diese Liste mit ihm abgestimmt werden. Die endgültige Auswahl betrifft Personen mit theologischer, universitärer und abgeschlossener Ausbildung, die in Deutschland seit geraumer Zeit auf einem erstsprachlichen Deutschniveau predigen. Nach diesen selbst gesetzten Kriterien blieben nur wenige deutschsprachige schiitische Prediger in Deutschland übrig. Dabei fiel es schwer, einen Überblick über alle bestehenden Prediger zu erhalten, vor allem dadurch, dass innerhalb dieser synchronen Arbeitsweise immer wieder neue Gelehrten- bzw. Rednernamen in den Predigtankündigungen – via entsprechende soziale Mediennetzwerke – auftauchten. Häufig fanden dazwischen Predigten statt, die sich durch ausgesprochen reichhaltige deutschsprachige, predigtrelevante – und daher forschungsgeeignete – Wortschatzeinheiten auszeichneten. Dennoch musste festgestellt werden, dass deren Sprecher über keinen theologischen Abschluss verfügen. Auf sie musste daher verzichtet und stattdessen mussten andere Prediger in den Blick genommen werden.

Einige biographisch-forschungsrelevante Daten der ausgewählten Prediger können zum Teil umstritten bzw. schwer festlegbar sein; bspw. ob bei einem Prediger, der über die erforderlichen Sprachkompetenzen verfügt, Deutsch als seine Zweitsprache oder als seine zweite Erstsprache eingestuft werden soll. Namen, Gemeinden und ihre Städte werden vertraulich behandelt und anonymisiert, bspw. indem anstelle des Wortes ein X gesetzt wird, wenn in der Predigt der Name des Predigers selbst oder der Gemeinde erwähnt werden. Den Predigern sind Abkürzungen und Nummern PRD1, PRD2, PRD3, PRD4, PRD5 und PRD6 gegeben, die in dieser Form auch in der gesamten Arbeit vorkommen.

Die Prediger 1 bis 6 unterscheiden sich im Hinblick auf individuelle Parameter wie die Sprache ihres Theologiestudiums, ihre Kompetenz in anderen (Fremd) Sprachen, Stadt, Wohnort, Familienstand, den familiären Hintergrund etc. voneinander. Die Angabe der Gemeinde oder der Standorte bestimmter Gemeinschaften sind aus dem Grund für die Studie irrelevant, da die Tätigkeit der Prediger in der Regel nicht an eine bestimmte Gemeinde gebunden ist. Sie werden je nach ihren theologischen Schwerpunkten bzw. den religiösen Anlässen überall zur Abhaltung der Predigten eingeladen.[34] Allerdings zeigen Faktoren wie das *Alter* der Prediger, die auf den ersten Blick die Sprachproduktion nicht beeinflussen, doch gewisse Auswirkungen auf die Predigtpraxis (vgl. Kap. 4.3.1.1). Alle Prediger sind im Erwachsenenalter und Pioniere des deutschsprachigen muslimischen Predigens (vgl. Kap. 4.1.5).

34 Der dafür verwendete Begriff in der Arbeit von Akca ist „Wanderprediger" (Akca 2020: 133).

Die Predigten dieser sechs Prediger sprechen eine „statistisch signifikante“ (Bortz und Döring 2006: 740) Anzahl von Zuhörenden an. Die Größenordnung dafür ist mit Rücksicht auf durchschnittlich übliche Teilnahmezahl in schiitischen Predigten der Gemeinden Deutschlands über zwanzig Personen angesetzt. Eine beträchtliche Teilnahme an der Predigt ist in den meisten Fällen nicht zufällig und kann als Anzeichen für eine gewisse gemeindliche Akzeptanz und für das Renommee des Predigers gelten.

Unter den Predigten gibt es solche, die sich durch eine hohe Frequenz arabischer Originalausdrücke kennzeichnen. Die (un-)bewussten (Hinter-)Gründe dafür werden im Kapitel 4.3.3.1. diskutiert. Diese deutschsprachigen Predigten mit einem großen mehrsprachigen Anteil werden ebenfalls in die Analyse mit einbezogen, auch wenn aus ihnen wenige deutschsprachige Wortschatzeinheiten zu entnehmen sind. Nicht berücksichtigt und ausgewählt sind bspw. Predigten, deren vermittelter Inhalt nicht ausreichend flächendeckend ist oder die, die thematisch wiederholte Inhalte zur Debatte stellen.

Die Einschränkung der Predigeranzahl auf sechs erfolgt aus forschungsökonomischen Gründen, um dem enormen Umfang des empirisch erhobenen Materials entgegenzuwirken. Es werden mehrere Aufnahmen pro Sprecher (Predigten pro Prediger) zu verschiedenen Sprechanlässen benötigt, um ein umfassendes Bild von der fachlich-sprachlichen Qualifikation jedes Einzelnen zu gewinnen. Mit der Anzahl der Predigten pro Prediger wird flexibel umgegangen. Die Frage danach, wie viele Predigten für die gesamte Analyse nötig und ausreichend sein werden, steht im direkten Bezug zu den religionssensiblen Wortschatzeinheiten als Forschungsgegenstand. Weder die Anzahl der aufgenommenen Predigten noch deren quantitative Länge entscheidet darüber, ob ausreichend semantische Einheiten zum Ausdruck gekommen sind, sondern dazu wird parallel zu den Predigtaufzeichnungen Ausschau nach den relevanten Wortschatzeinheiten gehalten. Sobald man durch eine zunächst grobe Einschätzung der religionssensiblen Inhaltswörter davon ausgehen konnte, dass die transkribierten Predigten als *Querschnittsdaten* für die Erstellung einer semantischen Wortschatzstruktur genug Material zur Verfügung stellen würden, wurde mit der Aufnahme aufgehört. So kamen insgesamt sechszehn Predigten von sechs Predigern zusammen, die einen Gesamtüberblick einerseits über verschiedene Elemente einer regulären Predigtsituation und andererseits über den Kernwortschatz des schiitischen Islam ermöglichen.

3.1.3 Transkriptionsregeln für die Aufbereitung von Predigtaufnahmen

Die Digitalisierung erfolgt in qualitativer Forschung durch Transkription. Das Verfahren der Transkription wird generell als offensichtlich paradox beurteilt, da es den Anspruch erhebt, einen mündlichen Diskurs zu repräsentieren, wobei ein statisches Schriftstück verfasst wird. Die Anfertigung eines Transkripts führt damit zu einem „Dilemma zwischen realistischer Situationsnähe und praktikabler Präsentationsform" (Dresing und Pehl 2015: 16–17). In den aktuellen methodischen Diskussionen über die Transkription werden Gespräche, Interviews oder Diktate als gängige Kommunikationsformen erwähnt. Die Benennung der Predigt fehlt dabei eindeutig. Dies kann daran liegen, dass sie im Allgemeinen kaum etwas eindeutig Mündliches repräsentiert, sondern häufig in strikter Wiedergabepflicht eines vorgegebenen Predigttextes und dementsprechend als konzeptionell schriftlich angesehen wird. Diese Annahme wird in der vorliegenden Arbeit in Frage gestellt (vgl. Kap. 4.3.1.8). Es ist zu bedenken, die Transkription von Predigten als eine der mündlichen Kommunikationsformen in die qualitativen Forschungsmethoden einzubinden.

Korpus wird hier als „eine Sammlung von Sprachstücken, die nach expliziten linguistischen Kriterien ausgewählt und geordnet sind" (Sinclair 1998: 113), verstanden. Damit keine übergroße Datenmenge für die Auswertung entsteht und die Erhebung unnötig zeit- und ressourcenaufwendig wird, sind Eigenschaften wie Prosodie, Gesten, Ausdruck von Emotionen etc., die die menschliche Kommunikation auszeichnen, überwiegend aus der Analyse ausgelassen. Priorität wird auf den Inhalt des Redebeitrags gelegt, und die Transkription liefert auch keine Angaben zu para- und nonverbalen Ereignissen wie Geruch, Raumsituation, zeitliche Verortung, Optik, Mimik, Gestik etc. (s. Dresing und Pehl 2015: 18), bis auf spezifische Momente, in denen die Gesten zur Ergänzung des Ausgesprochenen beitragen bzw. in direkter Verbindung damit stehen, bspw. die Unterbrechung der Rede zur Äquivalenzfindung mit Hinwendung zum Publikum (vgl. Kap. 4.3.3.1).

Die Predigtaufzeichnungen werden „einfach" (i. S.v. Kuckartz, Dresing, Rädiker und Stefer 2008) transkribiert; es werden bewusst schnell erlernbare Transkriptionsregeln formuliert, die die Sprache glätten, um den Inhalt des Redebeitrags zu betonen (s. Kuckartz, Dresing, Rädiker und Stefer 2008: 27). Für die Transkription sowie Analyse wird die Software *f4transkript & f4analyse* verwendet. Die unverständlichen Aussagen, Wörter oder Wortgruppen werden im Predigtkorpus mit „(unv.)" gekennzeichnet.

Um die Herangehensweise zu vereinheitlichen, werden konkrete Transkriptionskonventionen umgesetzt. Die Sätze werden vornehmlich in grammatisch-satzstrukturell korrekter Schriftform transkribiert. In den direkten Zitaten werden keine darüber hinausgehenden Korrekturen vorgenommen. Die Schreibweise folgt an vielen Stellen exakt den Ausführungen des Predigers – mit einigen Fehlern im Deutschen.

Der Verständlichkeit halber werden bei Bedarf (bspw. bei deiktischen Stellen) kurze Ergänzungen in Klammern hinzugefügt. Um Interventionen in den Sprachstil des Predigers zu vermeiden, werden die in Klammern gesetzten Wörter bzw. Wortgruppen aus dem eigenen Sprachgebrauch des Predigers ausgesucht, der vor oder nach einer bestimmten Predigtstelle ausgesprochen worden ist. Dadurch soll von zusätzlichen externen Beschreibungen Abstand gehalten werden. Beim Zitieren derjenigen Predigtstellen im Haupttext der Arbeit, die arabische Begriffe beinhalten, wird in Klammern ebenso die entsprechende deutschsprachige Bedeutung angegeben, die an einer anderen Predigtstelle – vor- oder nachher – vom Prediger verwendet worden ist.

Umgangssprachliche Floskeln, Partikeln Interjektionen (oh, hm, ok, ja ...), aber auch unvollständige Formulierungen werden weggelassen bzw. mit „[...]" gekennzeichnet. In einigen Fällen werden die erwähnten Beispiele aus dem Alltag, die deutlich vom Thema abweichen, weggelassen. Zusammenfassungen, die in Form von Wiederholungen offensichtlich zur Wiederfindung der Redekette formuliert werden und in den darauffolgenden Sprechabschnitten – mit der gleichen Wortwahl – vorkommen, werden nur dann transkribiert, wenn die Aussage für den nächsten Satz relevant ist, ansonsten werden sie weggelassen.

Bei bestimmten Predigtstellen entstehen Interaktionen zwischen dem Prediger und den Predigtzuhörenden. Im Falle der Umwandlung des Textsortenformats zieht dies die gesamte Predigt übermäßig in die zeitliche Länge. Es wird an die Tafel geschrieben und gezeichnet. Ab diesem Wendepunkt wird die gängige Transkription abgebrochen und gegebenenfalls die an der Tafel aufgezeichnete Tabelle vollständig hinzugefügt (s. Abb. 6). Fragen und Kommentare aus dem Publikum während des Predigthauptteils (gekennzeichnet durch *FaP* und *KaP*) werden, wenn sie Verständnisfragen sind bzw. einen Erkenntnismehrwert erbringen, erwähnt und ansonsten weggelassen. Die in der Prediger-Predigtzuhörende-Kommunikation verwendeten religiösen Begriffe werden weiterhin transkribiert, solange sie neu sind.

Das empirische Korpus dieser Arbeit enthält – über das Deutsche hinaus – arabischsprachige Wörter, Wortgruppen und Sätze. Die arabischen Fremdwörter in der deutschsprachigen Predigt werden gemäß den 1969 herausgegebenen Konventionen der *Deutschen Morgenländischen Gesellschaft* (DMG) – Transliteration der arabischen Schrift – transkribiert (URL9). Dabei wird versucht, die Unterschiede in der Aussprache der erst- und fremdsprachlich heterogenen Prediger zu übersehen und alle arabischen Wörter einheitlich zu transkribieren. Bei einigen arabischen und im Deutschen geläufigen Begriffen wird ihre eingedeutschte Schreibweise verwendet, und zwar in folgender Weise: Allah, Koran, Hadith, Sure, Muhammad, Umma, Imam, Ramadan, Fatwa, Idschtihad, Mahdi, halal, haram.

Nach der schiitischen Predigttradition (s. Salmeyī 2013 und 2017) werden am Anfang, Ende oder während der Predigt auch noch Koranrezitationen, Teile der Bittgebete, feste Textmuster oder (Rede-)Formeln, allen voran und am häufigsten der Friedensgruß an den Propheten,[35] ohne weitere Behandlung und nur zwecks ihrer segensreichen Wirkung arabischsprachig ausgesprochen. Diese kommen in allen untersuchten Predigten vor. Abgesehen von den Stellen, wo sie in Begleitung von einer übersetzten Version ausgesprochen und transkribiert werden, wird der Rest bei der Transkription mit *(a)* für „arabisch“ gekennzeichnet und weggelassen.

3.2 Soziologisch-kommunikative Aspekte des Gesamtkontextes

Der sprachempirischen Methode des ersten Teils der Datenanalyse liegen die eigenen Erfahrungen und Beobachtungen aus dem Forschungsfeld zugrunde. Empirische Methoden reflektieren sowohl in DaF-Forschungen als auch in der praktischen Theologie und Religionspädagogik direkt das Erfahrungswissen, das während der Datenerhebung und Interpretation erfasst wird (s. Ziebertz 2001: 1746–1750). Gemäß der Aufgabenstellung ergeben sich durch Merkmale wie Alter, Geschlecht und Anzahl der Kommunikationsbeteiligten sowie ihre Erwartungen, Hierarchien usw. Einblicke in die Predigtsituation, die die kontextuell-situativ gebundene Predigtsprache beeinflussen.

Die Erkenntnisse lassen sich anhand des „kommunikativen Dreiecks“ (Engemann 2020: 219) in drei Hauptelemente des Predigens überführen. Diese sind die predigende Person, die Predigtzuhörenden und schließlich die Predigt selbst. Obwohl dieses Muster für den christlichen Predigtkontext festgestellt wurde und in ihm verortet ist und sich daher in gewissen Aspekten von der schiitischen Predigttradition unterscheidet (bspw. die konzeptuelle Schriftlichkeit vs. Mündlichkeit der Predigt), kann es der Betrachtung der Kommunikationsbeteiligten in der schiitischen Predigt auch eine sinnvolle Orientierung verleihen. Was in dieser Arbeit nicht ausführlich behandelt wird, sind die Wahrnehmungen und Reaktionen der Zuhörenden. Im Interaktionsverlauf ergeben sich allerdings viele Aspekte des „Live-Erlebnisses“ wie die Beziehungsdynamik zwischen Predigern und Predigtzuhörenden. Eindrücke aus der Praxis werden während der Predigt aufgeschrieben, beobachtet und Notizen für die weitere Bearbeitung gesammelt.

Die Sprache der Religion wird häufig als funktionale Varietät wahrgenommen und in die Soziolinguistik eingebettet (s. Lasch und Liebert 2015: 488). In der vorliegenden qualitativen Forschung wird dem soziokulturellen Umfeld große Aufmerksamkeit geschenkt. Zum Gesamtbild des Predigens gehören soziologisch-

35 Segnungs-Bittgebet (arab. *ṣalawāt*).

kommunikative Gesichtspunkte, die die Erkenntnisse der Feldforschung hinsichtlich bestimmter fachsprachlicher Eigenschaften systematisch darstellen. Die für die Darstellung verwendeten Beispiele in der Arbeit werden größtenteils aus dem eigenen Datenmaterial entnommen.

Die Ausarbeitung der Kognitionsfunktion der Sprache führt zur Beleuchtung der sprachspezifischen Merkmale der schiitischen Predigtpraxis. Kenntnisse über Symbol- und Sprachmuster der Kommunikationsbeteiligten scheinen unabdingbar für die Interpretation. Für Heckmann (1992: 147) existieren in jeder minderheitlichen Gruppe oder Subkultur Sprachmusterdifferenzierungen und Sprachstile, zu denen neben grammatikalischen Sonderformen auch noch bestimmte Metaphern,[36] Eigenarten der Bedeutungszuweisung für Wörter sowie sprachlich-ideologische Formeln gehören.

3.3 Predigtwortschatz in Wortfelddarstellungen

Nachdem im ersten empirischen Teil die Erfassung von bestimmten Besonderheiten der Predigtkommunikation auf Beobachtungen des Feldes beruht, nimmt der zweite Teil die aufbereiteten Transkriptionen als Grundlage der semantischen Kategorisierung zur Hand. Das Korpus besteht aus 16 in sich kohärenten Predigttexten mit einheitlichem Format und unterschiedlicher Länge. Jeder Predigttext folgt einer eigenen Kohärenz; diese und der chronologische strukturelle Aufbau jeder Predigt haben keine Wirkung auf die Gestaltung der Wortfelddarstellungen.

Der Prozess beginnt mit der lexikalischen Dekomposition, die es zum einen ermöglicht, den religionsspezifischen deutschen Wortschatz zu entnehmen, und die zum anderen die für die Strukturierung von Wortfeldern erforderliche lexikalische Klassenbildung erlaubt (s. Engelberg und Rapp 2017: 53 und 74). Die Loslösung der Wörter von ihrem syntaktischen und predigttextuellen Umfeld bezweckt somit eine neue semantische Ordnung. Forschungsarbeiten mit syntaktischen oder diskursanalytischen Schwerpunkten messen dagegen der ursprünglichen Textstruktur – hier jeder Predigt – eine tragende Bedeutung bei und die hier vorgenommene Neumontage des Textes für die Herausarbeitung des verwendeten Wortschatzes sowie darauf aufbauend die Bildung von Kategorien käme nicht in Frage. Aus dieser methodischen Perspektive spiegelt der Text ein einheitliches Phänomen sozialer Realität wider und sie findet dementsprechend eher in den Sozialforschungen Gebrauch. So erhalten die einzelnen Predigtaussagen ihren Sinngehalt erst und nur

36 *Licht, Weg, Wahrheit, Botschaft, Herz, Schlüssel, herabsenden* etc. gelten als häufige Beispiele (vgl. dazu ausführlich Kap. 4.3.2.7).

im situativen Kontext. Das Herausgreifen der einzelnen Wörter aus dem Zusammenhang während des kategorienbasierten Verfahrens wäre demnach für ihre Zwecke nicht zielführend (s. u. a. Wernet 2009: 27, Bohnsack 2010: 74).

Fokussiert sich der Analyseprozess hingegen auf die Semantik, so lässt sich die genannte kritische Position zurückweisen, da die Neuordnung eben nicht durch „Aussagen“, sondern durch den ausgearbeiteten Wortschatz, seine semantischen Eigenschaften und durch bestehende Bedeutungsbeziehungen ermöglicht wird. Ein Beispiel ist die Auflösung einer Predigt (TXT7, PRD3, 2018-07-22) in unterschiedlichen Wortfeldern: Die Wortschatzeinheiten aus der Predigtstelle über *Gebetsorte* und *-zeiten* werden in einem wortfeldbasierten Verfahren anderswo eingeordnet als Wortschatzeinheiten aus derselben Predigt, die jedoch in einer anderen Predigtstelle über das Thema „Befolgung“ im islamischen Recht zur Sprache gekommen sind.

3.3.1 Markierung von religionssensiblen Wortschatzeinheiten

Wesentlich für eine wortfeldempirische Arbeit ist die Entscheidung über die Weite der eigenen Definition des Wortfeldes und seiner Grenzen (s. Staffeldt 2017: 115). Die Grundfrage lautet, welche Wörter überhaupt in die Analyse aufgenommen werden können oder müssen. Die annähernde Abgrenzung des ausgewählten Wortschatzes erfordert als Allererstes einen bestimmten Zweck bzw. Anwendungsbezug. Es ist geläufig, Kriterien für diese Abgrenzung eher pragmatischer als theoretischer Natur zu definieren (s. Haß und Storjohann 2015: 161). Das Entscheidungskriterium für die hermeneutisch orientierte Markierung von Wörtern ist, ob sie im Verhältnis zur deutschen allgemeinen Gegenwartssprache schiitisch-religionssensible Züge bereits auf lexikalischer Ebene aufweisen.

Es werden alle Wortarten in üblicher Lexikonform mit einbezogen. Es gibt auch keine Beschränkung auf Simplizia, Derivate und Komposita sind ebenfalls zulässig. Über die Wortbildungen hinaus dürfen in den Wortfeldern Wortfamilien – Wörter mit demselben Grundmorphem – enthalten sein. Eine solche weite Fassung, wie sie der Zielsetzung der Arbeit dient (vgl. Kap. 1.7), findet sich erst in den späteren Phasen der Wortfeldtheorie (zur notwendigen „Ergänzung der bisherigen Feldauffassung durch wortartübergreifende Bedeutungsrelationen“ s. Warnke 1995: 166). Lexikalische Morpheme (sog. Lexeme) sind Morpheme mit (lexikalischer) Vollbedeutung und Referenz auf konkrete oder auch häufig in der Predigtsprache auftretende abstrakte Gegenstände der Wirklichkeit. Dazu gehören Verben (z. B. *erschaffen*), Substantive (z. B. *Engel*) und Adjektive (z. B. *gesegnet*).[37] Wenn ein Lexem mehrere grammatikalische

37 Beispiele aus der WFD 1.2.

Formen zulässt, wird in der Regel eine davon als Lexikonform verwendet – bei Verben der Infinitiv (*reinigen*), bei Adjektiven die unflektierte Form (*rein*), bei Substantiven der Nominativ Singular (*Reinheit*). In den Wortfelddarstellungen sind Buchstaben „r", „e" und „s" vor einigen Wörtern, um den Artikel („der", „die", „das") auf eine Weise anzuzeigen, die dem Gesprochenen nähersteht als die im deutschen Bildungssystem eher üblichen Formen „m.", „f." und „n." (für „maskulin", „feminin", „neutrum").

Die Predigtinhalte drücken sich über die isolierten Einzelbegriffe hinaus auch durch die Kombination von allgemeinsprachlichen Wörtern aus, die ihren religiösen Sinn erst in einer festen, zusammengesetzten Nominalphrase aufweisen. In solchen Fällen werden die Mehrworttermini – ganze Wortgruppen mit terminologischer, mehr oder weniger feststehender Sonderbedeutung – in Betracht gezogen. Dazu gehören beispielsweise *Zufriedenheit Gottes, ewiges Leben, Heiliger Geist, Gesandte Gottes* oder *Tag des Jüngsten Gerichts* (s. einschlägige Wortfelddarstellungen).

3.3.2 Darstellungsmethode von semantischen Wortfeldern

Jedes Wortfeld benötigt – abgesehen von der Gesamtmenge seiner Einheiten – erläuternde Hinweise über die Strukturierung bzw. hierarchische Ordnung seiner Mitglieder. Der Verweis auf die jeweilige Bedeutungsbeschreibung der ausgewählten Inhaltswörter (Wortschatzeinheit) wird anhand der Beiträge der Online-Enzyklopädie vorgenommen. Das *Lexikon des Islam in deutscher Sprache* ist seit dem Jahr 2006 (mit der gesetzlichen Anbieterkennung *m-haditec GmbH*) als einziges islamisches Lexikon mit schiitischer Ausrichtung online verfügbar (vgl. URL10).

Für die Untersuchung der Bedeutungen der islamischen Begriffe stehen allerdings andere Nachschlagewerke, wie z. B. die *Encyclopaedia of Islam* (Bearman, Bianquis und Bosworth 2004) oder die fünfbändige *Encyclopaedia of the Qurʾān* (Jane Dammen McAuliffe 2001–2006) zur Verfügung. Diese zwei beinhalten zwar auch Konzepte aus der schiitischen Theologie, sind aber eindeutig sunnitisch geprägt. Die einheitliche Nutzung der schiitisch ausgerichteten Online-Enzyklopädie in dieser Arbeit soll bewusst dazu verhelfen, rechtsschulspezifische Vergleiche oder theologische Argumentationen während der Analyse zu vermeiden und auf eigene Fragestellungen zu fokussieren.

Die Online-Enzyklopädie bietet ausführliche Beiträge zu verschiedenen Themen des schiitischen Glaubens, wobei die dominante Anschauung in gewisser Weise im Einklang mit den vermittelten Inhalten in den Predigten steht oder zumindest im Verlauf der Forschung keine Widersprüche zu erkennen waren. Die Imame predigten entlang der normativen Struktur, die auch mit der Glaubensstruktur der Online-Enzyklopädie übereinstimmt. Die Beiträge stellen die theologischen Grundlagen für die Bedeutungsanalyse der aus den Predigten ausgesuchten Termini dar und beeinflussen weiterhin die einschlägigen Wortfelddarstellungen. Es gilt an dieser Stelle der Hinweis, dass dieses Lexikon und die darin veröffentlichten Beiträge ausschließlich ihre Perspektive wiedergeben und der Zugriff der Arbeit darauf nicht als Bestätigung derer aufgefasst werden soll. In diesem Sinne ist die Nutzung dieser Enzyklopädie damit gerechtfertigt, dass dadurch die theologischen Interpretationen der Forscherin selbst die Entstehung von Wortfeldern nicht beeinflussen.

Die meisten Wörter aus dem Predigtwortschatz werden im Lexikon erwähnt. Anhand von ausgeführten Bedeutungsbeschreibungen in den Beiträgen lässt sich jede markierte Wortschatzeinheit in eines der vier zentralen Themenfelder einordnen. Diese zunächst deduktive Vorgehensweise bei der qualitativen Analyse ermöglicht im Vorhinein eine erste Sortierung des Materials. Durch vier vorher erstellte provisorische Kategorien („ad hoc Kategorienbildung": Ritsert 1972: 46) soll der explorative Charakter der Datenanalyse und somit der richtungslose Freiraum der Forschenden einigermaßen eingeschränkt werden (s. Mayring 2010: 97–99).

Mit der Untersuchung von Bedeutungen und Bedeutungsrelationen und im Verlauf des Prozesses der Wortfeldentstehung werden die vier Hauptkategorien sowie deren jeweilige Subkategorien immer mehr präzisiert, synchron geändert und ergänzt, bis vier zentrale „nächsthöhere Hyperonyme" (Staffeldt 2017: 125) definiert werden. Um die Markierung des Wortschatzes und seine jeweilige semantische Zugehörigkeit übersichtlich zu gestalten, wird jedes zentrale Themenfeld farbig gekennzeichnet und voneinander unterschieden (s. Abb. 12). Folgendes Beispiel veranschaulicht die erläuterten methodischen Schritte:

In einer Predigtstelle spricht der Prediger über die verpflichtenden Handlungen bei der Reinigung eines rituell verunreinigten Gegenstands. In derselben Predigt, jedoch an einer anderen Stelle wird das Wort „Auferstehung" ausgesprochen. In diesem Fall beinhaltet dieser bestimmte transkribierte Predigttext neben den religionssensiblen Wortschatzeinheiten wie *unrein*, *rituelle Reinigung* etc. auch das Wort *Auferstehung*. Diese werden als religionssensibel markiert. Setzt sich die Bedeutungssuche dieser Wörter weiterhin in der Online-Enzyklopädie fort, stellt sich heraus, dass die Wörter *unrein* und *rituelle Reinigung* dem Wortfeld der *Reinheit* angehören und dementsprechend auch – samt mehreren anderen Wörtern (eventuell auch aus anderen Predigten) – dem Wortfeld der *Reinheit* zugeordnet werden. Dagegen lässt sich das Wort *Auferstehung* in einem anderen semantischen Wortfeld, nämlich dem der Stämme der Religion, *uṣūl ad-dīn*, verorten, was der Definition dieses Wortes im Lexikon entspricht. Obwohl diese Wörter letztendlich semantisch unterschiedlichen Wortfeldern zugeordnet werden, gehören sie zu der Kategorie, die die semantischen Wortfelder über die Glaubenspraxis und Rituale umfasst.

Die Wortfelder werden weder unkommentiert nebeneinander gestellt, noch wird mit ihnen merkmalsemantisch (tabellarische Darstellung mit plus und minus) umgegangen. Insofern können aus der Analyse strukturell-hierarchische Wortfelddarstellungen zusammengestellt werden. Die gleichzeitige Verortung der Wortschatzeinheiten in die einschlägigen semantischen Kategorien – und präziser noch in die Wortfelder – hilft methodisch dabei, Kohyponyme zu finden und sie voneinander abzugrenzen (s. Staffeldt 2017: 125). Im o. g. Beispiel wird bspw. das Wortfeld *Glaubensüberzeugung*, dem das Wort *Auferstehung* untergeordnet ist, durch den Mehrwortterminus *Einheit Gottes* ergänzt und dieser steht hierarchisch auf gleicher Ebene mit *Auferstehung*.

Es gibt unter den Wortschatzeinheiten einige, zwischen denen bestehende semantische Relationen nicht hierarchisch geklärt werden können, die vielmehr eher assoziativ innerhalb des Wortfeldes abgerufen werden. Das oben genannte Wortfeld *Glaubensüberzeugung* verfügt bspw. über die assoziativ abgerufene Wortschatzeinheit *religionsmündig*. Die assoziative Bedeutungsrelation besagt in diesem Sinne Folgendes: Die der *Glaubensüberzeugung* untergeordneten Einheiten, d. h. das ganze Wortfeld (bestehend aus *Einheit Gottes, Auferstehung* u. a.), kommen für den Gläubigen in Frage, sobald die religiöse Reife erreicht ist. Die mit der Glaubensüberzeugung verbundenen religiösen Rechte und Verpflichtungen setzen somit voraus, dass die Person *religionsmündig* ist (zur ganzen WFD vgl. Kap. 5.3).

Die Entstehung von Wortfelddarstellungen folgt in der Regel der Struktur von assoziativen Baumdiagrammen. Dies bedeutet, dass die in den graphischen Quadraten geschriebenen Wortschatzeinheiten durch gerade bzw. gestrichelte Linien und Pfeile miteinander verbunden sind und somit unterschiedliche Bedeutungsrelationen in überschaubarer Form präsentiert werden. Jeder Wortfelddarstellung wird ein Name und eine Nummer gegeben, um sie und ihre benachbarten Wortfelddarstellungen innerhalb eines übergeordneten semantischen Themenfeldes richtig verorten zu können.

Die Aufteilung der Wortschatzeinheiten in Ober- bis Unterkategorien wird in der qualitativen Analyse aus dem Datenmaterial selbst gesteuert und generiert (s. Mayring 2010: 50–106, Dresing und Pehl 2015: 39). Das Material selbst entscheidet über die Gestaltung der Wortfelder. Es wird offen nach möglichen bedeutungsvollen Aspekten Ausschau gehalten und die gewonnenen Erkenntnisse werden ausführlich beschrieben. Dieser offene Charakter des Projektes erlaubt es, im Vergleich zu quantitativen Studien flexibler auf Einsichten mit Anpassungen im Forschungsdesign oder der Fragestellung zu reagieren. Der Begriff „Inferenz“ (i. S.v. Grad an erforderlicher Interpretation, um eine Beobachtung vorzunehmen; s. Brede 2014: 143–144) erklärt sich folgendermaßen bei der Strukturierung von erhobenen Datenmaterialien aus den Predigten:

Die Phase, in der die Bedeutungen der Wörter aus den Beiträgen der Enzyklopädie herausgegriffen werden, wird als *niedrig-inferent* bezeichnet. Hierbei basiert das Verfahren am wenigsten auf einer subjektiven Interpretationsleistung. Die Forscherin unternimmt keine subjektive Interpretation, was unter jeder Wortschatzeinheit zu verstehen ist. Die darauffolgende Phase hingegen, in der die semantischen Relationen untersucht, die Wortschatzeinheiten den Kategorien zugeordnet und dann in einschlägigen Wortfelddarstellungen skizziert werden, entspricht einem eher *hochinferenten* Arbeitsabschnitt. Das Predigtkorpus selbst wird in zeitlichen Abständen erneut hinsichtlich der Codierungen überprüft, um ggf. ungenaue Codierungen an verschiedenen Textstellen zu bearbeiten. Durch diesen zirkulären Prozess lässt sich die Zuordnung der Wortschatzeinheiten in den Wortfelddarstellungen prüfen und eventuelle Codierungsungenauigkeiten ausbessern.[38]

Die Methodenbeschreibung der Visualisierung der Wortfelddarstellungen in dieser Arbeit wird mit einem kleinen Beispiel abgeschlossen. Folgende Wortschatzeinheiten, oft auch in Form von Mehrworttermini, gehören zu den markierten Stellen im transkribierten Predigtkorpus: *Die Gesandten Gottes, Apostel Gottes, Väter der Menschen, die Unfehlbaren, Adam, Noah, Abraham, Ismail, Moses, Jesus, Prophet Muhammad, der Gesandte Gottes, der Hochgelobte, der Auserwählte, das höchste aller Geschöpf Gottes, das Siegel der Propheten, der Herr der Gesandten, der Ermahner, der Warner/der Warnende, der Bringer von frohen Botschaften.*

Diese Wortschatzeinheiten kommen von unterschiedlichen Sprechern (PRD1-6), in unterschiedlichen Predigttexten, zu verschiedenen Predigtanlässen und in unterschiedlichen Zeiten, aber auch in diversen thematischen Zusammenhängen zur Sprache. Diese Unterschiede sind zunächst für das kategorienbasierte Verfahren unwichtig.[39] Relevant ist dabei das gemeinsame Themenfeld, das zum einen all diese Wortschatzeinheiten miteinander verbindet und zum anderen gewisse semantische Relationen offenbart. Die vier Wortschatzeinheiten *die Gesandten Gottes, Apostel Gottes, Väter der Menschen* und *die Unfehlbaren* sind alle synonym (teils auch Appositionen) für eine große Gruppe von Menschen verwendet, die – dem islamischen Glauben nach – die Propheten Gottes repräsentieren. Aus diesem Grund verorten sie sich in einer abgegrenzten graphischen Form (Abb. 1a).

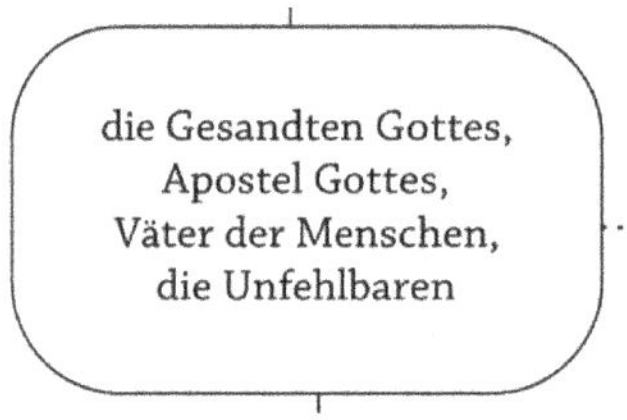

Abb. 1a: Beispiel für die Bildung einer WFD.

38 Mehr zu den methodischen Schritten beim deduktiv-induktiv angelegten Entwicklungsprozess eines Beobachtungssystems s. Brede 2014: 141–145.

39 Doch im Nachhinein machen diese Unterschiede eine der gewonnenen Erkenntnisse der Arbeit aus, indem die Unterschiede zwischen den sprachlichen Orientierungen des jeweiligen Sprechers diskutiert werden (vgl. Kap. 5.4.5).

Für den einen der Gesandten Gottes (den Propheten Muhammad) sind vergleichsweise eine viel größere Anzahl von Synonymen bzw. attributiven Eigenschaften verwendet worden, weswegen die entsprechende graphische Form wächst und appositive Wortschatzeinheiten *Prophet Muhammad, der Gesandte Gottes, der Hochgelobte, der Auserwählte, das höchste aller Geschöpf Gottes, das Siegel der Propheten, der Herr der Gesandten, der Ermahner, der Warner/der Warnende* und *der Bringer von frohen Botschaften* beinhaltet.

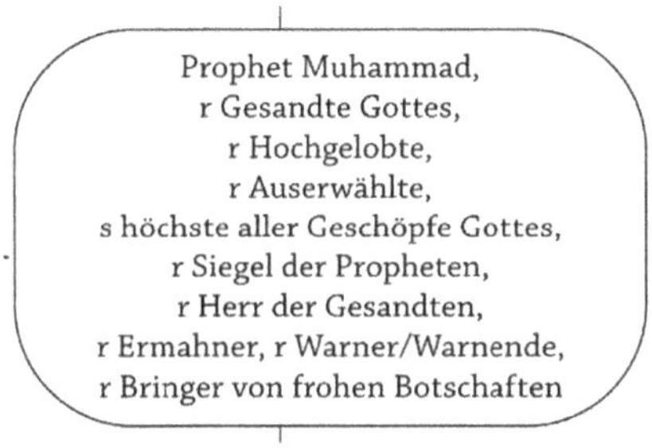

Abb. 1b: Beispiel für die Bildung einer WFD.

Horizontal und kohyponym zum Gesandten Gottes, Muhammad (Abb. 1b) lassen sich die Namen von anderen Persönlichkeiten wie *Adam, Noah, Abraham, Ismail, Moses* und *Jesus* darstellen, die wiederum in islamtheologischer Überzeugung unter „die Gesandten Gottes“ fallen und somit dieser Einheit (Abb. 1c) untergeordnet werden.

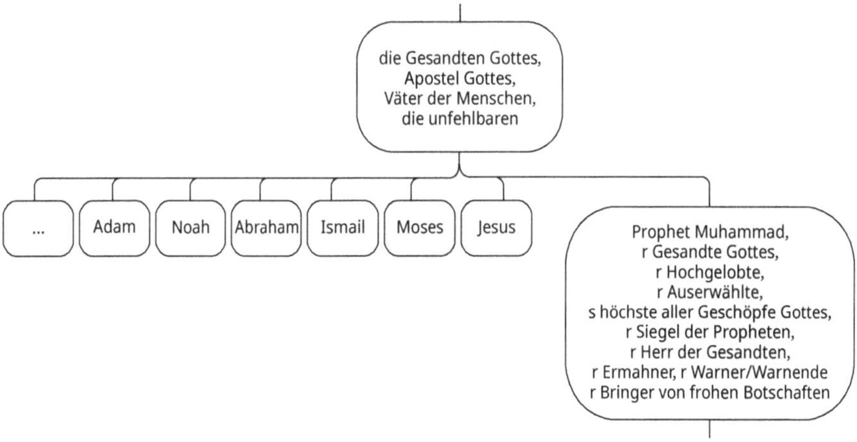

Abb. 1c: Beispiel für die Bildung einer WFD.

Diese wortfeldbasierte Darstellungsmethode gibt Auskunft über die bestehenden semantischen Relationen – hier z. B. die Über- und Unterordnung (Hyperonymie/Hyponymie) sowie nicht zuletzt auch diejenige der Heteronymie zwischen den Prophetennamen. Zu dieser graphischen Zeichnung kommen weiterhin andere Wortschatzeinheiten hinzu und erweitern das Wortfeld (s. WFD 3.1). Dem eigenen theoretischen Modell folgend (vgl. Kap. 2.6), werden alle anderen Wortfelder auch auf diese Weise hierarchisch dargestellt. Zum Teil kommen assoziative Wortschatzeinheiten ebenfalls mit ihren eigenen thematischen Bezügen hinzu, was die gestrichelten Linien signalisieren sollen.

I Erster empirischer Teil (Grundlage: Das Feld)

4 Pragmatischer Umriss: Die Elemente einer Predigt

Bei Sprache und Kommunikation in den Natur- und Geisteswissenschaften kann jeweils zwischen theoretischen und angewandten Disziplinen unterschieden werden. Dabei betont Roelcke zunächst die großen Überschneidungen bzw. Abweichungen von diesen Einteilungen; die Einzelfachsprache der *Theologie* wird dann teilweise unter den wissenschaftlichen (überwiegend theoretischen) Fachsprachen eingeordnet. Die gegenübergestellten Fachsprachen machen die der angewandten Wissenschaften, wie der Technik, der Urproduktion und des Handwerkes, und schließlich die Institutionssprachen aus (s. Roelcke 2020a: 47).

Zu den genannten Überschneidungen zwischen verschiedenen Disziplinen der Theologie gehört z. B. die Predigtlehre, deren Fachsprache als Wissenschaft einerseits und als Praxis sowie Anwendung andererseits in Betracht gezogen werden kann. Die mündliche Vermittlung von religiösen Inhalten in den Predigten nähert die Einzelfachsprache der Theologie, die meist als theoretische Wissenschaft angesehen wird, immer mehr den angewandten Wissenschaften an. Somit können die Fachsprachen der angewandten Wissenschaften über den Bereich der Technik und Produktion hinaus erweitert werden.

Im persischsprachigen Raum des schiitischen Islam existiert für praktische bzw. angewandte Theologie weder ein universitäres Fach noch eine Ausbildung oder ein Studiengang an den theologischen Hochschulzentren (*ḥawza*). Im arabisch- oder türkischsprachigen Raum gibt es auch kein Fach „Praktische Theologie“ an universitären Theologiestudiengängen des Islam. In der Fachsprachenforschung werden die verschiedenen Fachbereichseinteilungen *horizontal* gegliedert. In einer horizontalen Gliederung unterscheiden Felder und Gardt zwischen Semantiken von sechs alltagsweltlichen und fachspezifischen Lebenswelten mit ihren spezifischen Kommunikationsbereichen. Die Religion bzw. Spiritualität mit ihren Riten, Gebräuchen, Texten, Gesprächen etc. machen den letzten Bereich aus (s. Felder und Gardt 2015: 24). Stellt man sich nun eine horizontale Schichtung des Faches „Praktische Theologie“ des Islam vor, kommen unterschiedliche Handlungsfelder in Frage, in denen die islamische Sprache und Kommunikation in diversen Arten und Weisen umgesetzt werden kann. Diese werden im Kapitel 4.1.6. (Abb. 2) erläutert.

Der horizontalen gegenüber steht bei der *vertikalen* Gliederung der Fachsprache[40] bspw. nach Walther von Hahn eher die Frage nach den kommunikativen Ein-

40 Ausführlich zu verschiedenen horizontalen und vertikalen Gliederungsmodellen bzw. der Problematik der vertikalen Gliederung s. Roelcke 2020a: 42–56.

https://doi.org/10.1515/9783111039138-004

heiten im Vordergrund (s. von Hahn 1983: 76–83). In diesem Sinne wird innerhalb eines Fachbereiches von einem vertikalen Kontinuum ausgegangen, auf dessen höherer Seite das Abstrakte sowie Theoretische steht und auf der anderen Ebene das Konkrete, Praktische oder Besondere, das vergleichsweise auf der niedrigeren Ebene verortet wird. Bei dieser bildlich vorstellbaren adressatenbezogenen Rangordnung ist die enge, mittlere oder weite *Kommunikationsdistanz* zwischen den Kommunikationsbeteiligten von größtem Interesse.

Der Fokus der heutigen Fachsprachenforschung liegt überwiegend in der vertikalen Gliederung (s. Roelcke 2020a: 52), wobei Experten und Laien des Faches in einer nicht unbedingt aktiv-passiven Beziehung miteinander in Kommunikation treten, um einen teilweise asymmetrischen *Wissenstransfer* (Wichter und Antos 2001) zu betreiben. In der jüngeren Zeit werden die Sprache und Kommunikation zwischen Experten und Laien aus einigen Öffentlichkeits- und Alltagsbereichen als besonders forschungsrelevant empfunden, z. B. Recht und öffentliche Verwaltung, Medizin und Bildung. Der Ansatzpunkt der neueren Forschung, die Kommunikationsverhältnisse zwischen Experten und Laien zu analysieren, kann sich über diese Bereiche hinaus auf die Einzelfachsprache islamische Theologie in der konkreten Kommunikationssituation zwischen *Theolog*innen* und *Gemeindemitgliedern* bzw. der *Glaubensgemeinschaft* ausweiten.

Mit „Theolog*innen" sollen religiöse Experten bezeichnet werden, die in verschiedenen Bereichen dieses Faches als Sprachproduzierende und Interpretationsautoritäten fungieren. Demgegenüber sind mit „Gemeindemitglieder" bzw. „Glaubensgemeinschaft" Laien gemeint, die den religiösen Inhalt in der Regel rezipieren. Akca nennt sie „religiöse Nicht-Expert*innen" und „einfache Gläubige" (Akca 2020: 16).

So wie bei der Fachexpertise statusmäßig zwischen Experten intrafachlich (Kommunikation von theologischen Fachleuten untereinander) und interfachlich (zwischen theologischen Fachleuten mit Experten eines anderen Faches) unterschieden wird (s. Roelcke 2020a: 25), kann eine Unterscheidung als solche auch unter Laien innerhalb sowie außerhalb des Fachbereichs von Bedeutung sein. Denn die Laien sind innerhalb der religiösen Kommunikation mit dem vermittelten Inhalt vertraut und verfügen verhältnismäßig über ein höheres Verständnis dafür als Laien außerhalb der Glaubensgemeinschaft, auch wenn das religiöse Wissen[41] weder von Laien des Faches noch von Laien außerhalb des Faches (zumindest nicht offiziell) erworben ist.

Das vermittelte religiöse Wissen während der Kommunikation zwischen Experten eines bestimmten Faches und Laien im entsprechenden Sachbereich be-

41 Ausführlich zum Begriff „religiöses Wissen" s. Akca 2020.

steht aus einem breiten Spektrum, vom fachlichen Spezialbereich von Experten bis hin zum sachlichen Interessenbereich von Laien (s. Roelcke 2020a: 56). In anderen möglichen Kommunikationstypen liegt der Ansatzpunkt auf andere Ebenen.[42] Akca sieht die Predigten eindeutig als „hierarchische Wissensvermittlung durch die jeweilige religiöse Autorität an die adressierten Gläubigen" (Akca 2020: 78) an.

Die Dichotomie von Experte-Laie impliziert im theologischen Kontext viel mehr als nur den Besitz fachbezogenen Wissens:[43] Im schiitischen Islam tritt die Person nach bestimmten Jahren im einschlägigen Theologiestudium und nach der Absolvierung gewisser Qualifizierungsstufen offiziell in den theologischen Stand des Expertentums. Für diesen Übergang sind die Begutachtung von anderen bereits etablierten Experten und die Überprüfung des Eintritts in den Gelehrtenrang erforderlich. Die angenommenen Titel sowie Status des Gelehrten sind dann oft durch offizielle Bekleidung voneinander differenzierbar. Der institutionell für das Gewand berechtigte Gelehrte nennt sich im Persischen *molabbas/ moʿammam* (*molabbas* wörtlich ‚bekleidet' und *moʿammam* ‚turbantragend', inhaltlich synonym) und die Experte-Laie-Kommunikation während der Predigt wird von dieser Abgrenzung systematisch beeinflusst.[44]

In der Predigtkommunikation interagieren drei klassische Hauptelemente miteinander: Der Theologe als predigende Person, die Gemeindemitglieder als zuhörende Person(en) und die Predigt selbst als Textsorte.[45] Diese drei Elemente finden sich strukturell im Modell von *Instruction as interaction* in Lehr-Lern-*environments* (zum Didaktischen Dreieck s. Cohen, Raudenbush und Loewenberg Ball 2003): Der Prediger entspricht hierbei dem Lehrenden in einer gewissermaßen frontalen Ordnung. Prediger treten innerhalb einer religiösen Praxis – gedacht als Lernumgebung – mit Zugriff auf die entsprechende Textsorte als Lerngegenstand in Interaktion mit den zuhörenden Lernenden, hier Glaubensgemeinschaft.

Akca betont aus einer praxistheoretischen Perspektive, dass eine umfassende Forschung zu Moscheen notwendigerweise beide Blickwinkel, den der Produzenten wie auch den der Rezipierenden, betrachten und daraus entstehen sollte. Mit

42 Kommunikation unter Experten ein und desselben Faches, Kommunikation unter Laien in einem bestimmten Sachbereich, Kommunikation zwischen Experten verschiedener Ebenen bzw. Bereiche eines bestimmten Faches und Kommunikation zwischen Experten eines Faches und Experten eines andere Faches, s. Roelcke 2020a: 55–56.

43 Zu Abgrenzung und Definition des Klerus im christlichen Kontext vgl. URL11.

44 Unter Sunniten gibt es die Abgrenzung nicht und wenn es Kleidungsunterschiede gibt, dann ist das meist kultureller Natur.

45 Die drei Elemente des sog. homiletischen Dreiecks wurden von dem Schweizer Theologen Alexander geprägt und finden auch in Werken neueren Datums Erwähnung (s. Engemann 2020). Das homiletische Dreieck stellt die verbindende Funktion der Predigt ins Zentrum.

anderen Worten sei der *Input* der Predigten genauso wichtig wie die Predigtrezipierenden, die an der Predigt teilnehmen, und den *Output* dieser Handlung ausmachen (s. Akca 2020: 15). Nach dem kognitionslinguistischen Funktionsmodell können die intellektuellen und emotionalen Voraussetzungen von Produzenten und Rezipienten bei dem Gebrauch sprachlicher Zeichen durchaus wichtig werden (s. Roelcke 2020a: 12–13). Dennoch rechtfertigt der Fokus vorliegender Untersuchung auf die sprachliche Produktion den quantitativen Unterschied zwischen den einschlägigen Kapiteln:

Das Kapitel über die Produzenten (Prediger) ist wesentlich ausführlicher abgefasst als das Kapitel über die Rezipierenden (Predigtzuhörende). Allerdings besteht eine Reihe von qualitativen empirischen Studien über die muslimischen Glaubensmitglieder in Deutschland, in denen die Rezeption von religiösen Inhalten, der Grad ihrer Religiosität, die religiöse Identität der Muslime in Deutschland, ihre Integration in die europäischen Gesellschaften etc. in den (religions-) soziologischen Vordergrund gestellt worden sind.[46] Als dritte Komponente setzt sich die Arbeit mit den Eigenschaften der untersuchten Predigten auseinander.

4.1 Prediger

Die Stellung des Predigers kann im Gesamtbild der islamischen Religion schiitischer Tradition verstanden werden, indem man über seinen direkten Kontakt als Experte mit den Glaubensangehörigen als Laien hinausschaut. In der gemeinsamen Schnittstelle zwischen Sprache und Religion identifizieren Lasch und Liebert (2015: 475) sieben wesentliche Elemente – zentrale *Lemmata* genannt. Die vier ersten Elemente betreffen unmittelbar bestimmte Persönlichkeiten, die die Mittlerrolle zwischen einem göttlichen Wesen und den Anhängern vieler Religionen ausfüllen; *Verkündigung* (abgeleitet vom „Prophetischen“: s. Klein 1997: 475), *Verehrung*, *Vergegenwärtigung* und *Charisma.*

Diese Lemmata drehen sich hauptsächlich um das Rederecht sowie um die damit verbundene Verantwortung dieser Persönlichkeiten im Rahmen einer kollektiv ausgeübten Religionspraxis. Der in der Sozialwissenschaft von Max Weber stark geprägte Begriff *Charisma* steht heute für die „Gesamtheit der durch den Geist Gottes bewirkten Gaben und Befähigungen des Christen in der Gemeinde“ (URL12) und spricht im religiösen Sinne den Trägern eines *Charismas* eine gewisse Führungsrolle innerhalb der Gemeinschaft der Anhänger zu (s. Lasch und Liebert 2015: 484).

46 Dazu s. bspw. Frese 2002, Gleser 2002, Karakaşoğlu-Aydın und Boos-Nünning 2005, Öztürk 2007, von Wensierski und Lübcke 2007, Hunner-Kreisel und Andresen 2010, Schmitz und Işık 2015.

Im Islam ist es der Prophet, der die Offenbarung Gottes erhält und in der menschlichen Sprache an die Menschheit weiterleitet. Auf derselben Schnittstelle wie die als unfehlbar geltenden Propheten vermitteln die theologischen Experten zwischen dem Göttlichen und den der Glaubensgemeinschaft angehörenden Laien. Daraus wird die große Bedeutung der Vermittlerfiguren deutlich, wenn es um die religiöse Sprache geht.[47]

Im Kontext der religiösen Personenbezeichnungen ist der Terminus *Imam* heutzutage für die deutschsprachige Sozialumgebung nicht mehr fremd und dessen Beitrag ist mittlerweile auch in den *Duden* aufgenommen worden: „1a) Vorbeter in der Moschee, 1b) Titel für verdiente Gelehrte des Islam; 2. Prophet und religiöses Oberhaupt der Schiiten" (URL13). Das theologische Fach- und Fremdwörterbuch definiert den Begriff *Imam* folgendermaßen: „arab., Vorsteher; islam. Gelehrter; Vorbeter in der Moschee; bei den Schiiten rel. Oberhaupt u. Prophet der Zeit nach Mohammed; Imamiten, Schiiten, die 12 Imame anerkennen u. die Wiederkunft des 12. Imams erwarten." (Hauck und Schwinge 2005: 93).

4.1.1 Zur Rolle des „Imams" im schiitischen Islam

Der Begriff *Imam* hat sowohl eine allgemeine als auch eine spezifische Bedeutung. In seiner letzteren Bedeutung taucht der Titel in zwölf koranischen Versen auf.[48] Semantisch stellt der Begriff, nach schiitischem Glauben, eine der höchsten Stufen dar, mit der ein Mensch von Gott ausgezeichnet werden kann und bedeutet wörtlich und je nach unterschiedlichen Zusammenhängen etwa ‚Vorbild', ‚Person(en) mit Führungsfunktion bzw. geistiger Leitung', ‚Oberhaupt', ‚Vorsteher' oder ‚Anführer'. Im Koranvers 2:124 wird bspw. Abraham dieser Titel zuteil, nachdem er schon lange Prophet war (vgl. URL14).

In seiner speziellen Bedeutung bezeichnet der Titel *Imam* nach der zwölferschiitischen Auffassung die zwölf Personen, die aus der Familie des Propheten Muhammad stammen und die von Gott für die geistige und – damit einhergehend – für die politische Betreuung der islamischen Gemeinschaft nach dem Tod Muhammads bestimmt worden sind. Bezugnehmend auf die zentrale Rolle der zwölf Imame in ihrer Lehre, werden die Zwölferschiiten auch als *Zwölfer* oder als *Imamiya* bezeichnet. Das Bekenntnis zur absoluten Autorität der Imame zählt zu den entscheidenden Kriterien der Zugehörigkeit zum Schiitentum (s. Ende 1984: 70).

---

47 Ausführlich zur religiösen Autorität im schiitischen Islam s. Takim (2006).

48 Diese sind – der Reihenfolge nach – folgende koranischen Kapitel- und Versnummern: 2:124, 9:12, 11:17, 15:79, 17:71, 21:73, 25:74, 28:5, 28:41, 32:24, 36:12, 46:12.

Dieser ursprünglich religiöse Titel spiegelt heutzutage verschiedene Beziehungsmuster aus traditionell-sozialen Einheiten wider (s. Ceylan 2010: 20). Das spezielle Verständnis von einem Imam im schiitischen Islam unterscheidet sich von dem der Sunniten in zweierlei Hinsicht:

Erstens lehnen die Sunniten generell die Vorstellung unfehlbarer Lehrinstitution und -autorität nach dem Tod des Propheten ab (s. Esen 2013: 347). Zweitens und darauffolgend gelten die überlieferten Äußerungen der zwölf Imame in der Geschichtsauffassung der Zwölferschiiten als Beglaubigung der Echtheit des von den Schiiten anerkannten Propheten-Hadith bzw. als dessen verbindliche Erläuterung (vgl. URL15). Die Überlieferungen der Imame und Propheten stellen historisch in der Glaubenslehre dieser Gemeinschaft eine Quelle religiöser Erkenntnis dar; v. a. für das schiitisch geprägte Verständnis des Koran, über das die Sunniten nicht verfügen (s. Ende 1984: 78).

Bei den Schiiten hat sich zum einen jeder Gläubige selbstständig mit dem Koran und den Texten der Überlieferung zu befassen, zum anderen besitzen lediglich die unfehlbaren Propheten und Imame die Kraft zur Auslegung des Koran, mit deren Hilfe die Religionsfragen interpretiert werden können und deren Worten sich der Gläubige als Laie zuzuwenden hat. Nicht allein die Korankommentare, sondern die Theologie und Philosophie der Zwölferschia sind bis in die Gegenwart von den späteren Überlieferungswerken abhängig und ohne den ständigen Rückgriff darauf kaum verständlich (s. Ende 1984: 80). Schiiten akzeptieren nach dem Tod des Propheten Muhammad nur die von ihm als von Gott bestimmt verkündeten zwölf Imame als Herrschende – unabhängig davon, ob sie jemals Regierungsgewalt erlangt haben oder nicht. Das macht die spezielle Bedeutung des Begriffs aus.[49]

Im seinem allgemeinen Sinn wird der Begriff *Imam* als Ehrentitel für einen hervorragenden Muslim von den jeweiligen Anhängern genutzt, wie z. B. der vorige Revolutionsführer Irans von seinen Anhängern „Imam" Ḫomeinī genannt wird.[50] Des Weiteren trägt der Vorbeter eines Gemeinschaftsritualgebets auch den allgemein verwendeten Titel *Imam* (URL14).

Diese zwei Bedeutungen des Begriffs Imam, einerseits die spezielle und andererseits die allgemeine, werden nicht selten miteinander verwechselt und verursachen große Missverständnisse. Ceylan bestätigt zwar, dass der Stand des Imams

49 Ausführlich zu den Hintergrundinformationen über den schiitischen Glauben sowie dessen eng an der Bedeutung von „Imam" gebundene Geschichte s. Krämer (2005) und Endreß (1997).

50 Ein anderes Beispiel ist der iranisch-libanesischstämmige Philosoph und Gelehrte Sayyid Mūsā Ṣadr (Imām Mūsā Ṣadr). Parallel zur schiitischen Tradition werden unter Sunniten auch wissenschaftliche Autoritäten in den religiösen Wissenschaften als *Imam* bezeichnet, so z. B. Faḫr ad-Dīn ar-Rāzī wird gerne nur als al-Imām bezeichnet.

im Schiitentum zu den unbestreitbaren Glaubensgrundsätzen gehört und dass die Imame als direkte Nachfahren des Propheten aufgrund des Anspruches auf die geistige Führung der Gesellschaft eine viel gewichtigere Rolle als bei den Sunniten[51] haben (s. Ceylan 2010: 25). In dieser Textpassage betrifft die Begriffsverwendung die spezielle Bedeutung des Imams. In einem anderen Zusammenhang hingegen, wo er die Bezeichnung „Imame" im Sinne der schiitischen Gelehrsamkeit, der Rechtsgelehrten und des obersten (politisch-) religiösen Oberhaupts verwendet (also diesmal die allgemeine Bedeutung von Imam), referiert er pauschal auf das Thema der Unfehlbarkeit und Sündenfreiheit der Imame in der schiitischen Lehre (s. Ceylan 2010: 25), ohne die notwendige Differenzierung vorzunehmen.

Die Auffassung über die Heiligkeit und Unfehlbarkeit der zwölf Imame (arab. *ʿiṣma*) schließt die schiitische Gelehrsamkeit keineswegs mit ein (s. Ende 1984: 81). Der Status des Gelehrten bei Zwölferschiiten besteht in seiner systematisch höchsten Stufe als Rechtsgelehrten. Durch das Studium werden sie nicht geschützt vor Fehlern. Sie verfügen über bestimmte theologische Qualifikationen und unterscheiden sich von anderen Menschen lediglich durch ihre fachspezifische Expertise.

Der Glaube an die Unfehlbarkeit der Imame in der schiitischen Tradition generiert zwar die religiösen Konzepte in den späteren Überlieferungswerken für die schiitische Gelehrsamkeit; diese werden auch häufig zum Material in den Predigten, werden zitiert, analysiert, vertreten und weiterempfohlen. Aber der Glaube an die Unfehlbarkeit der Unfehlbaren steht in keinem Zusammenhang mit dem Glauben an religiöse Autorität der Gelehrten bzw. die gegenwärtigen Prediger. Die Prediger berufen sich während ihrer Rede auf die Authentizität von religiösen Konzepten und Meinungen zu Ritualen über Überlieferungsketten bzw. nehmen Bezug zu Äußerungen von Imamen. Auch zur Zeit der Verborgenheit des zwölften abwesenden Imams, ebenso als unfehlbar geltend, überträgt sich seine Unfehlbarkeit nicht auf die Rechtsgelehrten, sondern diese übernehmen lediglich den Status als religiöse Instanz und Referenz für die Betreuung der Glaubensgemeinschaft und für den Idschtihad (s. 4.1.2.), so das offizielle Narrativ des gegenwärtigen Zwölferschiitentums (s. Ḫomeinī 2003).

51 Bei Sunniten bezeichnet der Begriff *Kalifat* die politische Führung der Gläubigen. Während der Begriff *Hoca* in türkischen Gemeinden üblich und als Anrede für Imame und Lehrer bzw. Lehrerinnen verwendet wird, wird in arabischen Gemeinden vor allem der Begriff *Scheich/ Sheikh* (nach DMG *šayḫ*) benutzt (vgl. URL16).

4.1.2 Die (Fremd)Sprache im Kontext der Rechtsfindung

Die Prediger berufen sich in ihrer Rede häufig auf die schiitische Gelehrsamkeit und ihre Ansichten über religionspraktische Themen. Hier geht es um die allgemeine Bedeutung des Imams, nämlich die Gelehrten und schiitischen Autoritäten hinsichtlich des ihnen zugesprochene Rechts des Idschtihad (arab. *iǧtihād*). Unter diesem Schlüsselprinzip in der zwölferschiitischen Lehre ist der Umgang mit islamischen textbasierten Primär- sowie Sekundärquellen wie auch deren Interpretation zu verstehen, was ihnen schließlich die selbständige Rechtsfindung erlaubt.[52] Ende definiert Idschtihad als eine „auf Vernunft gegründete Methode der selbständigen Wahrheitsfindung überall da, wo als echt anerkannte Überlieferungen sich zu widersprechen oder mit Aussagen des Korans im Widerspruch zu stehen scheinen" (Ende 1984: 80).

Sprachlich gesehen ermöglicht Idschtihad – nach schiitischer Vorstellung – die semantische Erfassung der Ausdrucksbedeutung unter dem Gesichtspunkt des Äußerungskontextes. Dieser Faktor bestimmt in gewissen Maßen den textuellen sowie intertextuellen Interpretationsprozess und die Umstände der Herabsendung einzelner Verse beeinflussen letztendlich die daraus resultierenden Rechtsurteile. Unter anderem soll der Experte, der Idschtihad betreibt, im Rahmen der Wissenschaft der Herabsendungsgründe (arab. *asbāb an-nuzūl*) über linguistisches Vermögen verfügen (vgl. URL17). Das bedeutet, dass das Bestreben der Gelehrten, sich zu einem Thema aus dem Feld der Rituale bzw. der religiösen Praxis zu äußern, auch sprachliche Fragestellungen umfasst. Dadurch soll das statische Textverständnis und somit eine fundamentalistische „Buchstabengläubigkeit" (Seidensticker 2014: 11) verhindert werden. Demnach impliziere die Berücksichtigung der kontextuellen Umstände der Offenbarung die Verzerrung der heiligen Botschaft und sei eine unzulässige Hinzufügung (arab. *bid'a*; vgl. URL18), wenn einige Formulierungen in den Koranversen oder den überlieferten Lehren metaphorisch verstanden werden (s. Ceylan 2010: 155).

Wenn es sich in einer Predigtpassage um die lebenspraktischen Verpflichtungen eines Gläubigen handelt, wird der Prediger stärker denn je gezwungen, sich auf die Meinungen der einen oder anderen religiösen Autorität, die Idschtihad ausübt, zu berufen. Teils werden Rechtsurteile angesprochen, bei denen unterschiedliche Gelehrte einig sind. Dabei werden nicht unbedingt Namen genannt. Unterscheiden sich Gelehrtenmeinungen jedoch über die religiöse Verpflichtung

52 Ausführlich zur Theorie und Praxis des islamischen Rechts sowohl in der prägenden klassischen als auch in der modernen Zeit, mit Konzentration auf die Rolle des Idschtihads im sunnitischen und schiitischen Islam s. Gleave und Kermeli (2001).

hinsichtlich eines konkreten Verhaltens, einer Handlung oder Praxis, so werden diese vom Prediger notwendigerweise mit den Namen der Autoritäten dargestellt. Häufig nimmt auch er persönlich Stellung zu bestimmten Uneinigkeiten aus dem schiitischen Recht, infolgedessen der Prediger gewollt oder ungewollt eine bestimmte Tendenz vertritt.[53]

Īzadī stellt die im Folgenden kurz behandelten zwei Schulen des Schiitentums in kontrastiver Weise dar. Diese werden hier in Bezug auf deren unterschiedliche linguistische Schwerpunktsetzung exemplarisch erwähnt:

Auf der einen Seite steht die *Qom*-Schule mit einer eher pragmatischen Orientierung. Bei der methodologischen Herangehensweise an die Texte dominiert in dieser Schule die Analyse des Äußerungskontextes. Im Vordergrund stehen dabei zum einen die historischen Umstände zur Zeit der Offenbarung und zum anderen der theologisch-sprachliche Konsens zwischen den Experten. Im Verlauf des Rechtsfindungsprozesses aus bestehenden Literaturquellen werden die geographisch aber auch zeitlich bedingten Eigenheiten der damaligen Gemeinschaften in der Analyse des Rechtsgelehrten berücksichtigt, sodass daraus Gedankenstrukturen ersichtlich werden, die nur teilweise eindeutig sind und weitgehend auf Wahrscheinlichkeiten beruhen und damit keinen Anspruch auf Exaktheit erheben. Einer der Vertreter der Qom-Schule ist *Ḥossein ʿAlī Aḥmadī Ṭabāṭabāʾī Borūǧerdī* (s. Īzadī 2018: 37–38).

Auf der anderen Seite repräsentiert bspw. *Sayyid Abū l-Qāsim al-Mūsawī al-Ḫūʾī* die *Nadschaf*-Schule, die vergleichsweise eine mehr semantische Orientierung aufweist. Dabei werden für die Erlangung einer gewissen Authentizität die theoretischen Einzelnachweise der Überlieferungswissenschaft eher wertgeschätzt als die Akzeptanz der Gelehrten bzw. die Berühmtheit eines Rechtsgutachtens. Sollten die authentischen Textbeweise dafür fehlen, werden die Überlieferungen ohne Weiteres als endgültig ungültig abgelehnt. Daher wird sie manchmal „mathematische" Schule bzw. Methode genannt (Īzadī 2018: 46–48).

Die Verortung einer Schule in der ausgeführten Gegenüberstellung entscheidet darüber, inwiefern die jeweiligen Rechtsfindungsprozesse intensive Sprachausbil-

53 Der Umgang verschiedener Gelehrter mit der Frage, inwieweit die Berücksichtigung der historischen sozialen Begebenheiten für das Verständnis der heute als Texte vorhandenen Offenbarung und demzufolge bei der Rechtsfindung für das gegenwärtige Leben der Glaubensgemeinschaft eine Rolle spielt, stellt den Kern von unterschiedlichen Ausrichtungen dar. Als Beispiel kann man die *Qom*-, *Nadschaf*-, *Samarra*-, *Bagdad*- und *Hilla*-Schule nennen. Üblicherweise gelten die Städte, in denen die eine oder andere theoretisch-methodologische Schule ins Leben gerufen worden ist und deren erste vertretende Gelehrte dort gewohnt haben, dementsprechend als Herkunftsort der Gedanken. So wird an der Stelle des Namens der Schule selbst der Name der Stadt etabliert und verwendet (s. Īzadī 2018: 46). Zur Bedeutung des islamischen Rechts in der Moderne s. Kurnaz 2017.

dung erfordern und wie der theologische Experte mit der Sprache des Textes umzugehen hat. Dies spiegelt sich darauffolgend in den Argumentationssträngen der Prediger wider, wenn sie selbst die arabischsprachig-übersetzungsspezifische Analyse in die Predigt einführen. Die Gläubigen im Allgemeinen und die Predigtzuhörenden im Besonderen werden in Rechtsfragen als Laien angesehen. Sie sind demnach verpflichtet, in ihrer Lebenspraxis den Rechtsexperten zu folgen (s. Ende 1984: 80–81). Diese Befolgung wird bisweilen auch anhand von online-veröffentlichten Rechtswerken der jeweiligen Rechtsgelehrten (arab. *risāla*) umgesetzt. Ein religiöses Regelwerk ist eine Anleitung für die Befolgenden in Detailfragen der Religionsausübung. Es handelt sich dabei um eine Sammlung von islamischen Rechtsgutachten – auch religiöses Edikt (arab. *fatwā*)[54] genannt –, die seitens der theologischen Instanzen herausgegeben werden. Das Publikum verfügt theoretisch über den Zugang dazu, in der Predigt werden die Rechtsfragen jedoch vielmehr punktuell diskutiert und vereinfacht geklärt.

Immerhin gewinnt die inhaltliche sowie sprachliche Zugänglichkeit der religiösen Regelwerke zunehmend an Bedeutung – und zwar über die Glaubensgemeinschaft innerhalb der muslimischen Länder hinaus auch für Schiiten weltweit, die dem jeweiligen Experten folgen. Vor diesem Hintergrund sind zum einen die moderneren religiösen Regelwerke normalerweise in Frage-Antwort-Form über Rechtssituationen (arab. *istiftāʾāt*; vgl. URL20) zusammengestellt, während die klassischen Regelwerke in Textform bestimmte Themen nacheinander behandeln. Zum anderen bestehen seit Kurzem religiöse Rechtswerke in fremdsprachigen Versionen. Vor allem das Interesse an europäischen Fremdsprachen im Bereich der schiitischen Rechtswissenschaft scheint gewachsen und das Bewusstsein darüber, dass die schiitische Glaubensgemeinschaft auf internationaler Ebene auf religiöse Inhalte in der eigenen Sprache angewiesen ist, präsent zu sein.

Von zwei der heute lebenden schiitischen Rechtsgelehrten sind zurzeit Rechtswerke in übersetzter Form auf ihren jeweiligen offiziellen Webseiten und unter bestimmten Rubriken, z. B. auf Englisch Jurisprudence & Religious affairs, vorhanden. Diese zwei Rechtsgelehrten sind *Sayyid ʿAlī Ḥosseinī Ḫāmeneʾī*[55] und *Sayyid ʿAlī al-Ḥusaynī as-Sīstānī*. Das religiöse Rechtswerk von *Ḫāmeneʾī* gibt es in Persisch, Arabisch, Aserbaidschanisch, Türkisch, Englisch und Urdu[56] und das von *Sīstānī* in Ara-

54 Ein religiöses Rechtsurteil im Islam ist ein islamisches Rechtsgutachten, das von einem Rechtsgelehrten zu einem speziellen Thema oder einer besonderen Fragestellung ausgestellt wird (URL19).

55 Er wird auf der offiziellen Webseite nicht mit Namen, sondern mit dem Titel „Supreme Leader“ genannt.

56 Es sind auch andere Sprachen (Tsachurisch, Französisch, Swahili, Thailändisch) in Buttons vorhergesehen, die aber (noch) nichts über Rechtsfragen beinhalten.

bisch, Persisch, Urdu, Englisch, Aserbaidschanisch, Türkisch und Französisch. Diese sind entweder in Form von thematisch aufgelisteten Kapiteln oder unter „A Code of Practice For Muslims in the West" zu lesen (vgl. URL21 und URL22).

4.1.3 Hierarchien in der schiitischen Theologie und die Stellung Irans

Der theologische Rang eines schiitischen Gelehrten wird im vertikalen Spektrum des Begriffs „Geistlichkeit" (pers. *rūḥāniyat*) durch das spezifische Ausbildungsniveau bestimmt und lässt sich nicht so eindeutig wie der Klerus in der römisch-katholischen Kirche abgrenzen (s. Ende 1984: 81). Eine Eigenheit der hierarchischen Struktur der schiitischen Geistlichkeit bezieht sich auf die national unterschiedlichen Benennungen innerhalb einer Sprache.

Im iranischen Staatsgebiet wurde das Schiitentum z. B. – wie in keinem anderen islamischen Land – seit dem 16. Jahrhundert unter der safawidischen Dynastie offiziell herrschende Konfession (s. Ende 1984: 84) und nach der islamischen Revolution von 1979 weltweit zum ersten Mal als Staatsreligion institutionalisiert. Die Grundlage des erstmaligen Regierungssystems der *Islamischen Republik* ist das von Ḫomeinī entwickelte Konzept des *welāyat-e faqīh* (arab. *wilāyat al-faqīh*; vgl. URL24), nach dem der fähigste Rechtsgelehrte an der Spitze stehen soll (s. Ḫomeinī 2003: 50–59).

Diese Systematisierung hat zur Folge, dass bis heute mehrere diskursiv geprägte Begriffe ein und denselben Personenkreis – theologische Experten – bezeichnen und jeweils auch Verschiedenes im persischsprachigen Raum assoziiert wird: *āḫūnd, mollā, rūhānī* etc. Diese unter Allgemeingläubigen üblichen Bezeichnungen sind durchaus andere als die institutionell-konventionellen Einstufungen am Theologiezentrum *ḥawza* (überwiegend in Qom, Iran), welche die persischsprachige Reihenfolge *ḥoǧǧatoleslām, āyatollāh, āyatollāh al-ʿoẓmā* und *ʿallāme* entspricht. Ein zum Idschtihad (arab. *iǧtihād*) berechtigter Theologe wird *muǧtahid* genannt, wobei der oberste von ihnen, der *marǧaʿ-e taqlīd*[57] als letzte theologische Instanz und im Weiteren als Stellvertreter des zwölften verborgenen Imams gilt (s. Ende 1984: 81). Unter den Zwölferschiiten in Deutschland ist der Titel *šayḫ* (hier im Text findet die in den Gemeinden geläufige Schreibweise *Scheich* Verwendung) auch für die Prediger geläufig und wird als Ehrung eines Würdenträgers verwendet (vgl. URL23). Der Begriff *sayyid* wird ebenfalls in arabischer Aussprache in den deutschen Gemeinden verwendet.

57 Die Befolgung eines *muǧtahids* nennt sich *taqlīd* (Ende 1984: 81).

Die Gründe, warum Iran und das Persische die schiitische Theologie sowie deren Predigt und Sprache weltweit unter anderem auch im heutigen Deutschland beeinflussen, sind zunächst historischer Natur. Historisch fand das Schiitentum früh Anhänger in Iran, sodass man angesichts der religiös-politischen Dominanz der Iraner auf die Gelehrtenkreise im Irak und im Libanon von einem „(alt-)iranischen Erbe in der Zwölferschia" (Ende 1984: 85) sprechen kann, v. a. was die populäre Vorstellung von Bräuchen und die Art der Wahrnehmung ritueller Pflichten anbelangt (s. Ende 1984: 85). Die internationale Prägung der zwölferschiitischen Theologie in den letzten Jahrzehnten durch Iran besteht hauptsächlich darin, inwiefern die zum Idschtihad berechtigten Rechtsgelehrten unterschiedlicher Nationen das Konzept der „Herrschaft des Rechtsgelehrten" (Seidensticker 2014: 63) oder Ḫomeinīs „Theorie von [der] Statthalterschaft des Rechtsgelehrten"[58] annehmen und befürworten. Fachtheologisch wird diese dadurch bestimmt, ob der eine oder andere Gelehrte dieses Herrschaftsrecht aus den islamischen Textquellen für möglich hält und ableiten kann oder nicht.

Gestützt auf das schiitisch geprägte Staatsmodell, jedoch ohne eine systematisch geordnete Hierarchie bildet Iran heutzutage v. a. in der schiitisch-theologischen *Ḥawza*-Lehrinstitution der Stadt Qom Theologen und Rechtsgelehrte als (angehende) Imame aus und weiter. Speziell die meisten in Deutschland ansässigen schiitischen Imame verschiedener Herkunft haben größtenteils ihr (Fern-)Studium in Iran absolviert bzw. befinden sich in der Studienphase. Die internationale *Al-Muṣṭafā*-Universität in Qom widmet sich ausschließlich ausländischen Studierenden für missionarische Zwecke.

Aus diesem Zusammenhang ergibt sich, dass das Theologiestudium selbst wie auch der jahrelange Aufenthalt der internationalen schiitischen Theologieexperten in Iran, falls sie sich zukünftig in Deutschland als Prediger betätigen, direkte Auswirkungen auf den Inhalt der hierzulande gehaltenen Predigten, aber dazu auch noch auf die Randunterhaltungen und einschlägigen Diskussionen hat, die unter ihrer Leitung in den Moscheen und islamischen Zentren stattfinden. Die Beobachtungen während der Studie belegen, dass Iran in den meisten schiitischen Gemeinden Deutschlands einen vorbildlichen Charakter zugeschrieben bekommt. Es kommt öfters vor, dass Iran unter Schiiten verschiedener Nationalitäten (außer Iran) in gewisser Art und Weise glorifiziert wird. Den ausgetauschten Erkenntnissen über Iran in den Gemeinden Deutschlands fehlen normalerweise mehrdimensionale (z. B. so-

58 Die „Statthalterschaft des Rechtsgelehrten" ist eine Theorie, die erstmalig von Ḫomeinī in seinem 1963 verfassten gleichnamigen Buch detailliert ausformuliert wurde. Das Konzept besagt, dass in der Verborgenheit des Imam Mahdi ein geeigneter Gelehrter ihn bestmöglich vertreten muss, damit er bald erscheint (vgl. URL24).

ziologisch-anthropologische) Aspekte und sie sind eher auf religiöse Aspekte der schiitischen Identität beschränkt.

Es ist außerdem zu beobachten, dass die rezipierende Glaubensgemeinschaft dieser religiösen Zusammenkünfte selbst nur selten iranisch-stämmig ist. Die neuesten Statistiken vom *Bundesamt für Migration und Flüchtlinge* beleuchten die Hintergründe dieser Nichtteilnahme: 2015 stammten aus Iran 68.152 muslimische Religionsangehörige, die in Bezug auf alle muslimischen Religionsangehörigen mit Migrationshintergrund aus einem muslimisch geprägten Land nur 2% ausmachten (Stichs 2016: 30). Unter anderem in Bezug auf Iran fällt deutlich auf, dass der Anteil an muslimischen Religionsangehörigen unter den Personen mit entsprechendem Migrationshintergrund in Deutschland deutlich niedriger ist als bei der Bevölkerung im Herkunftsland. Von den 2019 in Deutschland lebenden Personen mit iranischem Migrationshintergrund bezeichnen sich nur 29% als muslimisch, und zwar gegenüber 99% der Bevölkerung in Iran (s. Pfündel, Stichs und Tanis 2021: 41).[59]

Die angehenden schiitischen Imame (mehrheitlich nichtiranischer Herkunft) werden in der Regel in Iran fachtheologisch ausgebildet und halten sich eine Zeit lang während ihres Studiums in Qom auf. Diese Erfahrung prägt ihre Qualifizierungen wie auch später ihre Predigten in Deutschland in vielerlei Hinsicht. Bestimmte Diskurse innerhalb der schiitischen, in Iran betriebenen Theologie projizieren sich somit auf die Glaubensgemeinschaft in Deutschland, wobei das Befolgungsprinzip (vgl. Kap. 4.1.2) am meisten zum Tragen kommt. Die Rechtsgelehrten, denen eine beträchtliche Allgemeinheit der Schiiten folgt, weisen den bestehenden Diskursen innerhalb des gesamten religiösen Wissens die Richtung. Für Foucault wandeln sich die Diskurse, wenn sie „Tendenz zur Ausbreitung“ zeigen oder wenn sie eine besondere Rolle und Kontrolle des „sprechenden Subjekts“ aufweisen, zu einer religiösen „Doktrin“ (Foucault 1991: 28–29). Schiitische Rechtsgelehrte gestalten im Prozess der Rechtsfindung eigene Diskurse und bringen diese zur Geltung. Obwohl sich die Resultate theoretisch in keiner richtig-falsch-Dichotomie verorten lassen, sondern auf Zuverlässigkeitsgrade auf der „kontinuierliche(n) Wahrscheinlichkeits-

59 Bereits 2008 war der Anteil mit 49% deutlich niedriger als im Herkunftsland Iran. Seit 2008 haben sowohl die Anteilswerte der iranischen Konfessionslosen als auch der iranisch-stämmigen Personen in Deutschland, die einer anderen Religion als dem Islam angehören, zugenommen. [...] Bei den Konfessionslosen ist der Anteil von 38% auf 44% gestiegen, bei den anderen Religionsangehörigen von 13% auf 27%. Die anderen Religionsangehörigen gehören fast alle dem Christentum an (Haug, Müssig und Stichs 2009: 87). Zu der Angabe, 99% der Bevölkerung in Iran sei muslimisch, ist darauf hinzuweisen, dass in Iran (und dementsprechend in den offiziellen Statistiken) nur Christen, Zoroastrier und Juden gesondert als Nicht-Muslime erfasst werden. Alle übrigen Menschen sind automatisch muslimisch. Atheisten können nicht gezählt werden, da Apostasie strafbar ist.

skala“ (Bauer 2011: 84) hinweisen, gelten sie für die Glaubensgemeinschaft als verbindlich.

Als Beispiele können bestimmte Rechtsgutachten von *Ḫomeinī* (das Verfallen der Einfünftel-Abgabe für Geschenke), *Ṣāneʿi* (das Alter von dreizehn als Beginn der religiösen Reife für Mädchen) und *Makārem Šīrāzī* (das Verbot des Rauchens von Zigaretten) dienen. Diese unterscheiden sich jeweils von den Rechtsgutachten der restlichen Mehrheit von Gelehrten und vertreten dementsprechend unterschiedliche Diskurse. Die Meinungsverschiedenheiten über Bereiche der religiösen Praxis werden unter den klassischen muslimischen Rechtsgelehrten von ihrer diskursiven Herangehensweise mit den Texten bzw. hinsichtlich eigener „Lesarten“ (Bauer 2011: 84) abgeleitet. Die Aufarbeitung einer solchen Diskurslinguistik kann die Sprache der Predigt im Rahmen eines kulturellen Verfahrens beschreiben, bei dem die Inhalte um den ethnographisch-soziologischen Aspekten des Phänomens bereichert werden können (s. Lasch und Liebert 2015: 487). Für Lasch und Liebert (2015: 488) verfügen die Religionsvertreter mit ihrer gewissen Autorität über eine vermeintlich „richtige“ Wirklichkeitsbetrachtung – ideologisch bezeichnet als *Wahrheit.*[60] Im Hinblick auf die Frage, auf welche Glaubensbereiche in der schiitischen Rechtsschule sich dieser Wahrheitsanspruch bezieht und inwieweit dem Idschtihad-Prinzip dabei Spielraum für Rechtsgelehrte zulässt, gilt folgende Differenzierung:

Fünf Glaubensgrundsätze des schiitischen Islam nehmen ihren Bezug auf Grundlagen des Glaubens, die von absoluten Wahrheiten der Religion ausgehen. Dies sind die Einheit Gottes, seine Gerechtigkeit, das Prophetentum, das *Imamat*, die Auferstehung bzw. das jenseitige Leben (URL25). Mit diesen fünf Themen muss sich der bzw. die Gläubige selbständig befassen und sich diese als Glaubensgrundlagen aneignen. Die Befolgung eines Gelehrten darf dabei keine Rolle spielen. In zehn sogenannten „Zweigen der Religion“ kommt hingegen die Gelehrtenmeinung der jeweiligen Gläubigen zur Geltung. Unter den rechtsspezifischen Ritualen und Angelegenheiten der Glaubenspraxis demonstriert die Predigt in Deutschland am sichtbarsten den Einfluss der iranisch-schiitischen Gelehrsamkeit.

---

60 Wie die Sprache (speziell bestimmte Begriffsvorstellungen oder vermeintlich synonyme Termini) von der Macht, die sich durchsetzen konnte, konstituiert wird, ist u. a. der Forschungsgegenstand des Buches *Semantische Kämpfe*. Die Beiträge des Bandes untersuchen Formen und Funktionen solcher Fachdiskurse in verschiedenen Wissenschaften (s. Felder 2006).

4.1.4 Kritische Reflexion der Sprachmodule bei der Imam-Ausbildung in Deutschland

Die Imame stellen neben Vertretenden anderer institutionalisierter bzw. persönlicher Religionen (i. S.v. Lasch und Liebert 2015: 483) wichtige gesellschaftlich-politische Multiplikatoren in Deutschland dar. Dennoch zirkulieren ihre Themen im Rahmen der übergeordneten Integrationsdebatten mehr auf virtuellen statt empirischen Plattformen (s. Ceylan 2010: 9). In den bis heute ca. 2500 islamischen Einrichtungen in der Bundesrepublik befinden sich mindestens 2000 Moscheevereine, in denen sich Imame betätigen (vgl. URL87). Generell stellt die Ausübung des Glaubens in einem nichtmuslimischen Umfeld für die Imame eine neue Herausforderung dar. Um den muslimischen Anforderungen hierzulande gerecht werden zu können, benötigen sie besondere Qualifikationen. Der Wissenschaftsrat hat 2010 dieses Thema explizit aufgegriffen und Imame als „religiöse Funktionselite“[61] bezeichnet. Der Rat plädierte für die verfassungsrechtlich mögliche und realisierbare Initiative, eigene private Ausbildungsstätten für Imame in der Trägerschaft muslimischer Gemeinschaften zu etablieren, genauso wie dies bereits bei existierenden Hochschulen für Jüdische Studien oder auch verschiedenen christlich-freikirchlichen Fachhochschulen der Fall ist.

Die in Deutschland tätigen Imame stellen in Bezug auf Qualifikationen, Aufenthaltsstatus, Ausbildungshintergrund etc. keine homogene Gruppe dar, zumal sie vor dem Hintergrund der fehlenden Ausbildungsmöglichkeiten an deutschen Hochschulen bisher weitgehend im Ausland ausgebildet worden sind (vgl. URL27). Sie kommen aus unterschiedlichen Ländern, vertreten unterschiedliche religiöse Positionen und verfügen über unterschiedlich hohe Bildungsniveaus. Ceylan unterscheidet zwischen verschiedenen Ausbildungshintergründen der Imame (s. Ceylan 2010: 39–40), wobei die schiitischen jedoch kaum repräsentiert sind. Deutschkenntnisse sind bei den meisten (sunnitischen und schiitischen) Imamen nicht vorhanden und diesen Mangel betrachten sie selbst kritisch (vgl. URL16).

Bislang wurden Anstrengungen unternommen, die Imam-Ausbildung in Deutschland in Form von Qualifizierungen von hauptsächlich türkischstämmigen Imamen durch islamische Verbände und Bildungseinrichtungen zu verwirklichen. Dabei gibt es für die Mehrheit der türkischstämmigen Muslime, da sie vergleichsweise länger in Deutschland präsent sind, einheitliche systematische Strukturen mit Bezug auf die Herkunftsregion, weil sie aus einem einzigen Refe-

61 Vom Wissenschaftsrat publizierte „Empfehlungen zur Weiterentwicklung von Theologien und religionsbezogenen Wissenschaften an deutschen Hochschulen“ (vgl. URL26).

renzland kommen und nicht, wie im Fall der arabischen Welt, aus einer Vielzahl von Staaten (s. Schreiber 2017: 234).

Das Goethe-Institut in Ankara, das türkische „Präsidium für religiöse Angelegenheiten" (DIYANET) und das Auswärtige Amt boten 2002 Vorbereitungskurse für Imame der „Türkisch-Islamischen Union der Anstalt für Religion" in der Türkei (DITIB) an (s. Steinberg 2018: 184). Diese Kurse zur Imamschulung wurden 2006 durch die „Konrad-Adenauer-Stiftung" durchgeführt. Dabei handelte es sich um ein ergänzendes Curriculum in deutscher Landeskunde in der Türkei für jene Imame – jährlich rund 100 – die zu den entsprechenden Moscheen in Deutschland entsandt werden sollten (URL28). Ab dem Jahr 2008 wurde ein einjähriges berufsbegleitendes Fortbildungsprogramm für Imame und muslimische Seelsorger durchgeführt, um unter den Namen „BerlinKompetenz" (URL29) und „MünchenKompetenz" (URL30) die Imame und muslimischen Seelsorgerinnen und Seelsorger mit den lokalen Verwaltungsstrukturen vertraut zu machen.

Unter dem Titel „Imame für Integration" wurde ab dem Jahr 2009 ein bundesweites Modellprojekt zur sprachlichen sowie landeskundlichen Fortbildung von Imamen in Deutschland umgesetzt, das auf Empfehlung der „Deutschen Islam-Konferenz" vom Goethe-Institut, vom Bundesamt für Migration und Flüchtlinge und von der DITIB entwickelt wurde. Dabei hat das Goethe-Institut innerhalb der Projektlaufzeit von drei Jahren für etwa 130 DITIB-Imame Sprachkurse an Standorten in ganz Deutschland angeboten (s. Steinberg 2018: 184). Die berufsbegleitenden Kurse umfassten Deutsch als Fremdsprache sowie interkulturellen landeskundlichen Unterricht zu Themen wie Staat und pluralistische Gesellschaft, Alltag in Deutschland, religiöse Vielfalt, Migration, Bildung- und Vereinsarbeit (vgl. URL31).

In der nachfolgenden sprachlich-landeskundlichen Fortbildung, in der „interkulturellen Qualifizierung von Imamen" (IQI), die ebenfalls vom Goethe-Institut initiiert und von 2015 bis 2017 an verschiedenen Standorten in Hessen, Hamburg und Berlin durchgeführt wurde, bestand wiederum der Projektinhalt aus intensiven und individuellen Sprachkursangeboten sowie Workshops zum Aufbau eines Bewusstseins für das kulturelle, politische und gesellschaftliche Selbstverständnis in Deutschland. Hier sind unter den teilnehmenden Imamen zum ersten Mal auch die schiitischen Imame mit einbezogen worden (vgl. URL32).

In der iranischen Stadt Qom, einem der schiitischen Zentren des Islam, gibt es Hochschulen, in denen den (angehenden) Gelehrten mit Persisch als Erstsprache und einem spezifischen, dem Theologiestudium angepassten Arabisch als erste Fremdsprache sporadisch Kurse anderer Fremdsprachen angeboten werden. Die Universität *Bāqir al-ʿOlūm* ist die bislang einzige Universität, an der Deutsch für theologische Zwecke angeboten wird. Es besteht eine große Motivation bei schiitischen Gelehrten, sich in einer (vor allem europäischen) Fremdsprache äußern zu können. Besonders hoch ist das individuelle, aber auch institutionelle Interesse am Erlernen des Deutschen, da die schiitischen Rechtsgelehrten in ihrem Ausbildungsprozess – trotz existierender Übersetzungen – öfters mit deutschsprachigen Werken von Kant, Hegel, Schleiermacher, Heidegger, Habermas etc. in Berührung kommen.

Das neueste Modellprojekt stellt das bundesweite, vom Bundesministerium des Innern und dem Land Niedersachsen geförderte *Islamkolleg Deutschland* dar, das Curricula für die deutschsprachige Ausbildung von Imamen und weiterem religiösem Personal entwickelt und ab 2021 mit der Arbeit begonnen hat. Neben religionspraktischen Modulen seien u. a. auch Module der politischen Bildung sowie zur sozialen Arbeit vorgesehen, so die Initiierenden (vgl. URL2).

Aufgrund der langen Liste der Imam-Ausbildungsprogramme ist davon auszugehen, dass die Organisierenden bis hin zu den Teilnehmenden an diesen Projekten davon überzeugt sind, dass die Ausbildung der Imame in Deutschland nicht nur die Zukunft der Muslime in Deutschland (s. Ceylan 2010: 17), sondern auch die Zukunft der Islamischen Theologie hierzulande beeinflussen wird. Die ausgeführten Inhalte in den wichtigsten Projekten stellt trotzdem ein projektübergreifendes Defizit fest:

Sprachlich relevante Sequenzen aus der Matrix der neuesten Ausbildungsprogramme (s. BAMF- Bestandserhebung 2020: 22–26) sind v. a. zum einen die *Ausbildungsinhalte* und zum anderen die *Unterrichtssprache(n)*. Die Kurse bringen eine inhaltliche Kombination von Sprachkursen, Landeskunde, deutscher Geschichte und Politik, Gemeindepädagogik (vgl. URL33) und Seelsorge zusammen. Die Imame sind als Empfänger in einem solchen Deutsch- bzw. Landeskundeunterricht die angesprochenen Lernenden, die sich durch diese Ausbildungsprogramme für einen Kontext vorbereiten sollen, der in der Regel keinen sprachdidaktischen, sondern eher religionsspezifischen Zwecken dient. Es fehlt der Bezug der Aus- und Weiterbildungsprogramme der Imame zu deren beruflicher Tätigkeit.

Die empirischen Betrachtungen bestätigen, dass die bisherigen Imam-Ausbildungsprogramme dem zentralen Anliegen und Interesse der Imame kaum angemessen gerecht werden konnten. Dies kann durch eine persönliche Beobachtung der Autorin illustriert werden: Das Archiv der Jugendkulturen e.V. veranstaltete im Mai 2017 als Teil des Projekts „Interkulturelle Qualifizierung der Imame" eine Sitzung mit dem entsprechenden Vortrag über das Berliner Pop- und Subkulturarchiv. Die daran teilnehmenden Imame, die im Rahmen des schiitischen Dachverbands präsent waren, vollziehen kaum die Relevanz des an sie gerichteten Inputs nach und betrachten ihn – im besten Fall – als nützliche Information, die kaum einen Bezug zu ihrer Realität und den Gemeindetätigkeiten hat. Dieser kollektive Eindruck wird deutlich, indem die Imame den Vortrag mit Kommentaren unterbrechen, sich in der kleinen Runde hinterfragend melden und den Dolmetscher um (Rück)Übersetzung bitten.

Die entwickelten Programme für Imame tragen kaum zur leichteren praktischen Vermittlung der islamischen Religion in deutscher Sprache bei. Selbst die Sprachfördermaßnahmen bzw. die an Imame gerichteten DaF-Kurse setzen sich den Erwerb von vier sprachlichen Fertigkeiten nach dem „Gemeinsamen Europäischen Referenzrahmen" (GER) zum Ziel und bringen das Deutsche nicht mit dem besonders von der Religion geprägten Alltags- und Berufsleben der Imame[62] in Verbindung. So scheinen die Imame, wenn nicht die am meisten, dennoch eine der am meisten ausgeblendeten Lerngruppen bei der Didaktik der deutschen Fachsprachen.

Die genannten Ausbildungskurse für Imame sollen die Person des Imams bei einem gelungenen Zugang zur deutschen Gesellschaft begleiten. Die gewünschte Integration, derentwegen diese Programme in den Vordergrund vieler Migrationsdebatten gerückt werden, können die Projekte im Großen und Ganzen allerdings nicht leisten, da die Imame berufsmäßig in ihren eigenen Gemeinden mit den Gläubigen in einer gemeinsamen Erstsprache abgeschottet bleiben. Ferner betreffen die Kommunikationsprobleme der Imame nicht die Mehrheitsgesellschaft allein. Da die Imame selbst neue Erfahrungen über das muslimische Leben in der nichtmuslimischen Heimat machen (müssen) bzw. erst dadurch neue Erkenntnisse gewinnen (können), stoßen sie währenddessen auf gewisse Missverständnisse mit ihren eigenen Gemeindemitgliedern. Das Gemeindepublikum des Imam weist zumindest ab der zweiten Generation mehrheitlich eine geringere theologische Bildung, einen längeren Aufenthalt im (nichtmuslimischen) Deutschland und letztendlich gute bis sehr gute Deutschkenntnisse auf.

Ein anderer Aspekt der Defizite in den Imam-Ausbildungsprogrammen wird durch die Erwartungshaltung der muslimischen Glaubensgemeinschaft gegenüber ihren Gemeinden beleuchtet. In der Regel nehmen die Moscheebesuchenden bzw. Predigtzuhörenden den Imam nicht als eine Person wahr, von der sie etwas über Deutschland, dessen politisches System, Landeskunde und dergleichen lernen können. Darüber hinaus ist zu bedenken, dass bspw. *Seelsorge* ein von der christlichen mittelalterlichen Tradition geprägter Begriff ist, für den es keine arabische, persische oder türkische Entsprechung – weder terminologisch noch inhaltlich – gibt. Daraus lässt sich erschließen, dass Tätigkeiten, die den Aufgaben der Imame zugeschrieben werden und für die entsprechenden Ausbildungsprogramme gestaltet werden, in einigen Fällen ein externer Blickwinkel zugrunde liegt, der mit den tatsächlichen berufsbedingten Anforderungen an einen Imam nicht übereinstimmt.

62 Ausführlich zu den Arbeits- und Berufsfeldern der Imame vgl. Kap. 4.1.6.

4.1.5 Das Auftreten des neuen Phänomens „deutschsprachiger Prediger“

Wie in Kapitel 4.1.4. dargestellt, ist dem Erwerb des Deutschen für religiöse Zwecke bis heute sowohl von den Goethe-Instituten in den muslimischen Heimatländern als auch vom Goethe-Institut in Deutschland ungenügend Beachtung geschenkt worden. Diese Tatsache betrifft den mehrheitlich schiitischen Iran genauso wie die mehrheitlich sunnitische Türkei. Ein weiteres Problem besteht in der Abwesenheit der (angehenden) Imame in der lernerorientierten DaFF-Forschung sowie in der Ausklammerung einschlägiger DaFF-Lehrkräfte, Lehrwerke und Lerninhalte in den Qualifikationen, die die Forschenden für derartige Studien benötigen: Zusätzlich zu Kenntnissen der deutschen Sprachdidaktik und der Methodologie empirischer Untersuchung setzt Forschung in diesem Themenfeld islamtheologische Kenntnisse voraus.

Zusammenfassend werden die Imame in Deutschland durch o. g. Imam-Ausbildungsprogramme nicht dazu befähigt, ihr teilweise bzw. gänzlich in den islamischen Ländern erworbenes Theologiewissen, auch nach langer Zeit praktizierender Tätigkeit als Imam, in Deutschland und in deutscher Sprache anzuwenden. Sie sind im Rahmen ihrer externen, aber auch internen Tätigkeitsfelder oft auf Übersetzung oder Verdolmetschung angewiesen (s. Ceylan 2010: 67). Je intensiver eine religiöse Praxis sprachliche Verbalisierung bedingt, desto stärker wird auf Übersetzung zurückgegriffen. Diese Entwicklung beeinflusst den traditionellen, jahrzehntelangen Ablauf in den Gemeinden. Die Aufgabe und zugleich das Recht auf das Predigen werden aufgrund besonderer Eigenschaften dieser Tätigkeit im Vergleich zu anderen Tätigkeiten des Imams leichter und schneller auf andere Personen übertragen. Diese Personen gehören überwiegend der jüngeren Generation an, sprechen Deutsch als Erstsprache, sind in Deutschland sozialisiert und haben teilweise auch ihr Theologiestudium auf Deutsch absolviert.

Die Imame der schiitischen Gemeinden halten ihre herausragende Funktion als „spirituelle Leitung der Gemeinde“ (Ende 1984: 76) immer noch bspw. durch das Verrichten des Gebets aufrecht, während das Abhalten der Predigt zur Tätigkeit einer anderen Person wird. Diese andere Person soll über den theologischen Kenntnisstand hinaus noch durch spezifische Deutschkenntnisse qualifiziert sein. Für eine deutlichere Differenzierung werden in der vorliegenden Arbeit ab dieser Textstelle – neben der bisher erläuterten Personengruppe *Imam* – die sogenannten Ersatzpersonen als neues Phänomen als „deutschsprachige Prediger“ bezeichnet, die die eigentliche Untersuchungsgruppe ausmachen. Der Hinweis ist dabei zu beachten, dass die Personen *Imame* und zugleich auch *deutschsprachige Prediger* sein können.

Die deutschsprachigen schiitischen Prediger nehmen bei den Gemeindeveranstaltungen die anspruchsvolle Sprecherposition ein, wobei die Bezeichnung dieser Position von ihnen selbst thematisiert wird. Das Selbstverständnis der Prediger ist insofern von Bedeutung, da es sich im Nachhinein in der Interaktionsform sowie im Inhalt der Predigt widerspiegelt. Die Prediger bezeichnen sich selbst z. B. als Prediger oder Redner und die Predigt als Predigt, Kurzvortrag, Vortrag, Veranstaltung und Rede:

> Bei den **Predigern**, die normalerweise darüber reden, wird manchmal auch ein bisschen übertrieben. (6, PRD3, 2018-07-08, Absatz 21)

> [...] Und das Andere ist, dass es (jetzt) die Zeit ist, (diese zu sagen), wo die Moscheen gefüllt sind. Das ist ein Nachteil, den wir schiitischen **Redner** haben. Wisst ihr, was unser Problem ist? (11, PRD4, 2018-09-15, Absatz 3)

> Es gibt hier in diesem **Kurzvortrag** drei Fragen: [...] (3, PRD3, 2018-06-11, Absatz 3)

> Deswegen habe ich eine Überlieferung in meinem letzten **Vortrag** in X (Name der Gemeinde) erwähnt. (8, PRD2, 2018-08-25, Absatz 5)

> (Er hat) tausende Ausreden, warum er zu den **Veranstaltungen** von Imām Ḥussayn nicht gekommen ist. (11, PRD4, 2018-09-15, Absatz 3)

Allein die Tatsache, dass zuständige Akteurinnen und Akteure der schiitischen Gemeinden ihre religiöse Kommunikation der wachsenden Zahl an deutschsprachigen Predigtzuhörenden anpassen und parallel zu Imamen, die weiterhin in ihrer nichtdeutschen Erstsprache predigen, auch die Entwicklung der deutschsprachigen Predigten fördern und die nötigen Infrastrukturen für die Gestaltung deutschsprachiger Programme bereitstellen, findet in der islamischen Predigttradition in dieser Art und Weise keine Entsprechung. Es impliziert das Bewusstsein der Sprecher, den sprachlich-theologischen Stand der predigtzuhörenden Rezipierenden mitzudenken und sich darum zu bemühen, dass durch die Verbesserung der Kommunikation die religiöse Botschaft angenommen werden kann. Sollten Glaubensinhalte durch sprachliche Anpassungen geprägt werden,[63] so scheint die aktuelle Anpassung der islamtheologischen Inhalte an die Sprache des Deutschen[64] dementspre-

63 Der Forschung ist keine Literatur bekannt, die diese Position in der islamischen Theologie vertritt. Dass die Anpassung eines als heilig empfundenen Inhalts an die menschliche Sprache die gesamte Glaubensidentität prägen kann, steht für die christliche Theologie fest. Einige empfinden es als Gefahr bzw. als bedenklich (s. Ruh 2007: 271 und Zirker 1972: 24), andere hingegen als gute Gelegenheit zur theologischen Reform. Hunze und Feeser diskutieren den Einfluss der Sprache auf Glaubensinhalte im Rahmen eines hermeneutischen Anspruchs an empirisch-kritische Theologiearbeiten (s. Hunze und Feeser 2000). Ausführlich zum *Invarianz- und Redundanzproblem* der religiösen Sprache s. Zirker 1972: 17–55.
64 Zu verschiedenen Tendenzen in der deutschen Sprachgeschichte s. von Polenz (2013).

chend deutlich zuzunehmen. Die Bestrebung der schiitischen Instanzen hierzulande, eine den muslimischen Predigtzuhörenden angepasste Sprache zur Anwendung zu bringen, kann dadurch langfristig zu Modifizierungen im theologischen Denken führen.

4.1.6 Textsorten islamreligiöser Kommunikation und die Charakteristika der Predigt

Bis jetzt ist die Rolle und Funktion des Imams aus der Perspektive des schiitischen Islam beschrieben worden (4.1.1). Die sprachlichen Aspekte des theologischen Expertentums im Schiitentum (4.1.2) öffneten den Zugang zu deren hierarchischer Rangordnung, in der Iran eine unübersehbare Stellung zugewiesen worden und dies auch empirisch verifizierbar ist (4.1.3). Der Fokus auf die Imame hat sich danach auf Deutschland und auf die Defizite der bisherigen (Sprach)Ausbildungsprogramme konkretisiert (4.1.4), nichtsdestotrotz hat das Auftreten des neuen Phänomens *deutschsprachiger Prediger* die bundesweite islamtheologische Szene mit gewissen Änderungen konfrontiert (4.1.5). Im Weiteren werden Einblicke ins breite Feld der religiösen Kommunikation der Imame geworfen, die mündlich vollzogen wird. Darauf basierend werden die Charakteristika der Predigt als sprachlich relevanteste Textsorte – zum Teil auch vergleichend mit anderen Tätigkeitsbereichen – zur Diskussion gestellt.

Eine offiziell registrierte Berufsgruppe *Imam* mit einer bestimmten Aufgabendefinition gibt es in Deutschland zurzeit noch nicht (s. Ceylan 2010: 16). Es lässt sich nicht leicht über ihre arbeitsbedingten Verpflichtungen diskutieren. Außerdem unterscheidet sich das Qualifikationsniveau der Imame und damit einhergehend die angeforderten Kompetenzen in den Gemeinden erheblich voneinander.

Üblicherweise wird der Imam mit seiner Funktion als Vorbeter assoziiert; eine typische Tätigkeit, die keine formelle Bildung benötigt (s. Ceylan 2010: 26). Darüber hinaus nennt man Freitagspredigt, Eheschließungen, Totengebete, Leitung von Korankursen, Einführung in die islamische Religionspraxis für Kinder oder Erwachsene und Gastpredigt im Monat *Ramadan* (s. Spielhaus 2019: 122–123). Wichtig bei der Benennung der aktuellen Tätigkeitsfelder der Imame im hiesigen Kontext ist, dass Hochzeiten, Beerdigungen, Kranken- oder Gefängnisbesuche und viele weitere Aufgaben, die zum Arbeitsfeld eines christlichen Pfarrers gehören, konfessionsbedingt oder gemeindeabhängig entweder traditionell unter die Aufgaben eines Imams fallen, oder aber stattdessen die Familien dafür zuständig sind. Das betrifft die in Deutschland lebenden Muslime genauso wie die in den islamischen Ländern (vgl. URL86).

Es gibt vielfältige Vorschläge für die Textsortengliederung.[65] Die meisten Textsorten innerhalb der von den Imamen durchgeführten religiösen Experten-Laien-Kommunikation werden im mündlichen Kommunikationsmedium vollzogen. Beispiele von Fachtextsorten der mündlichen Kommunikation werden von Gläser so genannt: Fachvortrag, Plenarvortrag auf einer Konferenz und fachbezogener Weiterbildungsvortrag (Gläser 1990). Die Auflistung aller mündlichen Sprachverwendungsbereiche der schiitischen Imame Deutschlands überschreitet den hier gesetzten Rahmen. Die unten erstellte Abbildung soll nur die Textsortenvielfalt der religiösen Sprache im Rahmen der islamischen Religionspraxis vorstellen. Jede erwähnte Textsorte in der Abb. 2 vertritt eine Gruppe von Textsorten, für die sie zentral-prototypisch steht (unter „Dynamisierung der Bestimmung einzelner Textsorten“ s. Roelcke 2020a: 57–58).

Diese Tätigkeitsbereiche kommen nur teilweise deutschsprachig zum Ausdruck (s. Kamp 2006: 41). Der größte Teil der Ansprechpersonen der Imame gehört zu den Menschen, die eine von der Erstsprache abweichende eigene religiöse Sprache sprechen und heutzutage unter verschiedenen Glaubensrichtungen bzw. Religionen zu finden sind. Dieses linguistisch-theologische Phänomen ist traditionell vor allem in Verbindung mit Vorstellungswelten erforscht, die durch fremdsprachige heilige Texte transportiert werden. Das Arabische als Fremdsprache der muslimischen Glaubensgemeinschaft untersucht U. Schleiff innerhalb bestimmter kommunikativer Situationen (s. Schleiff 2005: 192).

Während verschiedene Gesprächsarten unter den Gemeindemitgliedern gewisse soziologisch-anthropologische Aspekte der Sprache der Religion und die des religiösen Wissens offenbaren (s. Akca 2020), bilden sich hier diverse Kommunikationssituationen ab, in denen die Imame als Hauptproduzenten der Sprache der Religion gegenüber den der Glaubensgemeinschaft angehörigen Laien in den Vordergrund treten.

Die subjektive Sprach- und Interpretationsleistung des Imams und somit die sprachlichen Anforderungen an ihn variieren je nach Kommunikationssituation, auch wenn der unbestreitbare Einfluss anderer Kommunikationsfaktoren (Thema, Ziele, rezipierende Glaubensgemeinschaft usw.) Teile dieser Einordnung verändern kann. Bei den Aktivitäten mit höherer subjektiver Sprachleistung wird der Inhalt am meisten vom Imam, seinen subjektiven Kompetenzbereichen und sei-

---

65 Bis jetzt gelten die Textsorten aus Medizin, Recht und Wirtschaft mit ihren wissenschaftlich-institutionellen Fachtextsorten als am besten erforscht. Theologie findet in keinem dieser Modelle Berücksichtigung, insbesondere die mündliche Fachkommunikation ist in allen Bereichen nur selten und eingeschränkt untersucht worden (s. Roelcke 2020a: 68). Einen Überblick über die *systematische Textsortengliederung* (s. Möhn und Pelka 1984: 45–70, 124–128) gegenüber einer *historischen* (s. Gläser 1990: 60–297) gibt Roelcke (2020a: 58–65).

Subjektive Sprachleistung der Imame	Mündliche Kommunikationsbereiche
hoch	Halten von Vorträge und Predigten (Freitagspredigt, Gastpredigt zu bestimmten Anlässen, bspw. in den Monaten *Muḥarram*, *Ramaḍān*)
mittel	Einführung in islamische Religionspraxis für Kinder oder Erwachsene Kurse zur Koranexegese Sprachunterricht (religionsspezifisches Türkisch oder Arabisch) für Kinder, Jugendliche oder Erwachsene Beantwortung religionsbezogener Fragen, religiöse Beratung, Seelsorge in Krankenhäusern, Gefängnissen oder Militärseelsorge[66]
niedrig	Vorbeter Durchführung von islamischen Trauungen, Eheschließungen und Scheidungen Durchführung von Bestattungen (Totenwaschung, Totengebet, Trauerbegleitung)

Abb. 2: Differenzierung von verschiedenen subjektiven Sprachleistungen des Imams in ausgewählten Tätigkeitsbereichen innerhalb der mündlichen Experten-Laien-Kommunikation.

nem Bildungsniveau bestimmt, sodass die sprachtheologischen Anforderungen an ihn am höchsten liegen (müssen). Ferner begegnen ihm Herausforderungen bei der Übersetzung.

Die vergleichsweise mittlere Sprachleistung wird bei den Handlungen des Imams beansprucht, in denen der Imam nicht als alleiniger Produzent religionsspezifischer Sprache fungiert. Diese Kommunikationsanlässe sind durch Interaktion des Imams mit den jeweiligen Ansprechpersonen oder -gruppen gekennzeichnet.

Bei den Tätigkeitsfeldern der letzten Zeile dominiert der rituelle Bezug und damit einhergehend die direkte Gebundenheit an die arabische Originalsprache. Diese Zeile schließt feststehende Bittgebete, Bekenntnistexte, spezifische, funktional zielgerichtete Satzformeln und Äußerungen oder eventuell sich zyklisch wiederholende Koranverse mit ein, die der Imam ausspricht. In den Fällen – wie bspw. die Textsorte beim Verrichten des täglichen Pflichtgebets – erfüllt die religiöse, fremdsprachige Äußerung des Imams nicht unbedingt die Funktion, religiöse Inhalte zu vermitteln. Für die Gültigkeit des täglichen Pflichtgebets muss – auch wenn die zu rezitierenden Sätze idealerweise mit Bewusstsein für die Bedeutung

66 *Militärseelsorge* ist ein vergleichsweise neues Handlungsfeld, als der Wehrbeauftragte des Bundestages, analog zu katholischen und evangelischen Militärgeistlichen, auch für die ca. 1.500 bis 2.000 muslimischen Bundeswehrsoldaten Seelsorger gefordert hatte (vgl. URL34).

ausgesprochen werden – der volle inhaltliche Sinn nicht im selben Moment präsent sein (s. Schleiff 2005: 199).

Auf der Zeile der hoch eingestuften subjektiven Sprachleistungen der Imame verortet sich die *Predigt*. Im christlichen sowie im islamischen Kontext hat der Begriff eine allgemeine und eine besondere Bedeutung. Im Allgemeinen ist es ein Oberbegriff der Kasualien, nämlich wenn sich ein begrenzter Kreis von Personen aus besonderem Anlass mit spezifischen Erwartungen an einer „Kasualpredigt" (Trillhaas 1974: 69) beteiligt. Die häufigsten Anlässe stellen im Christentum Taufe, Hochzeit, Begräbnis, Feiern, Gedenktage und Gründungsakte dar (Trillhaas 1974: 69). Analog werden nach dem islamischen Glauben für die Hochzeit, Scheidung und Bestattungspraxis besondere Predigten – arab. *ḫuṭba* – rezitiert. An dieser Stelle gilt der Hinweis, dass die in der letzten Zeile genannten Aktivitäten des Imams in der Abb. 2 ebenfalls auf eine Art *Predigt* referieren, jedoch in ihrem allgemeinen Sinne auf das Rezitieren von mehreren Sätzen. Die Predigt, wie sie im Sinne der vorliegenden Arbeit erfasst wird, hat mit dieser allgemeinen Bedeutung des Wortes nichts zu tun.

Demgegenüber wird die Predigt in ihrer besonderen Bedeutung als ein Vortrag oder eine lang andauernde, monologische Ansprache eines Predigers bezeichnet (vgl. URL35). Die vorliegende Studie fokussiert sich unter allen aktuell bestehenden Tätigkeitsbereichen der schiitischen Imame innerhalb ihrer religionsbezogenen mündlichen Kommunikation in Deutschland auf die ausgewählten deutschsprachigen Predigten[67] in ihrer besonderen Bedeutung. Diese Predigten verfügen über Eigenschaften, von denen im Folgenden sechs erläutert werden:

I. Kontinuierlich lange monologische Sprachproduktion

Ist der Imam in einer Moschee abwesend und die Anwesenden haben sich dennoch zum Gemeinschaftsgebet versammelt, bestimmen sie in der Regel spontan jemanden, der das Gebet leitet. Der Status des Predigers hingegen ist im Vergleich zum Vorbeter noch ein anderer, der an fachlich-sprachlichen Kompetenzen ansetzt. In den Predigten mit durchschnittlicher Länge wird ein großer islamreligiöser Input auf Deutsch produziert und verbalisiert. Im Verlauf des Gemeindetreffens nimmt die Predigt die längste Zeit in Anspruch und ist in der Mitte des gesamten Programms platziert (s. Online-Flyer auf der öffentlichen Facebookseite der Gemeinde: URL46), woran anzahlmäßig die meisten Programmbesuchenden teilhaben. Unabhängig davon, ob für eine Predigt auch eine anschließende Diskussion vorgesehen ist oder nicht, wird der Prediger sehr selten während seiner Rede unterbrochen.

67 Für die Auswahlkriterien vgl. Kap. 3.1.

Wie alle anderen Experten-Laien-Kommunikationen stellt das Predigen nach seinem gegenwärtigen Stand in den schiitischen Gemeinden Deutschlands eine eindeutig *asymmetrische Kommunikation* (Buhlmann und Fearns 2000: 369) dar. Die aktuelle Predigerzentriertheit dieser Kommunikation liegt darin, dass die Kommunikationsbeteiligten über keinen vergleichbar gefüllten Speicher theologischen Wissens verfügen und durch diese Asymmetrie eine unterschiedliche vertikale Schichtung des Spezialisierungsgrads an den Tag legen. Eine der Kommunikationsziele dabei ist, dieses Wissen durch Sprache zu transferieren (s. Buhlmann und Fearns 2000: 369). Es ist trotzdem vorstellbar, dass sich die Interaktion der Predigtzuhörenden am Predigtgeschehen in naher Zukunft immer mehr erhöht.

II. Starke Praxisbezogenheit der religiösen Inhalte
In den Predigten werden religiöse Inhalte unterschiedlicher Art übermittelt. Aufgrund des belehrenden Charakters der Predigt verwendet der Imam ihren religionssprachlichen Wortschatz im Zusammenhang mit den einschlägigen praktischen Lebensverhältnissen der Rezipierenden. Verwendet der Gelehrte den Begriff „Jenseits" bspw. in einem Kurs der Koranexegese, auch wenn in dieser Plattform ebenfalls wie in der Predigt mündlich kommuniziert wird, verortet sich der Begriff im textuellen und kontextuellen Rahmen der Koraninterpretation. Verwendet dieselbe Person denselben Begriff in einer Predigtsituation, ändert sich hingegen der Zweck der Ansprache und somit in vielen Fällen der gesamte religiöse Wortschatz.

Vor diesem Hintergrund beinhaltet jede Predigt zahlreiche Wortschatzeinheiten aus der islamreligiösen Terminologie, mit denen und über die in den geschriebenen Literaturquellen (Bücher, Manuskripte, Artikel etc.) Inhalte zum Ausdruck gebracht werden. Der Unterschied zur Predigt zeigt sich jedoch darin, dass häufig derselbe Wortschatz thematisch und sprachlich speziell für die zuhörende Allgemeinheit selektiert und eine engere Verbindung zur Lebenspraxis angestrebt wird. Die Praxisbezogenheit der Sprache der Predigt in vorliegendem Kontext entsteht im Laufe eines doppelten Vergegenwärtigungsprozesses:

Zum einen setzt sich der Imam generell zur Aufgabe, die ausgewählten Botschaften bzw. Lehren aus den Koran- und Überlieferungstexten anlassbedingt und der Gegenwart angemessen zu versprachlichen, sodass diese mehr oder weniger für das Publikum von heutzutage nützlich sind. Diese erste Vergegenwärtigung ereignet sich seit Jahrtausenden sprachübergreifend und unabhängig davon, ob die Predigt in einem muslimisch geprägten Land stattfindet oder nicht. Der Versuch, auf die religiöse Praxis der Zuhörenden Bezug zu nehmen, reflektiert sich im Was und Wie der Predigtsprache.

Zum anderen werden die religiösen Lehren speziell für das Leben der deutschsprachigen Rezipierenden im gegenwärtigen Deutschland zum Ausdruck gebracht bzw. überhaupt dementsprechend produziert. Der Prediger will seine Äußerungen nachvollziehbar vermitteln und darum bemüht er sich teils auch anhand von Beispielen. Im Gegensatz zu den Ritualen – wie bspw. der Trauungspraxis, wo das Aussprechen des Textmusters oder der (Rede)Formeln von der Person des Imams und innerhalb der religiösen Kommunikation durchaus ent-personalisiert stattfindet – wird seine an die Gemeinde gerichtete Predigt im Hinblick auf deren Inhalt stets aktualisiert, indem er eine Verbindung zum Leben der Rezipierenden herzustellen versucht. Somit ist die Predigtsprache durch kommunikative, realitätsnahe Praxisbezogenheit gekennzeichnet.

III. Breites Publikum aufgrund der kollektiven Teilnahme
Unter verschiedenen Handlungsfeldern der Imame in Deutschland erreicht die Predigt aufgrund ihrer unmittelbaren „gemeinschaftsbezogenen Dimension“ (Bohren und Jörns 1989: 45) in der Regel ein Publikum von größerer Anzahl, abgesehen von Alter, Geschlecht, Berufstätigkeit, Familienstand und sogar Grad der Frömmigkeit. Die Predigt sieht man aus diesem Grund als eine der wichtigsten Kommunikationskanäle zur Bevölkerung muslimischen Glaubens in Deutschland an (s. Ceylan 2010: 33). Die religiöse Praxis Predigt erfolgt seit ihren historischen Anfängen stets in systematischer Kollektivität, die neben dem Fastenmonat besonders – im Falle der Schiiten – anlässlich der jährlichen *ʿĀšūrāʾ*-Trauerzeiten wesentlichen Zuwachs erlebt.

Andere Handlungsfelder des Imams – v. a. die, die zu bestimmten Kommunikationsanlässen vollzogen werden – haben lediglich einzelne Teilnehmende im Fokus. Die Bestattungspraxis richtet sich bspw. an einen kleinen Teil der Gläubigen, da nur die betroffene Familie in eingeschränktem Rahmen anwesend ist und der Imam überwiegend die individuellen Aspekte dieser religiösen Praxis berücksichtigt. Die kollektive Ausübung der Predigtpraxis generiert multilaterale Interaktionen; der Prediger hält konstant die Rede, inzwischen nehmen Zuhörende kontinuierlich teil, schließen sich an oder brechen die Praxis ab und verlassen den Predigtraum.

IV. Das freie Sprechen des Predigers
Bei den zurzeit aktiven schiitischen Gemeinden gibt es keine festgesetzten wiederkehrenden Predigtroutinen, wie sie bei den Freitagspredigten von Sunniten bekannt und teilweise öffentlich verfügbar sind (s. bspw. Spielhaus 2019: 122–123). Vielmehr hängt die innere Struktur der Predigt vom Prediger selbst ab. Somit weist das schiitische deutschsprachige Predigtgeschehen diverse individuelle Typen im Hinblick auf die Zeiteinteilung, den Stil und auf den Anteil der vorgele-

senen (überwiegend arabischen, zum Teil aber auch ins Deutsche übersetzten) Stellen gegenüber dem frei gesprochenen Rest auf.[68]

Der Prediger handelt in diesem Sinne gewissermaßen frei. Die Rezitation allein oder das Auswendiglernen von Korantexten zum Zweck der Präsentation von formal-ästhetischen Eigenschaften des Korantextes sei von Vorteil, stelle aber primär keine vordergründige Funktion des Imams dar (s. Ceylan 2010: 35–36). Vielmehr demonstrieren die Prediger ihre eigene interpretative, mündlich versprachlichte Verknüpfung an den (teils vorgelesenen) Texten und unterscheiden sich in Bezug auf diese Interpretationen und durch ihre subjektiv formulierte Sprache voneinander.

Die Predigt wird gemäß der schiitischen Tradition nicht vorgelesen.[69] Üblicherweise haben die heutigen Prediger einen Laptop, ein offenes Buch, einige Manuskripte oder Notizen vor sich, aber das Gesamtkonzept der Predigt ist ein frei gesprochener Vortrag. Direkte Zitate aus den Koran- und Überlieferungstexten werden oft auswendig wiedergegeben und mit einer eigenen Redepassage in Verbindung bzw. in inhaltliche Auseinandersetzung gebracht. Der Koran und die Bittgebetsbücher befinden sich in jedem Moscheeraum, in dem die Predigt stattfindet. So bringt der Prediger entweder zu Beginn der Rede das Schriftstück mit sich zum Sitzplatz oder während der Rede bittet er jemanden, es ihm zu bringen.

Das freie Sprechen des Predigers gewährleistet ihm eine gewisse Spontaneität, Kreativität und vergleichsweise mehr Flexibilität, die ihm beim Aussprechen der vorformulierten rituellen und gottesdienstlichen Sätze in anderen Tätigkeitsfeldern eines Imams abhandenkommen. Dem Prediger wird die Gelegenheit zur Vermittlung des Inhalts gegeben – sei es in einer thematisch nicht festgelegten Predigt oder einer, die anlässlich eines religiösen Festes bzw. einer Trauerfeier stattfindet. Bei letzterer Gelegenheit sollte sich der Prediger theoretisch an die vorher verkündete Überschrift des Programms halten und so geschieht es meistens erwartungsgemäß dann auch. Seiner Rede folgt jedoch praktisch keine weitere Überprüfung, ob jegliche formalen bzw. inhaltlichen Konzeptionen eingehalten worden sind.

---

68 Zu einem Überblick über Vorgaben, inwiefern die christliche Predigt frei gesprochen, auswendig (re)zitiert oder vorgelesen werden muss s. Nicol 2003; Lexikonartikel Predigt I in RGG und Wiggermann 1998; Lexikonartikel Agende in RGG.

69 Hier geht es um Predigten in der schiitischen Tradition. Von der sunnitischen DITIB werden beispielhafte Freitagspredigten online veröffentlicht und zum Vortrag an die Imame verschickt, die sich daran allerdings nicht halten (müssen). An Feiertagen seien die Predigten von DITIB sogar verpflichtend. Predigten der sogenannten „liberalen" Strömung (z. B. *Ibn Rushd-Goethe* Moschee, Berlin), die sich bewusst zu keiner islamischen Konfession bekennen, werden vorgelesen und im Anschluss daran online auf die Webseite gestellt (vgl. URL36).

Die dem Prediger zugewiesene Gestaltungsfreiheit seiner Rede ruft oft ähnliche Situationen im empirischen Feld hervor. Der Prediger äußert sich selbst dazu, dass das eben von ihm angesprochene (Sub)Thema am Anfang der Predigt nicht von ihm beabsichtigt war bzw. er gibt zu, der Verlauf der Ansprache weiche von seinem ursprünglichen Plan ab. Diese Abweichung, die sich direkt aus der Mündlichkeit der Predigt herausbildet, wird von den Teilnehmenden in der Regel nicht als etwas Überraschendes, Unvorhersehbares, dem Sinn Widersprechendes und daher zu Vermeidendes wahrgenommen.

Ganz im Gegenteil geht der Prediger akzeptierend, gar zufrieden mit entstandener Abweichung um. Er weist darauf hin, der Redefluss habe ihn anderswohin gebracht, die vermeintlich unbewusste Änderung des Predigtinhalts sei Ergebnis einer von Gott gewollten Rechtleitung und daher für die Gemeinschaft nützlicher als die ursprünglich gedachte und geplante Äußerung (Beispiel: TXT11, PRD4, 2018-09-15, Absatz 7).

V. Unverbindlichkeit der Teilnahme
Die Durchführung des Trauungs- oder Bestattungsrituals wird nach dem muslimischen Glauben als obligatorisch eingeordnet, weswegen sich die Muslime in der Regel an einen Imam wenden (sollen/müssen). Auch der Impuls, bei der Schlichtung eines familiären Konflikts eine religiöse Instanz zur beratenden Hilfe zu holen, was zur anschließenden religiösen Kommunikation mit dem Imam führt, ergibt sich infolge einer externen Ausnahmesituation. Eine solche religiöse Verpflichtung besteht bei der Predigt nicht.

Während das tägliche Gebet an sich als verpflichtend eingestuft wird, gelten gemäß der schiitischen Lehre dessen Verrichtung in der Gemeinschaft unter der Leitung eines Imams, die Teilnahme an religiös-spirituellen Veranstaltungen und letztendlich das Anhören einer Predigt als empfohlene Taten, und diese sind fakultativ.[70] Das impliziert nicht, dass alle Predigtzuhörenden aus Interesse oder religiös motivierter Eigenverantwortung bei den Predigten anwesend sind, sondern betont die potentiell freiwillige individuelle Entscheidung der gläubigen Predigtzuhörenden im Rahmen ihrer Religionsausübung. Diesbezüglich besteht zwischen wöchentlichen, seminarähnlichen Predigten und anlassbedingten Predigten kein Unterschied, es sei denn eine Feier- oder Trauerveranstaltung gilt aufgrund des Aufrechterhaltens einer schiitischen Kulthandlung als stark empfohlen, z. B. die

70 Das gemeinschaftlich verrichtete Freitagsgebet und -predigt, sofern man zum Beten Zeit hat und nicht verreist ist, ist im sunnitischen Islam für männliche Muslime verpflichtend, Frauen ist die Teilnahme freigestellt (Spielhaus 2019: 122). Rechtswissenschaftlich ausgedrückt ist das freitägliche Gemeinschaftsgebet bei Sunniten *wāǧib ʿaynī*, während es bei allen der Studie bekannten schiitischen Gelehrten als *wāǧib taḫīrī* (dt. ‚Alternative Pflicht‘) eingestuft ist (vgl. URL37).

Teilnahme am Trauerprogramm von *ʿĀšūrāʾ* (ausführlich zu den Predigtanlässen und den Auswahlkriterien für die Studie vgl. Kap. 3.2.1).

VI. Das Aktualisierungspotenzial der Predigt in Form und Inhalt
Heute debattiert die schiitische Gelehrsamkeit über die Angemessenheit von schiitischen Predigten der Gegenwart. Die Kritikpunkte dabei stellen vor allem den fehlenden Zeitbezug der Predigten sowie deren Sprache und Stil in den Vordergrund und bezwecken die „Verbesserung" der Predigten (zur einschlägigen Literatur vgl. Kap. 1.3.1). Ein Blick auf verschiedene Predigtsituationen und ein Vergleich zwischen der Sprache der Predigt und der Sprache in anderen islamreligiösen Kommunikationssituationen – wie z. B. im Arabischunterricht einer Koranschule – verdeutlicht, dass die Predigtsprache der Aktualisierung mindestens für bestimmte Kontexte offen gegenübersteht. Das Fortbestehen der schiitischen Predigtkommunikation in deutscher Sprache deutet auf einen Aktualisierungsprozess hin, der über die Sprache hinaus den Inhalt der Predigten auch miteinbezieht.

Für die Gestaltung einer Predigt sind kaum räumlich-zeitliche sowie formelle Voraussetzungen vorgeschrieben, während ein Imam das Gemeinschaftsgebet nur mit Rücksicht auf die Uhrzeit bzw. die Trauerbegleitung lediglich an Bestattungsplätzen durchzuführen hat. Das erklärt, warum das Predigtgeschehen im vorliegenden Kontext infolge von Ausnahmesituationen – wie der weltweiten COVID-19-Pandemie – zwar teilweise in niedriger Frequenz, aber nicht einmal zeitweilig aufgehoben worden ist. In den Zeiten der Eindämmung von Präsenzveranstaltungen finden die Predigten größtenteils in digitaler Form statt. Die pandemiebezogenen Einschränkungen für Präsenzpredigten haben darüber hinaus zu zahlreichen Form- und Rahmenänderungen in den Predigten geführt, die zudem auch den Predigtinhalt entsprechend beeinflusst haben.

Während die Predigtdauer in Präsenz (bspw. im Jahr 2018) noch durchschnittlich 45 Minuten betrug, verkürzt sich diese Dauer im Online-Format erheblich, bis auf 16 Minuten in einem Predigtbeispiel. Das Thema kann für die Dauer keine große Rolle spielen, da über ähnliche Themen bzw. Titel sowohl bis zu einer Stunde als auch nur eine Viertelstunde gepredigt worden ist (z. B. das Predigtthema „Geburtstag von Imam Mohammad Baqir und Beginn des Monats Rajab"; vgl. URL84).

4.2 Die Predigtzuhörenden

Predigten in der Glaubensgemeinschaft zu rezipieren, gehört zu den ersten religiösen Praxen im Islam. Zu einer realistischen Sprachauffassung der Predigt ist die gesellschaftliche Gruppe der Rezipierenden dieser Textsorte sowie ihre kommunikativen Anforderungen unter anderen außersprachlichen Kommunikationsbedingungen mit zu berücksichtigen (s. Roelcke 2020a: 15 und 137). Schon seit den frühen Anfängen dieser Religion ist das Anhören von Predigten als eine wesentliche Voraussetzung für die Kultivierung der Seele identifiziert worden. Es soll den Gläubigen ermöglicht werden, durch das Anhören der Predigt ihre ethischen und moralischen Empfindungen anschließend in die Praxis umzusetzen. Das heißt, dass das Anhören der Predigt – über das reine Informiertsein über die religiösen Aufgaben und Pflichten hinaus – von einer affektiv-freiwilligen Neigung ausgeht, die sowohl die Herzen der Glaubensgemeinschaft auf Gottes Anwesenheit einstellt, als auch ihre Körper zu moralischem Verhalten anhält (s. Hirschkind 2009: 9). Trotz dieser Funktion, wird das Anhören der Predigt heutzutage als mit Herausforderungen konfrontiert angesehen:

> Although sermons retain this ethical function within contemporary Muslim societies, listening to them now takes place in a social and political context increasingly shaped by modern structures of secular governance, on the one hand, and by styles of consumption and culture linked to a mass media of global extension, on the other. (Hirschkind 2009: 9)

Die in Kapitel 4.1.6. erwähnten Besonderheiten weisen die Predigt als sprachlich relevanteste Kommunikationsplattform zwischen den Imamen und muslimischen Gemeinden aus. Jeder Prediger will von der Gemeinde, vor der er spricht, auch verstanden werden. Zum Aufbau einer sprachlichen Verbindung zwischen den Imamen und den Predigtzuhörenden werden manchmal die arabischen, persischen und türkischen Predigten bundesweit simultan ins Deutsche übersetzt, damit auf den Bedarf aller Predigtzuhörenden angemessen reagiert werden kann. Die dolmetschende Person gehört in der Regel selbst zur Gemeinde.

In der Vergangenheit war die Gruppe von Predigtzuhörenden, die auf eine deutsche Übersetzung angewiesen war, in der Minderheit, und daher hat sich dieser Bedarf während einer Übergangsphase mit Simultanübersetzungen abdecken lassen (s. Spielhaus 2019: 123). Aufgrund der heutigen sprachlichen Heterogenität in den schiitischen Gemeinden und v. a. durch die wachsende Anzahl junger, in Deutschland aufgewachsener Musliminnen und Muslime werden die Predigten mit simultaner Übersetzungsbegleitung immer weniger nachgefragt (s. Spielhaus 2019: 123). Denn das Dolmetschen der Predigt, wenn es anspruchsvoll vollzogen wird, ist eine energie- und zeitaufwendige Arbeit für Prediger und Predigtzuhörende – ebenso wie für die dolmetschende Person. Mit den schiitischen deutschsprachigen Predigern haben die Gemeinden die traditionellen nichtdeutschsprachigen Predigten hinter sich gelassen und sind ebenfalls durch die Übergangsphase mit den gedolmetschten Predigten gegangen.

Deutschsprachige Prediger bringen ihre Zuhörenden u. a. durch das Deutsche zusammen. Das bedeutet zum einen, dass es für sie ausgeschlossen bleibt, Zuhörende ohne Deutschkenntnisse zu erreichen. Zum anderen verliert die andere Gruppe von Imamen, die (noch) keine deutschsprachigen Predigten durchführt, Zuhörende mit der Erstsprache Deutsch, während die Zuhörenden ohne Deutschkenntnisse an nichtdeutschsprachige Imame gebunden bleiben.

Bemerkenswert bei dieser Feldbeobachtung ist die durchaus klare Abgrenzung dieser zwei Gruppen von Predigern inklusive ihrer jeweiligen Predigtzuhörenden. Dieser Studie ist kein einziger Prediger bekannt geworden, der auf zwei Sprachen – Deutsch und eine andere – gleich gut predigen kann oder will. Konsequenterweise verteilen sich die Predigtzuhörenden der aktuellen schiitischen Predigten im Hinblick auf ihren Altersdurchschnitt in Deutschsprachige mit niedrigerem auf der einen gegenüber den Nicht-deutschsprachigen mit einem höheren Altersdurchschnitt auf der anderen Seite.

Obwohl sich jede Predigt an eine konkrete Gemeinde bzw. ihre bestimmte begrenzte Öffentlichkeit richtet, deren Sprache der Prediger spricht und mit der die ganze schiitische Gemeinde in einer Minderheitsgesellschaft eingebettet ist, adressiert die Predigt grundsätzlich keine spezifische Gruppe. Ihre Reichweite scheint vielmehr durch ihre Sprache bestimmt zu sein als durch deren Inhalt. Wird die anwesende Gruppe von Zuhörenden durch eine andere aus der Glaubensgemeinschaft ersetzt, müsste sich die Predigt in der Regel nicht signifikant ändern. Dementsprechend werden die Predigten in Form von Text, Audio- oder Videoaufnahmen in regulären Zeitspannen online veröffentlicht und den Gläubigen generell als religiöse Lehre zur Verfügung gestellt. Es ist deshalb nur schwer möglich, die Anzahl, das Interesse und die Erwartungen der Rezipierenden dem Gegenstand angemessen zu erfassen, wenn es sich um eine Onlinepredigt handelt oder wenn eine Präsenzpredigt anschließend in irgendeiner digitalen Form zugänglich gemacht wird.

Die Frage danach, warum bestimmte Predigtzuhörende einem Prediger mehr als anderen Aufmerksamkeit schenken, hängt neben der Sprache gewiss mit anderen Faktoren zusammen. Die demographische Konstellation der Predigtzuhörenden in den jeweiligen Gemeinden und Städten, ihre unterschiedlichen Sprachkenntnisse, die unterschiedlichen Kriterien der Predigtzuhörenden für eine als gut und wünschenswert empfundene Predigt, Legitimationsfaktoren der Predigtzuhörenden für den Prediger und letztendlich verschiedene Motivationen für die Teilnahme an einer Predigt benötigen jeweils eigene Fragestellungen. Für Prediger sind diese Fragen von zweitrangiger Bedeutung. Vielmehr orientiert er sich an den gegenwärtigen Erwartungen der Predigtzuhörenden.[71]

---

71 Die von Bohren entwickelte *Heidelberger Methode* empfiehlt die Hörerzentriertheit zur christlichen Predigtlehre und für die Sprachanalyse der Predigt mit dem Ziel, dass die anwesende Gemeinde wirklich an der Predigt *teilnimmt* anstatt nur *zuzusehen* (s. Bohren und Jörns 1989: 105 und 111).

Hinsichtlich der Annäherung der Gemeindevertretenden – u. a. der Prediger – an die Erwartungshaltung der Gläubigen ist davon auszugehen, dass die Abhaltung der islamischen Predigten in deutscher Sprache primär nicht dem Wunsch entspringt, der Forderung des deutschen Staates nach deutschsprachigen Angeboten nachzukommen. Die bestehende Überzeugung von der Notwendigkeit der Deutschkenntnisse der Imame ist dementsprechend nicht Ausdruck einer vermeintlichen „Germanisierungspolitik" (Ceylan 2010: 34), sondern scheint sich infolge eines natürlichen geschichtlich-demographischen Entwicklungsprozesses mit Fokus auf dem Zuwachs der deutschsprachigen Predigtzuhörenden entwickelt zu haben.

4.3 „Predigt" als Forschungsgegenstand

Die Predigt hat – wie alle anderen sprachlichen Erscheinungsformen – externe sowie interne Seiten. Richtet sich der Blickwinkel von der Produktion und Rezeption auf die Predigtäußerung selbst und ihre Kontextbedingungen, so ermöglichen die soziolinguistischen Zugänge zum Material (s. Felder und Gardt 2015: 19) eine realistische Sprachauffassung (s. Hoffmann 1988: 126).

Innerhalb der vorliegenden korpusbasierten Methode lässt sich eine Vielzahl von interdisziplinär ausgerichteten Parametern beschreiben. Die Frage nach den Merkmalen bestimmter Sprachvarietäten stellt die außersprachlichen Ausprägungen einer Sprache wie Zeit, Raum, Gruppe und Kommunikationssituation etc. in den Vordergrund (s. Scherer 2006: 4; Bußmann 2002: 558). Im Folgenden basieren die Erkenntnisse auf Feldbeobachtungen, die im Kontext der Predigt als Textäußerung gesammelt und ausgewertet werden. Die jeweiligen soziologischen Aspekte sind vorwiegend aus den übersichtlichen Auflistungen von Roelcke (2020a: 25–26) ausgewählt worden.

4.3.1 Soziologische Gesichtspunkte

4.3.1.1 Alter

Unter mehreren soziologischen Gesichtspunkten, die für die Erforschung der schiitischen deutschsprachigen Predigten infrage kommen, wird hier zunächst das Alter der Prediger aufgegriffen. Der Umbruch der Predigtpraxis durch Entwicklung schiitischer Predigten in deutscher Sprache ist eng daran geknüpft. Das Bewusstsein über den Bedarf an Predigten in deutscher Sprache und weiterhin über die Möglichkeit einer Umsetzung ist erst dann entstanden, nachdem der Kreis deutschsprachiger Gemeindemitglieder jungen Alters zunehmend angewachsen ist, während das Abhalten von deutschsprachigen Predigten für die Imame der letzten Generation mit einem Alter von über 50 Jahren unmöglich blieb.

Auf den jeweiligen (Web)Seiten bestimmter Gemeinden in sozialen Medien gibt es Ankündigungen arabischsprachiger Programme, deren Mitte gewöhnlich mit Bildern von predigenden Imamen versehen wird. Diese Prediger sind eher in einem höheren Alter. Während die nichtdeutschen (überwiegend arabischen und persischen) schiitischen Predigten bundesweit nach wie vor die Gemeinden derselben Sprachgemeinschaft ansprechen und mit regulären Zeitabständen von älteren Imamen gehalten werden, wird die Blütezeit des Phänomens *deutschsprachiger Predigten* durchgängig von jüngeren Predigern betrieben. Dies spiegelt sich dann auch nachvollziehbarerweise im Durchschnittsalter der Zuhörenden wider.

Oft bieten dieselben Gemeinden sowohl nichtdeutschsprachige als auch deutschsprachige Programme und Predigten in den entsprechenden Sprachen jeweils für unterschiedliches Publikum an. Bemerkenswert ist dabei, dass die deutschsprachigen Predigten des Öfteren von den sog. Jugendgruppen der schiitischen Gemeinden organisiert werden. Diese gemeinhin etablierten Gruppen junger Menschen weisen in verschiedenen Gemeinden miteinander Gemeinsamkeiten im Hinblick auf Programmablauf, Planung der Diskussionsrunde, Nutzung der Technologien etc. auf.

4.3.1.2 Geschlecht

Im schiitischen Islam ist der Akt des Predigens theologisch-rechtswissenschaftlich für beide Geschlechter zulässig. Weder im Koran und den klassischen Überlieferungsquellen noch in den einschlägigen Stellen der renommierten Rechtsgelehrtenwerke lässt sich ein Verbot finden, das den Frauen generell das Predigen u. a. für Männer und vor ihnen untersagt.[72] Vielmehr berichtet die schiitische Tradition von Gegenbeispielen. Ausgerechnet von zwei der wichtigsten Frauenfiguren im Schiitentum sind historische Predigten überliefert – die Predigt *Fāṭimas* über *Fadak* (URL38) und die Predigt *Zaynabs* in *Kufa* nach den Ereignissen von *ʿĀšūrāʾ* (URL39).

72 So einen Konsens gibt es in der schiitischen Rechtsschule hingegen beim Thema *Vorbeten* der Frau für Männer bzw. einer gemischten Gruppe nicht. Dabei bestehen kontroverse Gelehrtenmeinungen. Die Frage nach der Frau in der Predigtposition darf daher nicht mit der in der Vorbeterposition verwechselt werden. Der Forschung ist (noch) kein Fall bekannt, wo eine vorbetende Frau das Gemeinschaftsgebet vor ausschließlich Männern bzw. vor Frauen und Männern verrichtet hätte. Dabei kommt eine Frau – abgesehen von ihren fachtheologischen Qualifikationen – als Vorbeterin erst dann in Frage, wenn die Mitbetenden (URL40) auch nur aus Frauen bestehen. In solchen Fällen ist das ganze Programm, darunter auch die Predigt, an Frauen und Mädchen adressiert.

Die Entwicklung der gegenwärtigen schiitischen deutschsprachigen Predigten ist bis zu ihrem gegenwärtigen Stand von männlichen Predigern begonnen und umgesetzt worden. Gelegentlich werden (Kurz)Predigten von Frauen lediglich für Frauen gehalten, die einen thematischen Bezug zur Psychologie, Erziehung, islamreligiösen Bildung u.ä. aufweisen. In den Online-Flyern, die zu einer solchen Sitzung einladen, wird die vortragende Frau nicht als „Imamin“ bzw. „Predigerin“ bezeichnet. Diese deutlich selteneren Zusammenkünfte weisen (noch) keine strukturelle Verankerung in den Gemeinden des schiitischen Dachverbands auf.

Die Gesichter, Namen und Expertisen der vortragenden Frauen verbreiten sich dementsprechend weder mit der gleichen Reichweite durch die muslimische Gemeinschaft noch gewinnen diese Persönlichkeiten das gleiche Niveau von öffentlichem Ansehen wie die männlichen Prediger.[73]

4.3.1.3 Der Grad an Öffentlichkeit

Der Grad an Öffentlichkeit der Predigtkommunikation ist hoch. Die Online-Flyer werden im Vorfeld – durchschnittlich eine Woche vor dem Veranstaltungstermin – über soziale Medien veröffentlicht. Auch wenn eine Gemeinde keine eigenen Kanäle oder Webseiten in sozialen Medien hat, informieren sich die miteinander bekannten Glaubensangehörigen gegenseitig über die Veranstaltungen, z. B. in entsprechenden WhatsApp- oder Telegram-Gruppen. Durch die Ankündigung werden der Anlass, das Predigtthema, der Programmablauf und der Name der predigenden Person – oft begleitet von seinem Bild – angekündigt. In verschiedenen deutschsprachigen Veranstaltungsflyern wird die Predigt zentral verortet.

Aus diesen Online-Flyern geht hervor, dass besondere Bedingungen im Prinzip jeder Person ermöglichen, sich die Predigt anzuhören. Zu diesen Bedingungen gehören die öffentliche Kundgebung, kostenfreie Teilnahme, kein Anmeldungsbedarf und keine Teilnahmebedingungen bezüglich einer bestimmten Glaubenszugehörigkeit. Ausgenommen sind Predigten, die sich an eines der Geschlechter bzw. besondere Altersgruppe richten und diese eingeschränkte Adressierung auch im Vorfeld im Online-Flyer mitteilen.

Aus der grundsätzlichen Offenheit der Predigt gegenüber der Öffentlichkeit und dem leichten Zugang der Öffentlichkeit zur Predigt ergibt sich, dass die Rezipierenden der Predigt aus heterogenen Gruppen im Hinblick auf ihre Erstsprache (n), Nationalität, ihren Bildungsstand, ihr Alter, ihr Geschlecht, ihre Sozialisation etc. bestehen und sich aus unterschiedlichen Motivationen an der Predigt beteiligen. Von den sogenannten *Gemeindepredigten*, welche sich an einen bestimmten

73 Zu einem Überblick über die traditionellen und modernen Debatten um das Thema Frauen als Imame s. Calderini 2020.

Kreis von Gläubigen richten, ist seit Jahrzehnten keine Rede mehr in den christlichen Predigten (s. Trillhaas 1974: 9). Die tatsächlich gegebenen Verhältnisse gestalten die ganze Kommunikation mit heterogenen Rezipierenden so, dass ein geringes Vorverständnis für das Zuhören einer Predigt hinreicht.

In den Predigtsituationen ist die Wahrscheinlichkeit nicht gering, dass sich die Teilnehmenden aufgrund der begrenzten Anzahl schiitischer Gläubiger, speziell in einer kleinen Stadt Deutschlands, regelmäßig und bei anderen Predigten begegnen, sich grüßen und miteinander austauschen. Die Feldbeobachtungen zeigen, dass nur eine Minderheit der an der Kommunikation beteiligten Personen miteinander bekannt ist. Aus der zusammenfassenden Definition einer sozialen Gruppe (s. Neuland und Schlobinski 2015: 292) geht hervor, dass diese eine bestimmte Anzahl von Mitgliedern mit bestimmten Zielen und dauerhaften Kommunikationsprozessen umfassen soll, was bei den Predigtzuhörenden nicht der Fall ist. Die schiitische deutschsprachige Predigt ist aufgrund ihres hohen Öffentlichkeitsgrads – vor allem in großen Städten wie Berlin, Hamburg, Köln und München – durch eine weitgehende Unbekanntheit zwischen den Predigtzuhörenden und aber gleichzeitig aufgrund der Stimmung einer religiösen Praxis durch einen gewissen Grad an Vertrautheit charakterisiert.

4.3.1.4 Asymmetrie des *minbar* gegenüber der religiösen Gemeinschaft

Die Predigt wird mehrfach adressiert. Trotzdem bestehen zwischen Prediger und Predigtzuhörenden gegenseitige Erwartungshaltungen, die unabhängig von der Gemeinde auf ihre sozialen Wertvorstellungen zurückzuführen sind. Von jeder, den Predigtraum betretenden Person wird eine gewisse „Loyalität in Bezug auf Normeinhaltung“ (Felder 2009: 26) gefordert, ohne dass dies jemals explizit zur Sprache gebracht wird. So stützt sich bspw. die Erwartung, die *hierarchische Sitzordnung* einer Predigt durch eigene physische Positionierung einzuhalten, auf die lange Tradition des islamischen Predigens[74] und das hat in Deutschland – genauso wie in den islamischen Ländern – seine „kulturelle Einbettung“ (Roelcke 2020a: 26) gefunden. Die religiös-kulturellen Codes bei der Sitzordnung in der Predigtsituation betreffen einerseits das Verhältnis zwischen dem Prediger und den Predigtzuhörenden und andererseits die Verhältnisse unter den Predigtzuhörenden selbst:

Der Prediger befindet sich während seiner Rede auf einer Erhöhung, die sich im Arabischen, Türkischen und auch Persischen *minbar* nennt. Der Begriff bezeichnet seit der Prophetenzeit den mit Treppen oder mit Erhöhung versehenen Sitz- bzw. Stehplatz des Predigers oder des Imams in der Moschee, um die Ge-

74 Ausführlich zur Geschichte und Funktion des *minbar* im Islam s. Becker (1906) und Busse (1988).

meinde anzusprechen oder islamische Trauergesänge auszuführen (Moʿīn 2002: 1826; ʿAmīd 2010: 978). Der Minbar dient ähnlich wie die christliche Kanzel speziell dem Predigen bzw. Redehalten (vgl. URL41). Der Prediger sitzt (oder selten steht) in allen Fällen in einer frontalen Position gegenüber seinem Publikum. Der Sitzplatz variiert – abhängig von den unterschiedlichen Raumausstattungen – von (einer) höheren Stufe(n) bis zu einem (Tisch und) Stuhl, teilweise auch auf einer Bühne. So unterscheidet sich in der Regel der größere Abstand des Predigers von den Zuhörenden von dem vergleichsweise geringen physischen Abstand der Zuhörenden untereinander.

Die durch den Sitzplatz auf dem Minbar erzeugte Hierarchie und Distanz spiegelt den *fachlichen Status* des Predigers als Experte in der Predigtkommunikation wider. Die im Begriff *minbar* implizierte Asymmetrie prägt die Sprache und Kultur der muslimischen Länder, sodass bspw. im Persischen die religiös konnotierte Redewendung „bālāye membar raftan" (wörtlich ‚auf den Minbar hinaufgehen') im Sinne von ‚monologisch, lang und den anderen belehrend bereden' (s. Dehḫodā 1963: 6331–6349) in die Alltagssprache eingedrungen ist.

Über die asymmetrische Beziehung des Predigers zu den Predigtzuhörenden hinweg existieren unter Predigtzuhörenden auch ungeschriebene, nicht kodifizierte Regeln in Bezug auf die Sitzordnung. Diese werden durch Alter und eindeutig auch durch Geschlecht bestimmt. Frauen und Männer sitzen in einer schiitischen Predigtsituation separat. Die in den muslimischen Gemeinden Deutschlands übliche Sitzordnungsvariante, die für die Frauen einen komplett anderen Raum vorsieht, kann in den Gemeinden vorliegenden Feldes nicht beobachtet werden. Stattdessen werden der vordere Teil des gesamten zuhörenden Publikums von Männerreihen und dann die weiteren hinteren Reihen von Frauen besetzt (s. Abb. 3).

Abb. 3: Sitzordnung in einem Predigtraum.

Weiterhin trennen im Predigtraum – in der Regel im Hauptteil der Moschee bzw. im größten, zentralen Raum – Falttüren bzw. Vorhänge die zuhörenden Frauen und Männer in rechts und links (oder umgekehrt, s. Abb. 4) voneinander. Die räumlichen Geschlechtergrenzen werden in allen gemischtgeschlechtlichen Moscheeversammlungen hergestellt und dadurch Formen islamischer Räumlichkeiten erzeugt, wie dies auch in ethnographischen Literaturen lesbar ist. In den meisten Fällen ist eine Priorisierung der männlichen Räumlichkeiten konstatierbar. Immerhin wird dem Prediger in der Regel durch die stets frontale Sitzordnung Sichtkontakt zu beiden zuhörenden Geschlechtern gewährleistet.

Die Abb. 4 zeigt den Frauenbereich in derselben Räumlichkeit bei einer schiitischen deutschsprachigen Predigt. Die frontale Position des Predigers gegenüber beiden Zuhörendengruppen ist dabei zu sehen.

Abb. 4: Geschlechtergrenze bei einer Predigt anlässlich einer Trauerfeier.[75]

Die erhebliche Bedeutung der *sozialen Wertvorstellungen* wird ferner durch altersbezogene Hierarchien unter den Kommunikationsbeteiligten verdeutlicht. Den älteren Zuhörenden – in den Räumlichkeiten für Männer genauso wie in denen für Frauen – wird (v. a. im Falle eines zahlreichen Predigtbesuchs) ein besserer Sitz-

75 Für weitere Bilder von den Predigten in zwei nach Geschlechtern getrennten Bereichen s. die öffentliche Facebookseite einer Gemeinde unter „Kooperationsprogramm Sayyeda Fatima (as)“ (vgl. URL42).

platz zugewiesen. In diesem Sinne werden ihnen von anderen jüngeren Predigtteilnehmenden Stühle oder Lehnkissen zur Verfügung gestellt. Gibt es wenige davon, wird den Älteren die Priorität eingeräumt. Ist der Predigtraum mit Sitzplatzreihen ausgestattet, werden die vorderen Reihen den Älteren zugeteilt.

In warmen sowie kalten Jahreszeiten achten die Beteiligten darauf, dass die älteren Menschen ihren Sitzplatz während der Predigt in der Nähe des Standventilators bzw. der Heizung haben. Somit lässt sich die Ehrung des Älteren, die zu den islamischen Werten gehört, bei den Predigtzuhörenden aus ursprünglich verschiedenen Kulturkontexten im Laufe dieser religiösen Praxis wiederfinden.

4.3.1.5 Gruppenzugehörigkeit und das *Wir*-Gefühl

Der kulturbedingt gelassene Umgang des Predigers mit der Ressource *Zeit* fällt bei der Predigtdauer auf. Im Vergleich zu dem eher abgestimmten Zeitumgang in westlichen Zivilisationen, was die Effizienz des Gesprächs erhöhen soll (s. Buhlmann und Fearns 2000: 372), überschreitet die Predigt die zeitliche Angabe im Vorfeld und zieht sich mehr oder weniger in die Länge. Allerdings betrifft der flexible Umgang mit der Zeit fast nur die Predigt. Andere Programmsequenzen halten die vorher angekündigten Angaben meistens ein. Die Zeitüberschreitung in den Predigten findet in Form von begründenden sowie rechtfertigenden Äußerungen über die Wichtigkeit der gerade angesprochenen Predigtstelle – teilweise mit Bitte um Geduld und Verständnis – auch im Predigtinhalt Ausdruck (Dazu s. bspw. die Predigt TXT1, PRD1, 2018-06-06, Absatz 8 und die Predigt TXT7, PRD3, 2018-07-22, Absatz 32).

Das Thema *Zeit* spielt auch vor dem Hintergrund des islamischen Mondkalenders eine herausragende Rolle. Generell alle Bedeutungen, die im Rahmen des islamischen Glaubens den unterschiedlichen Tagen, Wochen und Monaten des Jahres zugeschrieben werden, ebenso religiöse Feierlichkeiten und Rituale sowie traditionelle Kulthandlungen richten sich nach dem islamischen Mondkalender. Anlässe wie Geburts- und Todestage (innerschiitisch oft als „Märtyrertag" bezeichnet) des Propheten und der Imame gehören als Allererste dazu. Andere zelebrierte Feierlichkeiten sind ebenfalls der Fastenmonat *Ramaḍān* und die für Schiiten wichtigsten Trauermonate im Jahr – *Muḥarram* und *Ṣafar*. Der islamische Kalender ist mit 354 (355) Tagen um meist 11 Tage kürzer als der gregorianische Kalender und daher leben die muslimischen Gemeinden parallel zu den offiziellen Zeitwahrnehmungen in Deutschland eine eigene Dynamik für religiöse Veranstaltungen und dementsprechende Predigten aus.

Eine der soziologisch relevanten Konsequenzen dieser Zeitspezifik veranschaulicht sich als kommunikative Einflussgröße in einem religiösen Kleidungsritual – im Tragen von schwarzer Kleidung bei Männern und Frauen während ihrer Teilnahme an anlassbedingten Predigten in Zeiten der schiitischen Trauerfeiertage in

Deutschland. Dadurch zeigt sich zunächst eine gemeinsame Stimmung minderheitlicher Religions- und *Gruppenzugehörigkeit* (Felder 2009: 26) im Gemeinderaum während der entsprechenden Predigt und der anschließenden rituellen Trauergesänge. Sich in schwarzer Farbe zu kleiden, wird in der islamisch-schiitischen Rechtswissenschaft generell, d. h. in normalen Jahreszeiten als *verpönt* angesehen, während dies in den Trauerzeiten für die schiitischen Heiligen ausnahmsweise[76] zu einer *empfohlenen Tat* wechselt, weil dieses kommunizierte Gruppensymbol für die „Aufwertung der Angelegenheiten der Prophetengefährten“ (arab. *iḥyāʾ amr ahl al-bayt wa taʿẓīm aš-šaʿāʾir*) sorgt, welche seit Jahrhunderten von der absoluten Mehrheit der Schiiten aller Herkunft eingehalten wird. „Religious rituals are archetypes of interactions which bind members into a moral community, and which create symbols that act as lenses through which members view their world, and as codes by which they communicate“ (Collins 1998: 21–22).

Andere auffällige Codes sind räumliche Ausschmückungen schiitischer Motive an den Wänden des Predigtraums, worauf die Namen des Propheten und/oder seiner Gefährten stehen. Auf eine solche Art von symbolisch demonstrierten, religiös-sozialen Elementen der Gruppenzugehörigkeit wird insbesondere in den Predigten der schiitischen Trauerfeiertage referiert (s. Abb. 4). Beispielsweise finden in den Nächten der ersten zehn Tagen des Monats *Muḥarram* jährliche Trauerveranstaltungen statt, in deren Programmmitte wiederum eine einschlägige Predigt verortet wird. In der Predigt der einen Nacht wird die Teilnahme der Zuhörenden an einem dem Gedenken an *Imām Ḥussayn* gewidmeten Programm als „Medaille“ bezeichnet, womit die Glaubensmitglieder geehrt, gelobt und belohnt werden (s. TXT11, PRD4, 2018-09-15, Absatz 1).

Dieses Beispiel weist darauf hin, dass der gruppenspezifische Anteil einer Predigt bei feierlichen Anlässen zunimmt. Der bildhafte Sprachgebrauch in den Predigten, wie im Beispiel die Verwendung von „Medaille“, kann aufgrund seiner sozialen Funktion als eine Form von Gruppensprache(n) und damit als Soziolekt gelten.[77] Van Noppen kommt mit seiner sprachempirischen Beschreibung von religiöser Sprache weiterhin zur Definition: „religious language is the sociolect of religion“ (van Noppen 2006: 50). Viel mehr als die Textproduktion selbst nehmen besondere Regeln und Funktionen des Textes während seines Gebrauchs ein, so seine Vermutung (s. van Noppen 2006: 47).

Die soziolinguistischen Aspekte der Predigtpraxis schlagen sich im Sprachgebrauch nieder und konfrontieren ihn mit Herausforderungen.[78] Der US-

76 Eine andere Ausnahme gilt demnach für die empfohlen schwarze Kleidung der Frau in Begegnungen außerhalb ihrer *maḥram*-Verwandten (URL43).

77 Zu einem Überblick über die variations- und soziolinguistische Forschung zum Deutschen, s. Löffler (2010).

78 Zu sozialen Gruppen allgemein in der Fachkommunikation s. Roelcke 2018a.

amerikanische Soziologe R. Collins diskutiert die Übertragung der Emotionen von einzelnen Individuen auf die gesamte Gruppe innerhalb einer religiösen Interaktion. Wird durch diesen Übertragungsprozess eine kollektive Identität erzeugt (s. Collins 1990), gestaltet sich dann dementsprechend die Sprache. Alle Kommunikationsteilnehmenden „choose the words, phrasing, style of speech that will fit with the type of group membership" (Collins 1998: 48).

Bemerkenswert ist die Beobachtung, inwiefern sich das Gruppenzugehörigkeitspostulat in den Predigten einengt bzw. erweitert. Über die Bezeichnungen wie „unsere Heimat", „unsere Nation" und „unser Land" berichtet auch Schreiber in seinem Buch. Mit diesen Bezeichnungen seien die jeweiligen Länder (Türkei, Ägypten usw.) gemeint und dieser Wortgebrauch sei eine Warnung vor dem Leben in Deutschland. Für ihn entsteht die vermeintliche Diskrepanz zwischen den von ihm besuchten Predigten und der deutschen Gesellschaft aufgrund der Sprachbarriere (s. Schreiber 2017: 240–241). Seine Untersuchung bezieht sich auf Predigten nichtdeutscher Sprache. Abgesehen davon, inwiefern seine Behauptung über die implizierte Warnung in den Predigtstellen sinnvoll ist, lässt sich zu seinem Argument über eine Sprachbarriere mit empirischen Beweisen aus deutschsprachigen Predigten etwa Folgendes ergänzen:

Die übermittelten Erkenntnisse in den deutschsprachigen Predigten zeichnen sich größtenteils durch gesamtgesellschaftliche Solidarität aus. Zwar werden manchmal in den Predigten kulturelle Erscheinungen in Deutschland kritisch behandelt und den vermeintlich korrekten islamischen Prinzipien gegenübergestellt; verallgemeinerte Aussagen bzw. absolute Gegensätze pauschal zwischen Kulturen werden hingegen nicht geäußert. Im vorliegenden Feld beginnt die deutsche Sprache als Teil der Kultur nicht erst außerhalb des Moscheeraums zu existieren. Sondern in den deutschsprachigen Predigten fungiert sie als verbindendes Element und vielmehr als unabdingbare Voraussetzung, die selbst eine eigene Identitätsebene der religiösen Gemeinschaft mitgestaltet. Allein durch die Anpassung der islamtheologischen Inhalte an die deutsche Sprache sowie durch häufige Übersetzungsversuche wird für eine Einheit des Deutschsprachigen und des Muslimischen plädiert. Der Prediger erhebt bei seiner Rede zugespitzt diesen Kompatibilitätsanspruch.

Das sich in der Predigtkommunikation entwickelnde *Wir*-Gefühl zeigt sich in unterschiedlichen Worten und Handlungen, die in der Tat denselben Mustern der Koran- und Überlieferungstexte folgen.[79] Das koranische *wir* bezieht sich auf Gott

---

79 Es befinden sich reichlich Stellen im Koran, die mit dem Verbsuffix der ersten Person Plural – arab. *-nā* – konjugiert worden sind oder das Pronomen *wir*, arab. *naḥnu*, verwendet haben, z. B. „Wahrlich, Wir, Wir selbst haben diese Ermahnung hinabgesandt, und sicherlich werden Wir ihr Hüter sein (Koran, 15:9)." Einer beträchtlichen Gruppe der Exegeten zufolge deutet dieser Stil auf

und ggf. die Engel; in der Predigt wird es in Bezug auf die Menschen, Muslime, Schiiten, Gemeinde verwendet. Dabei wird dieser koranische Selbstbezug als vorbildliche Methode zum Überzeugen und für ein gelungenes Belehren der Glaubensgemeinschaft von den Predigern übernommen.

Das während der kollektiv ausgeübten religiösen Praxis erkennbare Wir-Gefühl kommt explizit insbesondere durch die *Wir-Anrede* in den Predigten zum Ausdruck, abgesehen vom individuellen Sprachstil jedes Predigers. Kontextbezogen verweist das Pronomen *wir* in den Predigten auf unterschiedliche Bezugspersonen bzw. -gruppen: Muslime (Bsp. 1a und 1b), Schiiten bzw. schiitische Gemeinden (Bsp. 2a und 2b) oder schiitische Redner (Bsp. 3).

Beispiel 1a und 1b:

> Von wem nimmt Gott etwas an? Was sagt der Koran darüber? „(a) Gott nimmt nur von den Ehrfürchtigen an.“ (a) Ihr sollt fasten. Wofür? Am Ende sollen wir mit dem Fasten zu einem Ziel kommen, wir sollen ehrfürchtig oder gottesfürchtig sein, Rücksicht nehmen und Respekt vor Gott haben. (1, PRD1, 2018-06-06, Absatz 5)

> „(a) Das Wissen spricht mit dir, wenn du alleine bist, (a) Das Wissen zeigt dir, was Glück und Unglück bedeutet.“ Auch hier haben wir Muslime viele Missverständnisse über Glück. Was ist weltliches Glück und was ist Unglück? Leider ist es oft so, dass wir Unglücke als Glück betrachten und umgekehrt. (5, PRD2, 2018-07-08, Absatz 12)

Beispiel 2a und 2b:

> Hier gibt es nun eine Methode, die uns von unseren Imamen vorgestellt wurde: Wie erörtern wir die Dinge oder Themen, damit wir nicht z. B. in den sozialen Netzwerken [...] irgendetwas von unserer Religion – worüber wir nicht sicher sind – halbes Wissen in die Welt setzen? (2, PRD2, 2018-06-09, Absatz 3)

> Wir fragen uns, wie wir als Schiiten in einer multikulturellen Gesellschaft (handeln müssen)? Das heißt in einer Gesellschaft, in der neben unserer Kultur, die wir entwickeln, nicht nur in der Vergangenheit, (sondern) wir reden über eine lebendige Kultur und das ist die Kultur der Gegenwart. (16, PRD1, 2018-12-02, Absatz 20)

---

die Großartigkeit Gottes hin, sodass das Verbsuffix entsprechend „Großartigkeits-nā“ (arab. *nūn al-ʿaẓama*; vgl. URL89) genannt wird. Die Exegeten gehen ebenfalls davon aus, dass die *Wir*-Ausdrucksform andere Mächte in der Schöpfung, bspw. Engel, miteinschließt, die zur Durchsetzung der Gottesmacht agieren (vgl. URL89). Zahlreiche Überlieferungen der schiitischen Quellen, die in der ersten Person Plural tradiert worden sind, beziehen sich – entsprechenden Interpretationen zufolge – auf die Familie des Propheten und Imame allesamt (s. Kulainī 1987: 34).

Beispiel 3:

> Das ist ein Nachteil, den wir schiitischen Redner haben. Wisst ihr, was unser Problem ist? Wollt ihr [es] wissen? Hört zu! Was ist unser Problem, was die anderen nicht haben? [...] Die einzige Zeit, wo wir schiitische Redner die Möglichkeit haben, diese Dinge anzusprechen, ist *Muḥarram*. (11, PRD4, 2018-09-15, Absatz 3 und 4)

In den meisten Fällen lässt sich der *Wir*-Bezug in den Predigten auf keine konkrete Personengruppe eingrenzen. Mit *wir* können potenziell verschiedene Bezugspersonen gemeint sein. Die Frage danach, ob sich der gemeinte Personenkreis unter den Predigtzuhörenden befindet oder eher nicht, scheint in mancher Predigt irrelevant zu sein (Bsp. 4). Levine macht auf die soziale Funktion der sprachlichen Ambiguität – v. a. bei einer relativ kleinen Anzahl in face-to-face-Kommunikationen – aufmerksam. Nicht ganz eindeutige Symbole, Positionen und Ausdrucksweisen sollen demnach die soziale Bindung erleichtern und das Gemeinschaftsgefühl stärken (s. Levine 1985: 35). Der ambige Bezug des Personalpronomens *wir* in den Predigten ermöglicht den Zuhörenden eine freie Interpretation dessen, wie eng oder weit der Kreis der Bezugspersonen anzunehmen ist. Der Sprecher dieses *Wirs* bleibt stets mitgemeint.[80]

Beispiel 4:

> „(a) (Zitat aus der Überlieferung) Steht ihnen das sewāk, also Zähneputzen vor jedem Gebet empfohlen, würde ich mich fürchten, dass es ihnen zu schwer fällt.“ Dieser Prophet kennt Menschen. Wenn jemand Modelkarriere machen will, dann wird er wahrscheinlich nicht darauf verzichten, sich die Zähne zu putzen, die Nägel zu reinigen usw. Irdischen Interessen fällt uns Menschen definitiv leichter, als wenn wir die religiösen Hintergründe dabei haben. Da ist es schon wieder ein Pflichtgefühl. (1, PRD1, 2018-06-06, Absatz 5)

> Wenn der Prophet sagt beispielsweise: (a) „Der Gläubige lügt nicht.“ Hört sich schön an, aber jeder von uns wird jeden Tag Zeuge von genau diesen Lügen und leider sind wir selber manchmal indirekt – nicht durch Worte [...] neben den vielen Malen, wo wir die Wahrheit sagen, lügen wir auch. (2, PRD2, 2018-06-09, Absatz 11)

> Jetzt kommt der Satz, den wir uns einprägen sollten: Ich prüfte mein Herz und dort verweilte er, als ich ihn (Gott) sah. Er (der Gott) ist nirgends sonst zu finden. Er (der Überlieferer) meint damit, dass wir oft die Äußerlichkeiten der Religion suchen. (3, PRD3, 2018-06-11, Absatz 9)

---

80 Mit welcher Anrede die Predigtzuhörenden angesprochen werden sollen, wird im christlichen Kontext reichlich diskutiert. Dem *wir* wird gegenüber anderen Anreden eher Vorrang gegeben, da andere Anredealternativen wie „Du“, „Ihr“ oder „Sie“ teils auch als Kommunikationsproblem der Predigt empfunden werden (s. Trillhaas 1974: 48). Der Prediger solle sich selbst als erster Zuhörer seiner Predigt wahrnehmen (s. Trillhaas 1974: 54).

„Gott ist immer in uns, nur wir sind selten Zuhause.“ Wir sind da, aber (unv.) sind mit anderen Dingen beschäftigt. Wir sehen nicht unter dem Herzen, wir sehen nicht in unserem Kern, wir suchen nicht Gott, (sondern) wir suchen oft Dinge, die draußen sind. (3, PRD3, 2018-06-11, Absatz 9)

Zum *Nähe-Distanz*-Spektrum der Predigtanrede gehören häufig die Anreden „Geschwister“, „Schwester“ und „Bruder“. Diese bezeichnen auf der lexikalischen Ebene Verwandtschaftsbeziehungen, die gelegentlich auch in den Predigtteilen auf dieser allgemeinsprachlichen Ebene verwendet werden (Bsp. 5). In den meisten Fällen wird jedoch die Bedeutung dieser drei lexikalischen Zeichen vom Ausdruck zum „Äußerungskontext“ (Löbner 2003: 10) der Predigt übertragen und terminologisiert.[81] Somit wird allein durch die Anrede eine nahestehende „brüderliche“ Beziehung zwischen dem Prediger und den Predigtzuhörenden gefördert (Bsp. 6). An einer Predigtstelle tritt das Thema „Geschwisterlichkeit“ im übertragenen Sinne explizit ans Licht. Indem der Prediger von einer Art der „religiösen Geschwisterlichkeit“ ausgeht, setzt er sich anhand dessen mit dem genderspezifischen Sprachgebrauch im Koran auseinander (Bsp. 7).

Beispiel 5:

Jemand, der von euch jüngere Geschwister hat, sollte es gut miterleben. Sie sind jeden Tag was anderes. (Die Kinder sagen:) Heute bin ich (unv.), morgen (unv.), dann Feuerwehrmann, Supermann, Spidermann. Jeden Tag ist er was Anderes; *Bruce Lee, Jackie Chan*. Ok, ich bin jetzt vielleicht nicht so *up to date*. (14, PRD1, 2018-11-03, Absatz 16)

Beispiel 6:

(a) Verehrte Geschwister! (a) Ich wünsche euch einen gesegneten Abend. Ich freue mich, die Ehre zu haben, noch das letzte Programm im heiligen Monat *Ramadan* unter euch zu sein. (3, PRD3, 2018-06-11, Absatz 1)

Der Friede sei auch mit euch, liebe Geschwister. (10, PRD2, 2018-09-18, Absatz 2)

Beispiel 7:

Erstmals geht es die Tatsache zu klären, dass die Gläubigen Geschwister sind. Eine Sache, die jeder von uns schon gehört hat. Wir nennen uns gegenseitig „Bruder“ und „Schwester“, aber es ist immer wichtig, das hervorzuheben, dass das tatsächlich ein Teil der Offenbarung Gottes ist und *Allah* (a) der ist, der gesagt hat, dass die Gläubigen Brüder und Schwestern sind. Die Imame, die von Gott nur auserwählt wurden, damit sie die Leute zu seinem Licht leiten. Ein Vers im Koran, den wahrscheinlich jeder gehört hat und ist gut, dass man sich daran erinnert, ist, dass die Gläubigen nur Brüder sind. Ich habe dazu schon was gesagt,

81 Zur polyheterosemen Verwendungsweise von Termini innerhalb eines bestimmten Fachtextes s. Roelcke 1991: 202–203.

> dass wenn im Koran „Brüder“ gesagt wird, sind natürlich auch die Frauen miteinbegriffen. Das ist die Art und Weise, wie die Araber gesprochen haben und Gott hat darauf reagiert, indem er den Koran in einer arabischen deutlichen Sprache niedergesandt hat. Das bedeutet, dass er das nutzt, was die Leute teilweise benutzt haben. (10, PRD2, 2018-09-18, Absatz 3)

Ob und inwieweit die etablierte fachlich begründete Hierarchie in der Predigtkonstellation (vgl. Kap. 4.3.1.4) allein durch die *Wir*-Anrede abgebaut oder zumindest relativiert werden kann, ist fraglich. Im Feld der Predigtpraxis stoßen sich verschiedene soziologische Eigenschaften aneinander, die sich zum Teil gegenseitig neutralisieren. Die Auflösung der Predigthierarchien durch die Anrede ist daher bspw. kontrovers zu betrachten.

Gleiches gilt für das gegenseitige *Duzen*. Deutschsprachige Prediger werden oft vom großen Anteil der Gemeindemitglieder geduzt. Überwiegend männliche Glaubensangehörige kommen überhaupt mit dem Prediger in direkten Kontakt. Neben dem geläufigen Duzen kann festgestellt werden, dass sich die Prediger und Predigtzuhörenden gegenseitig mit Vornamen rufen, sowohl während als auch außerhalb der Predigtsituation. Der Vorname des Predigers wird allerdings stets mit einem Titel – *Sayyid, Scheich, Ḥāǧǧ,* Bruder o. ä. – versehen. Diese Beobachtung gilt für die nichtdeutschsprachigen Predigten nicht. Die älteren Prediger werden gesiezt und mit dem Titel plus Nachname gerufen. Die Asymmetrie der Predigtpraxis erscheint trotz der neuen Tendenz zum Informellen (*Wir*-Anrede, Vornamen rufen und dem gegenseitigen Duzen) jedoch erhalten zu bleiben.

Was sich noch in einem Veränderungsprozess befindet und durch Vergleich solcher Erscheinungen sichtbarer wird, ist, dass die nichtdeutschsprachigen Prediger in einem durchaus größeren Distanzverhältnis zu den Zuhörenden stehen als die (eher jüngeren) deutschsprachigen Prediger zu den (oft sogar denselben) Zuhörenden.

Das unterschiedliche Distanzverhalten zwischen dem Prediger und den Predigtzuhörenden kann auch im Zusammenhang mit bestimmten, optisch signalisierten und wahrgenommenen Gegenständen in der Kommunikation erklärt werden. Das Gelehrtengewand verfügt so über eine symbolische Referenz für den fachlichen Status des Trägers. Die Gemeindemitglieder verhalten sich gegenüber einem Prediger, wenn er in den Ankündigungspapieren für seine Predigten (noch) als *Bruder* oder *Theologiestudent* betitelt wird, nicht ganz identisch, wie wenn er nach einer gewissen Zeit das Ende des Studiums erreicht hat und dies durch das Tragen des Umhangs und Turbans (arab. *ʿabāʾ* und *ʿimmāma*), des offiziellen schiitischen Gelehrtengewands, zum Ausdruck kommt. Die Zurückhaltung der Predigtzuhörenden gegenüber dem Gelehrten lässt sich beobachten.

Die Funktion des Gelehrtengewandes sowie die der schwarzen Kleidung anlässlich der Trauerfeiertage erfüllen bestimmte kommunikative Voraussetzungen in den Predigten, wodurch sich alle Beteiligenden mit der Gruppe identifizieren. Schleiff markiert die referentielle Funktion der religiösen Sprache als Identitätsmarker (s. Schleiff 2005: 197). Die im Rahmen der Predigt fortlaufende „soziale Identitätsstiftung“ (Roelcke 2020a: 34) ist durch die Sprache des spezialisierten Tätigkeitsbereichs bestimmt und beeinflusst deren Produktion und Rezeption. An dieser Stelle treffen sich das Interesse, das Anliegen, der Anspruch und das Ziel der Sprachforschenden mit dem der an der Predigtkommunikation Beteiligten: die Erleichterung des Zugangs zum (religiösen) Kenntnisbereich.

4.3.2 Kommunikative Aspekte

Die im Kapitel 4.3.1. diskutierten soziologischen Eigenschaften des Predigtkontextes werden in diesem Teil mit kommunikationswissenschaftlichen Aspekten fortgesetzt. Hierbei werden Intentionalität, Mono- und Dialogizität, mediale und konzeptionelle Mündlichkeit, rechtliche Verbindlichkeit, Anonymität und Objektivität, Verständlichkeit, Exaktheit und Eindeutigkeit, sowie Metaphorik behandelt.[82]

4.3.2.1 Predigtintention

Vom Erfolg in der Kommunikation spricht man unter dem psychologischen Gesichtspunkt *Intentionalität* von Fachtexten (s. Roelcke 2020a: 26, 146–147). Die Predigtkommunikation versteht sich nicht nur als Praxis zur Vermittlung von Information, Wissen und Kompetenzen spezifischer Natur. Auch wenn die Teilnahme an dieser Praxis einem religiösen „Bedarf“ im weitesten Sinne entspricht, ereignet sie sich nicht im Rahmen eines besonderen Tätigkeitsbereichs, sondern die Umsetzung der Inhalte umfasst das ganze Leben und den Lebensstil.

Die sonst in der Fachkommunikation bekannten Teilnahmemotivationen wie Bildung oder Macht sind für Predigtzuhörende zumindest so direkt kaum vorstellbar. Vielmehr ist es der Prediger, der – nach linguistischer Pragmatik formuliert – seine Ausdrucksweise bei der Redeproduktion auf die angenommenen Erwartungen des Rezipierendenkreises einstellt, um auf den Gedanken, somit auf ihre Religionspraxis einzuwirken. Diese beabsichtigte Wirkung kann sowohl mentale, spirituelle und ideologische Einstellungen betreffen als auch – davon abgeleitet – die Aneignung einer besonderen Erkenntnis von der Welt (s. Felder und Gardt 2015: 15–16, 27), die zur (korrekten) Praktizierung bestimmter religiöser Handlungen und Rituale anregt. Grabner-Haider versteht es dementsprechend als Aufgabe und zugleich als Chance der Religionspädagogik, anstatt deskriptive Dimensionen religiöser Sprache, ihre evokative und affektive Seite zu realisieren zu versuchen (s. Grabner-Haider 1973: 73–76). Für ihn werden in einer idealen Predigtsituation

82 Ausführlich zur fachsprachlichen Kognitionsfunktion s. Roelcke 2020a: 28–35.

die religiöse Wahrnehmung und eine bestimmte Lebenspraxis miteinander verknüpft (Grabner-Haider 1975: 45–46).

Die Besonderheit der fachtheologischen Kommunikation Predigt besteht darin, dass neben den jeweiligen Intentionen des Hörenden und des Predigers die Intentionen eines Dritten infrage kommen und geradezu den menschlichen Intentionen als übergeordnet angesehen werden. Predigt wird zur gemeinsamen Schaubühne dreier Intentionen. „Sermon tapes are part of the acoustic architecture of a distinct moral vision, animating and sustaining the ethical sensibilities that enable ordinary Muslims to live in accord with what they consider to be God's will" (Hirschkind 2009: 8).

Die Predigt schließt die Legitimität ihrer Inhalte an die Tradition des Propheten und der Imame an. Die Predigtzuhörenden nehmen wie beim Vollzug anderer religiöser Praktiken an, die überlieferten Reden und zitierten Stellen in der Ansprache reflektierten den göttlichen Willen und verhülfen zu göttlicher Nähe. Dem Prediger erlaubt seine Position, Gottes Botschaften weiterzuleiten und diese mit eigener Sprache darzustellen. Er präsentiert sich gegebenenfalls als Übermittler bzw. als Reproduzent der Anforderungen Gottes, die der Glaubensgemeinschaft in Form von Ge- und Verboten auferlegt sind. Beide Kommunikationsteilnehmenden scheinen von dieser Übermittlerfunktion überzeugt zu sein, zumal diese Funktion manchmal explizit zum Ausdruck gebracht wird.

> *Mawadda* ist ein idealer Ausdruck der Liebe, aber Liebe in einer besonderen Form, nicht in einer verlorenen Form, (so) wie, wenn man sich verliebt und sich in seiner Liebe verliert, sondern in einer erbauenden förderlichen Form, wenn man sich mit gegenseitigem Respekt und gegenseitiger Rücksicht liebt, was immer auch eine Art des gesunden Gehorsams bedeutet. Wenn jemand jemanden liebt, folgt er ihm und er folgt ihm aus guten Gründen. Das ist der Ausdruck von „(a)". Das ist die Liebe, die Gott von uns gegenüber den *Imamen* verlangt hat. Und der *Imam* sagt: „(a) Legt alle Liebe auf uns!" Das heißt, dass meine Aufgabe nicht das ist, euch davon zu überzeugen, dass ich ein guter Redner bin, oder ein erfahrener Mensch, weil das mein Ego fördert und euer Ego vernachlässigt. Meine Aufgabe als Redner besteht darin, eure Liebe und euer Potenzial auf unsere *Imame* zu lenken. (16, PRD1, 2018-12-02, Absatz 7)

> Dieser Mensch, *Imām ʿAlī* (a) ist die Verkörperung der Vollkommenheit nach dem Gesandten Gottes. Und immer, wenn wir kommen und sagen: „Wir schaffen nicht, wir können nicht ehrlich sein, wir können nicht anbeten, wir können nicht fasten, wir können nicht spenden; (etc.)" Dann kommt *Imām ʿAlī* (a), in Form der Überlieferung (und) nicht physisch, und sagt: „Nein, du sollst und du kannst." (Falls wir dann darauf sagen würden:) „Aber ich kann nicht so viel." (Er würde antworten:) „Kein Problem. Tue so viel, wie du kannst." Mehr verlangt niemand von dir. Immer ist diese Leuchte dort, die *Imām ʿAlī* heißt, die uns auf den Boden der Tatsache bringt und sagt: Doch du kannst! (9, PRD2, 2018-08-31, Absatz 9)

Die Appellfunktion ist in der Predigt im Vergleich zur religiösen Sprache im Religionsunterricht stärker ausgeprägt. Die Predigt stellt die Plattform zur Verfügung, auf der aus theologischen Deskriptionen direkte oder indirekte Präskriptionen für die Allgemeinheit folgen. Indirekte Präskriptionen schreibt eine Predigt(stelle) dann vor, wenn sie auf eine besondere Erkenntnis (bspw. Stärkung der Liebe zum Propheten und seinen Gefährten) hinausläuft. Eher direkte Präskriptionen hingegen werden vollzogen, wenn aus diesen Erkenntnissen normative Verhaltensregeln in Form von Verpflichtungen abgeleitet werden, die den Gläubigen bei den religiösen Praktiken (wie Reinigung, Gebetsbedingungen u.ä.) bevorstehen. Der Appellgehalt verortet sich unter den kommunikativen Gesamtfunktionen nonverbaler Textelemente (s. Roelcke 2020a: 136–137).

In dieser Hinsicht zeichnet sich die mündliche religionsfachliche Kommunikation der Predigt durch ihre stark expressive appellative Funktion aus, während in anderen (Fach)Textsorten eher vom Gegenteil ausgegangen wird (bspw. Plenarvorträge oder Präsentationen; s. Baumann, Kalverkämper und Steinberg-Rahal 2000: 69). Die Erwartungshaltung und Intention erzeugt Bereitschaft bei den Zuhörenden, sich gegenüber der Predigt zu öffnen. Inwiefern die rezipierten Inhalte bei ihnen nach der Predigt beibehalten bleiben, scheint Ergebnis auch anderer Einflussfaktoren zu sein.[83]

4.3.2.2 Monolog, Vortrag, Unterricht oder Gespräch?

Der arabische Begriff *ḫuṭba* ‚Predigt‘ gehört zur Wurzel *ḫ-ṭ-b* ‚ansprechen‘. Ob sich die Predigt in Form eines Monologs, Dialogs oder eher in einer anderen Interaktionsform gestalten lässt, wird kontrovers diskutiert. Allein aus der Etymologie des arabischen Wortes geht die durchaus klare Richtung der Rede hervor. Es gibt eindeutig Sprechende gegenüber den Zuhörenden. Von einem Informations- und Gedankenaustausch ist nicht die Rede und es stimmt auch mit der historisch als *Monolog* ausgeübten Interaktionsform überein: Die islamische Predigttradition berichtet über keine unterbrechenden Kommentare, Meldungen, Handlungen, Praktiken etc. seitens des Publikums während der mündlich gehaltenen, überlieferten Predigten, sodass diese später auch als einheitliche Textkorpora verschriftlicht worden sind.

Die Interaktionsform in den meisten Predigten entspricht in starkem Maße der klassisch-monologischen Ausrichtung zwischen den Kommunikationsteilnehmenden.[84] Die Einordnung dieser Predigten als *Monolog* kann auf kontro-

83 Zur sprechakttheoretischen Interpretation des religiösen Sprachgebrauchs s. Engemann 2020: 476–479. Preier untersucht den *Prozess* (und bewusst nicht das *Produkt*) der religiösen Rede und ihren konstruierten Sinn beim Hören, indem er den Fokus auf die Perspektive der Predigthörenden setzt (s. Peier 2018).

84 Die christliche Predigt wird oft in Bezug auf ihren monologischen vs. dialogischen Charakter diskutiert. Ebenfalls dialogische bzw. interaktive Elemente sind allerding auch im heutigen christlichen Predigtkontext vorzufinden (ausführlich dazu s. Dix 2021).

verse Ansichten über die Mono- und Dialogizität der sprachlichen Produktionen stoßen. Beispielsweise stellt Linell (2009) einen Kontrast zwischen *monologistischer* gegenüber *dialogistischer* Haltung auf, indem die erste als „written language bias" bezeichnet wird. Solche Zuordnungen hängen damit zusammen, wie eng oder wie weit der *Dialog*- bzw. *Interaktions*begriff gefasst wird. Eher eng wird er in den nur vereinzelt durchgeführten linguistischen Forschungen (z. B. Malmström 2015 über die Frageformen in den schriftlichen Predigtmanuskripten aus einer funktional-grammatischen Perspektive) gehandhabt. Im den soziologischen Arbeiten hingegen ist ein eher weites Dialogverständnis erkennbar (z. B. Ayaß 1997), bis auf die Ansichten, die jede Äußerung von Natur aus dialogisch wahrnehmen, nur weil dies zwischen mindestens zwei Instanzen geschehe und das Gegenüber bei der Gestaltung des Inhalts mitgedacht sei (s. Buber 2014: 286).

Mit einem eher eng definierten Interaktionsbegriff kann die Predigtpraxis nicht viel anfangen, wenn sie so gut wie ganz monologisch gehalten wird. Ein Monolog könne somit keine Interaktion genannt werden, denn es gäbe keine verbalen Gesprächsbeiträge. Genauso würde es keinen Sinn ergeben, die monologisch gehaltenen Predigten so wie „any kind of human sense-making, semiotic practice, action, interaction, thinking or communication" (Linell 2009:5) allein wegen ihrer Hinwendung an die Zuhörenden (*other-orientation*, Linell 2009: 13) eindeutig und in einem weiten Sinn als Dialog zu bezeichnen.

Das Hören auf die Predigtworte erfolgt während andauernden Schweigens und ohne verbale Wechselbeziehung mit den Zuhörenden. Die Prediger-Zuhörende-Interaktion in den monologisch gehaltenen Predigten wird immerhin durch erkennbare Sprecherwechselsequenzen wie den im Chor ausgerichteten Friedensgruß gewährleistet. Darüber hinaus sind der Blickkontakt sowie die nonverbalen Reaktionen wie Kopf schütteln, nicken, lachen etc. wesentliche Bestandteile von Gottesdiensten, diese seien aber lediglich ritualisierte, institutionalisierte und inszenierte Dialogelemente (s. Gülich 1981: 441).

Auch wenn im schiitischen persischsprachigen Predigtkontext die Förderung von Interaktionen ebenfalls als relevant, erwünscht und erfolgversprechend gilt (s. Šarīʿatī Sabzewārī 2013: 488), beschränkt sich der erwartete Anteil der Predigtzuhörenden in dieser Interaktion auf die innere Öffnung der einzelnen Zuhörenden gegenüber dem Predigtinhalt und nicht auf aktive und verbale Beteiligung mitten in der Predigt. Daran schließen sich auch Autoren an, die die Klassifizierung der Predigt als Monolog kritisieren. Religiöse Rede sei wesentlich eine „Beziehungsrede" (s. Kurz 2004: 54). Die Zuhörenden liefern ständig innerliche Antworten auf die Predigtworte, was trotzt ihres andauernden Schweigens ein dynamisches konstruktives Gespräch zwischen den Kommunikationsbeteiligenden erzeuge (s. Bohren und Jörns 1989: 138).

Der Predigtredefluss wird in den deutschsprachigen schiitischen Predigten in Deutschland im Großen und Ganzen nicht unterbrochen. Somit bleibt der Inhalt von externen Rückmeldungen nahezu unbeeinflusst. Vergleichbar mit einem lehrkraftzentrierten Unterricht, ergibt sich kaum die Möglichkeit für Predigtzuhörende, das vermittelte Material mit diversen Kommentaren auszugleichen, da „das Gleichgewicht in der Rollenverteilung [...] sich sehr zugunsten des Lehrers verschieben“ (Buhlmann und Fearns 2000: 159) kann. Selten vorkommende Unterbrechungen betreffen kurze Verständnis- oder Ergänzungsfragen.

Parallel beobachtet man neuerdings auch Predigten im empirischen Umfeld, die in gewisser Hinsicht von diesem Muster abweichen und immer mehr Merkmale eines hierzulande geläufigen mündlich präsentierten (Fach)Vortrags aufweisen (Zum Begriff *Vortrag* s. u. a. Fleischer 1989). Dieser Art von Predigten schließen sich Frage-Antwort-Runden an bzw. es sind separate Diskussionszeiten vorgesehen – ein regulärer Bestandteil jener Präsentation außerhalb der religiösen Kommunikation (s. Doetsch 2006: 141–145).

Bei dieser Interaktion erscheint auf der Mikroebene die Kontrolle darüber, wer redet und wann gerdet wird, immerhin bei der predigenden Person zu liegen, dennoch nicht im Sinne von autoritärer Leitung. Collins bezeichnet die Predigten als intellektuelle Vorträge. „Controlling who gets to speak is the principal mode of enacting authority on the micro-level; any boss, chief, high-ranking officer, or authoritarian parent also can control such a one-way structure of discourse. Other IRs (interaction ritual) are closer to intellectual lectures: political speeches, sermons, entertainments, and commemorative addresses. A speaker holds the floor for fairly long periods and, he or she hopes, the rapt attention of a large audience.“ (Collins 1998: 26)

Wo genau auf dem Kontinuum zwischen Monolog und Vortrag eine bestimmte Predigt zu verorten ist, wird von anderen, teils o. g. kommunikativen oder soziokulturellen Gesichtspunkten bestimmt. Konstant bleibt die Tatsache, dass für zuhörende Laien – selbst am Ende der Predigt – kein Anspruch auf kritische Rückmeldungen bzw. Widerrede zum Predigtinhalt (bzw. Teilen dessen) erhoben wird. Vom Prediger selbst wird nach keinem *Feedback*, sondern nach *Fragen* gefragt.

Die Predigt gilt als Expertenbeitrag, dem keine Evaluation folgt. Der Predigtinhalt wird im Vorfeld nicht den klar ausgesprochenen Wünschen der Rezipierenden angepasst oder mit ihnen abgestimmt, dementsprechend besteht nach der Predigt keine (offene) überprüfbare Bewertung, die herausstellt, inwiefern sich die der Predigt zuhörenden Personen von dem Input angesprochen gefühlt bzw. sich überhaupt dafür interessiert haben. Davon erfährt der predigende Sprachproduzent nur dann etwas, wenn er sich selbst erkundigt. Im vorliegenden Predigtkontext zeigt sich kaum die Verhaltensweise, eigene Meinungen offen und direkt auszudrücken. Bei den vortragsähnlichen Predigten dominiert letztendlich das Respekts- und Distanzverhältnis gegenüber dem religiösen Experten ebenso wie bei den monologähnlichen Predigten. Die fachliche Distanz wird angemessen von beiden Kommunikationsseiten aufrechterhalten.

Erinnert man sich gleichzeitig an die drei diskutierten Gesichtspunkte – frontale Sitzordnung, informelle Predigtanrede und Distanzverhalten trotz modifizierter Interaktionsform – gehen alle auf die *Akzeptabilität* zurück, die durch fachliches sowie persönliches Vertrauen der Rezipierenden gegenüber dem Sprachproduzenten erreicht wird (s. Roelcke 2020a: 147). Die Zuhörenden halten predigtbezogene Hierarchien ein, was darauf hinweist, dass die Predigtkommunikation einerseits unterschiedliche Kulturkreise zusammenbringt und dabei gewisse Elemente aufnimmt. Andererseits grenzt sie sich deutlich von einigen zwischenmenschlichen Verhaltensweisen in ihrer *Wir*-Gruppe ab[85] und offenbart ihre Prägung der religiösen Tugenden: Die schiitisch-ethischen Lehren (im untenstehenden Zitat bspw. stammend vom vierten Imam) wertschätzen in starkem Maße Gehorsam und Respekt vor Lehrpersonen. Das hohe Ansehen einer Lehrperson wird in einem der wichtigsten Literaturwerke ausgeführt. So steht im „Sendschreiben über die Rechte" (Original: *Risālat al-ḥuqūq*) Folgendes:

> Das Recht des Lehrers dir gegenüber ist es, dass du ihn wertschätzt, seiner Versammlung Respekt zollst, seinen Worten gut zuhörst, ihn beachtest, deine Stimme ihm gegenüber nicht erhebst, und wenn jemand ihn etwas fragt, nicht du es beantwortest sondern ihn antworten lässt, in seiner Gegenwart keine Rede für ihn hältst (sondern die Leute profitieren lässt, indem sie ihn hören und nicht dich), in seiner Gegenwart hinter niemandem redest, wenn man hinter ihm gegenüber dir redet, ihn verteidigst, seine Fehler bedeckst, seine Vorzüge offen legst, dich nicht mit seinem Feinde anfreundest, mit seinem Freund keine Feindschaft hegst. Wenn du so verfährst, so werden die Engel bezeugen, dass du für Gott ihn geachtet hast und Wissen gesammelt hast und nicht für die Aufmerksamkeit der Leute. (*ʿAlī ibn al-Ḥussayn Zayn al-ʿĀbidīn* ca. 700 n. Chr./2011))

Begründet durch das religiös-kulturelle Verhältnis zwischen dem Prediger und den Predigtzuhörenden wird die ungleiche Machtverteilung und die daraus resultierende Verantwortung der Vorgesetzten nicht nur erwartet und akzeptiert, sondern auch als tugendhaft bewertet. Die Beteiligten in einer Predigtsituation demonstrieren Eigenschaften wie Zurückhaltung und Konfrontationsscheuheit während der Predigt und auch bei den nachfolgenden Diskussionsrunden.

Über die Frage, wann die Interaktionsform der Predigt eher zum klassischen Monolog tendiert und unter welchen Umständen hingegen mehr zum Vortragskonzept, das sich durch die anschließenden Frage- und Diskussionsrunden auszeichnet, wird hauptsächlich im Hinblick auf das entsprechende Predigtthema

---

85 Zu den verschiedenen Faktoren interkultureller Kommunikation s. Buhlmann und Fearns 2018: 181–205. Die klassischen Kategorien, die stereotypisch von individualistisch gegenüber kollektivistisch gerichteten Kulturpolen ausgehen, und dementsprechend geringe bis größere Machtdistanzzahlen vorlegen (s. Hofstede 1993: 67–71 oder Buhlmann und Fearns 2000: 371), werden heutzutage von praxistheoretisch orientierten Forschungen kaum vertreten.

entschieden. So verdeutlichen die Feldbeobachtungen, dass die Themenwahl oft über das Potenzial verfügt, die Interaktionsform einer Predigt so zu bestimmen, dass sie sich vom Vortragskonzept zu einer Interaktionsform verändern kann, die eher einem *Unterricht* ähnelt.

Die Gestaltung der Predigten als Unterricht ist zu Beginn vorliegender Studie im Jahr 2018 nur eine seltene Beobachtung bzw. eine aus der Empirie ableitbare Prognose der künftigen Entwicklung (und deren Benennung) gewesen. Die etablierte Bezeichnung „Unterricht“ scheint jedoch für Predigten im Jahr 2021 vielmehr in der Glaubensgemeinschaft und aus ihr selbst heraus Verwendung gefunden zu haben. Dieses Beispiel legt exemplarisch das Integrieren verschiedener Interaktionsformen dar.[86]

Zum einen soll es sich um eine Seminarreihe unter der Leitung eines Gelehrten handeln, die offenbar ein bestimmtes Thema in verschiedenen Sitzungen bearbeitet. Der Titel der Reihe soll ebenfalls das Material für die darauffolgenden Sitzungen ankündigen. Eine wichtige Textquelle – die 193. Predigt des nach schiitischer Überzeugung ersten Imams ʿAlī (ca. 650 n. Chr.) – wird aus seinem Werk „Pfad der Eloquenz“ (arab. *Nahǧ al-balāġa*) für den Einsatz in der Predigtkommunikation ausgewählt. Dieser Prozess stellt eine typische Vertikalisierung dar, bei der im Idealfall „Fachkenntnisse in einer weniger spezialisierten Sprache ohne oder mit geringerem Verlust an entsprechenden Informationen von Experten an Laien vermittelt werden“ (Roelcke 2020a: 199). In der Predigt werden die ausgewählten Textstellen Stück für Stück gelesen, häufig umformuliert wiedergegeben, interpretiert und daraus Lehren gezogen. Dadurch können diverse Vertikalisierungkompetenzen wie auch Bemühungen um sprachliche Annäherung in unterschiedlichem Umfang beobachtet werden.[87]

Gleichzeitig findet sich eine Information auf dem Online-Flyer, die die Einstellung des Adressaten gegenüber diesem Treffen umgestaltet. Es ist als Unterricht und mit einer Bitte an Teilnehmende angekündigt: „Bitte denkt daran, etwas zum Schreiben mitzubringen!“ Dieses Beispiel verdeutlicht, dass die neuen Elemente der Kommunikation, die bei der Umwandlung der Interaktionsform von *Predigt* über *Vortrag* und *Seminar* zu *Unterricht* hinzukommen (wie z. B. der Medieneinsatz), nicht nur die Leitungsperson, sondern auch die Teilnehmenden betreffen (s. Abb. 5).

---

86 Zu diesem und ähnlichen Ankündigungsflyer s. den öffentlichen Telegram-Kanal der Gemeinde. Das Video ist in ihrem Youtube-Kanal verfügbar (vgl. URL44).

87 Zu den ähnlichen mündlichen Fachkommunikationen können das Hauptverfahren eines Strafprozesses oder die Kommunikation zwischen Ärzt*innen und Patient*innen als juristische bzw. medizinischen Experten und Laien genannt werden (s. Roelcke 2020a: 150–154, Luttermann 1996) und sind am meisten erforscht.

Abb. 5: Beispiel für Predigt mit Interaktionsform „Unterricht".

So wie der zweite empirische Teil herausstellt, machen die islamischen Rechtsfragen einen beträchtlichen Anteil der gesamten Predigtsemantik aus. Die Art und Weise des (gültigen bzw. korrekten) Vollzugs der rituellen Waschung, die Details des Gebots der rituellen Reinigung (Bsp. 1), die religiöse Verpflichtung im Falle des Zweifels bei der Verrichtung des Gebets (Bsp. 2) o. ä. sind Themen von bestimmten Predigtstellen, deren Klärung eine wechselseitige Prediger-Predigtzuhörende-Interaktion erfordert. Somit wendet sich die Predigt stärker an die Zuhörenden und eröffnet sich häufiger einen (Spiel)Raum für Publikumsfragen bzw. -kommentare. Mit den Unterbrechungen wird flexibel umgegangen. Die Umwandlung vom predigenden Monolog zu Frage/Antwort-Konstruktionen[88] wirkt auf Form und Funktion des Gesamttextes. Die gesamte Predigt zieht sich normalerweise übermäßig in die zeitliche Länge. Die Auswirkungen des Predigtthemas sind dabei so ausschlaggebend, dass verschiedene Themen innerhalb ein- und derselben Predigt unterschiedliche Interaktionsformen nacheinander verursachen.

Eine exemplarische Predigt beginnt mit den eher abstrakteren Inhalten über das Befolgungs- und Rechtsfindungsprinzip im Schiitentum durchaus im Monologformat, bis dieser Abschnitt zu Ende geführt wird. Nach der Abhandlung dieses

88 Für weitere mikrostrukturelle Fachspracheneigenschaften im Bereich des Textes, bspw. Thema/Rhema-Struktur, verschiedenartige Schlussverfahren sowie Rekurrenz und Isotopie, s. Roelcke 2020a: 140–142.

Themas und bevor sich die Predigt nach einem leichten Übergang mit dem Thema „rituelle Reinigung“ befasst (TXT6, PRD3, 2018-07-08), gestaltet sich die Interaktion allmählich in das Unterrichtsformat um. Diese Abschnitte unterscheiden sich auch durch ihre visuelle Gestaltung und werden für zuschauende Zuhörende erkennbar.

Buhlmann und Fearns differenzieren zwischen Vorlesungen aus dem geisteswissenschaftlichen gegenüber dem naturwissenschaftlichen Bereich und behaupten, die Vorlesungen innerhalb der Geisteswissenschaften seien in der Regel reine Hörtexte und erforderten keine visuelle Unterstützung (s. Buhlmann und Fearns 2000: 65). Differenziert man die zwei o. g. thematischen Predigtteile voneinander, so ist es fraglich, ob diese Behauptung bei den Predigten eine Entsprechung findet. Die Predigt kann nicht als Ganzes pauschal zur geisteswissenschaftlichen Textsorte gehören, v. a. aufgrund der rechtsspezifischen Systematik und ihres Visualisierungsbedarfs bzw. ihrer -kapazität.

Während der Redebeitrag beim Monologformat ununterbrochen andauert, verlässt der Prediger für den Interaktionsformwechsel seinen physischen (Sitz) Platz – *minbar* – und greift stehend auch oft zum visuellen, die Überschaubarkeit fördernden Tafeleinsatz. Nach kurzer Einführung in die Thematik füllt der Prediger eine selbst gezeichnete Tabelle an der Tafel aus, während er ein Notizblatt in der Hand hält und gleichzeitig Erklärungen abgibt. Die aufgezeichnete Tabelle wird im Nachhinein für die Zuhörenden sowie für alle Interessierten auf der Facebook-Seite der Gemeinde veröffentlicht (Abb. 6).

Beispiel 1:

> Als kleine Einführung nur, damit wir wissen, worum es geht: Wie mache ich etwas rituell rein? Wie kann ich etwas reinigen, *ṭāhir* machen? Dann gehen wir gleich auf diese Tabelle. Es ist nicht die Tabelle der WM-Endtour oder so. Es geht hier um das Wasser. [...] Das Wasser wird im Islam unterteilt und ich gehe nur ganz kurz darauf ein, damit wir die Fachbegriffe kennen. (Ergänzt gleichzeitig die Tabellenkästchen). Das Wasser wird unterteilt einmal in 1. Absolut; auf Arabisch nennen wir es *mā' al-muṭlaq* – absolutes pures reines Wasser. (6, PRD3, 2018-07-08, Absatz 11)

> Wir erklären hier zuerst alles theoretisch und dann werde ich auf bestimmte Beispiele eingehen. [...] Hier in der ersten Reihe und das erste Kästchen geht es um die Art der rituellen Unreinheit. (6, PRD3, 2018-07-08, Absatz 15)

Beispiel 2:

> Jetztkomme ich zu dieser *Šakk*-Geschichte, weil sie sehr oft gefragt werden, deswegen dachte ich mir, dass es wichtig ist, darauf einzugehen. #00:52:51-9#

> Als wir in den letzten Jahren Unterricht gemacht haben, habe ich gemerkt, dass es am Einfachsten ist, alles in Form von einer Tabelle zu machen. [...] Erst mal, was bedeutet *šakk*? Das bedeutet, dass ich Zweifel habe, ob ich in der dritten oder vierten *rak'a*, Gebetsabschnitt

bin. Oder bin ich in der vierten oder fünften? Oder zweiten oder dritten? [...] Es gibt nur neun Fälle, da wo es einen Lösungsweg gibt; in allen anderen (Fällen) wäre das Gebet ungültig. #00:54:31-1# (7, PRD3, 2018-07-22, Absatz 19–20)

Reinigung der Kleider:

Bedingung	Mit Regen	Mit viel/fließend Wasser	Mit wenig Wasser	Art der Unreinheit
Nach dem Entfernen der ursächlichen Unreinheit	Ein Mal	Ein Mal mit Würgen o.ä (vorsichtshalber verpflichtend)	Zwei Mal mit Würgen o.ä	Urin
Nach dem Entfernen der ursächlichen Unreinheit	Ein Mal	Ein Mal mit Würgen o.ä (vorsichtshalber verpflichtend)	Einmal mit Würgen o.ä	Nicht - Urin

Reinigung des Körpers:

Bedingung	Mit Regen	Mit viel/fließend Wasser	Mit wenig Wasser	Art der Unreinheit
Nach dem Entfernen der ursächlichen Unreinheit	Ein Mal	Ein Mal	Zwei Mal	Urin
Nach dem Entfernen der ursächlichen Unreinheit	Ein Mal	Ein Mal	Ein Mal	Restliche Unreinheiten

Abb. 6: An die Tafel gezeichnete Tabelle während der schiitischen Predigt.[89]

Die visuelle Unterstützung (in diesem Fall der Tafeleinsatz während der Predigt) hängt in gewissen Maßen mit der persönlichen Entscheidung des Vortragenden und dem entsprechenden Präsentationsstil zusammen (s. Buhlmann und Fearns 2000: 65). So behandeln andere Prediger selbst Rechtsfragen ohne Rückgriff auf solche Hilfsmittel. Die visuelle Unterstützung schlägt sich nicht ausschließlich im Medieneinsatz nieder, welcher im Rahmen eines unterrichtsähnlichen Predigtformats vollzogen wird. Es gibt bestimmte Stellen in den Predigten mit der Interaktionsform Monolog,

89 Diese Tabelle ist darauffolgend online veröffentlicht worden und hier unverändert wiedergegeben. Mit „Würgen" ist hier das Wort „auswringen" gemeint. Bildquelle: URL45.

die ohne visuelle Begleitung des Predigers für die Zuhörenden kaum nachvollziehbar zu sein scheinen. Körperliche Ausdrucksformen und Gesten gehören auch zu dem „expliziten Ausschluss der verfügbaren kommunikativen Codes“ (Lasch und Liebert 2015: 486). Im dritten Bsp. zeigt der Prediger eine „metaphorische Geste“ (i. S.v. McNeill 1992), die nicht nur die gesprochene Predigtstelle unterstützend begleitet, sondern deren Information für das ganze Verständnis der Passage essentiell ist. Diese mit-überlieferte Geste soll der Prophet im Moment des Sprechens gezeigt haben und wird vom Prediger beim Zitieren gleichermaßen mit derselben Funktion wiederholt.

Beispiel 3:

> Dann kommt die Überlieferung über *aṯ-Ṯaqalayn* (a) – die zwei gewichtigen Dinge (a). Der Prophet verkündet in diesem Punkt die Untrennbarkeit oder Unzertrennlichkeit von dem erlesenen Nachkommen, die *Ahl al-Bayt* und dem Koran. In dieser Überlieferung von *al-Qummī* legt er (der Prophet) seine Finger zusammen und sagt: „Die beiden (Prediger stellt zwei Zeigefinger von beiden Händen nebeneinander) sind miteinander verbunden, untrennbar miteinander verflochten, so wie diese beiden Finger miteinander. Und ich sage nicht so (stellt die Zeige- und Mittelfinger von einer Hand nebeneinander), sondern so (wiederholt die erste Geste)“. (So) sagt er. Also nicht, dass eine das andere überragt. (4, PRD1, 2018-06-13, Absatz 13)

In der mündlichen Kommunikation der Predigt wird außer nichtsprachlichen Zeichen – am Beispiel des Tabelleneinsatzes (s. Abb. 5) erläutert – die Wirkung von mehreren *parasprachlichen Zeichen* (wie Mimik und Gestik) auf die Rezipierenden diskutiert.[90] Dazu gehören bspw. Sprechtempo, „Intonation, Tonhöhemodulation, Lautstärke“ (Buhlmann und Fearns 2000: 399) sowie weitere prosodische Parameter wie Pausen, hörbares Einatmen oder Dehnung einer Silbe (s. Schönherr 1997: 273). In diesen Hinsichten unterscheiden sich die Prediger voneinander, teils sehr auffällig und teils weniger.

Einige Prediger (PRD3 und PRD6) bitten die Predigtzuhörenden häufig um den Friedensgruß auf den Propheten und die -familie. Dies spricht der Prediger mit einer Melodie aus, die bestimmte Grenzsignale vermitteln soll. Durch den im Chor verrichteten Friedensgruß bezieht der Prediger dann auch das Publikum mit ein, seine Redeabschnitte voneinander zu trennen und somit dem gesamten Inhalt Struktur zu verschaffen. Die Predigten einer anderen Person (PRD4) zeichnen sich an mehreren Stellen durch stärker emotionsbeladene Ausführungen aus. Thematisch handelt es sich hierbei oft um gesellschaftliche Kritikpunkte mit stärker appellativer Funktion,

---

90 Für die Wirkung von paraverbalen Verhaltensanteilen auf eine mündliche Firmenpräsentation s. Buhlmann und Fearns 2000: 399. Zu einer empirischen Untersuchung zur Interaktion sprachlicher und parasprachlicher Ausdrucksmittel im Gespräch s. Schönherr 1997.

die sich in den Predigten aus einer religiösen Perspektive beschreiben lassen. Das anwesende Gemeindepublikum gilt in diesem Fall als Vertretende der ganzen Glaubensgemeinschaft und wird hinsichtlich eines kritischen Gesichtspunkts angesprochen, der eine vergleichsweise häufigere Tonerhöhung während des Predigens bedingt. Die Erhöhung des Predigttons und der Sprechgeschwindigkeit zeigen sich am häufigsten da, wo es um die Problematisierung eines die gesamte Glaubensgemeinschaft betreffenden Phänomens handelt, z. B. Spaltung unter muslimischen „Geschwistern" aufgrund unterschiedlicher Nationalitäten (TXT12, PRD4, 2018-09-19).

Nicht selten wird den *nonverbalen* Elementen in den Predigten eine geradezu vorrangige Stellung im Verhältnis zu den in den Predigten *sprachlich* geäußerten Argumenten zugeschrieben. Hirschkind zitiert einen in seinem empirischen Feld interviewten Prediger, Muhammad, der die Meinung vertritt, dass, auch wenn die Argumentationsweise eines Predigers aus gewissen Gründen mangelhaft sei, „but would judge the tape valuable on the basis of the quality of the sincerity, humility, and pious fear given vocal embodiment by the speaker" (Hirschkind 2009: 12–13).

Persönliche Charaktereigenschaften des Predigers sollen während der Predigtpraxis demonstrieren, dass die Wertschätzung einer solchen produktiv-rezeptiven Praxis keine rein intellektuelle oder kognitive Entscheidung ist: „In the course of listening to a sermon, he would continuously give expression to the sermon's ethical movements through facial expressions, postural shifts, subtle gestures of the hand, even his breathing" (Hirschkind 2009: 12). Ferner lässt sich eine sog. Musikalität in den Predigten nicht auf ästhetische Begleitung eines diskursiv geformten Inhalts reduzieren. Vielmehr gilt sie als „necessary condition for sermonic speech and for ethical action more generally, as the expressive repertoires learned through repeatedly listening to such tapes were integral to the forms of sociability and practical reasoning" (Hirschkind 2009: 13) für viele muslimische Predigtzuhörende.

Bei den bisher genannten Interaktionsformen in der Predigt, Monolog, Vortrag und Unterricht, gelten grundsätzlich die formalen Ordnungsregeln der öffentlichen Rede. In der Typologie fachlicher Textsorten werden zwei konzeptionelle Dimensionen innerhalb eines Kontinuums voneinander unterschieden: Während hohe *Kohäsion* und *Kohärenz* in der Regel den schriftlichen Textsorten zugeschrieben werden (s. Roelcke 2020a: 63), ist bei den Predigten – mündliche Produktion – ein ziemlich klarer Aufbau erkennbar. Es gibt den Predigtanfang, den Predigtverlauf und den Predigt-Schluss, unter denen ein formaler und funktionaler Zusammenhang besteht. Zwar lässt sich die Verbindlichkeit hinsichtlich des im Voraus durch den Prediger angekündigten Themas nur bedingt einschätzen – das letztendlich durchgeführte Kommunikationsthema bleibt jedoch im Großen und Ganzen in sich geschlossen und den jeweiligen Predigten eigen. Das gilt für eine im Monolog stattfindende Predigt genauso wie für eine Predigt mit unterrichtsähnlicher Interaktionsform. Im letzteren Fall sollte man nur die Kohäsion der Predigt aufgrund häufiger Unterbrechungen, schwankender Unterhaltung und der dementsprechenden Textsortenänderung eher vorsichtig betrachten.

Im empirischen Feld herrscht gegenwärtig offenbar der Wunsch vor, immer mehr den monologischen Charakter der Predigt zugunsten der Interaktion zu modifizieren. Die dialogische Gestaltung der Predigtsitzungen bringt die zentrale Position des Predigers ein weiteres Stück näher in Richtung Glaubensangehörige.[91]

Wird die Interaktionsform einer Predigt als „Gespräch“ angekündigt, bringt dies in der Tat wesentliche Änderungen in der räumlichen Konstellation des Raumes mit sich, die die permanente Bezeichnung einer solchen Moscheeveranstaltung als „Predigt“ ernsthaft in Frage stellen kann. Nicht nur gibt es keine hierarchische Sitzordnung durch den *minbar*, durch den der Gelehrte fachlich sowie sozial von den Zuhörenden getrennt wird, sondern es besteht kein in sich geschlossener Redebeitrag seinerseits, da das angekündigte Thema im Rahmen eines Dialogs mit dem Moderator aufgegriffen wird.

Die moderierende Person ist eines der Gemeindemitglieder und behandelt mit einem Gelehrten vor den Zuhörenden das entsprechende Thema. Die Fragen des Moderators fungieren wie übergeordnete Subthemen, die die ganze Rede des Gelehrten inhaltlich einteilen. So ist der Gesprächsanteil des Gelehrten deutlich höher als der des Moderators. Das Predigtkorpus ändert sich wenig, insbesondere zu Beginn der Antwort. In dieser Interaktionsform ermöglicht die Präsenz des Moderators zwei Sozialformen: Moderator-Sprecher-Modalität oder Moderator-zwei-Sprecher-Modalität. Im zweiten Fall wird ein Thema in Bezug auf unterschiedliche Themenschwerpunkte von zwei Gelehrten behandelt.

4.3.2.3 Mediale und konzeptionelle Mündlichkeit

Wie aus der bisherigen Analyse der Predigtsituation unter den ausgewählten Gesichtspunkten – u. a. die öffentliche Reichweite der Predigt, Anzahl der Predigtteilnehmenden, Sitzordnung in einer Predigt, Ort, Raum und Zeit der Predigt, den intendierten sozialen Wertevorstellungen und verschiedenen Interaktionsformen – hervorgeht, finden die Predigten im mündlichen Kommunikationsmedium statt. Anhand der Begriffe *Mündlichkeit* bzw. *Schriftlichkeit* unterscheiden Koch und Oesterreicher zwischen dem Medium der Realisierung sprachlicher Äußerungen (phonisch vs. graphisch) und der Konzeption als Modalität der Äußerung

91 Für Bilder mit Predigten mit Interaktionsform „Gespräch“ und deren Ankündigungsflyer s. die öffentliche Facebookseite der Gemeinde (vgl. URL46).

(Umgangssprache vs. Schriftsprache; Koch und Oesterreicher 1985).[92] In der anglophonen Literatur werden diese als formell vs. informell bezeichnet (u. a. Chafe 1982: 36).

Wo sich die mündliche Kommunikation Predigt in einer vierfachen Modalität (medial mündlich-konzeptionell mündlich, medial mündlich-konzeptionell schriftlich, medial schriftlich-konzeptionell mündlich, medial schriftlich-konzeptionell schriftlich) eher ansiedeln lässt, ist nicht ganz so klar, wie es anfangs scheinen mag; insbesondere aus dem Grunde, dass in den Predigten so gut wie immer gewisse Schnittstellen zur schriftlichen Kommunikation in Form des Vorlesens oder der auswendigen Rezitation koranischer sowie überlieferter Textstellen bestehen. Im Folgenden werden die kontroversen Aspekte *Medium* und *Konzeption* der Predigten diskutiert.

Die Gemeinde rezipiert die Äußerungen einer Präsenzpredigt phonisch. Die eindeutig *mediale Mündlichkeit* ändert sich weder in dem Fall, wenn sich gleichzeitig Online-Zuhörende an der Predigt mitbeteiligen, noch dann, wenn das mündlich Vermittelte im Nachhinein digital rezipiert wird. Dies ereignet sich offiziell in Form von Videoübertragungen im Internet oder inoffiziell in der Weiterleitung der Predigt als aufgezeichnete Audiodatei unter der Glaubensgemeinschaft selbst.

Die Niederschrift der medial mündlich durchgeführten Predigt nach dem Gottesdienst erreicht den Rezipierenden nicht mehr phonisch, sondern graphisch. Viele Predigtzuhörende schreiben während der Predigt mit. Wenn eine subjektive Auswahl des Predigtinhalts in verschriftlicht notierten (Stich)Wörtern, Sätzen, Auflistungen, Paraphrasen, Zusammenfassungen etc. wiedergegeben wird, so handelt es sich nicht mehr um ein mündliches Medium. Genauso wenn die transkribierten Versionen der Predigten vom Prediger selbst oder von der Gemeinde verfasst bzw. zusammengefasst werden, werden durch deren Veröffentlichung nicht mehr die Hörenden, sondern allein die Leserschaft adressiert. Die spätere Fassung der Predigt unterscheidet sich jedoch von der ursprünglichen Version.

Um verschiedene Facetten der *Konzeption* der Predigt zu untersuchen, ist sie zunächst in ihrer historisch-kulturellen Einbettung in Betracht zu ziehen. Beträchtliche Teile der Predigten bestehen traditionell aus anderen Quellen. Der Koran, die Überlieferung und die prophetisch-imamitischen Predigten machen grundsätzlich die sogenannten *Text*quellen der islamischen Religion schiitischer Ausrichtung aus. Diese Quellen selbst sind jeweils durch Merkmale konzeptioneller Schriftlichkeit oder Mündlichkeit gekennzeichnet.

Obwohl der *Koran* zu seiner Zeit medial mündlich rezitiert (und nach islamischem Glauben auch herabgesandt) worden ist, wird darüber kontrovers disku-

92 Zur kritischen Auseinandersetzung s. Dürscheid 2016.

tiert, ob seine Konzeption als mündlich oder schriftlich geprägt anzusehen ist. Nach islamischem Glauben ist der Koran in einem Zeitraum von ca. zwanzig Jahren als „mündlich vorzutragender Text“ offenbart worden. Terminologisch bedeutet er ‚Lesung‘, ‚Vorlesung‘, ‚Rezitation‘, ‚das zu Rezitierende‘ (Kermani 2011: 173) und ist durch den Engel Gabriel vom Herzen des Propheten auf seine Zunge gebracht worden (vgl. URL47). In der muslimischen Geschichte existierte er lange Zeit nur als „Rezitationstext“ oder „Vortragstext“ (Kermani 2011: 172), wobei die damaligen Prophetengefährten seine Verse ganz oder in Teilen auswendig wussten und den geschriebenen Text später vorwiegend als „Gedächtnisstütze“ (Bauer 2011: 62; u. a. s. Einleitungen von Bobzin 2017 und Sinai 2017) behandelten.

Zum einen plädiert eine Gruppe von Autoren für die konzeptionelle Mündlichkeit der Sprache des Koran. Als eine der ersten linguistischen Analysen versteht M. Arkoun den koranischen Text als vermeintliche *Constructions humaines* und führt aufgrund dessen die Prämisse seiner Mündlichkeit aus (s. Arkoun 1982). Spätere Werke in persischer Sprache distanzieren sich zwar von dem Gedanken, dass der Koran die mündliche Sprachproduktion des Propheten Muhammad selbst sei, diskutieren jedoch trotzdem syntaktische Merkmale des Korantextes, die Verweise auf seine konzeptionelle Mündlichkeit darlegen. So erläutert bspw. Nekounam in seinem Werk fünf Argumente, die dafür sprechen, dass der heutzutage verschriftlicht vorhandene Korantext wie eine transkribierte Predigt wahrzunehmen sei. Gemeinsame Eigenschaften zwischen koranischem Text und einer Predigt sollen u. a. häufige Ansprachen, häufige Verwendung von Schwur als emotionsbeladene Betonung, Metapherneinsatz, (unerwarteter) Themenwechsel usw. darstellen (s. Nekounam 2000).

Zum anderen gehen andere Autoren von einer konzeptionellen Schriftlichkeit des Korantextes aus. Hierbei handelt es sich weniger um die aktive Erläuterung von Beweisgründen für dessen konzeptionelle Schriftlichkeit, sondern vielmehr um die Ablehnung der Argumente der konzeptionellen Mündlichkeit des Korantextes aus einer innerislamischen Perspektive. Diese Ablehnung beruft sich wesentlich auf den Gedanken, dass die These der konzeptionellen Mündlichkeit des Korantextes den Anspruch des Koran auf universelle Allgemeingültigkeit in Frage stelle und daher zu widerlegen sei (s. Īyāzī 2000).

Im Vergleich zum Koran besteht weniger kontroverse Ansichten über die konzeptionelle Mündlichkeit der Überlieferungstexte in ihrer Entstehungszeit. Über die Mündlichkeit und Schriftlichkeit der *Hadithe* gibt es eine lange Diskussion in der Islamwissenschaft. Der Begriff *Überlieferung* (arab. *ḥadīṯ*) bedeutet ‚Mitteilung, Erzählung oder Bericht‘ (URL48). Das Verb *überliefern* lässt sich von den überliefernden Personen, die sich in einer zunächst oral geführten Tradierkette befinden, kaum trennen. Jede überlieferte Aussage fängt in ihrer vollständigen Version mit der Namensnennung eines der Imame bzw. des Propheten an.

Die Überlieferungstexte berichten über die „Anweisungen, nachahmenswerten Handlungen, Billigungen, Empfehlungen, Gebote und Verbote“ (URL48). die heute als Überlieferungstexte zitierten religiösen Lehren gewinnen überhaupt ihre Anerkennung in starkem Maße durch die Zurückführung auf die überliefernden Personen und sind zur Zeit ihrer Entstehung vom phonischen ins graphische Medium umgesetzt worden.

Neben Koran und Überlieferung gelten weitere Textsorten als genuin schiitische Hauptquellen und damit einhergehend als zentrale Bezugspunkte schiitischer deutschsprachiger Predigten. Insbesondere sind zwei Werke zu nennen: *Nahǧ al-balāġa* ist eine Sammlung der Predigten, Aussprüche, Ratschläge, Verfügungen, Briefe und Maximen von dem als ersten Imam angesehenen *ʿAlī*, die von *aš-Šarīf ar-Raḍī Muḥammad b. al-Ḥussayn* zusammengestellt worden ist (vgl. URL49). Auch das Werk *aṣ-Ṣaḥīfat as-Saǧǧādīya* beinhaltet eine Sammlung von 54 Bittgebeten, die als vierter Imam geltender *Zayn al-ʿĀbidīn* öffentlich in medialer sowie konzeptioneller Mündlichkeit geäußert hat (vgl. URL50). Die deutschen Übersetzungen der beiden Bücher sind unter den Titeln „Pfad der Eloquenz, Aussagen und Reden Imam Alis“ (s. Özoguz 2007 und 2009) und „Blätter der Niederwerfung“ (s. Hadi und Özoguz 2010) veröffentlicht.

Zeichnen sich die o. g. Quellen durch ihre tendenziell konzeptionelle Mündlichkeit aus, ist dieses Merkmal eingebettet im Kontext der historischen Gegebenheiten zu betrachten. Die heutige Unterscheidung zwischen Medium und Konzeption existiert in der frühen islamreligiösen Kommunikation nicht, da die Schrift in den Entstehungsregionen des Islam nicht die heutige Bedeutung gehabt hat. Die Sprache der Überlieferung und der Predigtsammlungen entsprechen dem gesprochenen Sprachstil ihrer Zeit.

Die Predigten des vorliegenden Untersuchungsumfeldes lehnen sich wesentlich an diese Textquellen an und beinhalten an mehreren Stellen wörtliche Rezitationen, die verschriftlicht vorliegen und vorgelesen bzw. auswendig zum Ausdruck gebracht werden. Das bedeutet, dass die Predigten auch an diesen Stellen wie an den übrigen denselben religionssensiblen Wortschatz beinhalten. Dieser Wortschatz mag sich in erster Linie „fachlich“ anhören, zumal sie häufig eine wortwörtliche Direktübersetzung vom Hocharabischen ins Deutsche darstellen – ein Deutsch, das dem gehobenen Standarddeutsch entnommen ist. Beispiele wie *Vorzüglichkeit*, *Demut* und *Ehrfurcht* veranschaulichen diesen Prozess (s. WFD 4.5). Darunter finden sich auch Begriffe wie *Ritterlichkeit* und *sittenlos*, die nicht unmittelbar als religiös konnotiert aufgefasst werden. Diese teilweise Fachlichkeit[93] darf jedoch mit der

---

93 Der Bezug der Predigtsprache zum „Fach“ Theologie und zum Kernwortschatz islamischer Tradition verursacht Abweichungen von der Standardsprache, die außer als „fachlich“ auch als

Schriftlichkeit nicht verwechselt werden, denn die Predigt selbst verortet sich eindeutig in einer oral geprägten Erzähltradition (s. Bauer 2011: 65) und weist predigerabhängig unterschiedliche syntaktisch-semantische Besonderheiten in der gesprochenen Sprache auf (für die Eigenschaften gesprochener Sprache s. u. a. Fiehler, Barden, Elstermann und Kraft 2004, Schwitalla 2012).

Die stetige Mündlichkeit der islamischen Predigten lässt sich im Rahmen der historischen Priorisierungen des Mündlichen besser nachvollziehen. In Folge der hohen Wertschätzung der Rede- und Rhetorikkunst in der Verbreitungsphase des Islam, aber auch schon davor, in vorislamischer Zeit auf der Arabischen Halbinsel, lassen sich muslimische Prediger als ausgezeichnete Redner charakterisieren (s. Šarīʿatī Sabzewārī 2013). Bis heute werden Gelehrte, die zur Predigertätigkeit ausgebildet werden, generell häufiger zur mündlichen als zur schriftlichen Kommunikation angefordert. Im Kreis der Rezipierenden der Predigten findet der Prediger die entsprechende Wertschätzung seiner Rhetorikkompetenz, was die proportional selteneren Publikationen von gegenwärtigen schiitischen Gelehrten erklärt, die in der Predigtszene hingegen sehr aktiv sind.

Je unterschiedlicher die Bewertung von Mündlichkeit und Schriftlichkeit unter den Kommunikationsbeteiligten, desto häufiger tauchen kulturelle *Interferenzen* (s. Kim 2018) auf. So wird die Tradierung von islamischen Inhalten in oraler Kommunikationsform nicht gleichermaßen geschätzt, da ihr gemäß den westlichen Maßstäben eine geringere Anerkennung zukommt. Hierbei entsteht kulturelle Interferenz, denn das ausgangssprachliche Verhaltensmuster, das die Schriftlichkeit priorisiert, wird in das zielsprachliche übernommen. Das soll anhand des folgenden Beispiels verdeutlicht werden:

Aus der schiitischen Rechtsschule heraus besteht die Möglichkeit zur Aktualisierung von bereits existierenden religiösen Rechtsgutachten.[94] Darüber hinaus müssen gelegentlich neue Rechtsgutachten im Hinblick auf neue zeitliche Bedingungen verfasst werden. Dabei wird bei der oralen Vermittlung des religiösen Gutachtens historisch und traditionell dem Verbalen Vorrang gegeben. Diese überragende Zuverlässigkeit und Authentizität der Mündlichkeit gegenüber der Schriftlichkeit spiegelt sich in den religiösen Regelwerken wider. Das erste Kapitel in jedem religiösen Regelwerk befasst sich mit dem Thema *Befolgung*. Um sich über das Rechtsgutachten des Gelehrten zu informieren, gibt es vier Wege, die der Reihe nach folgendermaßen geschildert werden:

---

konzeptuell „veraltet“ empfunden werden können, v. a. in ihrer Übertragung in die deutsche Sprache.

94 Als berühmtes Beispiel wird die Aufhebung (fachlich *Abrogation*) des traditionellen Verbots des Schachspiels durch Ḫomeinī am 10.09.1988 erwähnt (vgl. URL51).

> Die befolgende Person a) *hört*[95] selbst den Gelehrten bzw. sieht seine Handschrift, b) sieht das Rechtsgutachten im Rechtswerk, c) hört es von einer vertrauten Person oder d) es ist auf eine vertrauliche Weise berühmt unter der Allgemeingesellschaft (Makārem Šīrāzī 2010: 20).

Auf der Webseite der Enzyklopädie lässt sich eine ähnliche Auflistung finden, die die Authentizität bzw. überragende Gültigkeit der mündlich gelieferten Aussagen betont, indem sie als Grundstein für religiöses Handeln angesprochen wird. Hierbei werden die vier klassischen Wege des Erhalts von Rechtsurteilen wie folgt dargestellt:

> 1. Man *hört* das Vorbild der Nachahmung mit eigenen Ohren direkt. 2. Man *hört* das Rechtsurteil von zwei gerechten Personen, die es vom Vorbild der Nachahmung weiterleiten. 3. Man *hört* es durch eine zuverlässige Person, der für seine Wahrhaftigkeit bei der Nachrichtenübermittlung bekannt ist. 4. Man liest es im religiösen Regelwerk des Vorbildes der Nachahmung, wobei man überzeugt davon ist, dass es vom Vorbild der Nachahmung stammt. (URL52)

Die Bedeutung dieser Bevorzugung für Predigtzuhörende zeigt sich in der Tatsache, dass es sich bei den Rechtsfragen um präzise bestimmte Handlungsgebote bzw. -verbote eines Nachschlagewerkes handelt. Ungeachtet der quantitativen bzw. qualitativen Einhaltung der religiösen Lehren seitens der Befolgenden, regulieren die Rechtsurteile nicht nur die individuelle Religionsausübung, sondern oft werden auch gesellschaftlich-politische Lebensbereiche Gegenstand religiöser Rechtsurteile.

Ein bekanntes Rechtsgutachten, das ohne einen vorherigen traditionellen Hintergrund erstellt wurde, stellt das Verbot der Produktion und Nutzung nuklearer Waffen mit religiöser Begründung dar, das vom iranischen Staatsoberhaupt und zugleich Rechtsgelehrten, *Āyatollāh Ḫāmeneʾī*, erlassen worden ist (vgl. URL53). In mehreren Ansprachen, bspw. am 21.03.2003, 23.03.2004, 21.03.2005, 04.06.2006, 09.11.2006 und am 04.06.2009 ist er explizit mit oder ohne Benennung des arabischen Fachbegriffs *ḥarām* darauf eingegangen, dass nukleare Waffen „unislamisch", „Sünde" und „islamisch verboten" seien (vgl. URL54a, 54b, 54c, 54d, 54e, 54f, 54g). Die Ansprachen erschienen auch – wie alle anderen seiner verschriftlichten Ansprachen – auf seiner offiziellen Webseite unter der Rubrik *Speeches*.

Dieses Rechtsgutachten, das bis dahin medial und konzeptionell mündliche Sprachproduktion geblieben war und dennoch im Inland durchaus zirkulierte, drückte sich erst am 17.04.2010 zur Eröffnung der „Internationalen Konferenz über Abrüstung und Nichtverbreitung nuklearer Waffen" in Teheran in Form einer „Botschaft" (engl. *Message*) aus. Das genannte Rechtsurteil ist heute in vier Sprachen

95 Die Kursivmarkierungen in diesem und im nächsten Zitat gehören nicht zu der Textstelle im Original.

online vorhanden (vgl. URL53). *Ḫāmeneʾīs* gesamte Ansprache mit schriftlicher Konzeption wurde dann medial mündlich vorgelesen.

> We believe that other weapons of mass destruction, in addition to nuclear weapons, such as chemical and biological weapons, also pose a serious threat to humanity. The people of Iran were themselves victims of the use of chemical weapons and are better aware of the dangers of production and stockpiling of these weapons. We are prepared to make resources available to us to counter this threat. We regard the use of these weapons to be illegal and haram, and it is incumbent on all to protect humankind from this grave disaster. (URL55)

Solange dieses Rechtsgutachten nur in Form von medial und konzeptionell mündlichen Ansprachen erläutert worden war, obwohl es hinsichtlich seiner Eindeutigkeit gut vergleichbar mit seiner später veröffentlichten schriftlichen Version zum Ausdruck gebracht worden war, haben es die westlichen Rezipierenden entweder kaum als mitteilungsrelevant empfunden oder – wenn überhaupt – darüber erst mit dem Hinweis auf sein Medium berichtet. Über die Aussagen der sog. „oral fatwa" wird – im Gegensatz zur „state" oder „printed" *Fatwa* (i. S.v. Skovgaard-Petersen 1997: 22) – weniger debattiert. Dem Rechtsgutachten hat die damals verfasste Medienanalyse „not to be taken seriously" (URL56) sowie Mangel an institutioneller Legitimität vorgeworfen. Die mediale Mündlichkeit des Rechtsgutachtens solle lediglich ein „statement" ohne „religious significance" implizieren.

> Oddly, the Iranian Web site does not provide the text of the original fatwa – and then mostly cites Western news reports as evidence that Khamenei has reiterated it on several occasions. The fatwa does not appear to be written, but in the Shiite tradition equal weight is given to oral and written opinions. (URL57)

> An exhaustive search of the various official websites of Iranian Supreme Leader Ali Khamenei turned up no such fatwa, either on his fatwa website or on his personal website. [...] This question-and-answer format is mandatory for fatwas, so that any position on a particular religious question will be recognized as a fatwa. Even if the jurisprudent refers to an issue verbally, his words do not constitute a fatwa unless it is later issued in this format. Any expression of a position in any matter that is not issued in writing in the format of „I was asked a question on a certain matter. My answer is such and such ..." is not a fatwa and does not carry the religious significance of one; it is merely a statement. (URL58)

> As such, even though Ayatollah Khamenei has produced no written record on the religious prohibitions pertaining to nuclear weapons, his verbal statements on the subject are considered his religious opinions, or fatwas, and therefore binding on believers. (Eisenstadt und Khalaji 2011: 19)

Erst nachdem der Dokumentinhalt schriftlich formuliert, signifiziert und auf der offiziellen Webseite unter den *Fatwas* veröffentlicht worden ist, finden darüber

Berichterstattungen statt.[96] Das kann darauf hindeuten, dass erstens die Auffassung dieser westlichen Mainstreampresse von Mündlichkeit und Schriftlichkeit sich von der der muslimisch geprägten Ausgangsquelle unterscheidet; zweitens, dass die Bedeutung der medial und konzeptionell mündlichen Vermittlung von religiösen Edikten kaum eine Entsprechung in den deutschen Fachsprachen, bspw. in den vergleichbaren Gesetzesregelungen, findet.

Die kulturelle Interferenz in Bezug auf die Mündlichkeit, die das obige Beispiel zu veranschaulichen versucht, hinterlässt bestimmte Konsequenzen für die externe Wahrnehmung der muslimischen Predigten. Hirschkind problematisiert die Wahrnehmungen von Predigtkassetten und erläutert, dass das Geschriebene aufgrund der Möglichkeiten des wiederholten Lesens und des Quellenüberprüfens als der vermeintlichen Rationalität innewohnend bevorzugt wird. Das mündliche Gegenstück hingegen wird als *irrational* diffamiert, insbesondere, weil der auditive Effekt der Imagination sowie der Impression der Audienz einen großen Spielraum gibt. „This innate susceptibility of the ear to the irrational is even more pronounced when it is the popular classes who are listening, a segment of the national population whose capacities of reasoning and reflection are already considered to be questionable“ (Hirschkind 2009: 16).

Die Diskussion über diese Perspektive erweitert nicht nur das Blickfeld vom pragma-linguistischen zum kognitionslinguistischen Ansatz, sondern bringt darüber hinaus neue Konzeptionen und Gesichtspunkte hinsichtlich der Predigten mit sich.

4.3.2.4 Predigtsprache: anonym und objektiv?

Für (deutlich ältere) Werke der einschlägigen Forschungsliteratur gilt die *Anonymität* als eine prinzipielle fachsprachliche Eigenschaft. Sie steht für eine starke Reduzierung der Sprachproduzentenrolle, damit die Darstellung der Sachverhalte sowie die entsprechenden Darstellungsabläufe möglichst sachlich und emotionslos erfolgen können. Demnach wird die Abhängigkeit der Sprache von Denkprozessen der jeweiligen Sprachproduzierenden als Verstellung angesehen, während heutzutage die Herstellung eines Bezugs zu dem fachlichen Gegenstand ohne die Beachtung des kognitiven Bezugs zum Herstellenden als nicht genug sprachrealistisch aufgefasst wird (s. Roelcke 2020a: 33–34).

Je differenzierter man mit der funktionalen Eigenschaft von Anonymität an die Predigtsprache herangeht, desto weniger wird sie deren tatsächlichen Verhältnissen gerecht. In der Praxis Predigen ist zum einen „die kommunikative Realisierung von Emotionen integriert“ (Baumann 2004: 112). Nicht nur scheitert

96 Mehr zu dem Beispiel des Rechtsurteils über Nuklearwaffen vgl. URL59.

daher der Versuch, die Predigtbotschaften frei von Emotionen darzustellen, sondern im Gegenteil: Während dieses kommunikativ-kognitiven Prozesses wird die Appellfunktion des Predigens erfüllt, was den Sinn und Zweck des Predigens ausmachen soll.[97]

Zum anderen geht die Suspendierung des Anonymitätsprinzips in den Predigten auf den islamtheologischen Kenntnisbereich zurück, der sich dem Anonymitätspostulat klar entgegenstellt. Dem Prediger ist die Wahl der extrafachlich zu übermittelnden Inhalte überlassen. Er ist der Entscheidende. Das macht die erste subjektive Leistung aus, worin die wechselseitige Abhängigkeit von Sprache und Denken in den Vordergrund tritt. Weiterhin ist die Personenbezogenheit in der islamischen Theologie dadurch relevant, dass die Autorität einer Lehrmeinung mit Gelehrtennamen bestätigt oder die Ausbildung einer Person daran gemessen wird, wer seine Lehrpersonen waren bzw. sind.

Ferner berufen sich die schiitischen Predigten wesentlich auf Erkenntnisse aus der Koranexegese und Überlieferungswissenschaft (arab. *ʿilm al-ḥadīṯ*) rechtsschulspezifischer Tradition. Die letztere schreibt der expliziten chronologischen Namenserwähnung eine zentrale Bedeutung bei der Authentizitätsforschung zu. Somit entscheidet die Analyse der Überliefererkette darüber, ob und inwiefern eine überlieferte Nachricht (Aussage, Handlung, Billigung usw.) auf den Propheten Muhammad oder auf die Imame zurückzuführen ist. Klassifiziert werden entsprechend die Überlieferungsketten in ununterbrochene bzw. unterbrochene. Auch bei der Überlieferungsquantität wird nach der bestehenden Masse an Überlieferern gefragt. Als Gütekriterium gilt darüber hinaus, dass die Tradenten gewisse Bedingungen erfüllen und vertrauenswürdige und rechtschaffene Personen waren. Die Wahrscheinlichkeit, dass eine solche Überlieferung tatsächlich auf den Propheten und die Imame zurückführbar ist, wird dann als hoch angesehen und damit einhergehend in die islamische Rechtswissenschaft einbezogen (s. Kurnaz 2019; zur Ausführung s. Motzki 2014). Konkret gehören zu der äußeren Struktur der Überlieferungstexte grundsätzlich lückenlose Tradierketten, die vom Autor des verschriftlichten Werkes bis schließlich zum Propheten bzw. zu einem der Imame zurückgehen, z. B.:

> *Abu-Bakr Muhammad ibn ʿUmar al-Dschiabi* berichtete mir: *Ahmad ibn Isa Abu Dschafar al-Idschli* berichtete uns: *Ismail ibn ʿAbdullah ibn Chalid* erzählte uns: *ʿUbaidullah ibn ʿUmar* sagte zu uns: *ʿAbdullah ibn Muhammad ibn ʿAqil* berichtete uns von *Hamza ibn Abi Said al-Chudri*, von seinem Vater: Ich hörte den Gesandten *Allahs* (s.) sagen: „Ich bin die Stadt des

97 Der emotionalen Ebene der Predigt wird in der christlichen Homiletik große Bedeutung beigemessen, wenngleich die Predigtanalyse eine durchaus rationale Auseinandersetzung mit dem Predigttext erfordert (s. Bohren und Jörns 1989: 99).

> Wissens, und ʿAli ist das Tor zu ihr. Wer das Wissen begehrt, der soll es von ʿAli (a.) erwerben. (URL48)

Zusammenfassend kann man aufgrund des geistigen Verarbeitungssystems des einzelnen Sprachproduzenten in der Predigt wie auch aufgrund von Personenbezogenheit des islamtheologischen Kenntnisbereichs an sich von einer konträren Auffassung über das Anonymitätsbestreben ausgehen; je mehr die Predigtsprache von Anonymität ablässt, desto anerkannter ist sie und wirkt sie auch. Daraus erklärt sich die häufige Darlegung der Überlieferungskette oder die Benennung einiger Überlieferer bzw. ihrer Werke in den Predigten, bevor der eigentlich überlieferte Text geäußert und darüber gesprochen wird:

> Das sieht man an dieser Überlieferung aus dem *tafsīr* von *Furāt al-Kūfī*. Ich will diese Überlieferung unbedingt abschließen. Gib mir noch die Zeit! Ich denke, dass wir das entweder schon kennen oder mindestens das als etwas Neues, etwas Ergänzendes (und) etwas Erweiterndes mitnehmen können. [...] Er, Furāt al-Kūfī, sagte mit seiner Überliefererkette von Imām Ṣādiq (a): (a) „Wahrlich wir sandten/brachten ihn herab in der Nacht der Entscheidung" (1, PRD1, 2018-06-06, Absatz 6, 7)

Es gibt in allen Predigten gewisse Stellen dieser Art, die sich dank subjektiver Entscheidungskraft des Predigers an (diskursiv ausgelegten Werken) der schiitischen Gelehrsamkeit und Tradition orientieren. Indem die Predigtsprache dann in fester Relation zu ausgewählten Persönlichkeiten, ihren Äußerungen und davon abhängigen Gedanken und Kulturgeschichten steht, bringt sie keine objektiven Sachverhalte zum Ausdruck. Damit erscheint die in der Fachsprachenreflexion bekannte „Forderung nach Versachlichung" (Roelcke 2020a: 150) im Falle dieser Kommunikation als besonders haltlos. Vor diesem Hintergrund kann behauptet werden, dass die Texteigenschaft *Objektivität* für das diskursiv betriebene und bearbeitete religiöse Wissen, das den kommunikativen Gegenstand der Predigtsprache ausmacht, als äußerst gering aufzufassen ist.

4.3.2.5 „Große Welt hinter dem Horizont": Verständlichkeitsdilemma

Gerade in einer extrafachlichen Kommunikation zwischen (theologischen) Experten und Laien wie der Predigt ist die Frage verortet, inwiefern eine Sprachproduktion verständlich, unverständlich oder missverständlich vermittelt und rezipiert wird. Im Bereich fachexterner Kommunikationen, wozu die Arbeit der Massenmedien oder die kundenorientierte Rede zählen, wird die Forderung am deutlichsten formuliert, Rezipierenden verständlich anzusprechen (s. Stolze 1999: 131). Für die Realisierung dessen sollte ein möglichst adäquater Bezug zu dem fachlichen Gegenstand (auf Wortschatz- und Satzbauebene) und aber auch zu den Rezipierenden (Äußerungskontext und kognitive Strukturen im Kenntnisbereich) hergestellt werden (s. Roelcke 2020a: 32–33; zu den unterschiedlichen Facetten des übergeordneten Verständlichkeitspostulats in der Fachsprache – Exaktheit, Eindeutigkeit und Eigentlichkeit – s. Roelcke 2016a).

Bei den historischen bis zu den gegenwärtigen Koranübersetzungen sind verschiedene Tendenzen hinsichtlich der Beziehung zum Original sichtbar. Auf Kosten der Verständlichkeit lässt die Wiedergabe der koranischen Sprachform bei Friedrich Rückerts (1788–1866) das Original erahnen, während Rudi Paret (1901–1983) sich im Gegenteil bemüht hat, den Text so verständlich wie zur Zeit seiner Offenbarung zu übersetzen, und dabei teilweise die sprachliche Gestalt missachten musste (s. Bauer 2011: 120–121).

Die mündliche Vermittlung macht die unmittelbare Verständlichkeit für die Zuhörenden umso relevanter (s. Stolze 1999: 197). Die Predigtsprache stößt in Bezug auf die Verständlichkeit auf zweierlei Besonderheiten:

Erstens wird ihre Besonderheit bereits an ihrer prinzipiellen Mehrsprachigkeit deutlich. Die deutschsprachigen Predigten beinhalten wesentliche arabischsprachige Anteile weit über die festen Textmuster und Direktzitate aus den Koran- und Überlieferungstexten hinaus. Dazu gehören reichlich bilinguale Begriffserklärungen, unerklärte Schlüsselbegriffe wie auch ausführliche Auseinandersetzungen mit Bedeutungsnuancen der arabischen Originalwörter. Es bleibt daher weitgehend schwierig einzuschätzen, inwiefern die gesamte Predigtsprache von Deutschsprechenden leicht verständlich rezipiert wird.

Theoretisch hängt die Verständlichkeit eines Textes damit zusammen, ob die Rezipierenden mit ihrer Sachkompetenz zu den beabsichtigten Empfangspersonen dieser bestimmten Textsorte gehören oder nicht (s. Stolze 1999: 20). Der arabische Sprachgebrauch in den Predigten erhebt hier genau den Gegenanspruch. Der Prediger braucht für die Verwendung arabischsprachiger Begriffe keine Einschätzung über das Arabischniveau seines Publikums. Sie erfüllen ihre eigene Funktion. Abgesehen davon, inwiefern die arabischsprachigen Predigtteile von den Rezipierenden verstanden werden, assoziiert die fremde Sprache Heiligkeit in dieser Praxis.

Zweitens: Ob die Predigtzuhörenden ein hohes Maß an Verständlichkeit überhaupt erwarten, kann nach entsprechenden Eindrücken aus dem Feld zum Teil in Zweifel gezogen werden. Gemäß dem aktuellen Stand sind keine empirischen soziologisch-religionspraktischen (Fall)Studien unter den Predigtzuhörenden über ihre Teilnahmemotivationen durchgeführt worden. Wann und wo bevorzugen die Teilnehmenden, sich in einer Predigt (bspw. abstrakt-spirituelle) Inhalte *fern* von ihren Alltagsthemen anzuhören, wann und wo wollen sie hingegen durch die religiöse Praxis des Predigtanhörens ihren Glauben möglichst *nah* an ihrem praktischen Alltag bringen?

Ferner diskutiert keine Literaturquelle, ob sich die sprachlich-rhetorischen oder inhaltlich-thematischen Unklarheiten in einer Predigtstelle und somit die Unverständlichkeit bei den Predigtzuhörenden *positiv*, im Sinne einer erwünschten Annäherung an spirituelle Geheimnisse und an abstrakte unbegreifliche Wahrheiten auswirken können. Dergleichen gilt für die Deutlichkeit. Neben dem adäquaten Bezug zu Rezipierenden (Verständlichkeit) gilt der adäquate Bezug zur Wirklichkeit (*Deutlichkeit*) als grundsätzliche Eigenschaft der Fachsprache. Sie wird hinsichtlich ihrer Lexik systemlinguistisch, ihrem Äußerungskontext pragmalinguistisch und hinsichtlich ihrer Abhängigkeit von kognitiven Erscheinungen kognitionslinguistisch erforscht (s. Roelcke 2020a: 32).

Die komparative Betrachtung von deutschsprachiger gegenüber nichtdeutschsprachiger Zuhörerschaft einer Predigt stellt noch andere offene Fragen; z. B. lässt sich bei den schiitischen Predigtzuhörenden eine Art Sehnsucht nach einer Predigtsprache feststellen, die „unverwechselbar, unnachahmbar, ganz besonders, ganz eigen ist" (Schlink 2005: 355), wie dies Schlink über die christliche Predigtsprache formuliert hat? Oder inwiefern modifiziert ein und dieselbe muslimische Rezipierendengruppe unbewusst ihre *Erwartungshaltung* hinsichtlich Verständlichkeit, wenn sie sich eine deutschsprachige Predigt anhört, und demgegenüber, wenn sie sich eine nichtdeutschsprachige Predigt anhört? Vor diesem kognitiv-soziologischen Forschungsdesiderat steht die Verständlichkeitsdebatte der Predigten. Nichtdestotrotz weist allein das Zustandekommen schiitischer Predigten in deutscher Sprache und die Tatsache, dass diese Entwicklung von Predigern als Individuen sowie von den Gemeinden als Institutionen gefördert wird, auf einen Zuhörende zentrierten Verständlichkeitswunsch hin.

Gelegentlich problematisiert die Predigt selbst die Relevanz der verständlichen Predigtsprache für die Zuhörenden. Im folgenden Beispiel kritisiert der Prediger die Verwendung von theologischen „Fachbegriffen" in den Predigten:

> Ich weiß, dass ich locker rede. Eine Sache sage ich auch direkt, weil ich weiß, dass manche vielleicht jetzt zugucken. Ein weiteres Problem, das wir haben, ist (folgendes): Hier sind jetzt normale Menschen (zeigt auf das Publikum). Sprecht die Sprache der Menschen! Ist das so schwer? Ich kann auch mit den Fachbegriffen anfangen. Bla Bla Bruder (gibt Laute vor sich hin); (ich könnte auch) irgendwas (sagen), was du und ich selber gar nicht verstehen, was ich sage, aber ich will ein bisschen schlauer wirken, dann erzähle ich dir irgendwas. Das ist ein Problem, das wir haben. Wir müssen die Sprache der Menschen sprechen. Die Menschen kommen in die Moschee, um etwas zu verstehen und nach Hause zu gehen (und) um zu profitieren. Komm nicht mehr mit irgendwelchen Fachbegriffen, komm nicht mit Theorien (dort), wo die Allgemeinheit sitzt. Hier muss die Allgemeinheit profitieren. Alle müssen profitieren, ob jemand jetzt 15 (Jahre alt) ist oder Professor ist. Der Professor muss sich ein bisschen anpassen. Wir sind nicht in einer Vorlesung, wir sind hier in der Moschee, wo die Menschen hinkommen, um zu profitieren. (11, PRD4, 2018-09-15, Absatz 8)

Der Prediger erkennt in dieser Predigtpassage den hoch angesehenen Stellenwert des fachlichen Sprachstils (eines Predigers) zwar an; dennoch legt er gleichzeitig großen Wert darauf, die Plattform „Moschee“ solle im Gegensatz zu einer „Vorlesung“ der vermeintlichen „Allgemeinheit“ dienen. Somit habe die Predigt jede Form von sprachlicher oder inhaltlicher Fachlichkeit zu vermeiden.

Die Mehrheit der Prediger scheint von dieser Prämisse überzeugt zu sein, welche sich auf den ersten Blick gut auf die historischen normativen Grundlagen stützen lässt. Denn die Ansprache im Kontext des schiitischen Islam hat eigene Bedingungen; dazu gehört bspw., dass der Prediger sich mit den sprachlichen Gewohnheiten der Allgemeinheit und deren Anwendung auskennen soll. Das Geheimnis des Erfolgs eines solchen Redners stecke demnach in Kürze,[98] Sprachfluss, Einfachheit der Sätze und Gegenwartsorientiertheit als sprachliche Gütekriterien der schiitischen Predigtsprache (u. a. s. Šarīʿatī Sabzewārī 2013: 353 und 488).[99]

Für eine verständliche Predigtsprache explizit in der Predigt selbst zu plädieren, kommt im o. g. Beispiel aus einer schiitischen Predigt im Zusammenhang einer glaubensgemeinschaftlichen Problematik zum Ausdruck. Der Verständlichkeitsanspruch findet in den Predigten ihren Höhepunkt, da bei diesem Kommunikationstyp Experten und Laien gleichermaßen beteiligt sind. Die einfachheits- und verständlichkeitsfördernden Positionen werden gerade allgemein von Gelehrten bzw. besonders von Predigern vertreten, die die Thematisierung von aktuellen Alltagsthemen[100] in der

---

98 Das *Hamburger Verständlichkeitskonzept* legt vier Kriterien für die Verständlichkeit eines Textes innerhalb fachexterner Kommunikation vor. Dazu gehört neben Gliederung, Kürze und zusätzlicher Stimulanz auch sprachliche Einfachheit bzw. gebräuchliche Wörter (s. Langer, Schulz von Thun und Tausch 1993). Ausführlich zur sprachlichen *Kürze* als funktionaler Eigenschaft der Fachsprachen s. Bär, Roelcke und Steinhauer 2007.

99 Über die christliche Predigt bestehen ähnliche normative Grundlagen und ein breites Spektrum der Sprachkritik kirchlicher Rede (s. Rahner 1956: 372; Trillhaas 1974: 12). Diese Frage problematisiert dasselbe Dilemma, auf das sich die Bibelübersetzungen historisch zubewegt haben. Die aktuell zunehmende Hinwendung zum Verständnis des Rezipienten bzw. zur öffentlichen Anerkennung der Predigtrede erscheint bspw. in mehreren sog. „kommunikativen Bibelübersetzungen“ (Felber 2013) oder aber auch bei der Bewertung der Qualität öffentlicher Reden (u. a. „Henning-Schröer-Förderpreis für verständliche Theologie“ der „Bonner ökumenische Predigtpreis“): vgl. URL60 und URL61.

100 Gärtner stellt bei der kirchlichen Rede einen ähnlichen Kontrast zwischen der psychologischen oder sozialpolitischen Sprechweise in Predigten auf der einen und der überlieferten theologischen Begriffssprache auf der anderen Seite her; während die erstere Sprechweise sich mit konkreten menschlichen Gefühlen befasse, sei die andere weniger authentisch, schwer verständlich und daher unpassend für die spätmodernen westlichen Gesellschaften (s. Gärtner 2009: 260–276). Soll die kirchliche Rede die Menschen gemäß ihrer Zeit ansprechen, um durch leichte Formulierungen besser auf sie zu wirken oder soll sie im Gegenteil durch „Streichung salopper

religiösen Ansprache befürworten (Hinwendung der schiitischen Glaubensangehörigen an die Gemeinden anlässlich religiöser Feiertage; s. TXT11, PRD4, 2018-09-15).

Die Thematik einer Predigt steht im direkten Verhältnis zur angestrebten Verständlichkeit. Es gibt Themenschwerpunkte, deren Aufarbeitung eine gewisse Verständlichkeit der Predigtsprache erfordert. Das sind die Predigtstellen über konkrete Rechtsfragen, bspw. „Gebetszweifel“ (s. WFD 4.8). Der Unterschied zwischen diesen Stellen und solchen über gesellschaftlich-gemeinschaftliche Themen entsteht dadurch, dass die adäquate Herstellung des Bezugs zu den Rezipierenden in den Rechtsfragen nicht allein durch das (Fach)Lexikalische garantiert werden kann. Denn nicht nur der häufige Abbruch des syntaktisch deutschsprachigen Redeflusses durch arabische Begriffe erschwert das Verständnis bestimmter Predigtpassagen für deutschsprachige Zuhörende, die über keine Kenntnisse zum gesamten Themenkomplex verfügen. Sondern es wird auch noch verwirrender, wenn die Predigtstelle Begriffe beinhaltet, die im Deutschen eine allgemeinsprachliche, aber kontextbedingt eine religiöse Bedeutung haben, u. a. Prüfung (Gottes im Leben) oder Zweifel (an den Gebetszyklen). In der Regel kommen, wenn nicht alle dem schiitischen Glauben angehören, Personen mit Vorkenntnissen darüber zur Predigt. Nach den Feldbeobachtungen können deutschsprachige Personen aus einer dem Islam fremden Umgebung kaum den übermittelten Inhalt so einer deutschsprachigen Predigt nachvollziehen.

Unter den schiitischen Predigern stellt sich der Wunsch bzw. das Streben nach Verständlichkeit nicht als die einzig bestehende Position dar. Vielmehr gehen unterschiedliche Predigten durchaus verschieden mit dem Verständlichkeitsanspruch um. Es gibt zunächst Predigten bzw. Predigtstellen mit großem fremdsprachlichem Anteil, über deren Verständlichkeit bei Rezipierenden an dieser Stelle keine Mutmaßungen angestellt werden sollen.

Darüber hinaus fällt das auffällige Phänomen einer beabsichtigten Unklarheit in den Predigten auf. In der vorliegenden Predigtsammlung betrifft diese Unklarheit die Stellen, in denen zwar verständlich und ohne signifikante fremdsprachige Unterbrechung auf Deutsch gesprochen wird, bei denen es jedoch ausdrücklich um eine andere „große Welt hinter dem Horizont“ (Beispiel unten) bzw. um die Unerreichbarkeit eines heiligen Geheimnisses geht. Das Reden innerhalb dieses Themenfelds erlaubt starke Relativierung des Verständlichkeitsanspruchs, da eben bewusst ein Gleichgewicht zwischen der menschlich-begreiflichen Sprache und den göttlichen Mysterien geschaffen werden muss.

Ausdrucksweise“ (Stolze 1999: 195) die Eigenartigkeiten religiöser Sprache beibehalten? Dazu s. auch Schlink 2005: 355.

> Ich persönlich versuche immer, zwei Dinge in einer Vorlesung zu erreichen [...]: Erstens [...]. Aber (zweitens) möchte ich auch immer den Eindruck hinterlassen, dass das, was ich erzählt habe, nur ein wenig von Vielem ist und nicht mehr. Das heißt, dass der Zuhörer versteht, hinter dem Horizont ist eine große Welt und da hat nur jemand gerade gesagt, da hinter dem Horizont ist etwas. Weil es keine Regel gibt, die sagt, dass der Zuhörer nicht mehr versteht als der, der erzählt. (1, PRD1, 2018-06-06, Absatz 7)

Vielmehr als *miss*verständliche Predigtpassagen ruft das obenstehende Beispiel bei den Rezipierenden kein bzw. nicht unbedingt ein einheitliches Verständnis hervor. In der fachübergreifenden Fachsprachenforschung und Terminologiearbeit, in der die Güteeigenschaft *Verständlichkeit* zu gelten hat, soll sie idealerweise eine reibungslose Kommunikation gewährleisten (s. Arntz, Picht und Schmitz 2014: 23 und 25).

Dieses Kriterium gilt nicht für die Predigtkommunikation. Ihre Effizienz wird im Falle einer bewusst unklaren Formulierung weiterhin unbeeinträchtigt aufrechterhalten. Es scheint religionskulturell für das Publikum gewohnt, zumindest nicht unbekannt zu sein, die Impliziertheit wird daher toleriert und die Unverständlichkeit sprachlicher sowie inhaltlicher Natur, die stellenweise und im Zusammenhang mit bestimmten Themenfeldern auftritt, wird gut angenommen.[101] Dabei gewährt der verhältnismäßig größere Vorstellungsraum den Zuhörenden immerhin mehr Freiheit und mehr Subjektivität bei der Inhaltsaufnahme. Das bedeutet: Das die Verständlichkeit betreffende Ideal, „eine möglichst unmissverständliche Vermittlung fachsprachlicher Kenntnisse und Kompetenzen“ (Roelcke 2020a: 33) zu erreichen, kann somit fachbezogen und kommunikationsspezifisch angepasst und im Hinblick auf Predigtsprache, Erwartungen der Predigtzuhörenden und Zielsetzungen des Predigers in gewissen Maßen relativiert werden.

In diesem Sinne geht die Predigtkommunikation durchaus vorsichtig mit vier theoretisch entwickelten Faktoren effizienter Kommunikation (s. Grice 1993) um. Zum einen erscheint der Faktor *Modalität*, der besagt, dass die Äußerungen für Kommunikationsbeteiligte verständlich sein müssen, in seiner empirischen Ermittlung weniger wichtig zu sein. Zum anderen und parallel dazu weist jedoch die Maxime *Relevanz* („Äußerungen sollen in den Kontext eingebettet sein und an ihrem Thema festhalten“, Roelcke 2020a: 38) in Predigt wie in anderen kommunikativen Kontexten zu Recht eine erhöhte Stellung im Vergleich zu anderen Maximen – Quantität, Qualität und Modalität – auf.

Die Predigt hat das allgemeine Modell effizienter Kommunikation mit Herausforderungen konfrontiert. Spezifisch im Bereich Wortschatz zeigt die Predigt auch Besonderheiten in Bezug auf terminologische Güteeigenschaften. Grundsätz-

---

101 Ausführlich zur *Unsicherheitsvermeidung* als Bestimmungsfaktor interkultureller Kommunikation s. Buhlmann und Fearns 2000: 371.

lich wird hierbei von drei Güteeigenschaften fachsprachlicher Lexik und ihrem Zusammenhang ausgegangen (s. u. a. DIN 2330, 2013; Roelcke 2020a: 92–105; Fraas 1998). Diese sind Exaktheit, Eindeutigkeit und Eigentlichkeit, die in ihren semiotischen Relationen zu einander betrachtet werden können (s. Roelcke 2016a: 95).

4.3.2.6 Von strikter bis zur relativen Exaktheit und Eindeutigkeit des Wortschatzes

Das Exaktheits- sowie Eindeutigkeitspostulat als fachsprachliche Ideale haben schon lange ihre uneingeschränkte Geltung verloren. Heutzutage gilt nicht mehr wie früher der Anspruch auf Exaktheit sowie Eindeutigkeit von Fachtexten (systemlinguistisch verankert), sondern die Fachtexte werden hinsichtlich dieser Eigenschaften zunächst einmal offen analysiert und interpretiert (pragmalinguistisch und kognitionslinguistisch verankert).[102]

Theoretisch sowie empirisch liegt den Fachwörtern semantische Vagheit (s. Kluck 2014) zugrunde, was jeder Annahme von absoluter Exaktheit entgegensteht. Die Wortschatzeinheiten der Predigten weisen aufgrund ihrer Verortung in unterschiedlichen Themenfeldern unterschiedliche Ansprüche auf Exaktheit auf. Ebenfalls sind meist relativ eingeschränkte, aber trotzdem unterschiedliche Eindeutigkeitsansprüche festzustellen. Diese erstrecken sich von strikter bis zu relativer Exaktheit und Eindeutigkeit und lassen sich somit durch unterschiedliche Konzepte erklären. Im Folgenden werden beide Eigenschaften anhand von Beispielen diskutiert.

Die Koranexegese beschäftigt sich unter den Gründen der Herabsendung (arab. *asbāb an-nuzūl*)[103] u. a. mit den äußeren Umständen der Offenbarung und mit den historischen und sozialen Hintergründen zur Zeit der Textentstehung. Die zusammenfassende Graphik von Bauer stellt übersichtlich dar, warum der Prozess, eine religiöse Beurteilung aus dem Koran- und Überlieferungstext zu erstellen (mit seiner Formulierung: „Momentaufnahmen oraler Tradition in textlicher Variation"), so stark von Linguistik, Philologie und Rhetorikwissenschaft geprägt ist (s. Bauer 2011: 182). Jeder Prediger, der seine Äußerungen auf bestimmte Gelehrtentraditionen stützt, übernimmt damit nicht nur deren theologische Perspektive, sondern lehnt sich darüber hinaus auch an linguistische Ansätze an, nach denen sie vorgehen bzw. vorgegangen sind.

Die traditionelle Fachsprachenforschung, die sich am systemlinguistischen Inventarmodell orientiert, hält die Eigenschaft der Exaktheit für notwendig, um den Wortschatz frei von Missverständnissen zu kommunizieren (s. Roelcke 2020a: 95). Dieses Postulat steht im Einklang und ist kompatibel mit der theologischen

102 Ausführlich zur relativierten Form von fachsprachlicher Lexik s. Roelcke 2018b: 503–504.
103 Ausführlich dazu vgl. Kap. 4.1.2.

Prämisse, ethisch-lebensweltliche Lehren direkt aus den einschlägigen Koran- und Überlieferungstextstellen zu beziehen oder dies zumindest als Möglichkeit aufzufassen. Der untenstehenden Predigtstelle nach seien die Tugenden „Gerechtigkeit und Güte“ relativ exakt mit Bezug auf den Sachverhalt *murūʾa* ‚Ritterlichkeit/Vorzüglichkeit‘ zu verstehen:

> *Imām ʿAlī* (a) ging eines Tages an einer Gruppe von Leuten (oder) von seinen Gefährten vorbei. Sie saßen dort – so wie es bei den Männern üblich ist – und haben darüber philosophiert, wer höflich (oder) ritterlich ist (und) gute Tugenden hat und wer nicht. Wie definiert man jemand, der Tugend hat und vorzüglich ist. Sie haben diskutiert, wie man so jemanden erkennt? [...] *Imām ʿAlī* sagt genau das, was viele *Mašāyeẖ* immer wieder zu uns sagen: (a) „Wo seid ihr denn vom Buche Gottes?“ Mit anderen Worten: „Warum schlagt ihr nicht das Buch Gottes auf und schaut, was er darüber sagt, anstatt zu philosophieren? Warum fragt ihr nicht den Koran, der euch eindeutig sagen wird, wer so jemand ist?“ Und dann sagen sie: „(a) Wo können wir denn etwas darüber nachlesen?“ Dann sagt er (Imām ʿAlī) ihnen: „(a) In seinem Wort – erhaben ist er – (a).“ Er nennt genau den Vers, den wir vorhin erwähnt haben: „Gott gebietet Gerechtigkeit und Güte.“ Aus diesem Verse könnt ihr verstehen, was *murūʾa*, Ritterlichkeit/Vorzüglichkeit bedeutet. Er (Imām ʿAlī) sagt erklärend dazu: „(a) Die Gerechtigkeit ist in Wahrheit al-inṣāf, die Aufrichtigkeit.“ (2, PRD2, 2018-06-09, Absatz 10)

Unter den empirischen Befunden dieser Arbeit manifestiert sich das systemlinguistisch orientierte Exaktheitspostulat am stärksten im Zusammenhang mit den islamischen Rechtsurteilen. Die weitgehend aus der Sprachwissenschaft, Rhetorik und Rechtswissenschaft stammende Methodologie für Koran- und Überlieferungsexegese führt dazu, dass sich diverse Erkenntnissinteressen zwischen den Bereichen Theologie und islamische Rechtswissenschaft entwickelt haben, so Bauer (s. Bauer 2011: 133). Die Behandlung der Rechtsthemen in den Predigten ist daher nicht jedem Prediger ein Anliegen. In der Regel sind es nur bestimmte Prediger, die die Behandlung von Rechtsthemen präferieren und sich vergleichsweise qualifizierter in deren Terminologie ausdrücken. Die angestrebte Exaktheit im Predigtwortschatz dieses thematischen Teilbereichs soll eine unmissverständliche Erklärung der Rechtsurteile von verschiedenen Gelehrten über bestimmte religionspraktische Sachverhalte ermöglichen. Gewisse Kenntnisse über die religiöse Terminologie ist dafür Voraussetzung, aufgrund dessen dann die rituellen Sachverhalte in einer für Rezipierende vermeintlich bekannten Lexik verständlich gemacht werden.

> Ich möchte da auf eine Sache eingehen, die wirklich wichtig ist. Es gibt etwas, was wir auf Arabisch *qabūl*, Annahme nennen. Und einmal *ṣiḥḥa*, Gültigkeit. *Allah* (a) möchte beides haben; natürlich, dass das Gebet gültig ist und er möchte, dass es angenommen wird. Zum Beispiel ich fange gerade (mit dem Gebet) an, (a) und ich sage es wie ein Papagei und in den Gedanken bin ich gerade ganz woanders, bei meinen Problemen, wo ich gerade bei H&M eingekauft habe [...], (oder z. B.) wenn ihr denkt, dass der mich gestern in dem Fußballspiel ge-

> schlagen hat usw. Auch in diesen Gedankengängen wäre das Gebet gültig. Gültig ist wie eine vier minus in der Schule. Damals zu meiner Zeit war es so, dass man da noch durchgekommen wäre. Heute weiß ich nicht (Publikum lacht). (7, PRD3, 2018-07-22, Absatz 34)

In der o. g. Predigtstelle geht es um die Abgrenzung zweier Ausdrücke, die die religiöse Praxis „Pflichtgebet" bewerten sollen. Die religiöse Bewertung der Handlungen werden nach der schiitischen Rechtslehre in „angenommen" (*qabūl*), „gültig" (*ṣaḥīḥ/ṣiḥḥa*) und „ungültig" (*bāṭil*) eingestuft. Die Analogie, die der Prediger mit dem Notenbeispiel zieht, verdeutlicht seine augenscheinliche Annahme über das göttliche Evaluationssystem von religiösen Handlungen, das sich gewissermaßen exakt und quantitativ auszeichnen zu lassen scheint.

Würde kein Exaktheitsanspruch bei den herausgegebenen islamischen Rechtsgutachten zu besonderen religiösen Fragestellungen gelten, so könnte auch keine bindende Befolgung seitens der Glaubensangehörigen sinnvoll sein. Verschiedene islamische Rechtsgelehrte fällen unterschiedliche Rechtsurteile zum selben Sachverhalt (vgl. URL19), alle sind aber in einer verbal einheitlichen, rechtssystematischen und komplexen Fachterminologie in ihren jeweiligen Rechtsurteilssammelwerken zum Ausdruck gebracht worden. Diese Termini werden in Lexika des juristischen Fachwortschatzes definiert (s. Bauer 2011: 205). Die wertende Einstufung von religiösen Handlungen tritt häufig im Predigtwortschatz des vorliegenden Korpus auf.

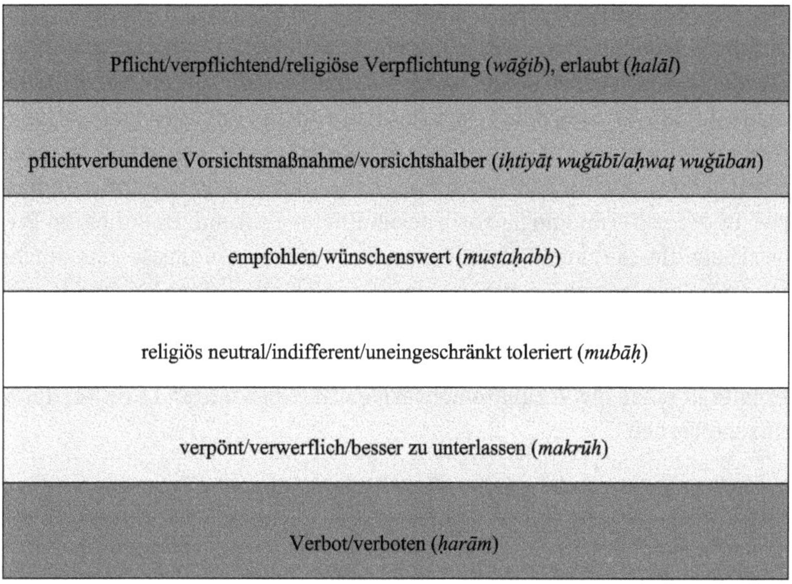

Abb. 7: Einstufung von religiösen Handlungen als Beispiel für das Exaktheitspostulat in der Terminologie der schiitischen Rechtslehre.

In der Abb. 7 repräsentiert die graue Schattierung verschiedene Exaktheitsstufen, die auf die Verbindlichkeit der religionsrechtlichen Regelung referieren soll. Während gewisse Handlungen wie Beten und Fasten generell als religiöse Pflichten (ganz oben) sowie Verzehr von Schweinefleisch als religiöses Verbot (ganz unten) eingestuft werden, werden anderen Handlungen flexiblere Regelungen zugewiesen. Diese Flexibilität – hellgrau unterlegt – drückt sich in „empfohlen“ sowie „verwerflich“ aus. Zuletzt befindet sich ungefähr in der Mitte die Stufe der „indifferenten“ Handlungen (bspw. ob man Reis oder Nudeln speist),[104] die die fachsprachliche Eigenschaft Exaktheit genauso aufweist wie die anderen Stufen. Das heißt: Auch wenn eine bestimmte Handlung sozusagen *religionsneutral* geregelt ist, grenzt sie sich trotzdem exakt von anderen verpflichtenden, empfohlenen oder verpönten Handlungen ab.

Das Bewertungssystem für die religiösen Handlungen (Abb. 7; für die hierarchisch-assoziativen Bedeutungsrelationen dieser Termini vgl. WFD 4.4), dessen Wortschatz überaus exakt erscheint, mag auf den ersten Blick charakteristisch für naturwissenschaftliche Fachsprachen sein. Häufig zählt die Exaktheit als Kennzeichen der Begriffe in naturwissenschaftlichen Disziplinen, in denen die Bedeutungen der Begriffe normierbar sind und noch dazu immer wieder neue Benennungen zustande kommen (müssen) (s. Stolze 1999: 46).[105] Diese Annahme trifft nach neuerem Forschungsstand jedoch nur eingeschränkt zu:

Einerseits lassen sich gerade bei technischer Terminologie oft Vagheiten und Ambiguitäten feststellen, die – systemlinguistisch aufgefasst – Missverständnisse verursachen könnten, aber in ihrer sprachlichen Realität von heute doch unter dem Rückgriff auf kognitiv-kommunikative Perspektive begreifbar werden (s. Roelcke 2018b).

Andererseits ist der hohe Benennungsbedarf nicht notwendigerweise eine Besonderheit der Naturwissenschaften. Im folgenden Predigtteil führt der Prediger eine religiöse Angelegenheit über verschiedene Rechtsurteile aus. Es wird zwar primär als unklar definiert, welcher der gegenwärtigen Rechtsgelehrten *der* „Bestwissende“ und damit einhergehend zu befolgen sei. Nichtsdestotrotz wird dieser unklare Sachverhalt für den gläubigen Zuhörenden systematisiert und in der genannten Einstufung (vgl. Abb. 7) exakt zwischen den Stufen „verpflichtend“ und „empfohlen“ positioniert. Somit weiß der/die Befolgende über ihre/seine Handlung oder religiöse Aufgabe Bescheid. Entsprechend leitet sich dann auch

104 Beispiel aus URL62.

105 Ausführlich zum Vergleich von Fachsprachen in den Naturwissenschaften gegenüber Sozial- und Geisteswissenschaften s. Stolze 1999: 46. Für technische Terminologie als ein konkretes Beispiel für naturwissenschaftliche Fachsprachen s. Roelcke 2018b.

eine terminologische Wortschatzerweiterung (zur Terminologisierung von Fachwortschatz s. Roelcke 2020a: 83–92) in Form von Mehrworttermini „pflichtverbundene Vorsichtsmaßnahme (aḥwaṭ wuǧūban)“ ab:

> Die Frage ist – juristisch gesehen – interessant. Man kann schauen, dass ganz viele Gelehrten, *marāǧi'*, diese *Fatwa*, dieses Rechtsurteil in Bezug auf die Bedingungen des Bestwissenden *aḥwaṭ wuǧūban*, pflichtverbundene Vorsichtsmaßnahme haben. Warum ist es so? Weil es nicht so klar ist. Auf jeden Fall sind wir da auf der sicheren Seite, wenn wir den Bestwissenden befolgen. (6, PRD3, 2018-07-08, Absatz 7)

Diese und ähnlich systematische Bedeutungszuschreibungen, die mündlich in den Predigten erläutert und fachlich in die Unterdisziplin Rechtsmethodologie (arab. *uṣūl al-fiqh*) eingeordnet werden, decken nur einen Teil des gesamten Predigtwortschatzes ab. Demgegenüber gibt es Wortschatzeinheiten, bei denen nur von einer relativen Exaktheit ausgegangen werden kann und die reichlich Formen der Ambiguität oder Vagheit zulassen. Dabei versucht die pragmalinguistische Ausrichtung den Bezug der Wörter zu den Äußerungen herzustellen. Kognitionslinguistische Funktionsmodelle sehen die semantische Vagheit der einzelnen Wörter sogar als nötig an, um besondere Sachverhalte in der Kommunikation assoziativ in den allgemeinen Konzepten der menschlichen Kognition zuordnen und diese erfolgreich rezipieren zu können (s. Roelcke 2020a: 95–96).

> Jetzt denkt einer, ich habe die Nacht (des Beschlusses; wir befinden uns heute in einer heiligen Nacht). Das ist noch lange nicht alles. Es gibt eine größere Wahrheit und noch eine größere Wahrheit, die alle diese Wahrheiten am Ende verschlingt und ihre Form nicht zunichtemacht. Eine größere Wahrheit ist umfangreicher, aufnahmefähiger und macht keine kleineren Formen kaputt. Das tut sie nicht. Daran unterscheidet man diejenigen, die wahrhaftig von größeren Wahrheiten sprechen und die, die es nicht tun. (1, PRD1, 2018-06-06, Absatz 8)

Die obenstehende Predigtpassage ist hinsichtlich der Eigenschaft Exaktheit stark relativiert. Um sie zu verstehen, werden Assoziationszüge der menschlichen Kognition hervorgerufen. Im Kontrast zu Rechtsthemen, deren Erläuterung in den Predigten eine gewisse Exaktheit benötigt, beansprucht (nach systemlinguistischem Inventarmodell) und diese dann auch erreicht, umkreist das letzte Beispiel eine semantische Vagheit (relative Exaktheit). Die bezeichneten Sachverhalte (*Nacht, Wahrheit, umfangreich, aufnahmefähig, wahrhaftig*) lassen sich trotzdem unmissverständlich und unbeeinträchtigt allgemeinen Begriffen zuordnen. Die Predigtzuhörenden rezipieren die in den Aussagen verankerten Vagheiten im Rahmen der oft mehrsprachigen und generell „kulturgebundenen Kommunikation“ (Temmermann und van Campenhoudt 2014) aufgrund ihrer assoziativen Denkprozesse.

Im Hinblick auf den begrenzten Zugang des Menschen zu den als „Wahrheit“/ „Wahrheiten“ angenommenen religiösen Sachverhalten („auslegungsbedürftige Begriffswörter“; Stolze 1999: 45) bettet sich die personenabhängige und sprecherbedingte Erklärung des Predigers ein. So eine Predigtpassage erlaubt, den Anspruch auf Exaktheit zu minimieren und den vagen Wortschatz mit Blick auf die gesamte Rede und gemäß dem jüngeren kognitiv-kommunikativ orientierten Ansatz zu begreifen.

Ähnlich wie bei der Exaktheit positionieren sich verschiedene Fachsprachenkonzeptionen unterschiedlich zur Eigenschaft *Eindeutigkeit* des Wortschatzes. Die traditionelle Perspektive auf die semantische Eindeutigkeit von Termini (im engeren Sinne „Eineindeutigkeit“ s. Wüster 1970 und Beneš 1971) stellt heutzutage stärker als bereits zur Zeit ihrer Entstehung eine fragliche Idealvorstellung dar, dem die sprachliche Realität des Sprachgebrauchs nicht gerecht werden kann und vielmehr dem entgegensteht. Die Termini innerhalb der kommunizierten Sprachwirklichkeit werden so gut wie immer *polysem* sowie *synonym* verwendet (zur Kritik des Eindeutigkeitspostulats der lexikalischen Fachsprachensemantik s. Roelcke 1991). Im Bereich religionssprachlicher Terminologien aus den Predigten stellen polyseme sowie synonyme Termini eher die Regel als die Ausnahme dar.

Die Prediger verwenden zum einen subjektiv mehrere Synonyme für ein und denselben Terminus. Mit *subjektiv* ist die Verwendung synonymer Termini innerhalb einer Predigt gemeint, die der Wortwahl der Person während seiner Rede entspricht, und lässt sich in allen thematischen Schwerpunkten wiederfinden. Zum anderen werden dieselben und/oder neue synonyme Termini von mehreren Predigern und in unterschiedlichen Predigten verwendet, die dann *intersubjektiv* rezipiert werden, z. B. *die Heilige Schrift, die Schrift Gottes, das Buch Gottes, Gottes Wort* als mindestens vier Synonyme für den Koran. Da solche deutschsprachigen Termini oft Äquivalente für arabische Originalbegriffe darstellen, problematisieren die Prediger gelegentlich die üblicherweise als Synonym verwendeten Termini und beziehen in der Kommunikation eine eigene Stellung dazu.

PRD1 diskutiert bspw. die zwei vermeintlich synonymen Termini *Nacht der Entscheidung* und *Nacht des Beschlusses* als Übersetzung für *Laylat al-qadr* und PRD3 die vermeintlich synonymen Termini *Befolgung* und *Nachahmung* als Übersetzung von *taqlīd*. Bei diesen Problematisierungen handelt es sich weniger um ein Suchen bzw. um Versuche nach bidirektionaler Eindeutigkeit dieser predigtrelevanten Termini, da dabei keine Heteronymie bzw. ein Ausbleiben von Synonymie der betreffenden Wörter (s. Roelcke 1991) postuliert wird. Im Gegenteil machen PRD1 und PRD3 in ihren jeweiligen Predigtpassagen unmittelbar deutlich, dass erstens beide Synonyme nebeneinander existieren (und weiterhin existieren können); zweitens, dass die geäußerte Bevorzugung nur ihre persönliche Meinung darstellt, und drittens, dass die Verwendung des Wortschatzes kontextabhängig variieren kann. PRD3 begründet seine Präferenz für einen der synonymen Termini mit der *Assoziation*. Tatsächlich können solche Auseinandersetzungen mit der Assoziation des menschlichen Denkens aus der Sicht des kognitionslinguistischen Funktionsmodells zum Aufbau des einschlägigen Wortschatzsystems führen (s. Roelcke 2020a: 109).

Entsprechendes gilt für die polysemen Termini in den Predigten; z. B. liegt bei dem häufig gebrauchten Terminus *Imam* eine Polysemie vor. Das Wort bezieht sich auf die im Schiitentum als heilig geltenden zwölf Nachfolger des Propheten Muhammad und ebenso auf das theologische Vertretungspersonal der islamischen Gemeinden in Deutschland. Die verschiedenen Bedeutungen dieses polysemen Ausdrucks existieren zwar in einer begrenzten Anzahl nebeneinander, erweisen sich hinsichtlich gemeinsamer Merkmale (etwa die Leitung einer Gemeinschaft, ihre theologische Instanz etc.) als semantisch miteinander verwandt. Bemerkenswerterweise nennen die Schiiten in Deutschland, wo der Ausdruck *Imam* mehrheitlich in seiner zweiten Bedeutung (Gemeindevorsitzender) verwendet wird, sehr selten ihre Gemeindevorsitzenden oder Prediger als Imam. Die bestehende Polysemie wird für diese Glaubensgemeinschaft an die Glaubensgrundlagen angepasst und beschränkt sich – u. a. auch in der Predigtkommunikation – fast ausschließlich auf die erste Bedeutung des Wortes (zwölf Nachfolger des Propheten Muhammad).

Als polyseme Beispiele aus der Allgemeinsprache nennt Löbner die Wörter *Baby* und *grün*, bei denen auch eine Annäherung an ihre vagen Konzepte erst durch die Berücksichtigung des Kontextes ermöglicht wird. Hinter beiden Wörtern steht jeweils ein kontinuierliches offenes Spektrum mit variierenden Werten. Löbner markiert alle „steigerbaren Adjektive" als vage und stellt fest, dass erst in jedem konkreten Fall klar werden kann, welcher Punkt auf der Skala gemeint ist (Löbner 2003: 62–63). Die isolierten Ausdrücke, die semantisch unklar sind, werden durch ihre Fach- und Situationsgebundenheit eindeutig (s. Stolze 1999: 83).

Im folgenden Predigtabsatz wird das Adjektivgefüge *religiös Verpflichteter* als Übersetzung für das arabische Adjektiv *mukallaf* verwendet. Diese und andere Übersetzungen des Wortes – in anderen Mehrworttermini auch *religiös mündig*, *religionsmündig*, *religiös reif* oder *religiös erwachsen* (vgl. URL63) – sind auf gewisse Weise terminologisiert und werden synonym gebraucht. Damit ist eine Person muslimischen Glaubens gemeint, sobald er/sie die religiöse Reife erreicht hat. Eine in diesem Sinne erwachsene Person verfügt demnach über die religiösen Rechte und muss die religiösen Verpflichtungen erfüllen (vgl. URL63).

> Da haben wir gemeinsam an der Tafel fünf Punkte durchgegangen. Ich bin ein *mukallaf*, ein religiös Verpflichteter und ich muss jetzt nun an irgendwelche islamischen Rechtsurteile/

Gesetze rankommen. Wie kann ich es tun? Dann haben wir gesagt, entweder ohne Wissen einfach so, oder auf gut Glück. Also ich rede von den rationalen Möglichkeiten, die es gibt. Dann haben wir (in der letzten Sitzung) was noch gesagt? (6, PRD3, 2018-07-08, Absatz 2)

Die Bedeutung des Adjektivs *religionsmündig* an sich kann – so wie das Alter von *Baby* – auf einer graduellen Skala abgebildet werden. Welche quantitativ messbare Mündigkeit damit gemeint ist, wird nicht allein beim Wortgebrauch zum Ausdruck gebracht. Zunächst scheint eine eindeutige Zuordnung in der deutschsprachigen Predigtkommunikation aufgrund ihrer Polysemie erschwert zu sein. Das genaue Alter der religiösen Reife einer Person bleibt unausgesprochen und daher mehrdeutig, da glaubensspezifische Vorkenntnisse vorausgesetzt sind. Die Zuhörenden müssen über die mit der (Alters)Grenze verbundenen Kriterien der religiösen Reife eines Menschen Bescheid wissen, um darauf basierend dieser Predigtstelle folgen zu können. Der springende Punkt hierbei ist, dass gerade zu diesen Vorkenntnissen gehört, dass die Altersgrenze der religiösen Reife selbst unter der Gelehrsamkeit keine eindeutige Zuordnung erfährt, sondern vielmehr immer nur polysem (teilweise sogar ambig und abhängig vom jeweiligen Individuum) aufgefasst ist. Damit einhergehend lohnt es sich, ein Bewusstsein über die Mehrdeutigkeit der predigtrelevanten Termini zu entwickeln sowie eine bewusste Kontextualisierung der Fachtermini in der islamtheologischen Disziplin zu fördern.[106]

Durch die genannten Beispiele soll illustriert werden, dass häufige Synonymie und Polysemie der Termini innerhalb der Predigtkommunikation dem Eindeutigkeitspostulat der traditionellen Fachsprachsemantik zuwiderlaufen. Die Relativierung der Eindeutigkeit führt in diesem Sinne nicht notwendigerweise zu Verständnisproblemen, solange die einschlägigen Mehrdeutigkeiten sowohl kommunikativ als auch fachintern anerkannt werden, Prediger und Predigtzuhörende dabei ungefähr übereinstimmen und mit ihnen vertraut sind.

Somit kann die *Synonymkennzeichnung* (Roelcke 1991: 206) in der Predigtkommunikation ein sinnvolles Sprachverhalten seitens des Predigers sein, vor allem da, wo er mehrere deutschsprachige Entsprechungen für einen arabischen Begriff erläutern muss. Zudem bietet das Postulat eines *kommunikativen Einverständnisses über die Mehrdeutigkeiten* eine interaktionsfördernde Alternative für den Predigtwortschatz an.

4.3.2.7 Anhäufung von *subjektiven* und *intersubjektiven* Metaphern

Die herausfordernde Aufarbeitung der Predigten im Hinblick auf Eigenschaften wie Verständlichkeit, Exaktheit und Eindeutigkeit (vgl. Kap. 4.3.2.5 und 4.3.2.6)

106 Ausführlich zur Kontextualisierung von Fachwörtern generell s. Stolze 1999: 83.

hängt direkt mit der *Ambiguität* religiöser Sprache zusammen. Stolze greift den „approximativen Evidenzbegriff in den hermeneutischen Wissenschaften“ (Stolze 1999: 44) auf, um zu betonen, dass die in den Diskursen eingebetteten Meinungen zweckmäßig die Inhalte bestimmen und es daher sinnlos sei, bei der sprachlichen Produktion von richtig-falsch-Aussagen zu sprechen. Im Gegenteil zu den sichtbaren fachlichen Sachverhalten in den Naturwissenschaften, ginge es in den Fachsprachen der Sozial- und Geisteswissenschaften überwiegend um die Beschreibung von nicht einfach benennbaren Begriffswörtern mit ihrer interpretatorischen Offenheit (s. Stolze 1999: 44).[107] Diese kognitionslinguistisch basierte Interpretation erfolgt im Zusammenhang mit der Assoziativität des menschlichen Denkens (s. Roelcke 2020a: 102).

In den Predigten kann man die klassische Unterscheidung zwischen Ambiguitäten lexikalischer gegenüber kontextueller Art anführen.[108] Die erste betrifft die einzelnen islamreligiösen Lexeme in der Einzelsprache des Deutschen. Im Gegensatz dazu überspannen die kontextuellen Ambiguitäten alle Sprachen. Dabei spricht die klassische Semantikforschung neben Metonymie und Differenzierung über die *Metapher* als einen der wichtigsten Bedeutungsverschiebungstypen (s. Löbner 2003: 72). Diese nicht im Lexikon festgeschriebenen Bedeutungsverschiebungen von Wörtern folgen überall denselben Mustern und lassen sich sogar wörtlich aus dem Arabischen ins Deutsche übersetzen. Der Grund ist, dass die Entstehung von Metaphern sich weitestgehend auf die bekannten Bezeichnungen von bereits vorhandenen Gegenständen, Sachverhalten oder Vorgängen stützt (s. Löbner 2003: 75; zur Metapher s. Debatin 1995, Drewer 2003).

Die Metapher stellt eine Bedeutungsübertragung dar, in der zwei semantisch unterschiedliche Bereiche miteinander verknüpft werden. Wenn die Sprachproduzierenden eine Metapher verwenden, wird dabei das vergleichende Element –

107 Eine der Eigenschaften (christlich-)theologischer Begrifflichkeit, die Stolze aufzählt, ist ihre abstrakte Natur. Dabei differenziert er zwischen den zentralen Begriffen im Bereich kirchlich-ökumenischer Kommunikation, einerseits dem Verhältnis der Menschen untereinander und andererseits den biblischen Begriffen. Zu der kirchlich-ökumenischen Kommunikation zählt er Begriffe wie z. B. *Verbundenheit, Umkehr, Bewahrung, Entgegenkommen* und zu den biblischen Begriffen bspw. *Versöhnung, Barmherzigkeit, Sünde, Nachfolge, Erlassjahr.* Diese seien vage Ausdrücke lediglich mit Kernbedeutungen, deren Präzisierung erst im Satzkontext ermöglicht werden kann (s. Stolze 1999: 55). Solche schwer eingrenzbaren Begriffswörter deuten auf abstrakte Vorstellungen hin, die Stolze „Spiritualität der Sprache“ nennt (s. Stolze 1999: 194–195). Diese Vagheit lässt Gemeinsamkeiten zwischen der Sprache der Religion und der der Poesie erkennen; darunter z. B. „schöpferische Gestaltung der Aussage, Kraft der Phantasie, Gabe der eindrücklichen Formulierung und Kunst der Erzählung“ (Trillhaas 1974: 91).

108 Ausführlich zur klassischen Unterscheidung zwischen lexikalisch-kompositionaler und kontextueller Ambiguität s. Löbner 2003: 53–77.

Tertium comparationis –, das in den beiden semantischen Bereichen ähnlich ist, aufgegriffen, was durch eine „Sinn-Abwandlung nach Art der Metapher“ ermöglicht wird (s. Hagemann 2017: 237). Welche Bedeutungsversion eines Wortes in einem konkreten Äußerungskontext in den Vordergrund treten bzw. inwiefern die Bedeutungserweiterung eines Wortes erfolgen soll, wird durch „Spezifika der Ausdrucksumgebung“ (Hagemann 2017: 236) bestimmt. Für die Beschreibung eines Begriffes in der Lebens- und Kommunikationssituation wird ein Bild angepasst, das aufgrund von analogen Rollen im Zielbereich hergestellt wird.[109] Bekanntes Beispiel in der klassischen Literatur ist „Wurzel“, zu deren ursprünglich pflanzlicher noch mehrere zahnmedizinische, mathematische und linguistische Einzelbedeutungen hinzukommen (s. Beneš 1971: 130).

Beim Bedeutungswandel eines Wortes nimmt manchmal seine Gesamtbedeutung zu. Bei dieser Erweiterung von Einzel- sowie Gesamtbedeutung wird von *Metaphorisierung* gesprochen. Unter mehreren möglichen Gründen dafür wird der erhöhte Benennungsbedarf zum Zweck der Spezifikation genannt. Im Zusammenhang damit legt die Kommunikation in bestimmten Teilbereichen eine bildhafte Ausdrucksweise nahe, insbesondere bei erhöhter Abstraktion der Wörter (s. Efing und Roelcke 2021: 199). Vielmehr als nur als ein häufiges Stilphänomen funktionieren Metaphern heutzutage als ein „konstitutiver Bestandteil des fachwissenschaftlichen Selbstverständnisses“ in den abstrakten Disziplinen (Ickler 1993). In diesem Sinne rückt bspw. der funktionale Aspekt der Metapher für die Persuasion in der Kommunikation in den Vordergrund (s. Schwarz-Friesel 2017: 191–192). Der Persuasionseffekt neben dem hohen Emotionspotenzial der metaphorischen Sprachverwendung in den Predigten soll anhand des folgenden Beispiels illustriert werden:

> Die koranische Übersetzung ist: „Allah ist uns näher als ḥabl al-warīd, als unsere Halsschlagader.“ Ihr wisst, in der Poesie ist es oft so, dass man mit Wörtern spielt. Es gibt viele persische oder arabische Poeten, die auf einmal Liebesgedichte für Frauen geschrieben haben, (z. B.) *Layla* usw., obwohl sie mit Gott reden, aber so (durch Dichtung über die menschliche Liebe) konnten sie es (die Gottesliebe) besser verdeutlichen. (3, PRD3, 2018-06-11, Absatz 9)

Der metaphorische Wortgebrauch von „Halsschlagader“ fügt zu deren physiologischer Ursprungsbedeutung eine zusätzliche religiöse und abstrakte Bedeutung hinzu. Die Eigenschaft und Funktion der menschlichen Halsschlagader verbinden

109 Rolf unterscheidet grundsätzlich zwischen vier Metaphertheorie-Familien: Der Gegenstand Metapher kann aufgrund von a) strukturalen formbezogenen Aspekten, b) funktionalen oder leistungsbezogenen Aspekten, c) semantisch orientierten und/oder d) pragmatisch ausgerichteten Metaphertheorien untersucht werden. Ausführlich zu dieser Begrifflichkeit und zu Metaphertheorien s. u. a. Lakoff und Johnson 1980 u. Rolf 2005; eine übersichtliche Zusammenfassung macht Hagemann 2017: 238–245; Göttert 2009: 47–49.

sich mit der Eigenschaft und Funktion der absoluten Gottesnähe. Darin ist das vergleichende Element leicht zu erkennen und deren Einsatz in der Predigt (in direkt anlehnender Zitation aus dem Koran 50:16) persuasiv-emotional zu verstehen. Die bildhafte Ausdrucksweise „Halsschlagader" hat den Sprecher selbst zu der Aussage veranlasst, dass die Übertragung der menschlichen Liebe auf die eigentlich göttliche Liebe in den poetischen Werken zur besseren Verdeutlichung derartiger, abstrakter Inhalte dienen soll.

Die älteren Literaturen stellen ihre Forderung nach *Eigentlichkeit* in der fachsprachlichen Lexik mit dem Anspruch auf, die Bildhaftigkeit so weit wie möglichst aus der Kommunikation herauszunehmen. Doch dieses eher ideologische Konzept wird auf dem empirischen Feld „Predigt" widerlegt – wie in vielen anderen (Fach) Kommunikationen. Der Predigtwortschatz weist eine nur geringe Eigentlichkeit auf und ferner kann gerade das Abstandnehmen von Eigentlichkeitstendenzen für das Fortbestehen der Predigtkommunikation notwendig sein.

Die fachsprachlichen Konzeptionen einerseits und die islamreligiösen Denkrichtungen andererseits haben jeweils in ihrer historischen Entwicklung weitgehend parallel einen bedeutenden Zwiespalt im Hinblick auf die Eigenschaften Exaktheit, Eindeutigkeit und Eigentlichkeit erlebt. Kontroverse Positionen aus der linguistischen neben der religiösen Warte zu beobachten, ergibt religionssprachlich interessante Erkenntnisse:

Zum einen geht die systemlinguistische Fachsprachenkonzeption davon aus, die Metaphorik von Fachwörtern verhindere eine sprachliche und kontext*un*abhängige Einheit und der damit einhergehende Mangel an Präzision verursache Missverständnisse in der Kommunikation. Außerdem seien die Metaphern fachsprachenideologisch und von persönlichen Vorstellungen geprägt, was dem Gebot der Anonymität während der fachsprachlichen Kommunikation entgegenstehe. Systemlinguistisch aufgefasst, gelte daher das Eigentlichkeitspostulat (s. Roelcke 2020a: 100–101).

Zum anderen gibt es minderheitlich in der islamischen Theologie sunnitische wie auch schiitische Traditionen, die eine negative Haltung gegenüber sprachlicher Ambiguität aufweisen.[110] Prominent ist hier z. B. *Ibn Taymīya*, auf dessen Schriften sich neuzeitliche Reformbewegungen wie die Salafisten berufen. Demnach seien die religiösen Lehren „mit ausreichender Deutlichkeit" (Bauer 2011: 187) herabgesandt und in den Quellen dargelegt worden. Die Ambiguitäten wer-

110 In der Fachsprache der christlichen Religion wurde der Gebrauch von Metapher vor allem während der Aufklärungszeit dem „vernünftigen" Glaubensverständnis gegenübergesetzt. Diese vermeintlich rationalen Elemente haben den metaphorischen Sprachgebrauch im religiösen Bereich ausgeblendet oder eine sog. „Entmythologisierung" der theologischen Terminologien gefordert (s. Stolze 1999: 233).

den als klarheitswidrig wahrgenommen (s. Bauer 2011: 31). Der Gedanke eines metaphorischen Verständnisses der islamreligiösen Texte sei eine (willkürliche) verbotene Neuerung in der Religion (*bid'a*), die die Verzerrung der göttlichen – v. a. koranischen – Botschaften vorantreibe. Die Ablehnung einer metaphorischen Wahrnehmung der islamreligiösen Textquellen macht ein Kennzeichen der salafistischen Ideologie aus und richtet sich vor allem gegen das Schiitentum (s. Seidensticker 2014: 25), dessen Gelehrsamkeit erstens von einer metaphorischen Ausdrucksweise in bestimmten koranischen bzw. überlieferten Textstellen ausgeht.[111] Zweitens gehört der metaphorische Sprachgebrauch in starkem Maße zu ihrer eigenen Rhetorik bspw. in ihrer sprachlichen Produktion als Predigt. Die zwölferschiitische Tradition neuzeitlicher Prägung lässt das metaphorische Verständnis bei der Koranexegese sowie Überlieferungsanalyse mehrheitlich zu.

Die Übereinstimmung obengenannter Konzepte (einmal systemlinguistisch und einmal salafistisch) hinsichtlich des Postulats semantischer *Eigentlichkeit* von Termini scheint in keiner anderen Kommunikation derart fern von der sprachlichen Realität zu sein wie in den Predigten. Die Bedeutung des Wortes *Bruder* verlagert sich im folgenden Beispiel auf eine seiner Komponenten (hier: in enger Relation zueinanderstehende Personen) und stellt eine metonymische Verschiebung dar:

> Es gibt eine weitere Überlieferung, die das ergänzt. Er sagt: „Der Gläubige ist des Gläubigen Bruder, sein Auge und sein Wegweiser.“ Wenn ich manchmal nicht sehe, dass etwas falsch und eine Sünde ist, weil ich ein (unv.) habe, dann muss ich mich auf meinen Bruder verlassen, der mir sagt: „Gehe nicht weiter. Dieser Weg ist gefährlich für dich.“ (10, PRD2, 2018-09-18, Absatz 8)

Die in den Predigten übertragenen Bedeutungen in Form von Metapher und Metonymien stellen untrennbare Bestandteile der Predigten dar und müssen eher als Normal- denn als Sonderfall angesehen werden. In diesem Sinne widerlegt die Predigt das ältere fachsprachenlinguistische Postulat der Eigentlichkeit (bei Weitem das sog. *Metapherntabu*) und gleichzeitig die islamreligiöse fundamentalistische Tendenz zur Ablehnung des Verständnisses von jeglichen Metaphern im islamreligiösen Text und Kontext, auch wenn sie zum Teil von Metaphern Gebrauch machen.

Der Anteil von metaphorischen Verwendungen in den Predigten als ein entscheidendes Kommunikationsmerkmal ist unverzichtbar groß und dementsprechend für die Untersuchung wichtig. Allerdings lassen sich übertragene Bedeutungen wie Metaphern oder bildliche Darstellungen nicht in bestimmten Wortfeldern systematisieren. Die Begriffe müssen in semantisch definierbaren Verhältnissen zueinander stehen,

---

111 Für konkrete Beispiele aus der islamischen Rechtslehre und die rechtsschulspezifisch unterschiedlichen Wahrnehmungen von Mehrdeutigkeit s. Kurnaz 2020: 104.

um in der einschlägigen Wortfelddarstellung zugeordnet werden zu können. Daher wird die Bearbeitung der Metapher in diesem Unterkapitel abgeschlossen, bis auf wenige Metaphern, die sich mit gewisser Frequenz im deutsch-schiitischen Wortschatzsystem mündlicher sowie schriftlicher Form verankert haben (bspw. *Stamm* vs. *Zweige* der Religion; s. WFD 4.2 und 4.3).

Der Metapherneinsatz beginnt in der Predigtkommunikation manchmal bereits bei der Ankündigung im Online-Flyer.[112] Die Predigtsitzung (hier „Freitagstreffen" genannt) trägt in diesem Beispiel folgenden Titel: „Und senke Ihnen vor lauter Gnade den Flügel der Demut." Die Metapher *Flügel der Demut* ist direkt aus einem Koranvers über die Ehrung der Eltern entnommen: „Und senke für sie aus Barmherzigkeit den Flügel der Demut und sag: Mein Herr, erbarme Dich ihrer, wie sie mich aufgezogen haben, als ich klein war" (Koran 17:24).

In diesem wie in anderen Beispielen betrifft eine große Zahl von Metaphern in der Predigtsprache die aus anderen arabischsprachigen Quellen bekannten Metaphern. Diese verwenden mehrere Sprecher wiederholt mit einer wortwörtlichen Übersetzung, was zur Etablierung von bestimmten Metaphern unter den Glaubensmitgliedern beiträgt; z. B. die grundlegenden Glaubensprinzipien werden als *Stamm der Religion* und demgegenüber die Glaubenspraxis betreffende Handlungsprinzipien als deren *Zweige* bezeichnet (s. WFD 4.2 und 4.3). Durch den Gebrauch dieser Metapher wird die Religion des Islam mit den assoziativen Denkstrukturen eines Baums in Verbindung gesetzt. Diese Art von Metapher kann als *intersubjektiv* bezeichnet werden.

Über die direkt übernommenen Metaphern hinaus sind eine andere Art von Metaphern in den Predigten von der predigenden Person selbst gebildet worden, um bereits existierende Sachverhalte oder Vorgänge neu zu beschreiben bzw. mit eigenen neuen Formulierungen zum Ausdruck zu bringen. Diese Art von Metapherneinsatz lässt sich dementsprechend als *subjektiv* bezeichnen.

Nach dieser Unterscheidung darf die Metapher in der Predigt einerseits als Voraussetzung für theoretisch-theologische Wortschatzentwicklung gewertet werden, nämlich wenn sie in ihrer intersubjektiven Fassung gebraucht wird. Zeichen dafür ist die Übernahme der intersubjektiven Metaphern in den einschlägigen Beiträgen der Online-Enzyklopädie. Andererseits trägt die Metapher in ihrer subjektiven Art zum kommunikativen Fortkommen der religiösen Rede in der Praxis bei, indem die Prediger neue Sachverhalte zum Ausdruck bringen bzw. dadurch die bereits bekannten Sachverhalte umformulieren können.

Die metaphorischen Wortschatzeinheiten aus dem Koran und der Überlieferung stellen nicht nur der schiitischen Gelehrsamkeit inklusive der Prediger meta-

112 Für den Ankündigungsflyer s. die öffentliche Facebookseite der Gemeinde (URL64).

phorisches Sprachmaterial zum direkten Zitieren zur Verfügung, sondern ferner gelten diese intersubjektiv gebrauchten Metaphern auch als Legitimierung für den Gebrauch weiterer subjektiver Metaphern in den Predigten. Diese beiden Arten der Metapher sind im Rahmen des kognitionslinguistischen Funktionsmodells zu verstehen. Zunächst auf den *intersubjektiven* und dann auf den *subjektiven* Metapherneinsatz wird im Folgenden näher eingegangen:

In den Koran- und Überlieferungstexten existieren viele bekannte metaphorische Terminologien, womit alle islamreligiösen Kommunikationen schriftlich- sowie mündlicher Natur weithin vertraut sind. Im schiitischen Predigtkontext (s. die untenstehende Tabelle) treten u. a. häufig dieselben bekannten religiösen Metaphern wie *der Weg* und *das Licht* auf, die ebenfalls häufig in anderen, z. B. christlichen Kommunikationskontexten begegnen. Nach Stolze gehören z. B. die Wortfelder von *Quelle, Wasser, Licht* zum Vokabular der Beschreibung des transzendenten Gottes oder die Metapher *Weg, Wüste, Tal* zum Beschreibungsvokabular des Menschenlebens und diese machen allgemein die religiöse Sprache aus (s. Stolze 1999: 232–233). In sprachempirischen Forschungen zu den christlichen Predigten sind dieselben Wörter erwähnt worden.[113]

Die an einer Predigtstelle ausgeführte Metapher *Blut weinen* ist eine wörtlich vom Arabischen ins Deutsche übersetzte Metapher, die durch Mağlesī vom zwölften schiitischen Imam überliefert ist: *„Li-andubannaka ṣabāḥan wa masā'an wa li-abkiyanna ʿalayka badala 'd-dumūʿi daman“* (Mağlesī: URL92) [dt. „Ich werde dich beklagen, morgens und abends, (a) und ich werde anstelle von Tränen für dich Blut weinen“ (TXT14, PRD1, 2018-11-03, Absatz 6)]. Wie aus diesem Beispiel hervorgeht, entspricht die Koran- und Überlieferungssprache der gängigen literarischen Sprechweise der altarabischen Dichtung damaliger Zeit. Vom Propheten Muhammad und den nachfolgenden Imamen selbst sind mehrere Gedichte überliefert worden,[114] in denen sich Metaphern und andere Stilmittel häufen und sich in den Predigten wiederfinden.

---

113 Exemplarisch betragen die Häufigkeiten der von Altmeyer empirisch untersuchten Metaphern aus den Predigten: „Weg (779 Belege in 326 Predigten), Herz/en (647 Belege in 253 Predigten), Licht (454 belege in 127 Predigten) [...]“ (Altmeyer 2011: 247).

114 Die mündliche Kommunikation formbezogen in Reimen und inhaltsbezogen rhetorisch-metaphorisch zu gestalten, weitete sich von der Tradition der Imame in die der schiitischen Gelehrsamkeit in ihrem Alltags- sowie Gelehrtenleben (z. B. Tätigkeit als Prediger) aus. Dies wurde allerdings von den westlichen Zivilisationen als Priorisierung der Form der Rede im Vergleich zu deren Inhalt aufgenommen: „The fact that Muslim historical writing, or even bureaucratic manuals, were sometimes written using rhyming verse (saj'), that much of daily life was punctuated by the utterance of Quranic verses, or that scholars continued to rely on an ancient and highly elaborate set of grammatical rules-all provided evidence for the Europeans that Muslims were con-

> *Imām ʿAlī* (a) hat aber eine ganz besondere Beschreibung für diesen Menschen. Er sagt in einem Gedicht, das ihm zugesprochen wird: „(a) Glaubst du denn, dass du ein kleiner Körper bist, (a) und in dir hat sich die größte Welt, die größte Dimension, die es gibt, vereint oder verwirklicht? (a) Die Krankheit ist in dir drin, (a) und deine Medizin ist auch in dir drin, (a) du siehst es jedoch nicht." (5, PRD2, 2018-07-08, Absatz 1)

Die poetische Dichtung ermöglicht den Gebrauch von Metaphern im religiösen Kontext und stärkt deren Emotionspotenzial. Die religiöse Rede ist kulturspezifisch und im Islam genauso wie im Christentum bildhaft. In diesem Sinne setzen sich die Metapherntheorie religiöser Sprache, die praktisch-theologische Symboltheorie, die Analyse religiöser Sprechakte und letztlich die narrative Theologie insbesondere damit auseinander, den sprachspielerischen Anspruch religiöser Sprache zur Debatte zu stellen. Zentral bei diesen Ansätzen liegt ein sprachtheologisches Denkmuster zugrunde: „Sprechen über das Unsagbare ist möglich in den Formen uneigentlichen Sprechens (Metapher, Symbol, Geschichte), die in ihrer Sinnhaftigkeit über den Bereich des Logisch-Positivistischen hinausgehen" (Altmeyer 2011: 64).

Prediger zitieren literarische Werke oder Gedichte im Zusammenhang mit der Rede bzw. in Verbindung zu religiösen Lehren und dementsprechend werden auch u. a. die darin enthaltenen arabischsprachigen Metaphern als eine Form „stilistischer Schmuck" (Göttert 2009: 41) ins Deutsche übersetzt.

> Ein Dichter, dessen Namen ich nicht kenne, wurde einst gebeten, den Propheten in einem Gedicht zu loben. Das Loblied, Lobesgedicht oder die Lobpreisungen ist ein interessanter und großer Teil der arabischen und persischen Poesie, der Poesie der islamischen Länder und mittlerweile auch die der Menschen, die in europäischen Sprachen über den Propheten schreiben und gedichtet haben. Das heißt, (dass es) unter ihnen Muslime und Nicht-Muslime (gibt), die löbliche Aussagen über den Propheten gemacht haben. Meines Erachtens, das schönste Gedicht unter allem, was ich kenne, ist ein Satz eines Dichters, der gesagt hat: „Mā madaḥtu Muḥammadan bi maqālatī, wa-lākin madaḥtu maqālatī bi Muḥammad (a): Ich bin nicht derjenige, der Muhammad, den Hochgelobten durch seine Worte gelobt hat, sondern der Hochgelobte ist es der, der meine Worte lobenswert gemacht hat." Wenn in meinem Gedicht etwas Schönes liegt, dann ist es von ihm. Wenn in meinem Vortrag etwas Nützliches liegt, dann ist es von ihm. Wenn in meinen Worten etwas Schönes und Anziehendes ist, dann ist es von ihm. (16, PRD1, 2018-12-02, Absatz 6)

Ob ein Wort in der religiösen Predigtsituation metaphorisch oder unterminologisiert (d. h. allgemeinsprachlich) verwendet wird, ergibt sich in den Predigten aus dem Äußerungskontext. Mit einigen Metaphern bleibt die Bedeutungsverschiebung stark kontextabhängig, sodass ein und dasselbe Wort in verschiedenen Predigtstellen

cerned with external forms over inner meanings, surfaces rather than depths, a trait colonial observers saw as characteristic of a petrified, stagnant civilization" (Hirschkind 2009: 15).

verschieden – d. h. metaphorisch oder allgemeinsprachlich – verstanden werden muss. Des Weiteren scheint es unmöglich zu sein, in den Predigten häufig benutzte Metaphern wie *Weg*, *Herz* und *Licht* einem bestimmten Kommunikationsbereich zuzuordnen (s. Altmeyer 2011: 247), da sie in jedem Fachbereich anderes bedeuten können. Diese Wörter betreffen in der islamischen Mystik mehrere Bedeutungsebenen mit jeweils unterschiedlichen arabischen Bezeichnungen, die bspw. in der „Abhandlung über den Unterschied zwischen Brust, Herz, innerem Herzen und Herzenskern“ (arab. *Bayān al-farq baina 'ṣ-ṣadr wa-l-qalb wa-l-fuʾād wa-l-lubb*) ausgeführt werden (s. al-Tirmiḏī 2009).[115] Diese erfahren im islamreligiösen Deutschen im Allgemeinen und in der mündlichen Sprachproduktion der Predigten im Besonderen normalerweise keine differenzierten Bezeichnungen und werden mit dem Einzelwort *Herz* übersetzt.

Am Beispiel des Wortes *Licht* können zwei unterschiedliche Verwendungsweisen in den Predigten – metaphorisch vs. allgemeinsprachlich – veranschaulicht werden. Ohne jede Bedeutungsverschiebung wird das Wort im Zusammenhang mit konkreten Rechtsurteilen verwendet, in denen über die Gebetszeiten, die Morgendämmerung, Sonnenstrahlen und dementsprechend über das „Licht“ in alltäglicher Bedeutung des Wortes gesprochen wird:

> Ich bin kein Astronom, sondern Islamwissenschaftler. [...] Die Morgendämmerung bedeutet, (dass) das Licht von der Sonne auf die Erde scheint. Was bedeutet wahre Morgendämmerung? Sie sind zwei Fachbegriffe auf Arabisch: *faǧr al-kaḏib* und *faǧr aṣ-ṣādiq*. Die erste ist die trügerische Morgendämmerung, die in Form von einem Strahlen von oben nach unten kommt. Die geht sofort wieder weg und kann man fast gar nicht mit dem bloßen Auge sehen. Die Brüder, die sich mit der App und so auseinandersetzen, werden bestimmt diese Unterschiede kennen. Im arabischen Raum ist das ungefähr 15 bis 20 Minuten vor der eigentlichen Morgendämmerung. Deswegen unsere sunnitischen Geschwister beten zu dieser Zeit. (7, PRD3, 2018-07-22, Absatz 16)

Wie oben schon gesagt, stellt der metaphorische Wortgebrauch bei den intersubjektiven Metaphern in den Predigten keine Kreation des Predigers dar, sondern sie sind Produkt einer spontanen mündlichen und/oder direkt vorgelesenen Übertragung aus den arabischen Textquellen, die, in koranischer oder überlieferter Version, jedenfalls aus anderen Sprachepochen stammen. Diese Metaphern geben in deutscher Sprache durchaus den gleichen Sinn wie den des Originals wieder. Auch die Analyse der Sprachstruktur in der Forschung von Altmeyer ergibt, dass jede der untersuchten Metaphern einen deutlichen Bezug zur genuin biblischen

---

115 Ausführlich zur Symbolik des Herzen und des Lichts in der islamischen Mystik s. Pietsch 2016 und 2020.

Sprache herstellt; darunter z. B. „Herzen aus Fleisch“, „das Licht leuchtet in der Finsternis“, „der Weg Jesu ans Kreuz“ etc. (Altmeyer 2011: 248).

Die direkte Übernahme der arabischsprachigen Metapher in die islamreligiöse Predigt in deutscher Sprache bezeugt das gemeinsame Verständnis der muslimischen Gemeinschaft bzw. ihre Bekanntschaft mit bildlichen Darstellungen im Koran. Die Übernahme von „Bildern“ beim Übersetzen bildet Neuwörter, die einigermaßen den Bildern der Zielsprache ähnlich sind (s. Neubert 1989: 9). Weinrich sieht darin einen objektiven, materiellen Metaphernbesitz, der in die überindividuelle Bildwelt jeder Kultur eingebettet ist (s. Weinrich 1976: 277). Diese Eigenschaft erklärt die Intersubjektivität dieser Predigtmetaphern, die unabhängig von arabischer oder deutscher Sprache vom Prediger *re*produziert (d. h. übersetzt und/oder zitiert) und von der Gemeinde verstanden werden.

> Wenn man ihm (dem Propheten) Treueeid leistet, (ist es so) als ob man Gott Treueeid geleistet hat. Sein Wurf ist, als ob Gott geworfen hat. Das heißt: „Wa mā ramayta iḏ ramayta, walākinna ʼllāha ramā; (Wörtlich aus dem Koran übersetzt): Als du geworfen hast, hast du nicht geworfen, sondern Gott hat es getan.“ Seine Taten (die Taten des Propheten) sind eine Art Erscheinung göttlicher Taten, weil es genauso ist, was Gott zufrieden macht. Also es ist eine göttliche Tat. (15, PRD6, 2018-12-02, Absatz 13)

Über die direkte Übernahme der koranischen bzw. überlieferten Metaphern in die Predigt hinaus decken sich einige Redewendungen im islamreligiösen Arabischen gut mit den bereits existierenden bildlichen Darstellungen in den Redewendungen des heutigen Deutschen. Diese Art von Termini generieren bestimmte Formen der Bildhaftigkeit, die geradezu durch passende Äquivalente im Deutschen zum Ausdruck gebracht werden.

> Die zweite Überlieferung ist eine kurze vom Gesandten *Allahs* (a). Er sagt: „(a) Faqīhun, ein Verständiger, (nämlich) jemand, der Wissen besitzt oder der sich anstrebt und es dann verarbeitet (oder) jemand, der (die) Umstände versteht, (a), ist dem Teufel so ein Dorn im Auge.“ (5, PRD2, 2018-07-08, Absatz 9)

Die Redewendungen *jemandem ein Dorn im Auge sein* und *Kloß im Hals* drücken im Deutschen und in ihrer übertragenen Bedeutung ein starkes Ärgernis aus, das Reaktionshindernis auslöst.[116] Diese Redewendungen existieren mit gut vergleichbaren Assoziationen im Arabischen. Die untenstehende bildliche Darstellung profitiert von diesem parallelen Bestand, wobei aus der alten arabischsprachigen Predigtquelle *Ḫuṭbat al-Šiqšiqīya*, die berühmte Vermächtnis-Predigt von *Imām*

116 *Jemandem ein Dorn im Auge sein*: Person oder Tatsache, die in hohem Maße als lästig, störend, als ständiges Ärgernis empfunden wird. *Kloß im Hals*: Empfindung von Enge im Hals aufgrund von Ärger, Angst, Trauer o. Ä., die am Sprechen hindert (Digitales Wörterbuch der deutschen Sprache; vgl. URL91).

ʿAlī an seinem Sohn *Imām Ḥasan*, eine wörtliche und zugleich inhaltliche Übertragung für die Predigt von Gegenwart folgt (vgl. URL65).

> In dieser Zeit ist von uns genau das gefragt, was *Imām ʿAlī* genannt hat. Er sagt: „Ich war geduldig und im Hals war ein Kloß und im Auge etwas, was mich stört.“ Er drückt es so in *Nahǧ-ul-Balāġa* aus. Natürlich ist es metaphorisch gesehen. Etwas hat ihn die ganze Zeit verletzt. (9, PRD2, 2018-08-31, Absatz 9)

Solche parallel existierenden bildlichen Darstellungen (Metapher oder Redewendung) im Deutschen und im Arabischen können die Vermittlung gewisser Predigtinhalte erleichtern. Aus dieser Tatsache geht deutlich hervor, dass bestimmte sprachliche Bilder im Koran bzw. in den Überlieferungen eng mit den kulturellen intertextuellen Vorstellungen ihrer Entstehungszeit verknüpft sind und nicht unbedingt mit denen der Gegenwart übereinstimmen. Ob die kulturelle Einbettung einer Metapher gegenwärtig auch in der gleichen Art und Weise wie früher vorhanden ist, ob der Prediger eventuelle Nuancen erkennt, bemerkt und der Metapher begleitend dann durch zusätzliche Erläuterungen einen Bezug zum historischen Kontext herstellt, entscheidet über das Funktionalitätsniveau von dieser bestimmten Metapher in den Predigten.

Um die Metaphern in den untenstehenden Predigtstellen zu verstehen, reicht die wörtliche Arabisch-Deutsch-Übersetzung aus der jeweiligen historischen Überlieferungsquelle bei Weitem nicht aus. Eine Erklärung über den Metapherkontext wird dafür vorausgesetzt. Denn der Sinn und Zweck des übermittelten Bildes benötigt für den angemessenen Verarbeitungsprozess der heutigen Zuhörenden eine greifbare Schilderung. Dem Prediger ist bewusst, dass sonst die bezweckte Botschaft öfters verzerrt, missverständlich oder gar entgegengesetzt verstanden wird.

> Was bedeutet eigentlich *al-ġurr al-muḥaǧǧalīn*? *Al-muḥaǧǧalīn* ist ein Ausdruck für ein Pferd. Die Araber haben diesen Ausdruck für ein reinrassiges Pferd benutzt, was sich dadurch ausgezeichnet hat, dass (das) eine weiße Stirn, weiße Arme und Beine […] hat. Der Gläubige wird mit einem *al-muḥaǧǧal* verglichen, weil die Araber zu jemandem, der rein war, das gesagt haben. Das, was ich gesagt habe, war sprachlich. Aber noch genauer ist eigentlich, was unsere Gelehrten später formuliert haben: Die Schia sind vom Gesandten Gottes so genannt und mit diesen Pferden verglichen worden, wegen ihrer Reinheit, wegen *mawāḍīʿ al-wuḍūʾ*, Zeichen der Gebetswaschung, (wegen) diesem spirituellen Licht, *nūr*, was *Allah* (a) gibt und (es) nur ein *maʿṣūm* (Unfehlbarer) sieht oder diese Dinge, die wir *yawm al-qiyāma* (im Jenseits) sehen werden. Er nimmt dieses Pferd, um diese Eigenschaft bei den Gläubigen hervorzuheben. (9, PRD2, 2018-08-31, Absatz 14)

> „(a)“ *Yaʿsūb* bedeutet in der arabischen Sprache die Bienenkönigin. Der *Imam* wird hier als *yaʿsūb-ud-dīn* bezeichnet; der König des Glaubens und der Religion. Dieser Ausdruck wurde von den Arabern übernommen, weil die Bienenkönigin erstens nicht als Königin galt, weil die Araber immer dachten, dass es eine männliche Biene ist. Und (zweitens); die (Biene) hatte bestimmte Eigenschaften und zwar, dass die Autorität dieser Person oder dieser Köni-

> gin bei den Untertanen und bei den (anderen) Bienen unumstritten war. Bei Bienen ist sie unumstritten. Keiner kommt auf die Idee, sie anzugreifen. Deswegen wird der *Imam* im gewissen Kontext im Hinblick auf die Gläubigen so bezeichnet. (Zu dem Imam wird gesagt): Du hast dieselbe Position und keiner bestreitet wirklich deine Autorität, dein Wesen und deine Mission, wenn er Glauben im Herzen hat. (9, PRD2, 2018-08-31, Absatz 14)

> „An-nās maʿādin", sagte der Prophet (a): „Die Menschen sind Mineralstoffe (oder) Edelmetalle." Das heißt, dass dieser Satz die Wertschätzung aller Menschen ist. Alle. Das ist eine grundlegende Wertschätzung. Diese Wertschätzung gilt sogar heute, wie Silber und Gold. Gold ist in den meisten Fällen mehr wert als Silber, auch wenn das etwas Relatives ist. (Beispielsweise) wenn ich für eine bestimmte Sache Silber brauche und kein Gold, ist Silber mehr wert als Gold. Aber auch hier liegt eine doppelte Wertschätzung, weil beide wertvolle Metalle sind, auch wenn das eine wertvoller als das andere sein kann. So hat der Prophet die Menschen gesehen und seiner Gesellschaft begegnet: „(a) Die Guten in der Zeit vor dem Islam sind auch die Guten in der Zeit mit oder nach dem Islam." (16, PRD1, 2018-12-02, Absatz 13)

> (Weiter die Überlieferung) „(a) Am Ende werden von euch wenige (Menschen) übrig bleiben, nur so viel wie vom kuḥl." [...] Was heißt *kuḥl* auf Deutsch? Diese Schwärze, die man auf das Auge aufträgt. (Publikum antwortet). Kajal, richtig. Wie vom Kajal im Auge. Das, was ans Auge reingelangt, ist ganz wenig, unsichtbar wenig, verschwindend wenig, die an dieser Sache festhalten bleiben. Welche Sache? Die Sachwalterschaft – *al-wilāya* –, die Gott in seiner Schöpfung geschaffen, implementiert und eingesetzt hat. (Eine Sache), die Gott festgelegt hat. (Weiter in der Überlieferung) „(a) Oder wie Salz in der Speise." Damals stand nicht kiloweise Salz im Haushalt der Leute, (sondern) Salz war eine (unv.). Und das Wenigste am Essen ist das Salz, sagt er. (16, PRD1, 2018-12-02, Absatz 18)

Die erwähnten Metaphern in diesen vier Beispielen sind „reinrassiges Pferd" (*aġarr muḥaǧǧal*), „die Bienenkönigin" (*yaʿsūb*), „die Edelmetalle" (*maʿādin*), „der Kajal" (*kuḥl*) und „das Salz". Diese Wörter wurden innerhalb der arabischen Allgemeinsprache und zur Zeit des Propheten und der Imame ausgesprochen und überliefert. Sie können nur im Zusammenhang ihrer örtlich-zeitlichen und sprachlichen Bedingungen verstanden werden. Durch die Einbettung der einzelnen Wörter im Kontext des Abschnitts wirkt sich das Bildfeld der Metapher gleichermaßen auf die deutschsprachigen Zuhörenden der Gegenwart aus. Sonst können sich die Wirkungen der Metaphern als isolierte Wörter nicht entfalten. Das rechtfertigt die Erklärung des Predigers über die Bedeutung der jeweiligen vier Metaphern zurzeit ihrer Entstehung.

Die folgende Abbildung (Abb. 8) befasst sich mit religiösen Metaphern in bestimmten Predigtstellen. Beinhaltet eine Predigtpassage mehrere Metaphern, so wird die Textstelle lediglich unter dem Wort mit geringerer Frequenz erwähnt und nicht bei den anderen Metaphern noch einmal wiederholt. Die Reihenfolge ergibt sich aus der Nummerierung der Predigttexte im Analyseprogramm; die betreffenden Wörter wurden mit dem Code „Metaphorische Ausdrücke" markiert.

Metapher Weg

Vergleichendes Merkmal: Methode, Möglichkeit, Option

Predigtpassagen:

Was sind die Wege, die ich gehen muss, damit ich ein Thema verstehe? (2, PRD2, 2018-06-09, Absatz 3)

Ḏikr (Gott zu gedenken) ist der einzige Weg für den Menschen, um zurück zum Weg zu kommen. Anders geht es nicht. (5, PRD2, 2018-07-08, Absatz 7)

„Folget nicht eurer Neigung, damit ihr vom Wege *Allahs* nicht abweicht.“ (2, PRD2, 2018-06-09, Absatz 7)

Vergleichendes Merkmal: Wahrheit, Wahrhaftigkeit

Predigtpassagen:

(Die Aufgabe ist), dass wir die in uns verborgenen Wahrheiten ans Licht bringen und den Leuten zugänglich machen, indem wir die Wissenschaften studieren, indem wir unsere Religion studieren, indem wir in diesem Leben auf dem Wege Gottes wandern und uns anstrengen. (5, PRD2, 2018-07-08, Absatz 2)

All diese Dinge können uns vom Wege Gottes, von unserer *fiṭra* (Naturangelegenheit) ablenken, aber es gibt ein Mittel, das *Allah* (a) bereitgestellt hat, um wieder auf den Weg zurückzufinden. (5, PRD2, 2018-07-08, Absatz 7)

Möge Gott uns den nötigen Erfolg, den nötigen Verstand und die nötige Kraft geben, auf diesem Wege weiter voran zu schreiten und – so Gott will – in den nächsten Jahren, Monaten, Wochen, uns mindestens einmal im Leben die Gelegenheit erleichtern, den Weg zu *al-Ḥussayn* (a) zu finden. (14, PRD1, 2018-11-03, Absatz 22)

Vergleichendes Merkmal: Orientierung, zum Ziel führende Richtung, richtungsweisender Prozess

Predigtpassagen:

Die Koranwissenschaftler sagen, dass dieser Vers darauf hindeutet, dass *Allah* (a) die sieben Himmel und die sieben Erden erschaffen hat, (a) damit ihr nach Wissen strebt und Kenntnis erlangt, damit ihr auf dem Weg des Wissens wandert. […] Mit anderen Worten, will dieser Vers uns beibringen, dass (Gott sagt, dass) wir all das nur erschaffen haben, damit ihr auf diesem Weg wandert: Den Weg des Wissens und der Erkenntnisse. (5, PRD2, 2018-07-08, Absatz 4)

Deswegen habe ich für euch Überlieferungen ausgesucht, die wir jetzt nochmal durchgehen. Über euch heißt es, jeden, der einen Weg einschlägt, auch wenn es nur ein Schritt ist, um nach Wissen zu streben. Jeder der heute hier ist, gehört zu diesen Personen. Der Prophet (a) sagt: „(a) Wer einen Weg einschlägt, um ein Wissen zu gewinnen/zu ergattern, (a) für sie bereitet Gott einen leichten Weg ins Paradies.“ (5, PRD2, 2018-07-08, Absatz 8)

Warum habe ich dieses Gedicht gebracht? Um einfach zu zeigen, was mit demjenigen ist, der diesen Weg nicht einschlägt und verloren (gegangen) ist. Und was mit demjenigen ist, der den Weg des Wissens, der *maʿrifa* einschlägt. (5, PRD2, 2018-07-08, Absatz 15)

Yawm al-qiyāma (im Jenseits) wird gesagt: Hier ist *ʿAlī*. *ʿAlī* hat euch den Weg gezeichnet und geebnet. (9, PRD2, 2018-08-31, Absatz 9)

Leute haben Probleme, den richtigen Weg zu finden. (10, PRD2, 2018-09-18, Absatz 4)

Das hilft euch auf diesem Weg, euch selber und eure Freunde nicht zu verlieren und das einzuhalten, was der Prophet von euch möchte. (10, PRD2, 2018-09-18, Absatz 5)

Da brauchen sie jemanden, einen Gläubigen, jemanden, der Kenntnisse hat, jemanden der sie beruhigen kann, jemanden, der sie auf diesem Weg begleitet. (10, PRD2, 2018-09-18, Absatz 7)

Arbaʿīn ist ein direkter Weg zur Selbstlosigkeit und Anteilnahme. (14, PRD1, 2018-11-03, Absatz 16)

Und das ist der Anfang von einem guten Weg. (14, PRD1, 2018-11-03, Absatz 17)

Darüber sagt Gott zu seinem Propheten im Koran: „(a) Lade ein, zum Weg deines Herren durch Weisheit, durch angemessenes Reden und Handeln“. (16, PRD1, 2018-12-02, Absatz 3)

Unsere Literatur ist ein wichtiger Weg dahin. (16, PRD1, 2018-12-02, Absatz 13)

Abb. 8: Aufstellung von metaphorischen Verwendungen in der Predigtsammlung.

Metapher Licht, Leuchte, Beleuchtung

Vergleichendes Merkmal: Gott, Wahrheit, Glaube, Glaubensüberzeugungen, Rechtsleitung, Gute, Propheten und Imame
Predigtpassagen:
Wenn wir verstehen, dass am Anfang Gott das Licht dieser heiligen Wesen geschaffen hat, dann wissen wir, dass alles Licht, das der Engel, das der Himmel und der Erde, alles Gute durch und aus ihrem Licht ist. Und alles Schlechte und Hässliche ist durch ihr Licht, aber nicht aus ihrem Licht. Das ist sozusagen die Lichtlehre, die in der imamitischen Geisteswelt vorhanden ist. (1, PRD1, 2018-06-06, Absatz 9)
Der Ursprung dieses Lichtes und dieser Wahrheit ist das Licht selbst. (Das) ist aus seinem Licht hervorgegangen und dieses Licht hat Gott aus dem Licht seiner Gewalt geschaffen, etwas was wir nicht in uns haben. (4, PRD1, 2018-06-13, Absatz 9)
Das Wissen ist aber auch die Leuchte, die uns ins Paradies führt und die uns diesen Weg ganz deutlich zeigt. Hier versucht der *Imam* den Aspekt der Kenntnisse der *ʿaqā'id*, die Glaubensüberzeugungen zu beleuchten. Er spricht hier von *manār*, von einem Leuchtturm. In der Regel wird über *nūr*, Beleuchtung gesprochen, wenn es um die *ʿaqā'id* geht. (Das sind) schicksalsbestimmende Kenntnisse, die jeder von uns erlernen sollte. (a) Das ist eine schöne Sache. (5, PRD2, 2018-07-08, Absatz 11)
Der Prophet hatte sich geärgert, warum die (Leute) nicht (an Gott) glauben, (und das auch) zu Recht, weil er diesen Glauben als *nūr*, Licht sieht und ärgert sich darüber, dass die Leute nicht zu diesem Weg finden. (8, PRD2, 2018-08-25, Absatz 6)
Er ist der *Imam*, dein Weg, dein Licht. (10, PRD2, 2018-09-18, Absatz 11)
In einem Besuch der *Imame* bekennen wir uns zu dieser Tatsache und sagen: „(a) Eure Worte sind Licht, (a) und eure Sache ist Rechtleitung." (14, PRD1, 2018-11-03, Absatz 18)
Die erste Stelle ist Sure Nr. 33, *al-Aḥzāb, Āya* 45 und 46: „(a)" Sinngemäß: Oh Prophet, wir haben dich gesandt als Zeugen, als Verkünder für Botschaft und als Warner und als einer, der zu Gott mit seiner Erlaubnis ruft und als einer nicht schwindenden Leuchte. (15, PRD6, 2018-12-02, Absatz 3)
Ich beginne im Namen Gottes, des Allerbarmers (und) des besonders Erbarmenden. Das Lob gehört Gott, dem Herrn der Welten, benannt im Gleichnis der Schrift als das Licht der Himmel und der Erde. Und Gott segne *Muhammad*, den Hochgelobten, den Verkündeten, den Warner, den Verkünder, benannt in der Schrift als sein Licht und seinen reinen makellosen Nachkommen, benannt im Gleichnis der Schrift als Licht über Licht. (16, PRD1, 2018-12-02, Absatz 1)
Vergleichendes Merkmal: Aufklärung, Klarheit, Mittel zur Kenntnis und zum Wissen
Predigtpassagen:
Sie (*Imame*), alle handeln im Sinne eines einzigen Lichtes. (16, PRD1, 2018-12-02, Absatz 7)
Der Schiit hofft, dass die Welt im Lichte Gottes erstrahlt. Der Schiit hofft, dass die Welt mit dem Lichte der Gerechtigkeit, der Gnade, Liebe und Wahrheit erscheint. (16, PRD1, 2018-12-02, Absatz 17)
Meine Aufgabe, so wie ich sie empfinde, ist, dass ich den theologischen Aspekt ein bisschen anspreche und ein bisschen Licht ins tatsächlich Dunkle bringe. (2, PRD2, 2018-06-09, Absatz 2)
Der Verstand an sich wird von *Allah* als *nūr* (Licht), als *ḥuǧǧa* (Beweis), als *Imam* bezeichnet. (5, PRD2, 2018-07-08, Absatz 15)
„(a) Du bist das Licht für die Leute meines Gehorsams; das Licht, das sie leitet oder führt." (9, PRD2, 2018-08-31, Absatz 16)
Eine andere Überlieferung ebenfalls von *Imām Ḥasan al-ʿAskarī* überliefert, wirft ein bisschen Licht auf diese Frage. (14, PRD1, 2018-11-03, Absatz 18)

Abb. 8 (fortgesetzt)

Metapher Herz[117]

Vergleichendes Merkmal: Ehrlich, in aller Wahrhaftigkeit, mit absoluter Aufnahmefähigkeit/ Empfänglichkeit

Predigtpassage: Eine andere Überlieferung, von der wir nur Teile nehmen, weil sie lang ist: Von *Imam Reza* (a), der vom Gesandten Gottes (a) überliefert. Schaut euch wirklich mit dem Auge des Herzens an, so wie man im Arabischen sagt *bi ʿayn al-qalb*, wie das Wissen beschrieben wird. (5, PRD2, 2018-07-08, Absatz 10)

Vergleichendes Merkmal: Seele, Geist

Predigtpassage: „(a) Das Wissen ist die Lebendigkeit des Herzens.“ Ohne Wissen ist das Herz leer und tot. Ohne *maʿrifa* (Erkenntnis) agiert das Herz nicht, sowie es agieren sollte. (5, PRD2, 2018-07-08, Absatz 12)

Metapher Tor

Vergleichendes Merkmal: Neuanfang, Beginn

Predigtpassage: Gott hat vergeben, was bis jetzt war, fang neu an. Diese Tore sind überall. Ich muss durchgehen und das ist das Problem. Ich muss das Empfinden entwickeln. (1, PRD1, 2018-06-06, Absatz 3)

Metapher Vater/väterlich

Vergleichendes Merkmal: Unterstützung und Geborgenheit verleihende Person; jemand, auf den man sich verlassen kann

Predigtpassagen:

Das ist etwas, was alle Propheten erlebt haben, was sie auch zu den Vätern der Menschen gemacht hat, weil sie jetzt aus dieser väterlichen Perspektive schauen konnten, alle umarmen, für alle da sein, alle verstehen. (1, PRD1, 2018-06-06, Absatz 8)

Der *Imam* ist unser Vater in seiner Rolle als *Imam* und unser Bruder in seiner Rolle als Gläubiger. (10, PRD2, 2018-09-18, Absatz 10)

Wir haben nicht immer alles mit unserem *Imam* richtig gemacht. Und vieles, was sie ertragen haben, haben sie unseretwegen ertragen und für uns ertragen, weil wir eben keine *Imame* sind, sondern Fehler machen, so wie ein Vater die Flausen seiner Kinder aus Liebe, Mitgefühl und unter anderem aus väterlicher Sorge geduldig erträgt. (16, PRD1, 2018-12-02, Absatz 17)

Metapher Schlüssel

Vergleichendes Merkmal: Zugangsgarantie, Mittel zum Zweck, Voraussetzung für ein bestimmtes Ziel

Predigtpassagen:

Der Vorzug, den der Wissende hat, ist, dass er genau diese *ḫašya* (die Ehrfurcht vor Gott) besitzt und diese *ḫašya* der Schlüssel ist, um sich zu erinnern, um *ḏikr* zu machen, um auf den Weg zurückzufinden. (5, PRD2, 2018-07-08, Absatz 7)

Der Schlüssel zum schiitischen Erfolg ist die Liebe zum *Imam* und die Liebe zum Propheten. Der Schlüssel zum schiitischen Erfolg ist, dass ich nicht einen Teil der Muslime vom anderen trennen möchte, (16, PRD1, 2018-12-02, Absatz 7)

In diesem positiven Sinne (kann ich) mich selbst lieben und andere Menschen auch in dieser Weise lieben. Das ist ein wichtiger Schlüssel zum Grundverständnis für das Leben und für das, was im Leben angenehm und unangenehm ist. Auch für die Gegensätze im Leben ist das ein wichtiger Schlüssel (16, PRD1, 2018-12-02, Absatz 8)

Abb. 8 (fortgesetzt)

117 „Im Koran wird das Wort *Herz* in seinen verschiedenen Bedeutungen 132 Mal erwähnt. Es bildet in seiner innersten Mitte den eigentlichen „Ort“ der höchsten Gottesliebe und Gotteserkenntnis. Mit der Symbolik des Herzens ist auch die Symbolik des Auges auf das Engste verbunden“ (Pietsch 2016: 54).

Metapher Waffe

Vergleichendes Merkmal: Stärkeelement, Mittel zur (Selbst)Verteidigung

Predigtpassage: Das Wissen ist eine Waffe gegen die Feinde. Jemand, der seinen Weg nicht kennt (und) die notwendigen Kenntnisse nicht hat, kann sich nicht beschweren. (5, PRD2, 2018-07-08, Absatz 12)

Metapher Schmutz, Dreck

Vergleichendes Merkmal: Schädigung, negativer Effekt/Einfluss

Predigtpassage: Meistens wenn wir unsere *fiṭra* (Naturangelegenheit) so beschmutzt und durch unsere Sünden so verdreckt haben, dann bedarf es viel *ḏikr* (Gedenken an Gott), damit wir zurück auf den Weg kommen. (5, PRD2, 2018-07-08, Absatz 14)

Metapher Gefäß

Vergleichendes Merkmal: Behälter

Predigtpassage: Wir wissen, (dass) sein *qalb* (Herz des Propheten) (unv.) *fī mašī'ati 'llāh* – wie eine Überlieferung sagt – ein Gefäß für den göttlichen Willen (ist). Also alles, was Gott will, ist es in diesem Herz. (9, PRD2, 2018-08-31, Absatz 7)

Metapher Hand

Vergleichendes Merkmal: Besitz, Verfügbarkeit, Handlungsbereich, Verantwortung

Predigtpassage: (Weiter in der Überlieferung, Prophet zu *ʿAlī*): „(a) Du bist der Vertraute Gottes auf seiner Erde" In deine Hände habe ich dieses Erbe gelegt, nach dem Gesandten Gottes. (9, PRD2, 2018-08-31, Absatz 9)

Metapher Boden

Vergleichendes Merkmal: Sichere stabile Grundlage

Predigtpassage: Tue so viel, wie du kannst. Mehr verlangt niemand von dir. Immer ist diese Leuchte dort, die *Imām ʿAlī* heißt, die uns auf den Boden der Tatsache bringt und sagt: Doch, du kannst! (9, PRD2, 2018-08-31, Absatz 9)

Metapher Säule

Vergleichendes Merkmal: Stütze, Basis, worauf sich ein Ganzes gründet

Predigtpassage: In diesem Sinne ist *Imām ʿAlī* (a) natürlich eine Säule für die Religion, für den Islam. (9, PRD2, 2018-08-31, Absatz 10)

Metapher Tür

Vergleichendes Merkmal: Möglichkeit

Predigtpassage: Jeder von euch weiß, wie schwer es ist, wenn man einen wirklichen Fehler gemacht und jemanden verletzt hat (oder) etwas Schlimmes begangen hat, zu sagen, dass ich einen Fehler gemacht habe, bitte vergibt mir. Und wenn dann jemand kommt, dann sollen wir die Tür der Barmherzigkeit nicht verschließen. (10, PRD2, 2018-09-18, Absatz 5)

Metapher Himmel, himmlisch, kosmisch, Himmelreich

Vergleichendes Merkmal: göttlich, spirituell

Predigtpassage: Im Auge des Betrachters mag das verschieden sein. Wir reden hier über eine himmlische spirituelle Perspektive und das ist wichtig zu verstehen. (1, PRD1, 2018-06-06, Absatz 8)

Abb. 8 (fortgesetzt)

Metapher Feuer[118]	**Vergleichendes Merkmal:** Starker Schmerz, intensives Leiden, große Leidenschaft

Predigtpassage: Der Prophet (a), der Gesandte Gottes (a) sagte in einer Überlieferung: „(a) Wahrlich; [...] vor dem Hintergrund der Ermordung von *al-Ḫussayn* existiert eine Hitze oder brennt ein Feuer;“ [...] wo existiert dieses Feuer? Nicht überall: „(a) [...] Dieses brennende Feuer existiert in den Herzen der Gläubigen (a) und zwar nicht irgendwie nur an einem Tag im Jahr oder einmal im Laufe ihres Lebens, sondern unaufhörlich. „(Weiter die Überlieferung) (a) Dieses Feuer wird nicht erlöschen.“ (Das ist) ein Feuer, das nicht ausgeht (und) eine Hitze, die nicht nachlässt. „(Weiter die Überlieferung) (a), niemals.“ (14, PRD1, 2018-11-03, Absatz 4)

Abb. 8 (fortgesetzt)

Auf die Nennung der Metapher folgt die Bedeutungsverschiebung der verwendeten Metapher auf Basis des Ähnlichkeitsmerkmals (unter der Bezeichnung „Vergleichendes Merkmal“). Jeweils im Anschluss daran sind die einschlägigen Predigttextstellen in einem für das Verständnis notwendigen Ausmaß direkt zitiert.

Auf der empirischen Grundlage des vorliegenden Predigtkorpus können übliche Metaphernbereiche durchaus systematisiert erfasst werden.[119] Insbesondere folgende Modelle lassen sich bei der Bildung von intersubjektiven Metaphern unterscheiden:

1. Das Modell der Naturerscheinungen anhand von Bezeichnungen wie *Licht, Sonne, Himmel, Feuer, Vollmond, Stamm* vs. *Zweige (eines Baums),* [kontextinformationsbedürftigen Bezeichnungen wie] *reinrassiges Pferd* und *die Bienenkönigin.*
2. Das Modell des menschlichen Körperteils anhand von Bezeichnungen wie *Zunge, Hand, Herz.*
3. Das Modell der zwischenmenschlichen Beziehungen anhand von Bezeichnungen wie *Geschwister, Vater.*
4. Das Modell der alltäglichen Gegenstände anhand von Bezeichnungen wie *Tür, Tor, Säule, Boden, Gefäß, Schlüssel.*

Zu dieser Systematisierung können noch andere Metaphernbeispiele hinzukommen, die keine aus dem Arabischen übernommenen, übersetzten Metaphern sind, sondern subjektive Metaphern darstellen, bei denen die allgemeinsprachlichen Wörter zur inhaltlichen Veranschaulichung verwendet werden. Diese können sowohl vermeintlich im Moment der Predigtrede terminologisiert sein oder bereits in der deutschen Sprache existieren und in der Predigt Anwendung finden. Die bildhafte Visualisierungstechnik verweist in solchen Fällen auf die Ähnlichkeiten in

118 Gestützt auf den koranischen Wortgebrauch wird das Wort *Feuer* in den islamreligiösen Kontext oft als Metapher für die Hölle verwendet.

119 Für eine vergleichbare Modellierung von Metaphern in der Sprache der Technik s. Jakob 1991.

der Funktion der metaphorisch gebrauchten Gegenstände (s. Neubert 1989: 9). Vom Prediger wird größtenteils zu Recht angenommen, es entstünden dabei ähnliche Bilder und Assoziationen.

Die Prediger unterscheiden sich hinsichtlich des Einsatzes von Stilmitteln und auch subjektiver Metaphern deutlich voneinander. Bei dieser Art von predigerspezifischen Metaphern fällt es trotzdem schwer festzustellen, inwiefern sie infolge einer hervorgerufenen Assoziation bzw. Inspiration einer arabischsprachigen Textstelle in der mündlichen Rede eingeflossen oder tatsächlich gestützt auf den individuellen kreativen Sprachstil des Predigers bzw. auf seine Sprachkompetenz des Deutschen produziert werden. Denn ein Teil der hier aufgeführten Metaphern scheint vom Prediger selbst gebildet worden zu sein, während andere Metaphern der deutschen Allgemeinsprache bzw. der Sprache des nichtislamischen Umfeldes entnommen sind. Diese Metaphern sind also nur insofern als subjektiv zu verstehen, als sie vom einzelnen Prediger subjektiv ausgewählt worden und nicht durch islamreligiösen Sprachgebrauch vorgeprägt sind. Im Folgenden werden einige subjektive Metaphern aus den Predigten genannt. Danach folgen einige Beispiele von bildlichen Darstellungen, die die Prediger ebenfalls subjektiv verwendet haben:

> Ihr sollt fasten. Wofür? Am Ende sollen wir mit dem Fasten zu einem Ziel kommen, wir sollen ehrfürchtig oder gottesfürchtig sein, Rücksicht nehmen und Respekt vor Gott haben. Das ist das Ziel. Wenn das Ziel nicht erreicht ist, Pusteblume! (1, PRD1, 2018-06-06, Absatz 5)

Die Metapher „Pusteblume“ steht für eine umsonst erledigte, erfolglose bzw. sinnlose Tat.

> Mir ging es in *ḥawza* (fachtheologische Hochschule für Schiitentum) immer so: Jedes Mal, wenn ich eine Sackgasse im Kopf hatte – das passiert sehr oft – und eine Antwort nicht weiterwusste, ein Konzept nicht ganz verstanden habe (oder) dachte, etwas wäre widersprüchlich usw., habe ich mir die Worte von diesem Mann angeschaut. (9, PRD2, 2018-08-31, Absatz 11)

Die Metapher „Sackgasse“ steht für Blockade, Verständnisbarriere und unlösbare Angelegenheit.

> Ich wähle die Überlieferungen aus, von denen ich denke, dass sie die Wichtigsten sind und ich erkläre den ein oder anderen Punkt, damit das Ganze Früchte trägt und klar ist. (10, PRD2, 2018-09-18, Absatz 2)

Die Metapher „Früchte tragen“ steht für das Hervorbringen erfolgreicher Resultate oder eine gewinnbringende Idee.

> Möge *Allah* euch heute die Medaille des 6. Tages mit nach Hause geben. Das heißt, wenn ihr nach Hause geht, sollt ihr die Medaille mitnehmen, dass ihr am 6. Tag von *Imām Ḥussayn* (a) teilgenommen habt. (11, PRD4, 2018-09-15, Absatz 2)

Die Metapher „Medaille“ steht für die stolze Vollendung und Würdigung einer Handlung.

> Er (ein angenommener Predigtteilnehmer) könnte auch zu einem Programm gehen, das auf Afghanisch, Persisch, Pakistanisch oder Urdu ist. Aber er ist hierhergekommen und hat sich dieser Karawane angeschlossen. Er hat seinen Sohn mitgenommen und ist Teil dieser Bewegung geworden. (12, PRD4, 2018-09-19, Absatz 3)

Die Metapher „Karawane“ steht für eine Gruppe von Gleichgesinnten mit dem gleichen Ziel, die sich gemeinsam in einem spirituellen Entwicklungsprozess befinden.

> *Arbaʿīn* bedeutet, sich zu verändern. Nicht sagen „ich werde das“, sondern die Augen aufzumachen. Das ist wichtig. (14, PRD1, 2018-11-03, Absatz 17)

> Das sind die Herausforderungen, die sich wiederholen. Und wichtig zu wissen ist auch warum? Weil es uns einerseits wacher und aufgeweckter macht und andererseits unsere falschen Erwartungen auch abbauen hilft. (16, PRD1, 2018-12-02, Absatz 12)

Die Metaphern „Augen aufmachen, wach werden, aufgeweckt“ stehen für bewusst und nüchtern eine Sache realisieren (können).

> Denkt daran, Treppen werden gebaut, um sie zu besteigen oder hinauf- und hinunter zu gehen. Treppen sind nicht dazu da, um sie allein zu bestaunen. Das heißt, diese Treppen sind dazu da, um danach zu streben oder hinaufzusteigen und nicht nur draußen zu stehen und zu sagen: Ach wie groß sind die Pyramiden! Jeder, der die Pyramiden sieht, was denkt der als Erstes? Da will ich hoch oder da will ich rein. Der erste Gedanke nach dem Staunen ist, ich will sehen, was drin ist, ich will sehen, warum das und wohin das führt. So sollen wir damit umgehen. (1, PRD1, 2018-06-06, Absatz 10)

Die bildlichen Darstellungen mit „Treppe“ und „Pyramide“ stehen für die Progression und dafür, in der eigenen Religion oder Religiosität fortzuschreiten und sich spirituell weiterzuentwickeln.

> Es gibt eine Überlieferung, die sagt: „Sayyidanā Mūsā (unser Herr Moses) (a) soll gesagt haben: (a) Gott, wie soll ich zu dir finden oder gelangen? Allah (a) sagte (a) Yā Mūsā, wenn du den Vorsatz hast, zu mir zu kommen, bist du da.“ (Es ist so, als ob) Du das Ticket kaufst und schon bist du hier, einfach so. Deine Intention entscheidet über deinen Erfolg. (1, PRD1, 2018-06-06, Absatz 5)

Die bildliche Darstellung „Ticket kaufen“ steht für die Vorbereitung bzw. Absicht für die Verwirklichung eines Plans.

> Unsere Moralexperten sagen, dass es Menschen gibt, die ständig aggressiv werden. Sie sind wie ein kleiner Becher, wo ganz wenig Wasser drin ist [...]. Da musst du einen Teelöffel Salz dort umrühren und trinken. [...] Dann findest du es eklig. (Du willst es) gleich wieder ausspucken. Aber stellt euch mal vor, du gehst an den Bodensee, nimmst nicht einen

> Teelöffel, sondern richtig viel, 10 Kilo Salz und schmeißt es da rein und rührst es dort (um). Das Wasser ist immer noch gleich. Bei uns ist es oft so, dass wir dieser kleine Becher sind. Mit einem kleinen Problem – ein Teelöffel voll vom Problem (führt dazu, dass wir aufhören mit dem) Gebet, *ḫalāṣ*. (Wir sagen) später, ich kann jetzt nicht (beten). (Wir sagen) Ich habe gehört, der ist gestorben, der ist krank, ich kriege in diesem Monat kein Geld usw. Jetzt muss (ich) mein Problem lösen. So sind wir wieder in unserem kleinen Becher. (3, PRD3, 2018-06-11, Absatz 11)

Die bildliche Darstellung mit „Becher vs. Bodensee" in ihrer Kombination mit bestimmter Menge vom „Salz" sollen verschiedene menschlichen Kapazitäten und Standhaftigkeiten bei der Behandlung von Problemen und Unzulänglichkeiten des Lebens darstellen.

> Das ist das göttliche Verhältnis der Schöpfung. Einfaches Beispiel: Du kannst eine Kerze anmachen und einen Gegenstand davorstellen und es wird einen Schatten geben. Die Kerze braucht diesen Schatten nicht. Der Gegenstand, der vor die Kerze geworfen wird, braucht seinen Schatten nicht. Der Schatten ist abhängig vom Licht und dem Gegenstand. Das ist ein Verhältnis zwischen Geschöpfen. Was soll ich annehmen? Wie soll das Verhältnis zwischen Schöpfer und Geschöpfen (sein)? (4, PRD1, 2018-06-13, Absatz 9)

Die bildliche Darstellung mit „Kerze, Gegenstand, Schatten" und ihrem Abhängigkeitsverhältnis zueinander stellen die existenzielle Abhängigkeit der Geschöpfe vom Schöpfer dar.

Die große Bandbreite, die die Prediger hinsichtlich bildlicher, oft literarischer Sprache zeigen, lässt davon ausgehen, dass das Poetisch-bildliche in der Predigt weitgehend dem theologischen Verständnis entspricht.[120] Während die Sprache des einen Predigers eher zum Rationalen bzw. Rationalisieren der Lehren und Handlungspraktiken tendiert, beschreibt der andere Prediger die religiösen Lehren eher mit eigenen Wörtern und selbst formulierten Sätzen, wobei er vielmehr auf poetische Stilmittel zurückgreift als andere. Die untenstehenden Beispiele sind aus den Predigtstellen des Predigers (PRD1) entnommen, der häufig poetisch-literarische bildliche Darstellungen verwendet:

> Man muss sich diese Worte (der heiligen Texte) wirklich mal im Gehirn und im Kopf zergehen lassen, wie die Sahne in einer warmen Torte. (16, PRD1, 2018-12-02, Absatz 13)

120 Unter dem Stichwort *Theopoesie* wirft Sloterdijk die These auf, dass die Religionen in ihren Gründungsdokumenten und damit einhergehend in den religiösen Ansprachen mehr oder weniger auf elaborierte literarische Verfahren zugreifen und somit selbst literarische Produkte sind. Den poetischen Stilmitteln sowie den literarischen Darstellungsformen in der Religion stehe jedoch die Dogmatik gegenüber (s. Sloterdijk 2020).

> Wie gesagt, alleine das macht noch keinen besseren Menschen und nicht jede Überlieferung ist Medizin für alle Krankheiten oder Lösung für alle Probleme. Wir sollen dazu lernen. (16, PRD1, 2018-12-02, Absatz 13)

> Dieser Zustand sind die Geburtswehen einer neuen spirituellen geistigen Revolution. (16, PRD1, 2018-12-02, Absatz 19)

> Wenn ich am Fuße eines Berges stehe und nun darüber rede, dass ich diesen Berg erklimme und davon erzähle, dass ich ein Bergsteiger bin, werde ich nicht erklimmen können. Ich muss die Mühe auf mich nehmen, wenn ich auf der Spitze des Berges stehen will. Und ich glaube, dass der anstrengendste Moment eines solchen Aufstieges nicht der erste Moment ist und nicht der Moment in der Mitte. Ich meine nicht ein gewöhnliches Bergsteigen. Das ist ein sprachliches Bild und soll ein Beispiel und ein Gleichnis für unsere Entwicklung im Leben sein. In diesem Sinne ist der schwierigste Moment, wenn man oben steht und hinunterschaut und sieht, nicht falsch, aber wie anders man die Welt wahrgenommen hat. (16, PRD1, 2018-12-02, Absatz 9)

Manchmal stammt eine Formulierung selbst aus anderen Quellen und ist keine Kreation des Predigers, sie wird jedoch in der Predigt subjektiv ausgelegt, indem der Prediger darin eine Metapher erkennt und die Überlieferung als metaphorisch ausgedrückt versteht. Dass der Prediger eine Aussage metaphorisch schildert, trägt in diesem Kontext nicht immer zur Aufklärung einer Angelegenheit bei, sondern der Prediger erläutert mehrere mögliche Interpretationen und „Deutungen, die gleichzeitig innerhalb einer Gruppe akzeptiert werden, wobei keine dieser Deutungen ausschließliche Geltung beanspruchen kann“ (Bauer 2011: 27).

> Um den Text über *Ḥadīṯ al-kisāʾ* nochmal korrekt (zu lesen): [...] „Bei meiner Gloria, meiner Erhabenheit. Wahrlich; ich erschuf weder einen errichteten Himmel und kein Gestirn, das zirkuliert und kein Meer, das fließt, (a), und kein Schiff, das fährt, (a), ausgenommen und aufgrund eures Daseins und der Liebe zu euch.“ [...] Vergesst auch bei dieser Überlieferung nicht: Diese Beispiele *samāʾ*, *šams* (Himmel, Sonne) stehen als Veranschaulichung und haben auch mehr Bedeutung möglicherweise als das, was wir am Anfang wahrnehmen, wenn wir an das Meer denken, das wir besucht haben. Auch ein Mensch kann ein Meer sein von Wissen und anderes. Auch ein Mensch kann eine Sonne sein, wenn er anderen Menschen den Weg zeigt usw. Der Koran bedient sich dieser Bildersprache auch, weil sie mehrschichtige Informationen transportieren kann. Bewusste oder gewollte Ambiguität ist das Fachwort dafür. Aber ich will uns heute nicht mit Wörtern quälen, die wir vielleicht nicht so jeden Tag benutzen. (16, PRD1, 2018-12-02, Absatz 10)

In den Predigten manifestiert sich das Phänomen *Ambiguität* entweder im Hinblick auf die Meinungsverschiedenheit der Gelehrten in Bezug auf bestimmte Rechtsurteile oder selbst in Bezug auf vieldeutige Texte bzw. Textstellen. Die Letztere spricht Bauer bei der verschriftlichten islamischen Literatur an (s. Bauer 2011: 18). In der obenstehenden Predigtstelle wird bei der Erläuterung von der bekannten Überlieferung *Ḥadīṯ al-kisāʾ* das Phänomen „sprachliche Ambiguität“ in den religiös terminologisierten Wörtern „Himmel“ (*samāʾ*) und „Sonne“ (*šams*) explizit behandelt und für die Zuhörenden zum Ausdruck gebracht.[121] Damit wird die Möglichkeit in den Raum gestellt, diese Wörter allgemeinsprachlich, metaphorisch oder genauso ambig zu verstehen. Ausgerechnet die Gelehrten und Koranexegeten, deren Expertise für das Predigen vorausgesetzt ist, verfügen über die Entscheidungsautorität, anhand anderer ergänzender Quellen zu interpretieren, welche Wahrscheinlichkeit höher und welche niedriger ist. Dieser Prozess bleibt längst nicht auf das theologische Expertentum beschränkt, sondern wird bei einer Predigtkommunikation explizit thematisiert. Zwar wird aus der Predigerposition von diversen Gelehrten-Meinungen über bestimmte Passagen bzw. über eine bildliche Darstellung berichtet und dazu auch noch die eigene Überzeugung der Gemeinde mitgeteilt. Das beinhaltet aber kaum den absoluten Wahrheitsanspruch.

Genauso wie der Koran und die Überlieferung das uneigentliche Sprechen zur Beschreibung des Unsagbaren nutzen, bietet die in den Metaphern steckende Ambiguität dem Prediger die Möglichkeit bzw. gibt ihm einen gewissen Freiraum, um religiöse Mysterien zu thematisieren und eigene Wahrnehmung davon dem Publikum nahezubringen. Die Prediger 1 (TXT16, PRD1, 2018-12-02, Absatz 10) und Prediger 2 (TXT9, PRD2, 2018-08-31, Absatz 7) sprechen von „bewusster" und „gewollter" Ambiguität in den religiösen Texten. Die klassischen Islamgelehrten waren zumindest von einem sogenannten Variantenreichtum des Korantextes überzeugt (s. Bauer 2011: 56 und 115). Dementsprechend werden sprachliche Ambiguitäten in den Predigten bewusst erstrebt und sind charakteristisch für religiöse Sprache.

Nicht nur wird vom Prediger kein Anspruch auf Entschlüsselung erhoben. Vielmehr vermeidet er ausdrücklich eine „Desambiguierung im Sinne der Verringerung der Zahl möglicher Interpretationen" (Löbner 2003: 65). Denn die Ambiguität hilft gerade dazu, das Geheimnisvolle zu schildern. Nach Levin soll durch „expressivity through evocative allusions" (Levine 1985: 37) die kulturelle Funktion des metaphorischen und ambigen Ausdrucks erfüllt werden. Die *Licht*-Metapher im untenstehenden Beispiel aus der Predigtpassage verhilft zu einer mysteriösen Lobpreisung des Propheten und dessen Nachfolgers *ʿAlī*.

> Das sind Wahrheiten, die viele am Anfang nicht verstanden haben. Für die Araber war die Nachfolge *ʿAlīs* eine politische Entscheidung, (aber) für den Gläubigen ist die Nachfolge *ʿAlīs* eine himmlische kosmische Entscheidung und eine Wahrheit: „(a) Das erste, was Gott erschaffen hat, ist das Licht deines Propheten. (a), dann hat Gott dieses Licht in zwei Lichter geteilt, eins ist der Prophet, das andere ist ʿAlī." Das ist ein Verständnis des Koran- und Hadithtextes, die darüber (über das Wort) hinausgeht. (4, PRD1, 2018-06-13, Absatz 4)

121 Mehr zum Thema sprachliche und kulturelle Ambiguität im Islam, s. Bauer 2011: 30–35. Zur Rolle der sprachlichen Ambiguität in der Kultur s. Levine 1985.

Ein anderes Beispiel, das aus mehrschichtigen kognitiven Bedeutungs- und Assoziationsebenen besteht, zeigt das häufig verwendete semantische Bedeutungsfeld *reinigen/verunreinigen, rein/unrein* und *Reinheit/Unreinheit*. PRD1 stellt für dieses Feld drei (vertikale) Bedeutungsebenen dar, die gleichzeitig nebeneinander existieren und sich ergänzen können: a) wörtlich-allgemeinsprachlich: sauber oder Sauberkeit, b) terminologisiert-fachsprachlich: ritueller Zustand vor der Verrichtung von bestimmten religiösen Handlungen und c) metaphorisch: spirituell entwickelt.

> Leider beschränken sich viele Muslime nur auf diese kultische Frage und schauen nicht über den Horizont. Der Gesandte Gottes sagte, sagte der *Imām Ḥasan Al-ʿAskarī*: „(a) Der Schlüssel zum Gebet ist die Reinheit.“ Was fällt dir ein, wenn du Reinheit hörst? Das Waschen mit (dem) Wasser. Aber ist das alles? Oder genügt das als ein körperlicher physikalischer Vorgang, sich mit Wasser zu benetzen? Nein. Und das ist auch nicht das, worauf es dabei wirklich ankommt. Weil wenn ihr schaut, reicht es für die rituelle Waschung zwei Handvoll Wasser zu benutzen. Wenn ich aus der Kfz-Werkstatt komme, brauche ich wesentlich mehr, um mich sauber zu machen. Aber die rituelle Waschung ist keine Sauberkeit an sich, bei der man sich von dem üblichen Schmutz befreit, sondern (ist) ein Ritual. Das heißt ein Vorgang, bei dem ich wissen muss und bei dem ich die Symbolik und das Zeichen der Dinge sehe. Das Wasser steht für etwas. Die Hände stehen für etwas. Die Bewegung, das Gesicht zu waschen, steht für etwas. Und das alles ist Inhalt der schiitischen Lehre und sollte von uns gekannt, erlernt und berücksichtigt werden. (14, PRD1, 2018-11-03, Absatz 18)

Während dieser eine Prediger im Hinblick auf die Bedeutung der Wörter *rein* und *Reinheit* eine gewisse Ambiguität zulässt und seine eigene Wahrnehmung ausführlich und dazu noch bildlich darstellt, verhält sich ein anderer Prediger differenziert gegenüber anderen ambigen Wörtern, die in den Überlieferungen stehen. Sein Umgang (PRD2) mit der Uneigentlichkeit von zwei Wörtern *Becken* (eventuell Metapher für Spiritualität bzw. Ruhe) und *Banner* (eventuell Metapher für Motto bzw. Botschaft) in folgenden Beispielen entspricht nicht seinem eigenen Verständnis, sondern er beruft sich auf Gelehrten-Meinungen, die diese Wörter metaphorisch interpretieren. Er tendiert dazu, beide Auffassungen gelten zu lassen, und seine Aussagen über Ambiguität sind daher vielmehr zitiert als eigenständig interpretiert:

> Er (der Prophet) sagt (zu *ʿAlī*): „Du bist der Besitzer meines Beckens im Paradies.“ Es wird überliefert, dass die Gläubigen aus diesem Becken trinken werden, sodass sie nie wieder durstig sein werden und *ʿAlī* (a) ist der *sāqī*, also der, der uns mit der Erlaubnis des Propheten dieses Wasser oder Getränk gibt. Einige unserer Gelehrten verstehen dieses Becken metaphorisch. Also sie verstehen dahinter nicht wirklich ein Becken, sondern etwas anderes, nämlich der Eingang in eine spirituelle Sphäre. Es fängt damit an. (Diese spirituelle Sphäre ist) nämlich *salām*, das, was der Koran als Frieden, *ṭūba*, Ruhe, *sakīna* (bezeichnet). Es fängt dann an, wenn wir den Propheten und *Imām ʿAlī* (a) an diesem Becken begegnen und wissen, dass alles gut ist und wir es geschafft haben. Andere Gelehrten sagen: nein. Es ist durch-

aus physisch ein Becken (gemeint). Und das ist die stärkere Meinung und meines Erachtens stimmt beides miteinander überein. Das hat eine Symbolik, aber die Überlieferungen machen klar, dass tatsächlich ein Becken da ist. (9, PRD2, 2018-08-31, Absatz 6)

(Weiter in der Überlieferung, Prophet zu *ʿAlī*): „(a) Du bist der Besitzer meines Banners“ Das Wort *liwāʾ* kann hier zwei Dinge bedeuten: 1. Einmal Banner im spirituellen Sinne: Du bist der Träger meiner Botschaft, sowie *Al-ʿAbbās* im physischen und spirituellen Sinne der Hoffnungsträger für *al-Ḥussayn* und *Sayyida Zaynab* war, genauso bist du der Träger des Banners des Islams, oh *ʿAlī*! 2. Wenn man aber genau hinschaut und die anderen Überlieferungen kennt, dann weiß man, dass es um ein bestimmtes Banner geht: *Liwāʾ al-ḥamd*, das Banner des Lobes, wenn wir es spontan übersetzen möchten. Was bedeutet (das)? Über dieses Banner wird in unseren Überlieferungen der *Ahl al-Bayt* gesagt, dass es ein Banner aus *nūr*, Licht sein wird, das der Gesandte Gottes *Yawm al-qiyāma* (in Jenseits) (unv.) wird und dieses Banner ist riesig. Die Überlieferungen sprechen von Dimensionen, die für uns zu abstrakt sind und wir es nicht begreifen können. Das ist auch gewollt. Es muss etwas sehr, sehr Großes sein, das uns an diesem Tag überwältigt. (9, PRD2, 2018-08-31, Absatz 7)

Die Wörter *Becken* und *Banner*, über deren metaphorischen im Gegensatz zum allgemeinsprachlich-wortwörtlichen Gebrauch in der obigen Predigtstelle gesprochen wird, verorten sich im Äußerungskontext der Sachverhalte im Jenseits. Gerade die das Jenseits behandelnden Predigtthemen eignen sich gut für Metaphereinsatz, da sie nicht mit der metapherfreien Sprache der Tatsachen, sondern durch expressive Redeweise übermittelt werden, um dessen Bedeutung für Zuhörende zu vertiefen.[122]

In der Auseinandersetzung mit der Unbegreiflichkeit Gottes oder des Göttlichen und um das Grundproblem des unausreichenden menschlichen Wahrnehmungsvermögen zu revidieren, entwickelt sich die Tradition *negativer Theologien*, bei denen die folgende Aussage zentral ist: „Wir sagen, was Es nicht ist. Was Es aber ist, das sagen wir nicht“ (Kremer 2008).

Über unsere Erkenntnis von Gott wissen wir, dass sie niemals ausreichend sein kann, niemals. (a) Sie werden Gott in der Weise nicht erkennen, in der es ihm gebührt. Und wir wissen, dass selbst der Prophet, das höchste aller Geschöpfe, das Siegel der Propheten, der Imam der Imame, niemals das Wesen Gottes selbst erreichen konnte und auch nicht erreichen kann. Das Wesen, das keinen Namen hat, das reine pure Wesen – und selbst, wenn wir sagen „das reine pure Wesen“ ist das nur ein Augenmerk auf die Richtungen, in die wir zeigen wollen, ist letztlich niemals das Wesen selbst, das unerreichbar bleibt. Weil der Abstand zwischen dem Unendlichen und dem Endlichen ist ein unendlicher Abstand. Das ist eine der möglichen Erklärungen zu verstehen, warum wir nicht verstehen können. (1, PRD1, 2018-06-06, Absatz 2)

122 Die Verheißung im Jenseits (in der alltäglichen-außertheologischen Kommunikation: Versprechen, Garantie. Neues Bibel Lexikon, Görg und Lang 2001) war und ist im Christentum auch ein häufig metaphererregendes Predigtthema. Metapher als indirekte Redeform bereitet eine Plattform für den sog. „Unsagbarkeitstopos“ (Lasch und Liebert 2015: 485) im Feld „Sprache und Religion“ vor, der hinter der religiösen Erfahrung des Subjekts steckt.

Arbaʿīn (der 40. Tag nach der Tragödie von *Karbala*) ist, wenn Füße in die heiligen Fußstapfen von heiligen Menschen treten. *Arbaʿīn* ist Enträtselung der Geschichte. *Arbaʿīn* gibt ein Geheimnis preis, das man nicht weitersagen kann, das man miterleben muss. *Arbaʿīn* ist das Bewahren der geistigen Lebendigkeit des Islam. *Arbaʿīn* bedeutet mehr als man gehört hat, mehr als man gelesen hat, mehr als man gewusst hat, mehr als man erfahren hat. (14, PRD1, 2018-11-03, Absatz 16)

Der Prophet sagt: „Gott hat Fāṭima einen Namen seiner Namen gegeben und da hat er gesagt: (a) „Ich bin Fāṭir, der Schöpfer, der Urheber von Himmel und Erde und sie ist Fāṭima, die Entwöhnende.“ Wenn du Araber bist, dann hörst du (es), damals hast du dieses Wort verstanden, die Entwöhnende, und hier heißt es: (a) „Weil die Schöpfung von ihrer Erkenntnis entwöhnt wurde.“ *Fāṭima* wird zu einem Mysterium, zu einem Geheimnis erhoben und damit wurde ihre Erkenntnis für die Menschen nicht mehr zugänglich. (1, PRD1, 2018-06-06, Absatz 9)

Imām Ṣādiq (a) sagt: „Der Name ist nicht das Genannte.“ *Allah* ist eine Titulierung des Wesens, des Wahren, der einzigen wahren Wirklichkeit, die nicht erreichbar und unfassbar ist. Namen sind der Bereich unserer Erfahrung mit Gott. (4, PRD1, 2018-06-13, Absatz 13)

Die oben erläuterten Beispiele aus unterschiedlichen Predigtstellen behandeln den fremden „unendlichen“ (TXT1, PRD1, 2018-06-06, Absatz 2) und „unerreichbaren“ (TXT1, PRD1, 2018-06-06, Absatz 2) Gegenstand. Dieser wird durch Interpretation des Predigers und seine Sätze diesbezüglich weder für das Publikum begreifbar gemacht noch wird eine Aufklärung angestrebt. Vielmehr helfen die uneigentliche Sprechweise des Predigers und der intensivere Metaphereinsatz dabei, die allgegenwärtige Unbegreiflichkeit als ein eigenständiges Phänomen zu erfassen und die Unmöglichkeit des wahren Erkennens Gottes zu diskutieren.

4.3.3 Äquivalenzfindung und -bildung: Terminologisierung des deutschen Predigtwortschatzes

Im Kapitel 4.3.2.5 wird die Mehrsprachigkeit der schiitischen deutschsprachigen Predigten im Zusammenhang mit dem Verständlichkeitsdilemma diskutiert. Abgesehen von dem überwiegend deutschsprachigen Teil der schiitischen Predigten, anhand dessen sich die allgemein- und fachsprachlichen Merkmale des islamreligiösen Deutschen untersuchen lassen, zeichnen sich die Predigten durch Verwendung des Arabischen aus. Hierbei können – aus übersetzungsrelevanten Aspekten – drei Untergruppierungen hinsichtlich des arabischen Sprachgebrauchs in den Predigten voneinander unterschieden werden:

Die arabischen (Schlüssel)Begriffe mitten in den deutschen Sätzen der Predigt fungieren in der Regel als Kernwortschatz des laufenden Predigtthemas. Die Prediger zeigen sechs voneinander unterscheidbare Herangehensweisen mit diesen Begriffen, teils mit, teils ohne deutsche Übersetzung (4.3.3.1).

Anfangs, während und/oder am Ende der Predigt werden zwar unterschiedlich häufig, aber stets Koran-, Überlieferungstexte und diverse Bittgebete zitiert und rezitiert. Dies erfolgt teils auswendig und teils aus einem offen hingelegten Buch, von einem Zettel oder einem Manuskript bzw. in digitaler Form (Notebook, Tablet, Laptop) auf Arabisch abgelesen. Die ausgewählten Textpassagen stehen im Verhältnis zum Predigtthema und laufen auf die Auseinandersetzung mit der anvisierten Botschaft hinaus, gelten als Stützen der Aussage und werden daher in der Regel unmittelbar nach dem Rezitieren ins Deutsche – wortwörtlich bzw. sinngemäß – übersetzt (4.3.3.2).

Im Gegensatz zu den zwei genannten Gruppierungen bestehen Teile der Predigt aus festen Textmustern oder (Rede-)Formeln, die in arabischer Sprache und normalerweise ohne deutsche Übersetzung ausgesprochen werden. Diese Wörter, Wortgruppen oder Sätze erfüllen eher die Funktion des Segens in der Originalsprache, werden allerdings manchmal auch von einer deutschen Übersetzung begleitet oder sogar nur auf Deutsch gesprochen. In diesem Fall erhält sie im Deutschen – wie im Arabischen – eine weitgehend feststehende Formulierung, die das Original erahnen lässt (4.3.3.3).

Die Übertragung oder zumindest die Übertragungsversuche der arabischsprachigen Einheiten ins Deutsche lässt bei diesen drei Gruppen chronologisch nach; d. h. die erste Gruppe im arabischen Sprachgebrauch (Schlüsselbegriffe) wird am häufigsten und die letzte Gruppe (feste Textmuster) dagegen wird am wenigsten ins Deutsche übersetzt. Im Folgenden werden diese drei Gruppen mit Beispielen aus ihrer Lexik näher behandelt.

4.3.3.1 Arabische Schlüsselbegriffe

Es gibt einen gewissen Kernwortschatz, der in der islamischen religiösen Kommunikation generell oder zumindest häufig (nur) auf Arabisch zur Sprache kommt. Bestimmte Wortschatzeinheiten bleiben sogar in der fachtheologischen Ausbildung – in allen anderen nicht-arabischen Sprachen – stets Arabisch. Dafür gibt es mehrere Gründe, u. a. die Unterschiede zwischen einzelsprachlichen Fachwortschätzen.[123] Für die arabischen Bezeichnungen vieler religions- und kulturspezifischer Gegenstände, Tätigkeiten und Sachverhalte gibt es kaum äquivalente Wörter in anderen Sprachen, wie hier im Deutschen.

Über den Äquivalenzmangel hinaus kann der fremdsprachige Wortschatzgebrauch weitgehend an der bereits verbreiteten Verwendung des originalen Arabisch in der deutschen Zielsprache liegen. So nennt z. B. das *Zentrum für Islamische*

123 Ausführlich zur Pluralität fachlicher Kommunikation und fachliche Sprachmittlung s. Roelcke 2020a: 177–184 und 214–219.

Theologie der *Westfälischen Wilhelms-Universität Münster* ihren Schwerpunktbereich „Hadithwissenschaften und Hadithhermeneutik.“ (URL66) Die entsprechende deutsche Übersetzung mit „Überlieferung“ des Begriffs *Hadith* erspart man sich dabei. Im deutschen Fachwortschatz der Medizin, der weitgehend aus dem internationalen lateinisch-griechischen Fachwortschatz besteht, werden in ähnlicher Weise oft der internationale und deutsche Wortschatz nebeneinander verwendet (s. Ahrens 1992; Becher, Lindner und Schulze 1991). Ob und inwiefern die arabische Provenienz des islamreligiösen Fachwortschatzes heutzutage die deutschsprachige Kommunikation beeinflusst, ist im Hinblick auf den gegenwärtigen Zustand noch unklar. Eines steht jedoch fest: Die Vermittlung der Predigtinhalte konfrontiert die deutschsprachigen muslimischen Prediger mit der Herausforderung des (fach)sprachlichen Transfers vom Arabischen ins Deutsche.

Die Prediger gehen mit dieser Herausforderung auf diverse Art und Weise um – oft sogar bis hin zur Verzweiflung. Tauchen Schlüsselbegriffe an einer bestimmten Predigtstelle auf, wenden die Prediger die sechs folgenden Äquivalenzfindungsstrategien an:

a. Breiter Konsens über die deutsche Entsprechung: solide und sichere Begriffsbenennung

Die Mehrheit der arabischen Begriffe, die in den Predigten Anwendung finden, sind solche, über deren deutsche Entsprechung ein durchaus breiter Konsens unter verschiedenen Predigern besteht. Für bestimmte Begriffe verwenden alle an der Untersuchung teilnehmenden Prediger dieselben Äquivalente, zwar häufig mit Benennung des arabischen Originals – wenn dieses aus den Koranversen bzw. Überlieferungstexten entnommen ist – aber manchmal auch einfach ohne die Benennung des Arabischen. Allein durch die Verwendung eines einzigen fremdsprachigen Begriffs als Synonym bleibt der deutschsprachige Predigtredefluss durchaus ununterbrochen, da das arabische Wort eine zusätzliche Information darstellt.

Bei der Diskussion um die Art und Weise der rituellen Reinigung verwendet der PRD3 vor dem deutschen Begriff *Einflüsterung* zunächst den originalarabischen, koranischen und religionssensiblen Fachbegriff *waswasa* (auch *waswās*). Damit wird der Einfluss Satans auf die Gedanken des Menschen bezeichnet, wodurch Zweifel und Unsicherheiten geschürt bzw. verstärkt werden, was sich bis zu krankhaften Zügen steigern kann.[124]

124 Diese und alle anderen Definitionen der deutschen Entsprechungen in diesem Kapitel sind aus den Beiträgen der schiitischen Online-Enzyklopädie entnommen.

> Wenn ihr kein Problem habt, kann ich euch zeigen, wie einfach das ist und wie schnell der Reinigungsprozess auch geht; nämlich zuerst die Entfernung der ursächlich rituellen Unreinheit und dann zwei Mal Wasser (drauf). Man muss überhaupt gar keine *waswasa*, Einflüsterung, haben. [...] (6, PRD3, 2018-07-08, Absatz 17)

Ein anderes Beispiel betrifft eine Predigtstelle von PRD2 und enthält mehrere Begriffe aus dem nicht-ritualbezogenen, sondern abstrakten Themenfeld, die zweitsprachig nebeneinander zum Ausdruck kommen.

> Der Imam sagt zu dir und zu mir: „(a) Du bist das offenkundige Buch. Du bist die offenkundige Schrift. Du kannst ein Koran sein. Du kannst das Buch sein. Das ist in dir. (a) Das Buch sind wir (und) unser ganzes Wesen. Der Mensch, al-*insān*. Und *aḥruf*, die Buchstaben sind die Teile, die uns ausmachen, (z. B.) *ar-rūḥ* der Geist, *an-nafs* die Seele, al-ʿaql der Verstand, al-qalb das Herz, das Zentrum unserer Entscheidung; all diese Dinge zusammen. (a) Durch eure Buchstaben (und) durch eure Teile offenbart ihr das, was verborgen ist.“ (5, PRD2, 2018-07-08, Absatz 2)

In den meisten Fällen drückt der Prediger eine vom ihm selbst für äquivalent gehaltene deutsche Entsprechung für die Schlüsselbegriffe aus, sei es vor oder nach deren arabischen Original. Eine solche persönliche Entscheidung über Begriffsbildung im fachlichen Diskurs wird als zentrales Thema in der Fachübersetzung aufgegriffen. Dabei gibt es keinen Anspruch auf die Eindeutigkeit, Fixiertheit und Systematisierung der Begriffsbenennung, da als Allererstes der Erfolg der Kommunikation beabsichtigt sei (s. Stolze 1999: 44). In der islamtheologischen Disziplin des vorliegenden Kontextes im Allgemeinen und in den aktuell deutschsprachig gehaltenen Predigten im Besonderen erfolgt die Neubildung von deutschsprachigen Begriffen für die islamische Religion in starkem Maße zurückhaltend und umso weniger kann man von einer Systematisierung sprechen. Ferner scheint für diesen Kontext die sonst weit verbreitete Annahme strittig zu sein, dass die bereits geläufigen Entsprechungen als „sprachliche Konventionen“ (Stolze 1999: 44) gelten und mit der Unzufriedenheit bzw. Kritik der Gemeinschaftsmitglieder jederzeit bereit für Änderungsprozesse seien. Die folgenden Eigenschaften liegen dem zugrunde:

Einerseits bezieht sich die schiitische deutschsprachige Predigt gegenwärtig nur auf eine geringe Anzahl von spezialisierten Gelehrten, die über genügend deutsche Sprach- sowie theologische Fachkompetenzen verfügen (müssen), um sich überhaupt in die interne Debatte um die Entsprechungsfindung einbringen und damit auseinandersetzen zu können. Unter den gesamten Gemeinschaftsmitgliedern kommen lediglich die Experten für die Entsprechungsfindung bzw. -änderung in Frage – und nicht die Predigtzuhörenden als Allgemeinheit der Glaubensgemeinschaft. Im Predigtkontext sind die zwei von Stolze genannten Personenkreise als „Träger der interkulturellen Kommunikation“, d. h. Sprachproduzent und Sprachmittler (s. Stolze 1999: 14), ein und derselbe: Prediger sind die Autoritätsfiguren, die sich in einer islamreligiösen Sprache des Deutschen ausdrücken, und zugleich auch die, die sich als Experten der interkulturellen Kommunikation für die Übersetzung der fachlichen Mitteilungen bis hin zur Erfindung neuer Lexika engagieren und dafür zuständig sind.

Andererseits bleiben die (häufig auch provisorischen) Ergebnisse der Begriffsbildungsbemühung auf die individuelle Ebene des einen oder anderen Predigers begrenzt und werden kaum institutionalisiert. Die Online-Enzyklopädie gilt zwar als eine (unausgesprochene) gemeinsame Instanz für diesen Expertenkreis und fast alle Begriffe, über deren deutsche Entsprechung ein breiter Konsens besteht, gehören auch zur Enzyklopädie. Trotzdem ermöglicht die mündliche Predigtrede einen großen Spielraum für individuelle, spontane oder vorher gründlich überlegte Übersetzungen aus eigener Innovation in der Anwesenheit entsprechender Predigtzuhörender.

b. Fehlender Konsens: Thematisierung von bestehenden Übersetzungsalternative(-n) und eventuelle Einführung einer neuen Äquivalenz

Die Bezeichnung der Sachverhalte, Gegenstände und Phänomene erfolgt in den Naturwissenschaften durch logisch strukturierte Fachterminologie, und daher stellt die Sprache lediglich ein Medium dar (s. Stolze 1999: 42). Die Fachsprache der Sozial- und Geisteswissenschaften ist hingegen aufgrund ihrer hermeneutischen Deutung der inneren Gefühle und der Meinungen (in der Religion oft als „Interpretation“ bekannt) gleichzeitig selbst Gegenstand der Fachkommunikation (s. Stolze 1999: 43). Daran schließt sich die bewusste Thematisierung der Entsprechungsfindung in der Predigtkommunikation an.

In einigen Predigtpassagen gibt es arabische Begriffe, die nicht von allen Predigern mit derselben deutschen Übersetzung versehen werden. In diesen Fällen äußert sich der Prediger zu den bestehenden Übersetzungsalternativen bzw. zu der bereits geläufigen deutschen Äquivalenz. Zudem werden die kontroverse Übertragung eines bestimmten Begriffs und die damit einhergehenden sprachlichen Argumentationen, abhängig von den individuellen sprachlich-fachtheologischen Kompetenzen des Predigers, detailliert und explizit für das Publikum erläutert.

> Früher haben sehr viele das (Wort) *ʿadāla* mit Wahrhaftigkeit oder Gerechtigkeit übersetzt. Meine Übersetzung wäre ‚Integrität‘, was – denke ich mal – diesem Begriff näherkommt, weil *al-ʿadāla* mehrere Bedeutungen in der arabischen Sprache hat. Das habe ich letztes Mal nicht erwähnt. Viele von uns denken, dass *ʿadāla* vom normalen Wort *ʿadl*, in der Bedeutung von Gerechtigkeit stammt, was eigentlich auch richtig ist. Aber die *ʿadāla* an sich bedeutet nicht immer nur Gerechtigkeit, sondern es bedeutet auch manchmal einen bestimmten inneren Zustand eines Menschen, dass er fromm ist und sich an bestimmte Gesetze hält, dass er nett und lieb ist und niemanden irgendwie zu nahetritt. Dieser Begriff kommt deswegen am nächsten, wenn wir ihn mit Integrität übersetzen. (6, PRD3, 2018-07-08, Absatz 5)

> Logischerweise bleibt nur ein Punkt und das ist, indem ich einen Fachkundigen frage. Den nennen wir *marǧaʿ at-taqlīd*, das Vorbild der Befolgung, das Vorbild der Nachahmung, wie es auch manchmal übersetzt wird, was ich persönlich als nicht falsch, aber als eine negative Übersetzung ansehe, weil das Wort ‚Nachahmung' negativ belastet ist. Deswegen bleiben wir bei Befolgung. (6, PRD3, 2018-07-08, Absatz 3)

In den Fällen, wo über eine bestimmte Realitätsbeschreibung ein gewisser Konsens in einer bestimmten Gemeinschaft besteht, kann man vom Schlüsselbegriff *Paradigma* und damit einhergehend vom Versuch des *Paradigmenwechsels* (Kuhn 1977) sprechen. „Cultural capital includes paradigms in the Kuhnian sense, but also it includes the means of breaking down paradigms and substituting others in their place" (Collins 1998: 31). Collins betont bei der Diskussion über „Sociology of Thinking" die Rolle des Wortes und der Sprache: „Words, like any other feature of cultural capital [...] are generated (or introduced to new individuals) in some interactional situation, and are loaded with the emotional significance corresponding to the degree of solidarity in that particular encounter. Once acquired as part of one's repertoire, they become means for negotiating further situations. A word smoothly accepted or awkwardly taken is a way of testing whether someone else will participate in further solidarity ritual with oneself; and words are attractors or repulsers which move one toward or away from particular encounters" (Collins 1998: 47).

Die jeweiligen Prediger stehen mit ihrem Äquivalenzverhalten in direkter Verbindung mit den Predigtzuhörenden, während ein solcher Austausch traditioneller sowie intellektueller Natur zwischen den Predigern selbst – soweit dies dem Kenntnisstand dieser Untersuchung entspricht – kaum besteht. In dieser Hinsicht erfährt der eine Prediger nichts von den Übersetzungsalternativen des anderen Predigers. Die Hinterfragung, Argumentation und Etablierung der deutschen Äquivalente laufen daher eher parallel zueinander und die von Collins angesprochene Akzeptanz einer bestimmten Begriffsbildung kommt eher innerhalb der Kommunikation zwischen Experten und Laien – statt in intellektuellen Kreisen – in Frage. Dementsprechend scheint es eher unwahrscheinlich, dass bspw. die Kritik des PRD3 im o. g. Beispiel über die deutsche Übersetzung der Begriffe *ʿadāla* und *taqlīd* zukünftig von anderen Predigern in anderen interaktiven Situationen zitiert und die jeweiligen Übersetzungsvorschläge, die in der Predigt diskutiert wurden, anderswo verwendet werden.

Die o. g. Beispiele zeigen, inwiefern die Äquivalenzfindung im Falle einer fehlenden Einstimmigkeit über eine arabisch-deutsche Entsprechung dem jeweiligen Prediger und seiner Fach- und Sprachkompetenz überlassen ist. Ein anderer Beweis für die Personengebundenheit der Äquivalenzfindung in den Predigten zeigt sich in der gelegentlichen Umschreibung eines Begriffs durch den Prediger, wenn daraus anstatt einer formal gleichgewichtigen Entsprechung eher frei formulierte und veränderbare *Phraseologismen* entstehen. In diesem Zusammenhang legt die Wortfeldtheorie die Unterscheidung zwischen der Sprachtechnik gegenüber dem Vorgefertigten (wie „fixierte Ausdrücke und Wendungen, Redensarten, Sprichwörter [...] u. a.“ Geckeler 1971: 188) nahe. Bevorzugt wird dann die Sprachtechnik, wenn die einzelnen sprachlichen Einheiten sowie ihre zusammenfassenden Benennungen frei gestaltbar und verfügbar sind (s. Staffeldt 2017: 112).

So wird bspw. für den arabischen Begriff *istiṭāʿa* folgende Phraseologie in der Predigt gebildet und in dieser Form auch in der WFD 4.2 verortet: „Vermögen, das Gott den Menschen individuell zum besten Wissen und Gewissen verliehen hat“ (TXT16, PRD1, 2018-12-02, Absatz 12). Die Anzahl der Wörter unterscheidet sich schon bei Übersetzungsäquivalenten der typologisch ähnlichen europäischen Sprachen deutlich voneinander (französisch *chemin de fer* – dt. *Eisenbahn*), sodass dieser Unterschied beim Übersetzungsäquivalent (s. Haß und Storjohann 2015: 145) – des arabischen Wortes *istiṭāʿa* – keineswegs überraschend ist. Neben dieser phraseologischen Äquivalent, die Produkt subjektiven Sprachgebrauchs ist, nennt die Online-Enzyklopädie den Begriff „Imstandesein“ als primär nichtreligiöse (allgemeinsprachliche) Entsprechung des arabischen Wortes *istiṭāʿa*.

c. Bewusster Verzicht auf wortwörtliche und Tendenz zur „sinngemäßen“ Übersetzung

Nicht immer kann oder will der Prediger anhand eines sprachsemantischen Beitrags den Mangel bzw. die Umstrittenheit einer geläufigen arabisch-deutschen Übersetzung ausführlich und präzise in seine Predigt einbringen und seine eigene Überzeugung darlegen. Aus den Beobachtungen des empirischen Feldes zum einen und aus den Äußerungen der Prediger selbst zum anderen werden die (Vor)Annahmen ersichtlich, aufgrund derer in der Predigt ein flexiblerer Umgang mit der Übersetzung fremdsprachlicher Begriffe bevorzugt wird.

An den meisten Predigtstellen legt der Prediger – anstatt einer wortgetreuen Übertragung – eine größere Wichtigkeit darauf, durch sprachliche Kontinuität die Botschaft seines Redegehalts „sinngemäß“ zu übermitteln, eine erfolgreiche Kommunikation zu pflegen, die Rezeption zu erleichtern und somit letztendlich gemäß der metaphorischen Formulierung eines Predigers „das Herz anzusprechen“ (s. das Beispiel unten). Dafür verzichtet er auf die Übersetzung des arabischen Wortes und liefert zudem auch seine Begründung für diesen Verzicht.

> Er (der Imam) möchte (von uns) eine Art von *uns* (Geselligkeit, Harmonie) (haben). Das arabische und deutsche Wort hören sich gleich an, aber das sind andere Bedeutungen. Die arabische Bedeutung von *uns* kommt in *Duʿāʾ Ǧawšan Kabīr* (zum Ausdruck). Da heißt es „Yā anīsa man lā anīsa lah.“ Ich überlege (die Übersetzung) jetzt nicht fachwörtlich-wissenschaftlich genau, weil wir das Herz ansprechen wollen. Es geht dort um Harmonie. Es geht darum, dass der Mensch eine bestimmte Harmonie für Gott empfindet. (3, PRD3, 2018-06-11, Absatz 11)

Die fachübergreifende Übersetzungswissenschaft hat sich schon lange von einer wortisolierenden Betrachtungsweise losgelöst und eine an der Konstruktion und Pragmatik orientierte Betrachtungsweise eingenommen (s. Haß und Storjohann 2015: 162). Nach Stolze lässt sich das praxisrelevante Interesse bei erforderlichen Übersetzungsentscheidungen der „Verantwortung des Kommunikators" (Stolze 1999: 15) zuordnen. Wie die drei bisherigen Übersetzungsstrategien der Prediger verdeutlichen, wird diese Verantwortung von unterschiedlichen Predigern durchaus unterschiedlich verstanden.

Während der eine Prediger sich für die semantische Adäquatheit einsetzt (s. oben, die Fälle a und b), spiegelt sich dieses religiöse Gewissen wie auch die Verantwortung bei einem anderen Prediger in seinem Versuch der sinngemäßen Übersetzung wider, um eine Unterbrechung der religiösen Rede zu vermeiden.

d. Nachfrage beim Publikum auf der Suche nach einer Entsprechung

Die Sprache in der religiösen Praxis der Predigt wird vor Ort mit einer gewissen mündlichen Spontaneität produziert. Aus dieser Besonderheit heraus entwickelt sich der zu vermittelnde religiöse Inhalt eher intuitiv und induktiv, d. h. im Moment während der Rede (s. Bitter 2005: 41) als deduktiv, d. h. in enger Verbindung zu den Vorbereitungen vor der Predigt. In einer der selten vorkommenden Anlässe tritt der Prediger *aktiv* aus der Rolle des ausschließlichen Sprachproduzenten heraus. Gegenüber einem aktiven Austritt aus der Sprachproduzentenrolle können beispielsweise rhetorische Äußerungen in den Predigten stehen, worin der Prediger zwar dem Publikum Fragen stellt, jedoch grundsätzlich keine Antwort erwartet.

Mit aktiver Hinwendung des Predigers zum Publikum wird der interaktiv-dialogische Charakter[125] der Predigt in den Vordergrund dieser Kommunikation gerückt. Es wird nach einem passenden Wort gesucht, nach einer Übersetzungsalternative nachgefragt und auch eine Antwort erwartet. Das ist ein spontanes pragmatisches Sprachverhalten, um mithilfe des predigthörenden Publikums einen arabischen Begriff durch ein deutsches Äquivalent zu ersetzen.

> Das Wort *ṣalāt* hat eine Wurzel. *Ṣalāt* bedeutet *taʿaṭṭuf wa inʿiṭāf* und beinhaltet Geborgenheit, Liebe, Segen, Respekt und *tamǧīd*. *Tamǧīd* ist (auf Deutsch so etwas) wie? (mehrsekündige Pause; mehrere Vorschläge kommen aus dem Publikum) Lobpreisung, ja, Lobpreisung! (15, PRD6, 2018-12-02, Absatz 11)

Die Predigt ist die Bühne, auf der das sprachliche Endprodukt offenbart, inwieweit der Prediger mit dem islamreligiösen Wortschatz des Deutschen vertraut ist und wie intensiv er sich mit der Problematik der Äquivalenzfindung auseinandergesetzt hat. Das Äquivalenzfindungsverhalten des Predigers zeigt – über seine

125 Ausführlich zu Interaktionsformen in der Predigt vgl. Kap. 4.3.2.2.

bewussten Entscheidungen hinaus – auch seine Gewöhnung an das deutschsprachige Predigen. Der Prediger bestimmt, wie er mit den arabischen Schlüsselbegriffen in seiner deutschsprachigen Predigt umgeht bzw. es wird sichtbar, an welche Umgangsformen er eher gewöhnt ist.

Bei allen vier o. g. Herangehensweisen, nämlich die deutsche Äquivalenz neben dem arabischen Original zu verwenden (a), in strittigen Fällen seine Überzeugung bezüglich einer bestimmten Wortwahl dem Publikum mitzuteilen (b), die Wiedergabe einer sinngemäßen Übersetzung ohne die ausführliche Thematisierung (c) oder letztlich die unmittelbare Einbeziehung der Predigtzuhörenden in diese Herausforderung (d), wird mehr oder weniger die Absicht und zugleich die Bemühung des Predigers für einen möglichst einsprachigen deutschen Sprachgebrauch deutlich. Diese Orientierung ist nicht unbedingt bei allen Predigern, Predigtstellen und -lexika zu beobachten.

Die originale arabische Begriffsbenennung in den Predigten – teils mit und teils ohne eine Begründung – macht die anderen zwei Herangehensweisen unterschiedlicher Prediger in Konfrontation mit den Schlüsselbegriffen aus (e und f):

e. Originalarabische Begriffsbenennung mit Begründung über fehlende Äquivalenz

In den Predigtstellen, die dieser Umgangsform zugeordnet werden, wird der Schlüsselbegriff im arabischen Original zum Ausdruck gebracht. Diese Entscheidung wird nebenbei kurz, aber explizit für die Zuhörenden begründet. Die Annahme des Predigers lautet hierbei erstens, dass die überwiegend arabischsprachigen Zuhörenden (zumindest) mit den Grundbegriffen des islamischen Wissens auf Arabisch vertraut sind. Auf der Basis dieses Anspruchs vernachlässigt er eine Äquivalenzfindung für die Schlüsselbegriffe in der betreffenden Predigtstelle. Zweitens wird der arabische Wortgebrauch bzw. der Verzicht auf Übersetzung bestimmter Begriffe so gerechtfertigt, dass die Zuhörenden eine eventuelle deutsche Übersetzung für dieses Wort als zu schwierig bzw. „fachlich“ – hier im Sinne von fremd – empfinden würden.

> Was für eine Stufe kann die menschliche Seele in Bezug auf Überzeugung erreichen? 1. Einmal gar kein Wissen, 0% heißt *ǧahl*, 2. dann etwas unter 50% (ist) Wissen, was wir auf Arabisch *wahm* nennen, so etwas wie weniger als Zweifel. Wird es morgen schneien? Ich habe nicht unbedingt *ǧahl*, sondern eine leichte Ahnung. Ich nenne es einfach auf Arabisch, weil es für die meisten einfacher zu verstehen ist. Auf Deutsch muss ich dann mit den Fachbegriffen hantieren und das sind Begriffe, die oft in der Philosophie und Logik vorkommen. (7, PRD3, 2018-07-22, Absatz 21)

Diese Einschätzung des Predigers von den sprachlichen Kenntnissen seines zuhörenden Publikums scheint unter den Predigern verbreitet zu sein und ist daher bemerkenswert. Die Prediger gewinnen mit der Zeit einen gewissen Eindruck über das herkunftssprachliche Milieu ihres Publikums in den Gemeinden einer

Stadt. Trotzdem gibt es keinen Beweis für die Übereinstimmung ihrer Eindrücke mit dem tatsächlichen (fremd)sprachlichen Niveau der Predigtzuhörenden.

Auch wenn es unter den deutschsprachigen Predigtzuhörenden solche gibt, die neben dem Deutschen die Herkunftssprache ihrer Eltern oder Großeltern beherrschen bzw. sich irgendwann islambezogenes Arabisch angeeignet haben, besteht dennoch die große Wahrscheinlichkeit, dass die vier sprachlichen Fertigkeiten bei ihnen unterschiedlich entwickelt sind. Mehrere Erfahrungen aus dem empirischen Feld zeigen z. B., dass junge Männer unter den Predigtzuhörenden beim Lesen des Arabischen – sogar bei der Schrifterkennung – durchaus als unerfahren und auf Anfängerniveau einzustufen sind. Im Monat Ramadan hat vor Beginn einer Predigt und unter den männlichen Anwesenden (spätere Predigtzuhörer) eine Reihe von Koranrezitationen in arabischer Originalschrift stattgefunden. Die vorlesenden Rezitationen waren mehrheitlich oft brüchig und mit langen Unterbrechungen. Die meisten wurden permanent vom Prediger korrigiert, bis daraufhin vorgeschlagen wurde, nur die Verse zu rezitieren, die sie bereits auswendig kennen und können.

All das widerspricht jedoch nicht unbedingt der Einschätzung des Predigers, dass die Zuhörenden die von ihm auf Arabisch ausgedrückten Schlüsselbegriffe innerhalb deutschsprachiger Predigten problemlos nachvollziehen. Denn allein durch das häufige Zuhören von unterschiedlichen Predigten könnte ein begrenzter Kernwortschatz dieser islamreligiösen Kommunikation – zumindest im Hinblick auf das Hörverständnis – in starkem Maße erworben worden sein. Dies gilt unabhängig von den sonstigen Sprachkenntnissen der deutschsprachigen Predigtzuhörenden und ihrer theologischen Fachkompetenz.

f. Anhäufung von originalarabischen Begriffen ohne Begründung über fehlende Äquivalenz

In einigen Predigten lassen sich mehrere Stellen finden, deren mündliche deutsche Sprachproduktion sich durch eine hohe Frequenz originalarabischer Schlüsselbegriffe auszeichnet. Die Prediger, die zu dieser Umgangsform tendieren, suchen zwar spontan nach Entsprechungen, erbringen jedoch im Endeffekt keine der bestehenden Übersetzungsmöglichkeiten für Schlüsselbegriffe – nämlich „die Lehnübersetzung eines Wortes aus der Ausgangssprache, Prägen eines neuen Ausdrucks oder die Schaffung einer erklärenden Umschreibung“ (Stolze 1999: 38). Infolge des niedrigen Anteils des deutschsprachigen predigtrelevanten Kernwortschatzes in diesen Predigtstellen wandelt sich die gesamte Predigt eher in eine zweisprachige um, in der die semantisch entscheidenden Inhaltsbegriffe Arabisch und nur die syntaktische Satzstruktur Deutsch ist.

Es ist kaum vorstellbar, dass die Predigtstellen auf diese Weise für deutschsprachige Zuhörende ohne Arabischkenntnisse begreifbar sind und somit die Effizienz der Kommunikation gewahrt wird. Die Übersetzungsweigerung schließt

u. a. auch die Schlüsselbegriffe mit ein, über deren deutschsprachige Äquivalente bereits ein weitverbreiteter Konsens von anderen Predigern vorhanden ist, wie z. B. die Wörter *riwāyāt* oder *mustaḥabb* in den folgenden Predigtstellen, die sonst ohne Weiteres deutschsprachig mit den Begriffen *Überlieferung* und *empfohlen* ersetzt und verwendet werden.

> Oder *Imām Sādiq* (a) wurde gefragt: „Wie steht es um denjenigen, der finanziell und aus der Sicht der Sicherheit die Möglichkeit hat, zu ziyāra Imām Ḥussayn (a) zu gehen, und das nicht tut? Wie steht es um ihn?“ Was antwortet *Imām Sādiq* (a)? Er sagt: „Derjenige, der zu ziyāra gehen kann und es nicht tut, ist so, als hätte er dem Propheten Muḥammad (a) widersprochen bzw. er hat ihn [sucht nach Übersetzung] [...] (a) al-ʿuqūq bedeutet so viel wie [...], wie nennt man es im Deutschen? Ähm. Dass man ihn widersetzt hat und als hätte er uns *Ahl al-Bayt* widersetzt und hätte uns (a) nicht ernst genommen. Das sind zwei *riwāyāt*, die über den *istiḥbāb* von *ziyāra Imām Ḥussayn* (a) sprechen. Wir haben sehr viele *riwāyāt*. #00:08:55-8#

> Aus der Sicht der *ziyārat al-Arbaʿīn*, was mit der *istiḥbāb* oder *ḫuṣūṣīya* zu tun hat und was die *al-ʿaynīya* begrenzt, ja, da haben wir keinen Beweis, aber wir können sagen, dass die *muṭlaq az-ziyāra mustaḥabb* ist. #00:09:20-6# (13, PRD5, 2018-10-27, Absatz 3–4)

Der Prediger spricht in dieser Umgangsform die Gründe seines Übersetzungsverzichts nicht an. Bei diesen Fällen scheint sein Anspruch auf die arabischsprachigen sowie fachlichen Kenntnisse der Predigtzuhörenden viel größer zu sein als wenn die Weigerung der Äquivalenzfindung demgegenüber explizit angesprochen wird (vgl. oben, den Fall e). Wenn der Produzent des Fachinhalts sein eigenes Vorwissen für selbstverständlich hält und dies auch bei den Rezipienten voraussetzt, wird von der „Gefahr der Betriebsblindheit“ (Stolze 1999: 140) gesprochen. In den Predigtstellen dieser Art handelt es sich wiederholt um Ausdrücke, die in der fachinternen Kommunikation vielleicht auf kein Problem stoßen würden, aber da, wo sie ohne zusätzliche Erklärung im Austausch mit einer nicht fachlich vorgebildeten Öffentlichkeit verwendet werden, distanziert sich die Predigt von den Anforderungen der allgemeinverständlichen Rede.

Im theoretischen Teil wird die Arabisierung verschiedener Sprachen – inzwischen auch des Deutschen – behandelt (vgl. Kap. 2.2). Es gibt bestimmte, aber begrenzte islamreligiöse Wörter und Konzepte, die sich im Laufe der Jahrtausende in den nichtarabischen Sprachen (z. B. Persisch, Türkisch, Indonesisch etc.) muslimisch geprägter Gesellschaften wie eine Art *Internationalismen* (Buhlmann und Fearns 2000: 78) etabliert haben. Die Mehrheit der deutschsprachigen Predigten nehmen diese auch im arabischen Original wahr, wie *halal, haram* usw. Unter dem Gesichtspunkt der Vermittlung lässt sich somit feststellen, dass die Prediger, bei denen die arabischsprachigen Schlüsselbegriffe auffallend häufig und ohne zusätzliche Erläuterung in den Predigten vorkommen, einen größeren Anspruch auf den lexikalischen Bestand dieser Internationalismen bei den Zuhörenden erheben.

Die o. g. sechs Umgangsformen der Prediger mit den arabischen Schlüsselbegriffen und deren Übersetzungen in ihren Predigten weisen auf den starken Benennungsbedarf an deutschsprachigen Bezeichnungen für die betreffenden Lexika im islamreligiösen Kontext hin. Die Terminologisierung macht einen der zahlreichen Forschungsschwerpunkte der Fachsprachenlinguistik aus, wenn sie an der lexikalischen Semantik orientiert ist (s. Roelcke 2020a: 251). In letzter Zeit hat es große Bestrebungen gegeben, theoretische sowie methodische Grundlagen der *Terminologienormung* (bspw. in der Medizin) zu entwickeln. In diesem Sinne hat das angehende Teilgebiet der islamischen Predigtlehre verschiedene Ansätze für die Konfrontation der Prediger mit Äquivalenzproblemen bei der Übertragung vom Arabischen ins Deutsche innerhalb ihrer fachexternen Kommunikation zu erforschen und die Ergebnisse fachlich-sprachlich zu operationalisieren.

Diese Aufgabe der nationalen und internationalen Normungsorganisationen und Fachverbände zeichnet sich im Gegensatz zu anderen deskriptiven Forschungsschwerpunkten eher durch präskriptive Zielsetzungen aus (s. Roelcke 2020a: 175). Aus der besonderen Berücksichtigung der Tatsache, dass v. a. die religionsrechtlichen Angelegenheiten für muslimische Glaubensangehörige häufig in „gut“ gegenüber „schlecht“ bzw. „richtig“ gegenüber „falsch“ normiert sind, kann abgeleitet werden, dass die translatorischen Überlegungen dementsprechend auch vornehmlich präskriptiv – in „richtig“ vs. „falsch“ oder „adäquat“ vs. „weniger“ bis „inadäquat“ – durchgeführt und davon eingeprägt werden.

Die Terminologisierung des islamreligiösen Deutschen ereignet sich in seinem aktuellen Zustand nicht linear, sondern netzwerkartig. Damit ist ein gleichzeitiges Fortschreiten deutschsprachiger Benennungen in unterschiedlichen Themengebieten gemeint, die in ihrer schriftlichen sowie mündlichen Realisierung (Online-Enzyklopädie vs. Predigten) gleichermaßen zu verfolgen sind. Dabei entstehen die Benennungen nicht für sich allein, sondern in einem systematischen Zusammenhang und durch Verknüpfung mit bzw. abgeleitet von anderen bereits bekannten (Schlüssel)Begriffen. Existiert bereits der Begriff *Niederwerfung* für arab. *suǧūd*, so entsteht bspw. der davon abgeleitete Begriff *Unachtsamkeitsniederwerfungen* für *saǧdatayn sahw* (TXT7, PRD3, 2018-07-22, Absatz 28). Dieses Beispiel zeigt, wie die Methoden der praktischen Terminologiearbeit oft disziplinübergreifend übertragbar sein können (s. Arntz, Picht und Schmitz 2014: 209–219). Nach Stolze ist die Entwicklung eines solchen Benennungssystems anhand des *Strukturbaums* oder des *Baumgraphen* darstellbar (Stolze 1999: 35).

In der Terminologisierung der Sozial- und Geisteswissenschaften führt Stolze die „approximative Begriffsevidenz“ an. Darunter wird die Vorläufigkeit von neu gebildeten Ausdrucksmitteln innerhalb der einzelnen Fachsprachen diskutiert, was auf die andauernde Vermehrung der Fachlexika zurückgeht (s. Stolze 1999: 42–44). Angesichts der ständig wachsenden islamreligiösen deutschsprachigen Lexika zum einen und auf der empirischen Basis der gegenwärtigen, komplexen Äquivalenzfindungs- und -bildungsprozesse zum anderen lässt sich bestätigen, dass jede schriftlich oder mündlich verwendete Entsprechung zunächst als vorläufig angesehen werden muss.

Zwei bedeutungsvolle Unterschiede zwischen einsprachigen gegenüber übersetzungsrelevanten Terminologisierungen müssen im Fachgebiet „Islamische Theologie“ mitbedacht werden:

Während einsprachige Fachlexika in den meisten Fächern im Verlauf ihrer Entsehung und Entwicklung einer permanenten Aktualisierung obliegen, gilt dies im Kontext des islamreligiösen Fachwortschatzes kaum. Arabischsprachige Originalbegriffe aus den tausend Jahre alten Koran- und Überlieferungsquellen werden in diesem Rahmen nicht als „veraltet“ betrachtet. Dennoch gibt es in jeder rechtswissenschaftlichen Tradition des Islam die Unterscheidung zwischen der wörtlichen (*luġawī*), konventionellen (*ʿurfī*) und rechtlichen (*šarʿī*) Bedeutung eines bestimmten Wortes (dazu aus der schiitischen Tradition vgl. URL85). Auf dieser Grundlage erfolgt die Wortschatzerweiterung[126] des islamreligiösen Deutschen. Das heißt, dass der Spielraum bei der Entstehung, Vermehrung, Verwaltung und Eliminierung der Begriffe und Bezeichnungen viel stärker innerhalb der Übersetzungsarbeit als innerhalb des ursprünglichen Arabischen ermöglicht wird.

Der andere Unterschied betrifft die beteiligten Personenkreise am gegenwärtigen Prozess der Begriffsentwicklung. Stolze findet so einen Übersetzungsauftrag nur unter der Bedingung sinnvoll, dass alle interessierten Fachkreise planmäßig und gemeinschaftlich an dieser „funktionalen Gruppenentscheidung“ beteiligt sind (Stolze 1999: 17 und 39). Unter den gegenwärtig noch wenigen Akteuren, die sich potenziell für die Terminologisierung der islamreligiösen deutschsprachigen Predigtlexika fachlich sowie sprachlich qualifiziert betätigen können, ist weniger als in den Bereichen Technik, Medizin etc. vorhersehbar, dass sie gemeinsam die Verwaltung der Wortschatzerweiterung bzw. die Gestaltung eines vereinheitlichenden Begriffssystems übernehmen.

Die Vermehrung der neu geschaffenen (vorläufigen) Bezeichnungen erfolgt daher oft durch die individuellen Entscheidungen eines jeden Predigers, bei denen die übersetzenden bzw. dolmetschenden Experten häufig auch auf Fachglossare

---

126 Zum fachübergreifenden Verfahren der Wortschatzerweiterung in der fachlichen Kommunikation und den damit einhergehenden Herausforderungen s. Efing und Roelcke 2021: 74 und 127–194.

oder Terminologie-Datenbanken (in diesem Fall bspw. die Online-Enzyklopädie) zugreifen. Die drei folgenden Beispiele illustrieren drei konkrete Übersetzungsversuche, die zur Wortschatzerweiterung geführt haben. Dies wird zwar während der Predigt ausgesprochen, die Entscheidung über die Benennungen scheint jedoch vor der Predigt getroffen worden zu sein.

> Ab da an kann man *ṣalāt al-layl* beten und die *ṣalāt maġrib* und *ʿišāʾ* sind vorbei. Man darf es nur noch *ʿammā fī ʾḏ-ḏimma*, wie habe ich es übersetzt; (in dieser Zeit muss man) „mit Absicht der Schuldbegleichung" (beten). Das heißt, wenn es *qaḍāʾ*, Nachholgebet ist, dann soll es auch so angerechnet werden. Und wenn es noch die richtige Zeit ist, dann soll es als solches gelten: Einfach nur so, dass man dort seine Schuld begleicht. (7, PRD3, 2018-07-22, Absatz 18)

> (Im Falle der Zweifel an den Gebetszyklen): Da gehst du von der vierten aus, beendest dein Gebet und machst etwas, was wir auf Arabisch *saǧdatayn sahw* nennen, (auf Deutsch übersetzt ist es in) ‚Unachtsamkeitsniederwerfungen'. (Publikum lacht). Ich schreibe es trotzdem einmal auf. (Schreibt das Wort an die Tafel) (7, PRD3, 2018-07-22, Absatz 28)

> (Für die Bereinigung eines Gegenstandes): Da gibt es nämlich zwei Bedingungen: 1. Ich entferne die ursächlich rituelle Unreinheit, z. B. der Hund hat sein ‚Schnodder' noch darauf gehabt. Das mache ich erstmals weg. 2. Danach gibt es etwas, was wir auf Arabisch *taʿfīr* nennen. Dafür gibt es noch keine so gute deutsche Übersetzung. Die am Nächsten vielleicht herankommende ist die „Überstäubung". Das bedeutet, dass ich dort Sand oder Erde, *turāb*, nehme und [...] benetze damit komplett die Stelle des Gefäßes. Das ist alles nur theoretisch. Ich glaube nicht, dass wir so was Zuhause haben, wovon ein Hund oder Schwein getrunken haben oder eine Ratte drinnen stirbt. Das schmeißen wir meistens sofort weg. (6, PRD3, 2018-07-08, Absatz 21)

Die Wortschatzerweiterung im Kontext der schiitischen Predigt zeigt sich exemplarisch anhand von diesen Übersetzungen: „Mit Absicht der Schuldbegleichung", „Unachtsamkeitsniederwerfungen" und „Überstäubung". Der eigenspezifische Wortschatz der Predigtkommunikation kann – wie der Fachwortschatz anderer Bereiche – weitaus umfangreicher sein als der Wortschatz der Gemeinsprache (s. Stolze 1999: 21). In der Verwendung der neuen deutschsprachigen Bezeichnungen für arabische Begriffe unterscheiden sich die Prediger allerdings deutlich voneinander; die drei genannten Beispiele sind Predigtstellen des Predigers 3 entnommen. Inwiefern die Predigt und die damit unabdingbar verbundene Wortschöpfung eine Bereicherung oder eher eine Herausforderung für die Prediger darstellt, zeigt sich besser an den Predigtstellen, wo es sich um direkte Übertragung der koranischen und überlieferten Textquellen handelt.

4.3.3.2 Zitate aus den Koran- und Überlieferungstexten

Das Zitieren aus anderen Quellen ist ein fester Bestandteil islamischer Predigten und diese unterscheiden sich vom Rest der Predigt. Das Ergebnis der ethnographischen Feldforschung von Akca erfasst in einem separaten Kapitel den Gebrauch von arabischen Korantextstellen für die Handlungen, die in der Moschee ritualisiert worden sind. In einer deutschsprachigen Predigt, so die Ergebnisse ihrer Studie, bleiben bestimmte Rezitationsverse zumindest für Nicht-Expert*innen unzugänglich bzw. immerhin Fremdsprache. Dabei unterscheidet sie zwischen Koran*versteh*kompetenzen vs. Koran*rezitations*kompetenzen und geht der Frage nach, inwieweit die Nicht-Expert*innen das religiöse Wissen in diesem Zusammenhang akzeptieren. Es handelt sich hier um ein Wissen, das mit dem Arabischen verbunden ist und dessen Verstehen und Vermitteln in erster Linie den Expert*innen überlassen ist (s. Akca 2020: 340–348).

In der Fachsprachenforschung werden wörtliche und sinngemäße Textzitate und -verweise im Rahmen der Kommunikation als charakteristisch für fachsprachliche Textbausteine auf der Makroebene angesehen (s. Roelcke 2020a: 154). Diese textuelle Besonderheit bezieht sich in der Predigtkommunikation auf das Zitieren der für heilig gehaltenen Schriften; dazu zählen Zitate aus dem Koran mit Verweis auf den Namen des Kapitels und die Versnummer oder jede Art von Quellenangabe eines Überlieferungstextes.

So stellen die Predigten ihre zahlreichen Bezüge zu den Koran- und Überlieferungstexten her, die anfangs, mitten oder am Ende der Predigt, sowohl auswendig als auch vom Buch oder Laptop oder einem eigenen Zettel auf Arabisch (re)zitiert oder ausgesprochen werden. Dadurch lässt sich die gegenwärtig produzierte „Textsorte Predigt“ vor dem Hintergrund ihrer *Intertextualität*, ihres Bezugs zu mehreren anderen Texten aus unterschiedlichen zeitlichen Epochen, betrachten.

In der Regel werden die arabischsprachigen Zitate während der deutschsprachigen Predigt – eines nach dem anderen – vom Prediger vorgelesen und direkt anschließend ins Deutsche übersetzt. Wird die Botschaft einer Predigtstelle anhand einer schriftlichen Formulierung übermittelt, folgt die übersetzte Aussage, die einem anderen Text angehört, trotz des mündlichen Mediums einer schriftlichen Konzeption. Demgegenüber tendieren diejenigen Prediger, die allein die von ihnen ausgewählte, arabische Textstelle im Original vor sich liegen haben, häufiger zur sinngemäßen Übersetzung in der mündlichen Kommunikation. Der Kommunikationssinn des Predigtgeschehens verbietet nämlich eine strikte, ausgangstreue, wortwörtliche Übersetzung, insbesondere, wenn darauf keine Erklärung folgt.

Zwar wird der Grad an Fachlichkeit der Predigt dadurch mitbestimmt, wie verständlich die übersetzten Textteile von Zuhörenden rezipiert und inwiefern solche Verweise an den Rest der Rede angeknüpft werden. Als spezielles Merkmal der Predigtsituation kann indessen festgestellt werden, dass die kommunikative Effizienz auch im Falle der Anhäufung fremdsprachiger Textverweise, ausgangstreuer Übersetzung oder aber auch einer kaum integrierten Zitatstelle in die Predigt (d. h. eine gewisse Relativierung von Eigenschaften wie Kohäsion und Kohärenz – formaler sowie funktionaler Zusammenhang) kaum nachlässt.

Denn der gesamten Predigtkommunikation liegt die Überzeugung zugrunde, dass diese Textzitate und -verweise die Zusammenkunft bereichern – insbesondere durch ihre arabische Aussprache im Rahmen einer religiösen, gemeinschaftlich ausgeübten Praxis. Demnach sollen die heiligen Textstellen weit über ihre fachsemantische Bedeutung hinaus grundsätzlich auf spirituelle Segenswirkungen für Sprecher und Hörer sowie auf göttliche Belohnung abzielen. Somit muss die kommunikativ bedeutsame Eigenschaft „Intertextualität" predigtspezifisch und im Hinblick auf glaubensbezogene Aspekte neu definiert werden.

4.3.3.3 Feste Textmuster oder (Rede)Formeln in arabischer Originalsprache

Verschiedene Sequenzen einer Textsorte kann man hinsichtlich ihrer Makrostruktur bestimmen und diese voneinander abgrenzen, was abgesehen von deren Form dazu hilft, Funktionen der jeweiligen Textteile einzublenden (s. Roelcke 2020a: 131). Die Predigten beinhalten arabischsprachige Wendungen, die des Öfteren ohne deutsche Übersetzung – zum Teil aber auch mit – vermehrt funktionsbezogen ausgesprochen werden.

Diese religiösen Formeln sind dabei genau die, die die Allgemeinheit der Islamangehörigen in stereotypen Alltagssituationen verwendet. Diese Formeln existieren seit der Frühzeit des Islam als Teil der weltweiten muslimischen und arabischsprachigen Ausdrucksweise jeweils in der landesüblichen Aussprache. Zahlreiche standardisierte Redensarten, die zu bestimmten Anlässen und Kommunikationsabschnitten ausgetauscht und erwartet werden, konnotieren gewisse Segmente der islamreligiösen Weltanschauung. Auf dieser Grundlage lassen sie sich meist wortwörtlich von einer Sprache in die andere übersetzen. Die Verwendung dieser Formeln in entsprechenden sozialen Situationen erfolgt in starkem Maße dann automatisch (s. Jastrow 1984: 586–587).

Im Folgenden werden alle in den Predigten auf Arabisch ausgesprochenen Textmuster oder Redeformeln erläutert:

– Der Name Gottes:
Die Predigt beginnt mit *bi-smi ʾllāhi ʾr-raḥmāni ʾr-raḥīm*, das (mit Ausnahme der 9. Sure) am Anfang jeder Koransure steht. In allen der Untersuchung vorliegenden Predigten wird diese sogenannte Basmala zuerst in arabischer Sprache, bei manchen jedoch dazu mit deutscher Übersetzung ausgesprochen: „Ich beginne im Namen Gottes, des Allerbarmers (und) des besonders Erbarmenden." (TXT16, PRD1, 2018-12-02, Absatz 1)

– Dankbarkeit gegenüber Gott:
Des Öfteren wird die Erwähnung des Namen Gottes zu Beginn oder zum Ende der Predigt mit seinem Lob fortgesetzt, das ebenfalls sowohl ohne als auch mit der unmittelbaren deutschen Übersetzung ausgesprochen wird: „Al-ḥamdu li-llāhi rabbi 'l-ʿālamīn; alles Lob gebührt Allah, dem Herrn der Welten“ (TXT11, PRD4, 2018-09-15, Absatz 2)

– Begrüßung- und Abschiedsformeln:
Die Begrüßungen am Anfang der Predigt erfolgen in den meisten Fällen im arabischen Original. Der Begrüßungsspruch wird gelegentlich – nach dem arabischen Original – von folgender deutscher Formulierung begleitet: „Liebe Geschwister! As-salāmu ʿalaykum wa raḥmatu 'llāhi wa barakātuhu ğamīʿan; der Frieden und Segen Gottes sei mit euch allen“ (TXT11, PRD4, 2018-09-15, Absatz 2). Eine ähnliche Formulierung wird zum Abschluss der Predigt ausgesprochen.

– Lobpreisung Gottes:
Allāhu ʿazza wa ğall; „Gott – majestätisch und glorreich ist er –“ (TXT1, PRD1, 2018-06-06, Absatz 8) oder nach Formulierung eines anderen Predigers: „Gott – in seinem Wort erhaben ist er – [...]“ (TXT2, PRD2, 2018-06-09, Absatz 10). Eine andere Form der Lobpreisung zeigt sich in *(Allāh) subḥānahū wa taʿālā*; „Gott, erhaben ist er“ (TXT2, PRD2, 2018-06-09, Absatz 10). Das Wort in einer anderen Form – *subḥāna 'llāh* – ist eine der bekanntesten Lobpreisungen Gottes. Die arabische Redeformel *subḥānahū wa taʿālā* wird selbst in deutschsprachigen Predigtkommunikationen meist unmittelbar nach jeder Nennung des Namen Gottes – *Allah* – als Lobpreisung verwendet. Allerdings gibt es Prediger, die eine Eindeutschung des lobpreisenden Ausdrucks befürworten und andere, die lediglich die arabische Variante verwenden (vgl. URL67). In den schriftlichen Texten innerhalb der islamischen Theologie, zumindest in denen der schiitischen Tradition in ihrem gegenwärtigen deutschsprachigen Sprachstand, die entweder Übersetzungen aus dem Arabischen oder Originaltexte betreffen, wird der als empfohlen geltende Zusatz *subḥānahū wa taʿālā* meist in seiner latinisierten abgekürzten Form „swt“ dem Namen Gottes hinzugefügt.

– Segnungs-Bittgebet:
Eine der in den schiitischen Predigten am häufigsten gebrauchten Sprachformeln ist das Segnungs-Bittgebet (URL68) auf Arabisch *ṣalawāt* (*Allāhumma ṣalli ʿalā Muḥammad wa āli Muḥammad*). Die Bedeutung des Segnungs-Bittgebets lautet: „Allah unser, segne Muhammad und die Familie Muhammads“ (URL68). Diese feste Formel wird in bestimmten Zeitabständen am Anfang, mehrmals in der Mitte und am Ende einer Predigt vom Prediger ausgesprochen bzw. appellativ von den Predigtzuhörenden in ungefähr inhaltlichen und bestimmten zeitlichen Abständen angefordert. Es wird danach im Chor verrichtet. Der Prediger rezitiert mit.

– Friedensgruß an den Propheten und die Imame:
Während das o. g. Segnungs-Bittgebet eine in sich geschlossene Aussage darstellt, bezieht sich der Friedensgruß auf eine Segensformel, die sich zwar auch an den Propheten und seine Nachfolgerschaft richtet, die aber unmittelbar erst dann ausgesprochen wird, wenn die Namen des Propheten bzw. der Imame gesprochen werden. Die rituelle Praxis im Predigtgeschehen, den Namen des Propheten derart zu ehren, geht auf einen Koranvers zurück, in dem die Gläubigen dazu aufgefordert werden, dies zu tun (Koran 33:56).

Die Segens- oder Friedensbitte für den Propheten und seine Nachfolgerschaft lautet im Arabischen *ʿalayhi ʾs-salām*; eine verkürzte Form von *ʿalayhi salāmu ʾllah* mit der wörtlichen Bedeutung „der Friede Gottes sei auf ihm" neben der in der Predigt verwendeten Variante „Gott segne ihn und seine Nachkommen" (TXT16, PRD1, 2018-12-02, Absatz 5). Von anderen Predigern wird die Formel im Deutschen auch auf andere Weisen formuliert: „Der Frieden und Segen sei mit dem Propheten Muhammad (a), seiner reinen Familie" (TXT12, PRD4, 2018-09-19, Absatz 1) und „der Friede sei mit ihm" (TXT10, PRD2, 2018-09-18, Absatz 9). In der einschlägigen Literatur wird der Segensgruß, so wie er bei den Schiiten nach dem Namen eines Imams üblich ist, als Eulogie bezeichnet und mit „Heil über ihn" übersetzt (Ende 1984: 76).

Die obenstehende Auflistung von festen Redeformeln werden im Vergleich zu anderen arabischsprachigen Teilen in den Predigten (4.3.3.1 und 4.3.3.2) am wenigsten in die deutsche Sprache übersetzt, sodass sie vom PRD1 mit dem höchsten deutschsprachigen Anteil am Predigtwortschatz teilweise ebenso (nur) auf Arabisch geäußert werden. Die gegenwärtigen Predigtzuhörenden sind in der Regel mit diesen Formeln bekannt und vertraut. Nichtsdestotrotz bewegt sich die gesamte Predigt schnell in Richtung eines vollkommen deutschsprachigen Sprachgebrauchs, sodass einige Prediger mit der Aussprache des Originals auch eine deutsche Übersetzung mit einführen, obwohl kein direkter Bezug zum Predigtthema besteht.

> Es wird überliefert, dass es am 10. Tag so passiert ist. Ich lese es direkt für euch (vor): „Und als ʿAbbās – der Friede sei mit ihm – die vielen Massakrierten in seiner Familie sah, [...]" (10, PRD2, 2018-09-18, Absatz 9)

> Im Namen *Allahs*, des Allerbarmers, des Barmherzigen, alles Lob gebührt *Allah*, dem Herrn der Welten. Und der Friede und Segen sei mit dem Propheten *Muhammad* (a), seiner reinen Familie, seinen aufrechten Gefährten und allen Gelehrten, Gesandten und Propheten, von Adam bis zum Tag des Jüngsten Gerichts. (11, PRD4, 2018-09-15, Absatz 2)

> „(a) As-salāmu ʿalaykum wa raḥmatu ʾllāhi wa barakātuh." #00:00:25-2# [...] (a) Der Friede sei über dir, oh *Abā ʿAbdi ʾllāh*, und über den Seelen, die sich in deinem Hofe eingefunden haben. Der Friede sei euch von mir gewünscht, so lange ich bestehe und solange Nacht und

Tag bestehen. Und möge Gott es nicht das letzte Mal geschehen lassen haben, dass ich euch aufsuche. #00:01:25-2# (14, PRD1, 2018-11-03, Absatz 1–2)

Zu der Kategorie arabischsprachiger Teile in den Predigten gehören exklusive Fachwörter, deren Ausbreitung in breiteren Bevölkerungsschichten sie zum Wortschatz des Alltags umwandelt.[127] In diesem Sinne begegnet man häufig islamreligiösen Wörtern bzw. Wortgruppen im arabischen Original, die weit über die muslimische Gemeinschaft in Deutschland hinaus auf gewisse Weise in die deutsche Allgemeinsprache eingedrungen sind, wie z. B. *in šāʾa ʾllāh* als ein Wort, das mit der Rechtschreibung *inschallah* im Duden (unter der Bedeutung „Auf ein zukünftiges Ereignis bezogener Ausdruck in der muslimischen Welt; wenn Allah will“: Online-Duden: URL90) aufgenommen worden ist. In den Predigten findet sich dieser Ausdruck sowohl im arabischen Original als auch übersetzt mit „so Gott will“ (TXT8, PRD2, 2018-08-25, Absatz 9), „Möge Allah ...“ (TXT11, PRD4, 2018-09-15, Absatz 2) oder „möge Gott ...“ (TXT14, PRD1, 2018-11-03, Absatz 2).

Die Einbindung von kurzen arabischsprachigen, islamreligiös konnotierten Begriffen (wie *in šāʾa ʾllāh*) in das deutsche Alltagsvokabular ist unter der muslimischen Glaubensgemeinschaft in ihrer (außerfachlichen) Kommunikation auf Deutsch präsent. Ähnliche feste Textmuster und Redeformeln in den Predigten folgen dem gleichen Muster. Meistens ohne, aber auch manchmal mit einer begleitenden deutschen Übersetzung werden bspw. folgende Ausdrücke ausgesprochen: *Al-ḥamdu li-llāh* als Ausdruck der „Dankpreisung gegenüber Gott“ (URL69), *mā šāʾa ʾllāh* (Duden *maschallah*) als „Ausdruck des Erstaunens und der Lobpreisung Gottes für etwas sehr Schönes, Großes, Außergewöhnliches“ (URL70), *astaġfiru ʾllāh* als Formel für die Bitte um Vergebung (URL71) und *aʿūḏu bi-llāh* bzw. in Pluralform *Naʿūḏu bi-llāh* als verbaler Ausdruck der Zufluchtnahme zu Gott vor dem Satan oder der Abwehr von eigenen Sünden (URL72), mit deutscher Übersetzung „Gott bewahre“ (TXT10, PRD2, 2018-09-18, Absatz 6) usw. Der Eid bzw. der Schwur mit religiösem Bezug kommt häufig in Begleitung mit dem Namen Gottes im Arabischen und ohne deutsche Übersetzung zum Ausdruck; bestehende Formen dafür sind „Wa-llāh“ bzw. „wa-llāhi ʾl-ʿaẓīm“ (TXT12, PRD4, 2018-09-19, Absatz 3; s. Duden *wallah*) und „Ta-llāh [...], bei Gott“ (TXT10, PRD2, 2018-09-18, Absatz 11).

127 Gute Beispiele zeigen sich im Bereich der Computertechnologie (RAM-Speicher, netz-browser etc.). Als ein anderes Beispiel nennt Stolze den Störfall im Jahr 1986 im Kernkraftwerk Tschernobyl, Ukraine, weswegen die Zeitungen zahlreiche Fachinformationen über atomare Strahlung (Meßdaten Cäsium 239) veröffentlicht haben. Infolge der wissensvermittelnden Funktion der Medien können viele fremdsprachige Fachwörter in die Allgemeinsprache eindringen (s. Stolze 1999: 24).

II Zweiter empirischer Teil (Grundlage: Predigtkorpus)

5 Semantische Auswertung

In diesem Kapitel wird zunächst das semantische Modell von Löbner (2003) eingeführt, welches für die Zwecke vorliegender Arbeit besonders geeignet erscheint. Im Anschluss hieran werden vier Themenfelder unterschieden, deren Wortschatz dann zusammengetragen und erläutert sowie in graphischen Wortfelddarstellungen zusammengefasst wird. Im Anschluss hieran werden dann einige Beobachtungen von Predigten dieser Arbeit diskutiert, die sich u. a. aus der Wortschatzanalyse ergeben.

5.1 Wortbeschreibung; deskriptive und nichtdeskriptive Bedeutungsanteile

Um die Bedeutung der einzelnen Wortschatzeinheiten aus dem Predigtkorpus verstehen zu können, spielt außer den notwendigen hauptsächlich deutschen und auch arabischen Sprachkenntnissen das theologische Vorverständnis eine zentrale Rolle. Bei den Geistes- und Sozialwissenschaften geht es in einer solchen qualitativen Analyse nicht um „nackte Tatsachen", sondern ob und inwiefern die angenommenen Deutungsrahmen beschrieben werden (s. Soeffner und Hitzler 1994a: 130). In diesem Sinne handelt es sich hier um Deutungen, die die individuellen, sprachlichen und symbolischen Kenntnisse wie auch das alltägliche und theoretische Vorverständnis der Autorin bei der Erkenntnisproduktion folgendermaßen widerspiegeln:

Die lebenspraktischen Rechtsurteile, die unterschiedliche Situationen und Sachverhalte im Alltagsleben der Gläubigen mitgestalten sollen, leiten sich gemäß dem zwölferschiitischen Glaubensprinzip von der Interpretation bestimmter Textquellen ab, die seitens der theologischen Instanzen und im Rahmen von bestehenden Rechtsfindungsmethoden in den einschlägigen Wissenschaftsdisziplinen herausgearbeitet und permanent neu produziert werden. Durch das Betreiben der schiitischen Normenlehre auf dieser Basis soll den Menschen ihre Annäherung an das Göttliche gewährleistet werden. Hierfür gelten zwar auch im sunnitischen Islam, aber maßgebend stärker im Schiitentum die legitimierten Vermittlerphänomene Koran und Überlieferung (bekannt als „Zwei Gewichtige"; arab. *ṯaqalayn*) als zwei grundsätzliche Bezugsquellen der Interpretation.

> Eines Tages (nach seiner letzten Pilgerfahrt) gab uns der Gesandte Allahs eine Ansprache neben einem Brunnen bei Chum, das zwischen Mekka und Medina liegt. Dann lobpreiste er Allah und sagte anschließend: „Oh ihr Menschen! Wahrlich! Es ist bald Zeit, dass ich zurückgerufen werde (zu Allah) und ich werde diesen Ruf beantworten. Wahrlich! Ich hinterlasse

https://doi.org/10.1515/9783111039138-005

> euch zwei Gewichtige [ṯaqalayn]. Das Eine ist das Buch Allahs, indem Licht und Leitung ist. Das Andere ist meine Ahl-ul-Bait. Ich erinnere euch im Namen Allahs an meine Ahl-ul-Bait. Ich erinnere euch im Namen Allahs an meine Ahl-ul-Bait. Ich erinnere euch im Namen Allahs an meine Ahl-ul-Bait" (er wiederholte es dreimal). (Ṣaḥīḥ Muslim; Übersetzung vgl. URL73)

Das Gottesverlangen solle demnach im religiösen und somit rechtmäßigen Leben der Gläubigen durch die Erkenntnis dieser Zwei (vermittelnden) Gewichtigen in Erfüllung gebracht werden.[128] Allerdings geht die zwölferschiitische Theologie von einer Art „Negativen Theologie" (auf Persisch unter der Konzeption *elāhiyāt-e salbī*) im Sinne eines Bewusstseins der Menschen für die Unbegreiflichkeit des Wesens Gottes aus. Alle Eigenschaften Gottes sollen demnach als jeweils der Widerspruch dessen Gegenteils verstanden werden; z. B. dass Gott *wissend* ist, bedeutet nichts weiter, als dass er *nicht unwissend* ist (s. Mağlesī 1983).[129]

Dieser Ansatz per se impliziert zumindest auf institutioneller Ebene des Schiitentums keine Konzeptionen mystischer Spiritualität, die von wortloser Suche nach Gotteserkenntnis ausgeht, unmittelbare Gottesbegegnung anstrebt und dementsprechend alle menschlich bedingten Hilfsbilder hinterfragt, so wie es in der christlichen Theologie bei einigen Autorinnen und Autoren erfasst worden ist (s. u. a. Stiver 1996 und Steggink 1988). Im Gegenteil; dem Glaubensprinzip nach, sei die Gottesnähe anhand von zwei mit Heiligkeit verbundenen Vermittlerphänomenen und im Wege des Vollzugs von daraus stammenden lebenspraktischen Rechtsurteilen zu erlangen. Dies kann als eine vertikale Hierarchie aufgefasst werden, die der semantischen Kategorienbildung in dieser Arbeit strukturelle Orientierung verleiht. Mit anderen Worten: Eine semantische Differenzierung zwischen den predigtrelevanten Wortschatzeinheiten wird zunächst durch einen Überblick über die gesamte theologische, vertikal vorstellbare Glaubensstruktur ermöglicht.

Somit verorten sich die Einheiten aus dem göttlichen Bereich auf der gesetzgebenden obersten Instanzstelle. Unmittelbar darunter sind die sogenannten „Zwei Gewichtigen" (*ṯaqalayn*) in ihrer Vermittlungsfunktion in der Mitte vorzustellen. Letztlich positionieren sich die Regelungsbeschreibungen des religionspraktischen Lebens, die sich aus der Verbindung der „Zwei Gewichtigen" bilden lassen, auf der untersten Stelle. Diese drei Ebenen sind eng miteinander verflochten, sodass jede Predigt trotz ihres formalen sowie funktionalen Zusammenhangs

128 Für vermittlungsorientierte Ansätze religiöser Sprachbildung für christliche Predigten mit dem zentralen Bezugspunkt *Lebenswelt* s. Stefan Gärtner 2002a, 2002b und 2009.

129 Zu diesem Thema im Christentum ist Karl Rahner bekannt, der praktisch das Geheimnis mit dem Wort *Gott* gleichsetzt. Ausführlich dazu s. u. a. Karl Rahner 1977; Matthias Lutz-Bachmann 1994. Zum Thema der Negativen Theologie bei den Zwölferschiiten s. u. a. Mağlesī 1983, Qomī 1983, 1994, Moḥaqqeq 1993.

(bspw. die Behandlung eines zentralen Themas) lexikosemantische Wortschatzeinheiten aus allen genannten Ebenen beinhaltet.

Mit Blick auf die theologische Vertikalität werden die als relevant identifizierten Wortschatzeinheiten in den Predigttexten farbig unterstrichen und in unterschiedlichen Farben als zugehörig zu den provisorisch definierten Codes (spätere Kategorien) bezeichnet. Die Benennung von jeder Code-„Schublade" (Strauss und Corbin 1996: 47) erfolgt aufgrund von natürlichen, in den Predigeraussagen selbst enthaltenen Titeln (unter der methodischen Bezeichnung „in-vivo-codes"; Strauss und Corbin 1996: 33). Beispielsweise nach der Wortgruppe „islamische Rechtsurteile" ist die Kategorie benannt worden, unter der zwar verschiedene weitere Wortschatzeinheiten anschaulich subsumiert, darüber hinaus aber auch die Wortgruppe selbst als Spracheinheit aus den Predigten gekennzeichnet und markiert worden ist. Alle Bezeichnungen für Wortfelder stellen somit selbst einen Teil des Wortfeldes dar.

Löbners Modell (2003) wird hier kurz für die Darstellung von drei Bedeutungen eines Ausdrucks angewendet, insbesondere deshalb, weil diese Aufteilung denotative und konnotative Bedeutung sowie Referenz zusammenfasst. Er differenziert zwischen drei Bedeutungsanteilen eines Ausdrucks: deskriptive, soziale und expressive Bedeutung. Im Rahmen des Korpus können die Denotationen bzw. Konnotationen des Predigtwortschatzes die von ihm dargestellten drei Bedeutungsanteile – sowohl die deskriptiven als auch die nichtdeskriptiven (soziale und expressive) – repräsentieren.

Die *deskriptiven Bedeutungen* der Ausdrücke, bei Löbner standartmäßig mit D markiert, weisen auf die Bedeutungsbeschreibungen aus dem großen Wörterbuch der deutschen Sprache (Duden) hin. Die deskriptiven Bedeutungsbeschreibungen machen bei den meisten Wortschatzeinheiten der Predigt lediglich einen neben anderen Aspekten des Begriffs aus (s. Abb. 9).

Ausdruck (Art)	deskriptive Bedeutung	Referent
Niederwerfung (Nomen)	eine Stellung des Ritualgebets (vgl. URL74)	körperliche Position

Abb. 9: Beispiel „Niederwerfung" für deskriptive Bedeutung.

Die Funktion und Aufgabe, Gegenstände, Sachverhalte, Referenten und Situationen aus der schiitischen Theologie und Religionspraxis zu beschreiben, wird am ehesten von der Online-Enzyklopädie gewährleistet und kein anderes, vereinheitlichendes Definitionswörterbuch (deskriptive Bedeutungen) erfüllt diese Anforderungen. Dabei wird die Übereinstimmung mit den Annahmen (glaubensmäßig „Fakten") innerhalb der Rechtsschule angestrebt.

Greift man für die Beschreibung der Wortschatzeinheiten auf die verschiedenen Beiträge der Enzyklopädie zu, fällt in erster Linie die Umwandlung von zahlreichen Wortarten in Nomen bzw. Nominalphrasen deutlich auf. Erst nach dieser primär formalen Umwandlung folgt die Beschreibung von Wortschatzeinheiten. Der Einfluss des arabischen Originals ist hierbei von Bedeutung. Während das Verb *sağada* in der Grundform etwa ‚er warf sich nieder' bedeutet, schließt das Nomen *Niederwerfung* (arab. *sağda*) den Sachverhalt stärker mit ein.

Die Wortart Nomen erleichtert die Wortbeschreibung in mehreren Hinsichten. Außer der deskriptiven Bedeutung von *Niederwerfung* befasst sich der einschlägige Beitrag auch mit den Anwendungsmöglichkeiten des Wortes, seinem historischen Hintergrund, dem symbolischen Sinn der physischen Bewegung, mit den Bedingungen für die Gültigkeit der Niederwerfung als Gebetsteil und schließlich aber auch mit ausgewählten Zitate aus Überlieferungstexten, die den Akt *Niederwerfung* zum Gegenstand haben. Auf eine ähnliche Weise geht die Enzyklopädie bspw. mit den Verben *überliefern, nachahmen* und *schöpfen* um, für die zunächst keine separaten Beiträge existieren, stattdessen aber für die aus ihnen abgeleiteten Nomen *Überlieferung, Nachahmung* und *Schöpfung* bzw. *Schöpfer* alle „potenzielle[n] Referenten eines Inhaltswortes" (Löbner 2003: 28) im Sinne ihrer deskriptiven Bedeutungen aufgeführt werden.

Die soziale Funktion des Predigtwortschatzes zeigt sich im Rahmen der *sozialen Bedeutung*. Während der Interaktion zwischen Prediger und Predigtzuhörenden weisen bestimmte Ausdrücke zusätzlich zu ihrer deskriptiven Bedeutung einen sozialen Bedeutungsanteil auf, der nicht vom Äußerungskontext abhängig ist, sondern selbständig „dem Vollzug sozialer Handlungen" (Löbner 2003: 39) dient. Der Anfang bzw. Schluss einer Predigt enthält zahlreiche Ausdrücke mit sozialer Bedeutung. Doch spielt es im Hinblick zum Beispiel auf die ausgesprochenen Friedensgrüße an den Propheten und die Imame keine Rolle, inwiefern sie in diesem bestimmten Äußerungskontext als „wahr" oder „falsch" (Löbner 2003: 38) gelten können. Vielmehr folgen sie sozialen Regeln einer schiitischen deutschsprachigen Predigt der Gegenwart, die mit genau dafür konventionell vorgesehenen Ausdrücken eingehalten werden. Die Verwendung dieser Ausdrücke erfüllt den kommunikativen Sinn unter predigtspezifischen Umständen.

Weitere Wortschatzeinheiten und teils feste Wendungen mit (ausschließlich) sozialer Bedeutung stellen die islamreligiös konnotierte Begrüßung und Verabschiedung dar. Dabei hindern die spezifischen sozialen Regeln der Predigt alle Kommunikationsbeteiligten, den anderen mit *hallo, guten Tag, tschüss* und weiteren im Deutschen üblichen Begrüßungs- bzw. Verabschiedungsforme(l)n zu begegnen, sondern ausnahmslos in allen Predigtsituationen mit dem arabischen *As-salāmu ʿalaykum wa raḥmatu ʾllāhi wa barakātuh*. Durch diese Übereinstimmung mit sozialen Regeln pflegt der Prediger Beziehungen und es werden nicht – wie beim deskriptiven Bedeutungsanteil – lediglich Referenten oder Situationen beschrieben. Dementsprechend fehlt die Spalte des „Referenten" bei der Abbildung für den sozialen Bedeutungsanteil (s. unten).

Ferner resultieren solche sozialen Regeln darin, dass die arabischsprachigen Ausdrücke, die in den Predigten soziale Bedeutungen mittragen, in mehreren Predigtsituationen als Äußerungskontexte und von unterschiedlichen Predigern gleichermaßen in deutschsprachige Wortschatzeinheiten übersetzt und verwendet werden. Löbner sieht solche Ausdrücke mit sozialer Bedeutung als „ritualisierte Mittel" (Löbner 2003: 47). Die Wortgruppe „Im Namen Allahs, des Allerbarmers, des Barmherzigen" (TXT11, PRD4, 2018-09-15, Absatz 2) erweist sich bspw. als konventionelle Eröffnung der Predigt. Dementsprechend scheint sie schwer mit der Nennung einer anderen Eigenschaft Gottes (der „Heilige", „Vergebende" etc.) vorstellbar, solange es sich um die Übersetzung des ersten Koranverses *Bi-smi ʾllāhi ʾr-raḥmāni ʾr-raḥīm* handelt. Ebenso fungiert die Anrede „Verehrte Geschwister!" auch bei der Eröffnung einer Predigt als konventionelles Mittel, ohne, dass die arabische Äquivalent angesprochen wird (s. Abb. 10).

Ausdruck	deskriptive Bedeutung	soziale Bedeutung
Verehrte Geschwister!	förmliche Anrede für Personen, die in einer geschwisterlichen Relation zueinander stehen	Predigtanrede der Glaubensgemeinschaft

Abb. 10: Beispiel „Verehrte Geschwister!" für soziale Bedeutung.

Die soziale Bedeutung von Ausdrücken hängt mit der gegenseitigen Beeinflussung von Sprache und Gesellschaft zusammen. Löbner greift anhand von Beispielen über die unterschiedlichen Höflichkeitsmarkierungen im Japanischen die Ausdrücke auf, die mit lexikalisch festgelegtem kommunikativem Sinn in außereuropäischen Kulturen existieren (s. Löbner 2003: 40–42). Die festen Ausdrücke des Friedensgrußes an den Propheten und seine Familie – *ṣalawāt* – dienen auf ähnliche Weise der Pflege von sozialer Beziehung zwischen den Kommunikationsbeteiligten einer Predigt. Genau wie in einer üblichen, sonst arabischsprachigen Predigt drückt der deutschsprachige Prediger nonverbal durch seine Intonation die Aufforderung bzw. Bitte aus, nach dem Namen des Propheten „Muhammad" die soziale Handlung des Friedensgrußes zu vollziehen. Die Predigtzuhörenden gehen dieser Forderung nach, interagieren mit dem Vollzug des Friedensgrußes im Chor und es entsteht eine Pause von wenigen Sekunden in der Predigtrede. Somit gehorcht eine solche kollektive Sprachproduktion eigenspezifischen sozial-religiösen Regeln.

Im Gegensatz zu den Wörtern mit sozialer Bedeutung, die von verschiedenen Predigern und in unterschiedlichen Kommunikationssituationen weitgehend kongruent verwendet werden, demonstriert die *expressive Bedeutung* (ebenfalls nichtdeskriptiv) bestimmter Wortschatzeinheiten den „unmittelbaren Ausdruck subjektiver Empfindungen, Gefühle, Bewertungen und Einstellungen“ (Löbner 2003: 43) des einen oder anderen Predigers. Diese stimmen weder mit irgendwelchen Fakten (Kriterium für deskriptive Bedeutung) noch mit spezifischen sozialen Regeln (Kriterium für soziale Bedeutung) überein, sondern ihr Einsatz reflektiert gewisse Aspekte des Predigers als Subjekt.

Darunter fällt vor allem ein großer Anteil des Predigtwortschatzes, der keine Übersetzung von arabischen Wörtern aus Koran- und Überlieferungstexten ist. Diese Wörter stellen neu erfundene oder neu gebrauchte Ausdrücke dar, anhand derer die gegenwartsbezogenen islamreligiösen Themen in den deutschsprachigen Predigten behandelt werden. Der Prediger selbst ist hierbei im Besitz einer gewissen Freiheit über seine Wortwahl bzw. -schöpfung. Mit welcher der bestehenden Ausdrucksmöglichkeiten der Prediger einen bestimmten religionsbetreffenden Sachverhalt äußert, offenbart seine persönliche Einstellung.

Zum Beispiel verwendet ein Prediger in seiner Rede zwei unterschiedliche Bezeichnungen für zwei Rechtsgelehrte, deren Meinungen er an einer Predigtstelle vermeintlich objektiv und gleichwertig erläutern möchte. Der Sprecher *findet* indessen den einen Rechtsgelehrten besser als den anderen und diese subjektive Ansicht kommt zunächst nur implizit zum Ausdruck:

In Predigt 6, Absatz 8, handelt es sich um die Entscheidung jeder religionsmündigen Person, welche der (lebendigen) schiitischen Rechtsgelehrten für die Person als der sog. „Bestwissende“ gelte, dem die Gläubigen in den religiösen Pflichten zu folgen hätten. Der Prediger erwähnt den Namen des einen Rechtsgelehrten mit dem Titel *Imam* bzw. an anderer Stelle mit *Sayyid Qā'id*. Diese zwei Titel implizieren in ihrem expressiven Bedeutungsanteil einen bestwissenden Rechtsgelehrten. Währenddessen wird vor dem Namen eines anderen Rechtsgelehrten der Titel *Āyatollāh* bzw. *Sayyid Y* verwendet (TXT6, PRD3, 2018-07-08, Absatz 8). So positioniert sich der Prediger nur aufgrund von unterschiedlichen expressiven Bedeutungen von zwei Titeln. Seine subjektive Priorisierung im Kontext von kulturellen Begebenheiten bewertet einen der Rechtsgelehrten (X) über den anderen (Y). Über die deskriptive Bedeutung der beiden Wörter hinaus werden hier zusätzlich expressive, größtenteils auch diskursiv geformte Bedeutungen kommuniziert (s. Abb. 11).

Neben der Subjektivität bezüglich der Einstellungen bzw. Bewertungen des Predigers ist er gleichzeitig auch Sprachproduzent von Ausdrücken, die seinen Gefühlen bzw. Empfindungen entsprechen. Bestimmte Adverbien mit Gottes Bezug wie z. B. „Gott sei Dank“ und „so Gott will“ fügen bestimmten Predigtaussagen eine expressive Komponente hinzu (s. Abb. 11).

Ausdruck (Typ)	deskriptive Bedeutung	expressive Bedeutung
Imam (Titel)	Vorbeter, Leiter eines Gemeinschaftsgebets (URL14)	Der bestwissende Rechtsgelehrte
Āyatollāh (Titel)	Zeichen Gottes (URL75)	Ehrentitel für die hohen Würdenträger, Jemand, der die Anwendung der selbständigen Rechtsfindung beherrscht, Ehrentitel für einen hervorragenden Muslim
So Gott will (Adverb)	Auf ein zukünftiges Ereignis bezogener Ausdruck in der muslimischen Welt (Online-Duden: URL90)	(deutsche Übersetzung der islamreligiös konnotierten Expressive „Inšā'a ´llāh") Persönliche Gefühle (hier Hoffnung) des Predigers über die darauffolgende bzw. bereits ausgesprochene Aussage

Abb. 11: Beispiel *Imam* vs. *Āyatollāh* und *So Gott will* für expressive Bedeutung.

Die Aufteilung in die drei erläuterten Bedeutungsanteile wird nicht von allen Semantikforschenden geteilt. Einer der größten Unterschiede zu anderen Modellen ist, dass die expressive Bedeutung häufig auch als Konnotation bezeichnet wird, wobei die klare Trennung zwischen sozialer und expressiver Bedeutung der Wörter für viele Semantiker kontrovers erscheint (s. Löbner 2003: 47–48).

5.2 Vier zentrale Themenfelder und die Wortfelddarstellungen

Mit dem derzeitig noch weitgehend unerkundeten Gegenstand von predigtspezifischen Wortschatzeinheiten wird im gesamten Verlauf der Aufnahme, Transkription, Codierung und Etikettierung der Wortschatzeinheiten offen umgegangen. Insgesamt vier semantische Hauptbereiche konnten herausgearbeitet werden. Diese Bereiche, die sowohl „Hyperonyme" als auch „Kategorien" und Themenfelder genannt werden können, umfassen mehrere ausgesuchte Wortschatzausschnitte als Oberbegriffe. Die Kategorienbildung zeichnet sich dadurch aus, dass es sich um keinen linearen Prozess, sondern eher um ein zyklisches Verfahren handelt, indem einerseits kategorisiert wird, um die Bedeutungen bzw. Bedeutungsbeziehungen innerhalb jeder Kategorie zu entdecken. Die Beschreibung der Wortschatzeinheiten dient andererseits zur Entwicklung und Präzisierung der Kategorien und Subkategorien.

Die vier gebildeten Hauptkategorien sollen im Anbetracht der in 5.1. diskutierten Vertikalität als theologische Rahmenbedingungen verstanden werden. Zusammengefasst bedeutet dies: Nach der Glaubensstruktur der schiitischen Rechtsschule gelangt der gläubige Mensch zur Annäherung und Erkenntnis Gottes nur durch Vermittlung des Koran und der Propheten(familie). So hat Gott einerseits die Offenbarung (*tanzīl;* koranische Schrift) und andererseits die Propheten und Imame entsandt, die den Koran interpretieren (*ta'wīl*). Auf dieser Grundlage können dann die Rechtsgelehrten konkrete religiöse Lehren – Gebote und Verbote – ableiten, deren Befolgung in Form der Glaubenspraxis schließlich die Zufriedenheit Gottes im Diesseits und Jenseits zur Folge haben soll.

Nach dieser Gesamtlogik strukturieren sich die semantischen Wortfelder in den Kategorien, die zu einem Codesystem für die Markierung der Wortschatzeinheiten führt. Die Prediger haben stets unabhängig vom Thema ihrer Rede genau entlang dieser Struktur gepredigt. Das heißt, alle im Korpus enthaltenen Wortschatzeinheiten können semantisch in gewissen Maßen ihre Stellen im vertikalen Konstrukt finden:

1. Gott und Schöpfung,
2. Schrift und Rechtsfindung,
3. Propheten und Imame,
4. Glaubenspraxis und Rituale.[130]

Diese vier Kategorien weisen oft semantische Überschneidungen auf und lassen sich keineswegs scharf voneinander abgrenzen. Es ist insofern zu betonen, dass die Grenzen dieser Kategorien sowie die Grenzen der innerhalb der Kategorien gebildeten Wortfelder an vielen Stellen ineinander übergehen. Das ist der Grund, warum die gleichen Begriffe gelegentlich mehr als einem Wortfeld zugeordnet worden sind. Das Wort *spirituell* aus dem Wortfeld „Reinheit" (WFD 4.9) ist bspw. einmal in der vierten Kategorie „Rechtsurteile" verortet worden, da es in diesem Wortfeld um praktische Handlungen geht, die den spirituellen Reinheitszustand eines Muslims unterbrechen (z. B. Geschlechtsverkehr) und in deren Folge eine rituelle Waschung für den Vollzug religiöser Pflichten (z. B. tägliches Pflichtgebet) erforderlich wird. Das Wort *spirituell* passt allerdings gleichzeitig auch zum Wortfeld über die „Eigenschaften Gottes" (WFD 1.1) unter der ersten Kategorie „Gott und Schöpfung". Hierbei lässt sich der Begriff nicht mehr einer ritual- und glaubenspraxisbezogenen Semantik, sondern einer göttlichen zuordnen, die über die menschliche, empirisch greifbare und lebensweltliche Daseinssphäre hinausgeht.

130 Zu Beginn der Studie bzw. vor der Predigtaufnahme und der Sammlung von empirischen Daten waren die ursprünglich erwarteten Kategorien folgende: 1) Weltanschauung und Gott-Mensch-Verhältnis, 2) Mensch-sich selbst-Verhältnis, 3) Mensch-Mensch-Verhältnis bzw. Gesellschaftsthemen.

Ein anderes Beispiel für die bestehenden Überschneidungen zwischen den vier genannten Kategorien zeigt sich darin, dass viele als positiv bewertete Eigenschaften, die das Korpus beinhaltet, sowohl (zwischen)menschliche Tugenden im Zusammenleben betreffen als auch als göttliche Attribute wahrgenommen werden können. Im Gegensatz zu dem o. g. Beispiel *spirituell*, das notwendigerweise für das Begreifen des gesamten Wortfeldes nötig und daher in beiden Kategorien verortet werden musste, stellt eine göttlich-menschliche Eigenschaft kein Bindeglied dar, das für den inhaltlichen Zusammenhang der Wortschatzeinheiten in einem Wortfeld nötig wäre. Daher sind solche Adjektive, die in den Predigten teils dem Menschen teils Gott zugeordnet worden sind, entweder bei dem einen oder anderen Wortfeld – in diesem Fall auch in unterschiedlichen Kategorien – eingeordnet.

Zum Beispiel findet sich das Adjektiv *barmherzig* nur in WFD 1.1 als Gotteseigenschaft, während das Adjektiv *gerecht* in WFD 4.5 verortet ist, und prinzipiell können beide Adjektive beiden – dem Menschen genauso wie Gott – zugeschrieben werden. Auch im Koran werden gleiche Wortschatzeinheiten mit gleicher Bedeutung auf unterschiedliche Referenten bezogen; z. B. bezeichnet sich manchmal Gott selbst als „Warner" (wie in untenstehender Predigtstelle zitiert; arab. *munḏir*), anderswo den Propheten Muhammad.

> Diese Nacht wird [...] im Koran an den anderen Stellen (z. B.) in der Sure al-ʿAnkabūt thematisiert. (a) „Wir haben ihn an einer gesegneten Nacht herabgesandt. Wahrlich wir sind Warnende, munḏirīn." Wir warnen und haben die Funktion von Warnern der Geschöpfe, indem wir das tun. (1, PRD1, 2018-06-06, Absatz 7)

Trotz häufiger Überschneidungen zwischen den Kategorien werden in qualitativen Forschungen unter dem Begriff „Intercoderreliablität" (Mayring 2010: 116) selbsterklärende Kriterien verstanden, die darüber Auskunft geben, warum bestimmte Wortschatzeinheiten dem gleichen semantischen Wortfeld zugeordnet werden und was die gemeinsamen Eigenschaften der einen oder anderen (Kern) Kategorie ausmacht. Um diese Grenzen und ihre jeweiligen Bezüge nachvollziehbar zu beschreiben, wird zunächst erläutert, was unter jeder Kategorie zu verstehen ist. Damit soll eine Art „roter Faden bzw. story line" (Strauss und Corbin 1996: 96–100) im gesamten Untersuchungsgegenstand erkennbar werden.

Wie aus der Abb. 12 ersichtlich wird, bietet das Predigtmaterial über die relevanten Wortschatzeinheiten hinaus zahlreiche sprach- und übersetzungssensible Stellen, bildliche Darstellungen und deutsche Übersetzungen von arabischen Floskeln, die bei der Arbeit mit den Predigttexten mitmarkiert und aus deren Auswertung Erkenntnisse erschlossenen worden sind. An dieser Stelle geht es um die vier eingerückt nummerierten Themenfelder, die zur strukturierten Aufbereitung des großen empirischen Bestandes der Wortschatzeinheiten dienen.

```
Codesystem
    1 ▪ Sprach- und übersetzungssensible Textstellen
    2 ▪ Metapher, bildliche u. poetische Darstellungen
    3 ▪ (dt. Übers. aus) feste arab. Floskel/Formel
    4 ▪ 1) Gott und die Schöpfung
    5 ▪ Mittel/Vermittler
        5.1 ▪ 2) Schrift und Rechtsfindung
        5.2 ▪ 3) Propheten, Imame
    6 ▪ 4) Rituale, Normierung, Bewertung, Gebot/Verbot
```

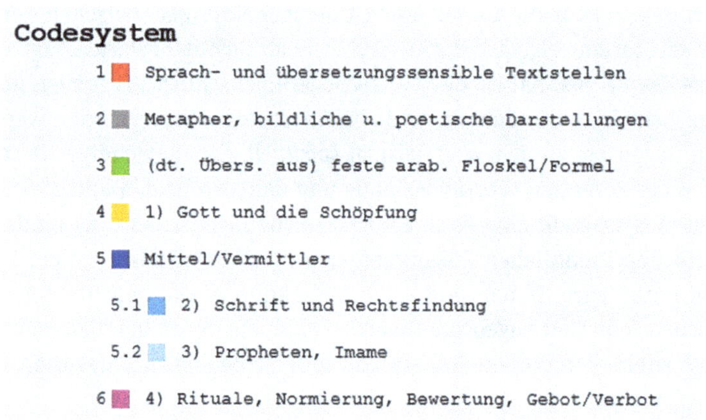

Abb. 12: Codesystem für die Kategorisierung der Inhalte im Predigtkorpus.

Im folgenden Unterkapitel werden diese vier Themenfelder inhaltlich beschrieben und die jeweils dazu eingeordneten Wortschatzeinheiten aufgelistet. Die Zusammenhänge zwischen den einzelnen Wortschatzeinheiten sind innerhalb der jeweiligen Kategorie herausgearbeitet worden, bis durch nähere Bestimmung mehrere Subkategorien entstanden sind, die in Form von semantischen Wortfelddarstellungen visualisiert werden konnten. Jedem Wortfeld wurde ein Name sowie eine Nummer gegeben, die erste Zahl der Nummer referiert auf die Überkategorie und die nächste Zahl dann auf das sich darin befindendes Wortfeld.

Die hierarchische Rangordnung zwischen den Wortschatzeinheiten wird in der Regel nach semantischer Bedeutungsbeziehung bestimmt. Die folgende Abbildung – ein Ausschnitt aus einer ganzen Wortfelddarstellung – zeigt exemplarisch die Visualisierung von einigen hierarchisch zueinanderstehenden Wortschatzeinheiten der Predigt:

Als Knoten erster Ordnung erscheint in dieser Teilstruktur (s. Abb. 13) die Wortschatzeinheit *Glaubensüberzeugung*. Indem die davon abstammende Wortschatzeinheit *Stamm der Religion* als Knoten zweiter Ordnung darunter dargestellt wird, soll dadurch auf die unterordnende Bedeutungsbeziehung zwischen den beiden hingewiesen werden. Die übergeordnete Einheit subsumiert indessen nicht allein den *Stamm der Religion*, die freie Linie in Richtung rechts, deren Einheit diese Abbildung nicht enthält, steht in gleicher hierarchischer Ebene wie *Stamm der Religion*. Von letzterer Einheit werden weiterhin noch in dritter Ordnung fünf Wortschatzeinheiten, *die Einheit Gottes, (seine) Gerechtigkeit, (Prophetentum), (Imamat)* und *Auferstehung* abgeleitet und dementsprechend visualisierend skizziert. Über die Verbindungspfeile lassen sich Abhängigkeitsbeziehungen ablesen. Die Länge der Pfeile ist dabei rein technisch bedingt und spielt keine inhaltliche Rolle.

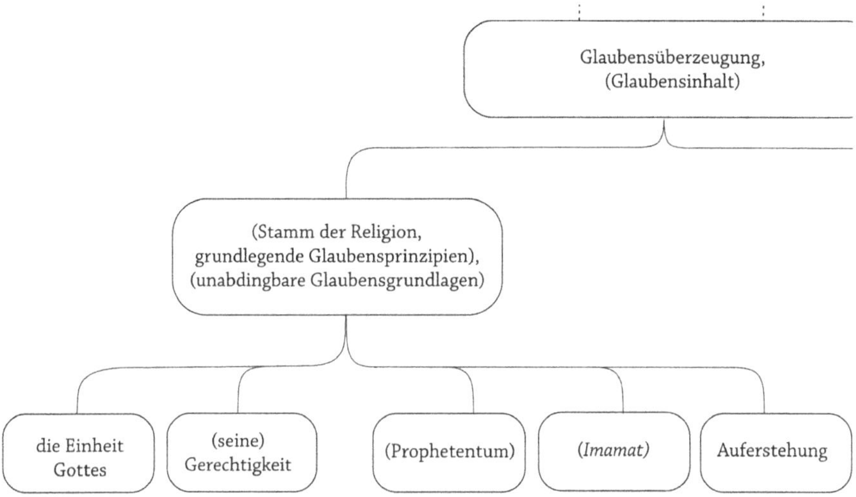

Abb. 13: Teil der WFD 4.2 zur Erklärung der Knoten erster und zweiter Ordnung.

Eine andere visualisierende Form in den semantischen Wortfelddarstellungen bezieht sich auf Einheiten, die nicht klar hierarchisch, sondern eher assoziativ miteinander in Relation stehen. Diese sind Wortschatzeinheiten aus den Predigten, die zum selben semantischen Wortfeld gehören, zwischen denen die Relation jedoch nicht mit einfachen graphischen Strukturzeichnungen dargestellt werden kann. Daher verorten sich die betreffenden Wortschatzeinheiten zum einen lose in einer größeren semantischen Einheit. Zum anderen weisen die gestrichelten Linien auf die assoziativ miteinander verbundenen Einheiten hin. Dieses Schema, unten am Beispiel der übergeordneten Einheit „Sprache“ erläutert (s. Abb. 14), ermöglicht einen assoziativen Zugriff auf die Gedankengänge innerhalb der sprachspezifischen Stellen in unterschiedlichen Predigten.

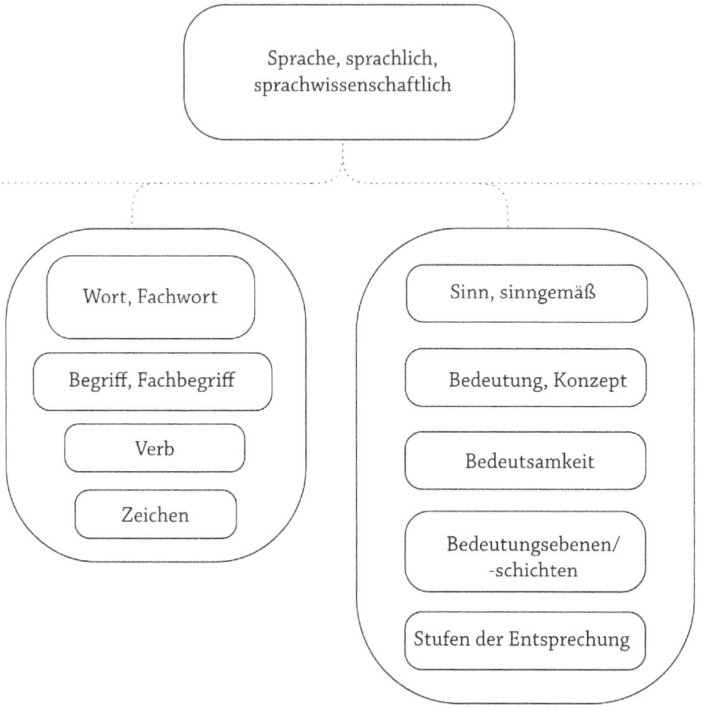

Abb. 14: Teil der WFD 2.4 zur Erklärung der größeren Einheiten.

5.2.1 Kategorie „Gott und die Schöpfung" (gelbe Markierung)

WFD 1.1: Gott

- Allah, Gott, göttlich, Herr der Welten, Existenz/Essenz/Geist Gottes, (absolute) Einheit Gottes
- Eigenschaften Gottes, (99 schöne) Namen
- r Mächtige, (r Allmächtige), r Reiche, r Unabhängige, r Ewige, r Unendliche, r Erhabene, r Ehrwürdige, r Edelmütige, r Wissende, (r Allwissende), r Allerbarmer, r Erbarmende, r Barmherzige, (r Gnadenreiche), r Heilige, heilig, e Wahrheit, wahr, r Majestätische, r Glorreiche, Gloria …
- Spiritualität, spirituell
- Geist, geistig
- übermenschlich, übernatürlich, überirdisch

WFD 1.2: Schöpfung
- r Urheber, r Ursprung, r Schöpfer
- erschaffen
- Wille Gottes, göttlicher Wille
- Zufriedenheit Gottes
- Segen Gottes, segnen, gesegnet
- Gaben Gottes
- e Schöpfung, s Geschöpf
- Hof
- Engel Gabriel, Nakir, Munkar
- Heerscharen
- Dschinn
- Teufel, teuflisch, Satan, satanisch
- verflucht, verdammt
- r Mensch
- sieben Himmel und Erde

Das Transzendente als ungreifbare Sphäre, wie es im Rahmen des schiitischen Gottesverständnisses aufgefasst wird, macht ohne Verhältnis zum Menschen und zu seinem diesseitigen Leben die erste Kategorie im gesamten Predigtwortschatz aus. Charakteristisch für die zwei Wortfelder innerhalb dieser Kategorie ist die hoch abstrakte Natur ihrer Wortschatzeinheiten. Die zwei Wortfelder dieser Kategorie stellen Wortschatzeinheiten dar, die die Namen sowie „Eigenschaften Gottes" behandeln. Das Wortfeld 1.1 positioniert sich im Hinblick auf die vertikale Rangordnung (vgl. Kap. 5.1) in der obersten Stufe des gesamten Materials. In diesem Wortfeld findet sich der inhaltliche Ansatz von Wortschatzeinheiten der Predigt als Ansatz der (wenn auch eingeschränkten) Versprachlichung der Religion selbst. Bei der Darstellung der Attribute Gottes in den semantischen Wortfeldern tritt die Herausforderung hinsichtlich der theologischen Auffassung über die Eigenschaften Gottes auf:

Der zusammengesetzte Terminus *Gotteseinheit in Sein und in Eigenschaft* (arab. *at-tawḥīd aḏ-ḏātī wa aṣ-ṣifātī*) erläutert in der schiitischen Tradition des Islam, dass zum einen die unterschiedlichen Attribute Gottes nicht voneinander getrennt werden können, bspw. göttliches *Wissen* lässt sich nicht separat von seiner *Barmherzigkeit* vorstellen. Zum anderen dürfen die Attribute Gottes weder getrennt von seinem Sein wahrgenommen noch auf eine menschliche Art vor- oder dargestellt werden (u. a. s. Sobḥānī 1992: 22). Vielmehr wird bereits in der ersten Predigt von *ʿAlī b. Abī Ṭālib* diesbezüglich explizit überliefert, die Bestrebung der Gläubigen, die

Attribute Gottes de-kategorisiert wahrzunehmen, sei Zeichen der Vollkommenheit und Aufrichtigkeit der Gläubigen gegenüber der Erkenntnis Gottes.[131]

Die Berücksichtigung dieser theologisch-philosophischen Glaubenskonzeption in Bezug auf die Eigenschaften Gottes verhindert deren semantische, systemlinguistisch ausgerichtete Darstellung in den Wortfeldern. Nichtsdestotrotz scheinen die Predigtstellen, in denen die Wortschatzeinheiten mit den Eigenschaften Gottes erwähnt werden, doch einer gewissen Kategorisierung zu folgen, da mit der Benennung des einen Attributs im Kontext der Rede offensichtlich die Ausschließung des anderen einhergeht.

Die oberste Wortschatzeinheit in der WFD 1.1 bildet die *Einheit Gottes*. Diese Einheit findet zwei Mal in unterschiedlichen Wortfelddarstellungen Erwähnung: Im WFD 1.1 verortet sich die „Einheit Gottes" *objektsprachlich* in der göttlichen, teilweise auch geheimnisvollen, für den Menschen ungreifbaren Sphäre zwischen dem Sein Gottes und seinen Eigenschaften. Das entspricht auch dem Themenfeld dieser Kategorie. Ihre andere Verwendung hingegen findet die Wortschatzeinheit *Einheit Gottes*, indem sie *metasprachlich* als konkreter und untrennbarer Bestandteil der unabdingbaren Glaubensgrundlagen gilt (WFD 4.2) und demensprechend sich in der Kategorie „Glaubenspraxis und Rituale" verortet.[132] Diese doppelte Nennung einer einzigen Wortschatzeinheit in unterschiedlichen Wortfeldern gilt in diesem Fall als notwendig.

In einem anderen Beispiel wird die Wortschatzeinheit *Geist* (arab. *rūḥ*) ebenso mit mehreren Bedeutungen in unterschiedlichen Predigtstellen verwendet. Den schiitischen Interpretationsquellen nach sind die drei zentralen Bedeutungen des Begriffs folgende: die Existenz Gottes (z. B. in Koran 17:85), der Erzengel Gabriel (z. B. in Koran 97:4) sowie auch der Sinn, die Innenseite bzw. der außerkörperliche Aspekt des Menschen (s. Ṭabāṭabāʾī 1995: 528–529). Ähnlich wie bei den zwei o. g. Beispielen *gerecht* und *barmherzig*, bei deren Darstellung im Wortfeld die Entscheidung nur für die eine Bedeutung des Begriffs getroffen wurde, wird hierbei auch der *Geist* lediglich in WFD 1.1 und in seiner ersten und zweiten Bedeutung präsentiert.

---

131 „Das Wichtigste in der Religion ist die Erkenntnis [maʿrifa] über Ihn, und die Vervollständigung der Erkenntnis Seiner besteht darin, Ihn zu bestätigen, die Vervollständigung der Bestätigung Seiner besteht in der (Bestätigung der) Einheit [*tawḥīd*] Seiner, die Vervollständigung (des Verständnisses) Seiner Einheit liegt in der Aufrichtigkeit Ihm gegenüber. Die Vervollkommnung der Aufrichtigkeit Ihm gegenüber liegt darin, Ihm keine Eigenschaften zuzuschreiben, denn jede Eigenschaft zeugt davon, dass sie nicht der Beschriebene ist, und alles Beschriebene zeugt davon, dass es anders als die Eigenschaft ist." (Predigt 1, *Nahǧ al-Balāġa*; URL76. Weiter dazu s. Predigt 49: Eigenschaften der Herrlichkeit Allahs und Predigt 152: Über die Eigenschaften Allahs: URL76).

132 Zu einem Artikel über die objekt- und metasprachlichen Beschreibungen im islamischen Diskursfeld s. Dreßler 2019.

Aus derselben Perspektive lässt sich die Zuordnung der Wortschatzeinheiten *Spiritualität, spirituell* zu WFD 1.1 rechtfertigen. Während *geistig* und *spirituell* beide auch außerhalb der religiösen Kontexte Gebrauch finden können, entspricht ihre Zuordnung in die WFD 1.1 deren Zusammenhang mit dem Göttlichen. Das Adjektiv *religiös* wird im Deutschen des Öfteren mit Bezug auf eine bestimmte Religion verwendet, das Adjektiv *spirituell* hingegen referiert auf eine offenere Beschreibung des Zustands bzw. Sachverhalts. Die Spiritualität wird zwar in jeder Religion anders definiert und wahrgenommen, aber sie ist gleichzeitig die alle Religionen miteinander verbindende und religionsübergreifende Konstante (s. Brussat und Brussat 1996: 18).

Eine Stufe unter der WFD 1.1 wird die Schöpfer-Funktion des Transzendenten in WFD 1.2 „Schöpfung" in den Vordergrund gerückt und darin werden Wortschatzeinheiten zusammengestellt, die die materielle sowie nicht-materielle Kreation Gottes betreffen. Das Transzendente, in diesem Fall *Allah*, kommt in den Predigtstellen manchmal in Relation zu den nichtmenschlichen Geschöpfen vor. Gepredigt wird seltener über das Wesen Gottes selbst, sondern tendenziell eher über seinen Willen, sein Verlangen, seine Zufriedenheit und häufig auch über von ihm erschaffene Geschöpfe. Für die Versprachlichung des Letzteren besteht keine sprachliche Herausforderung wie im Falle der Predigtstellen über Gott selbst.

Über das für den Menschen ungreifbare Transzendente wird in der schiitischen Weltanschauung trotzdem in menschlicher Sprache kommuniziert; infolgedessen werden verschiedene Geschöpfe (Engel, Dschinn etc.) nicht nur benannt, sondern jeweils durch gewisse Eigenschaften charakterisiert. So eine auf Koran- und Überlieferungstexte gestützte Verbalisierung wiederholt sich in den deutschsprachigen Predigten. Diese Texte bieten Ausdrucksmöglichkeiten an und vereinfachen das Sprechen über Gott in der Predigt. Das heißt, dass die göttliche Sphäre ihren Wirklichkeitsbezug allem voran dadurch findet, wie sich das Geschöpf „Mensch" an Gott annähern kann. Dafür gibt es einen durchaus großen und beständig zunehmenden Wortschatzfundus in deutscher Sprache.

Zusammengefasst: Die Verbindung von Gott bzw. dem Göttlichen (Kategorie 1) mit der Religionspraxis der Gläubigen (Kategorie 4) wird – der schiitischen Theologie nach – durch die „Zwei Gewichtigen" (Kategorie 2 und 3) gewährleistet. Ohne Rückgriff auf das eine oder das andere gilt das Religionsverständnis des Schiitentums und mithin die Erreichbarkeit der menschlichen Vollkommenheit grundsätzlich als ausgeschlossen.

5.2.2 Kategorie „Schrift und Rechtsfindung“ (dunkelblaue Markierung)

WFD 2.1: Quellen der Erkenntnis
- Offenbarung, Herabsendung, Niedersendung, abstufen, herabstufen
- chronische[133]/zeitliche Offenbarung
- einmalige Offenbarung
- heilige Schrift, Schrift Gottes, Buch Gottes, Gottes Wort
- verborgene Schrift, Bäuche/innere Kerne des Koran
- Koran, koranisch
- der historische Kontext/Anlass der Herabsendung
- Korantext
- (114) Sura/Sure, (ein Abschnitt bzw. Kapitel des Koran mit eigenständiger Überschrift)
- Vers
- Tradition, traditionell, Brauch/(Verfahrensweise)/(gewohnte Handlungsweise)/(überlieferte Norm) des Propheten und seiner Familie, Sunna
- Überlieferung, überliefern, Hadith
- Konsens, (Übereinstimmung der Umma)
- Vernunft, (Vernunftschluss), Rationalität, Ratio
- Brauch der Menschen (oder einer Gemeinschaft), (Gewohnheitsrecht), (Sitte)

WFD 2.2: Auslegung
- Koranwissenschaft, Auslegung, Exegese, deuten, umdeuten
- (Überlieferungswissenschaft), Überliefererkette, 100% Vertrauen, gesichert, mit Sicherheit, absolut authentisch, ausreichend häufig
- (islamische Rechtswissenschaft), (islamische Jurisprudenz), Rechtslehre (*fiqh*)
- das islamisches Recht, rechtlich, juristisch, theologisch, das Wissen über den Gesetzesweg der Offenbarung, (Gesamtheit aller islamischen Normen), Scharia
- Rechtswerk, (religiöses Regelwerk), Rechtsurteil, (islamisches Rechtsgutachten), *Fatwa*
- Rechtsschule, (unterschiedliche Lehrauffassung in der islamischen Rechtswissenschaft)
- schiitisch, imamitisch, Schiiten, Zwölferschiiten
- sunnitisch, Sunniten
- …

133 Vermutlich ist die allmähliche Offenbarung des Koran während 23 Jahren gemeint – FT.

WFD 2.3: Rechtsfindung
- Rechtsfindung (-smethoden in der Zeit der Verborgenheit)
- Vorsichtsentscheidung
- selbständige Rechtsfindung, *Idschtihad*
- Laien, Nichtwissender, (Nachahmer)
- Befolgung, Nachahmung
- Experten, Fachleute, Instanz der rechtlichen Imitation, Vorbild der Befolgung/Nachahmung, Rechtsgelehrte, Gelehrter
- der Bestwissende (Meistwissende)
- r Prediger, e Predigt, e Geistlichkeit, r Turbanträger, r Scheich

WFD 2.4: Sprache
- Sprache, sprachlich, sprachwissenschaftlich
- Muttersprache
- Zweitsprache
- Deutsch
- Arabisch
- Persisch
- Übersetzung
- Wort, Fachwort
- Begriff, Fachbegriff
- Verb
- Zeichen
- Sinn, sinngemäß
- Bedeutung, Konzept
- Bedeutsamkeit
- Bedeutungsebenen/-schichten
- Stufen der Entsprechung
- Diskurs
- Wortwahl, Sprachgebrauch
- Wortlautmethode
- Wurzel
- Herkunftswörterbuch, etymologisch
- Redewendung
- rhetorisch
- metaphorisch
- symbolisch
- bildhaft
- Ambiguität

In der zweiten Kategorie „Schrift und Rechtsfindung“ handelt es sich um die Wortschatzeinheiten, die sich unter der ersten Instanz positionieren, die die Gottesannäherung dem Menschen zugänglich machen soll. Zu dieser Kategorie werden alle Einheiten aus dem Predigtkorpus codiert, die den Text der Offenbarung in ihrem historischen Kontext (arab. *tanzīl*) und die daraus abgeleitete Auslegung (sprozesse) betreffen. Diese stehen im Zentrum dieser Kategorie. Vor allem auf der Basis der Schriftquellen Koran als „Buch Gottes“ und der Überlieferungstexte lässt sich die islamische Rechtslehre schiitischer Prägung entwickeln.

Dennoch bestehen insgesamt vier Grundquellen für die Herausarbeitung von islamischen Normen. Als letztes gilt (s. WFD 2.1) die „Vernunft“.[134] Über die sunnitische Tradition hinaus, die die islamischen Glaubensgrundlagen im Verhältnis zum sprachlich-fachtheologisch definierten Vernunftbegriff zu beweisen sucht, trägt der Vernunftschluss in den schiitischen Rechtsfindungsmethoden u. a. auch dazu bei, aus der göttlichen Offenbarung und in Anbetracht anderer Quellen weiterhin konkrete islamische Rechtsurteile abzuleiten (s. Rabbānī Golpāygānī 2013: 144–145). Die Aufteilung der Quellen des islamischen Rechts zeichnet sich in der schiitischen Lehre durch eine gewisse Schärfe aus.

Die Eigenschaft Schärfe (Abgrenzung von anderen Wortschatzeinheiten) findet sich in der WFD 2.1 weitgehend auch in den Wortschatzeinheiten *Koran* und *Sunna*. Als Sure werden Abschnitte bzw. Kapitel des Koran mit eigenständiger Überschrift bezeichnet. Das Wort selbst wird in den Predigten meist in arabischer Aussprache (*sūra*) erwähnt. Bei den Surennamen wird in der Regel der arabische Name genannt und manchmal auch mit deutscher Übersetzung versehen, z. B. „Sura an-Naḥl, die Biene“ (TXT2, PRD2, 2018-06-09, Absatz 10). Die Wortschatzeinheiten in WFD 2.1, Quellen der Erkenntnis, führen die nächste WFD 2.2 ein, indem die Quellen unterhalb der Fachexpertise zum Auslegungsgegenstand werden. Die selbständige Rechtsfindung fällt unter die Aufgaben und zugleich Rechte der autorisierten Gelehrsamkeit des Schiitentums und folgt einer internen länderübergreifenden Systematisierung (WFD 2.3).

Die Koran- und Überlieferungsstudien innerhalb der schiitischen Rechtsschule entwickeln andauernd Interpretations- und Rechtsfindungsmethoden für die jeweiligen, themenspezifisch eingeordneten Rechtsurteile. Im Zentrum des Fachtheoretischen sowie Rechtsurteilspraktischen ist die Gelehrsamkeit permanent linguistischen Auseinandersetzungen ausgesetzt. Dem linguistischen Anteil der schiitischen Theologie fügt die Mehrsprachigkeit der deutschsprachigen Pre-

---

134 Dieser Begriff, wenn er im vorliegenden Predigtkontext zur Sprache kommt, unterscheidet sich durchaus vom Vernunftbegriff in westlicher Philosophie und Theologie (bspw. bei Kant s. u. a. Roelcke 1989).

digten zusätzlich etliche übersetzungsrelevante Herausforderungen hinzu. In diesem Rahmen rücken spezifische Wortschatzeinheiten aus der linguistisch-translatorischen Warte in den Vordergrund der Predigt und somit bildet die verhältnismäßig große WFD 2.4 „Sprache“ den letzten und einen durchaus wichtigen Bestandteil der Kategorie zwei.

Parallel zur zweiten Kategorie „Schrift und Rechtsfindung“ wird das verbindende Element zwischen Gott (Kategorie 1) und Glaubenspraxis des Menschen (Kategorie 4) durch den anderen Gewichtigen, „Propheten und Imame“ ergänzt, dessen entsprechende Wortschatzeinheiten in der Kategorie 3 zusammengestellt werden.

5.2.3 Kategorie „Propheten und Imame“ (hellblaue Markierung)

WFD 3.1: Propheten
- menschliche Perfektion/Verkörperung der Eigenschaften Gottes,
- Spiegelbild Gottes,
- Beweis/Zeichen Gottes,
- Namen Gottes
- Verkündung, Verkünder,
- Botschaft, Botschafter
- die Gesandten Gottes, Apostel Gottes, Väter der Menschen, die Unfehlbaren
- Sachwalterschaft, Anhängerschaft, (Führungsauftrag, Vormundschaft)
- ...
- Adam
- Noah
- Abraham
- Ismail
- Moses
- Jesus
- Prophet Muhammad, r Gesandte Gottes, r Hochgelobte, r Auserwählte, s höchste aller Geschöpfe Gottes, r Siegel[135] der Propheten, r Herr der Gesandten, der Ermahner, r Warner/r Warnende, r Bringer von frohen Botschaften
- Gefährten, Getreue
- Familie des Propheten, *Ahl-ul-Bait*
- *Fāṭima*, e Mutter der Gläubigen, e Herrin der Frauen im Paradies, (Fürstin der Frauen der Welten)
- (12) Imame, Nachkommen, Nachfolger, Regenten, Führer

135 Sic: *das* Siegel.

WFD 3.2: Imame
- (12) Imame
- *Imām ʿAlī*, Befehlshaber der Gläubigen, r Herr der Regenten
- …
- *Imām Mahdī*, mahdianisch, Imam unserer Zeit/Gegenwart, Statthalter Gottes, Bleibender Gottes, r Zusatz *Allah*, r Erwartete
- kleine Verborgenheit
- (große) Verborgenheit, Inkognito
- anwesend
- Anzeichen der Wiederkehr, (Zeichen der Wiederkunft)
- Erlösung, erlösen
- s Reich Gottes auf Erden

Die nächste Vermittlerinstanz der „Zwei Gewichtigen", die in der schiitischen Glaubenslehre genauso als wegweisend für den Willen Gottes gilt, machen die „Propheten und Imame" aus. Demnach unfehlbare und heilige Persönlichkeiten fungieren historisch zu ihren Lebenszeiten sowie noch gegenwärtig in ihrer Vermittlungsfunktion zwischen Gott und den Gläubigen. Die nach dem Propheten Muhammad ernannten zwölf Imame, die u. a. auch in den Predigten als *Spiegelbild Gottes* (TXT3, PRD3, 2018-06-11, Absatz 7) oder an anderer Stelle als *menschliche Verkörperung der Namen und Eigenschaften Gottes* (TXT9, PRD2, 2018-08-31, Absatz 3) bezeichnet worden sind, verkünden die göttliche Botschaft an die Menschheit in einer wahrheitsgemäßen Weise (arab. *taʾwīl* in Gegensatz zu o. g. *tanzīl*).

Das ihnen eingeräumte Recht zur Koraninterpretation entspricht dem Glauben an den Besitz von *ʿilm al-ġayb*; dadurch wird das Wissen über das Unsichtbare bzw. das Verborgene als eine Art göttliches Wissen bezeichnet, das normalen Menschen nicht zugänglich ist, obwohl einige Menschen solches Wissen besitzen können, wenn Gott es zulässt. Nach schiitischer Glaubenslehre ist das Wissen um das Unsichtbare bzw. Verborgene zunächst notwendigerweise im Besitz von Gott (wie z. B. das Wissen Gottes über sein Wesen selbst; arab. *ḏāt*). Das Wissen des Verborgenen ist den Propheten (nicht bei allen in gleichem Umfang) und den Nachfolgern des Propheten Muhammad (den zwölf schiitischen Imamen) als rechtschaffenen Personen verliehen. Der Umfang des Wissens, das sie besitzen können, wird in unterschiedlichen schiitischen Gelehrtentraditionen unterschiedlich beurteilt.[136] Die Erkenntnisse der Imame und vor allem koranischen Interpretationen, die in Form

136 Es gibt mindestens zwei grobe Theorien über das Wissen der Imame über das Unsichtbare unter schiitischer Gelehrsamkeit: Minimalismus und Maximalismus. Die jüngste schiitische Gelehrsamkeit hält eher an einem unbegrenzten Umfang dieses Wissens für Imame fest. Ausführlich dazu s. u. a. Sobḥānī 2007.

von Überlieferungen der Imame uns zur Verfügung stehen, besitzen aufgrund des Unfehlbarkeitsgedanken im Schiitentum eine absoulte Autorität (ausführlich dazu vgl. Kap. 4.1.1).

Der Stellenwert von Propheten und Imamen in der schiitischen Theologie beschränkt sich nicht auf ihre Rolle als Vermittler und Interpretatoren des Koran. Ausdrücklich beruht die zwölferschiitische Glaubenslehre auf dem Alleinstellungsmerkmal der Akzeptanz ihrer „Anhängerschaft" (TXT14, PRD1, 2018-11-03, Absatz 22), Sachwalterschaft oder – nach anderer Übersetzung – ihres Führungsauftrags (arab. *wilāya*). Dieses Glaubensprinzip verleiht der Person des Propheten und den Imamen nicht nur als Mittel zum Zweck, sondern als Selbstzweck bzw. als ein zentrales Glaubenselement eine hohe Gewichtung. Dies transformiert ihre heiligen und unfehlbaren Wesen zugleich und ihre Erkenntnis in unfassbare Mysterien.

Diese in der Rechtsschule begründete und stark identitätsstiftende Dimension ist der Grund dafür, dass die oben erläuterte Hierarchie gelegentlich in den Predigtstellen über den unfassbaren Rang der Imame aufgehoben zu sein scheint. Demnach werden gewisse semantische Elemente der „Zwei Gewichtigen" (im folgenden Beispiel die Prophetentochter) nicht mehr eine Ebene *unter* dem Göttlichen eingeordnet, sondern bis auf unbegreifliche Höhen empordefiniert. Mit dieser Aufhebung der Hierarchie würden mehrere struktursemantische Widersprüche zwischen verschiedenen Wortschatzeinheiten aus dem Predigtkorpus einhergehen, die keine Berücksichtigung in den Wortfelddarstellungen finden können.

Beispielsweise wird die Behandlung des Themas über die hohe Stellung der Prophetentochter in einer Predigtstelle mit der Überlieferung in Verbindung gesetzt, wonach die Person *Fāṭima* aufgrund ihres dargestellten spirituellen Ranges in eine ähnliche Sphäre wie das Göttliche und dementsprechend dessen Geheimnisse und Mysterien aufsteigt. Mit dem Korankapitel *Surat al-Qadr* soll, gemäß rezitierter Überlieferung, die Person *Fāṭima* gemeint sein:

> Der Prophet sagt: „Gott hat Fāṭima einen Namen seiner Namen gegeben und da hat er gesagt: (a) „Ich bin Fāṭir, der Schöpfer, der Urheber von Himmel und Erde und sie ist Fāṭima, die Entwöhnende." Wenn du Araber bist, dann hörst du, damals hast du dieses Wort verstanden, die Entwöhnende, und hier heißt es: (a) „Weil die Schöpfung von ihrer Erkenntnis entwöhnt wurde." *Fāṭima* wird zu einem Mysterium, zu einem Geheimnis erhoben und damit wurde ihre Erkenntnis für die Menschen nicht mehr zugänglich. Im Ursprung ist es da, aber sie haben keinen Zugang mehr, sie sind von dieser Milch und dieser Nahrung abgewöhnt oder entwöhnt. (1, PRD1, 2018-06-06, Absatz 7)

Die Beziehung der Offenbarung (Kategorie 2) zum Propheten und den Imamen (Kategorie 3) stellt sich als eher horizontal dar; sie existieren nebeneinander, ergänzen sich gegenseitig, werden in den Predigten gleichermaßen wertgeschätzt und auf sie wird ähnlich häufig referiert. In der Visualisierung verorten sich diese zwei Kategorien, die „Zwei Gewichtigen“, unter der ersten Kategorie. Die Funktion der „Zwei Gewichtigen“ vervollständigt sich durch die religiöse Glaubenspraxis, deren Wortschatzeinheiten in den Predigten in der vierten Kategorie versammelt worden sind.

5.2.4 Kategorie „Glaubenspraxis und Rituale“ (lila Markierung)

WFD 4.1: Religionen
- Ankündigung
- Diesseits, Leben
- Mensch, menschlich, Seele, Naturveranlagung, Geisteshaltung
- Gottes Angelegenheit, Weg Gottes, Grenzen Gottes, Auferlegung Gottes, Befehl Gottes
- Vollkommenheit, vollkommen, Vision, Wunder, Rechtleitung, rechtleiten, konvertieren
- Diener Gottes, Gottesdiener, gehorchen, gehorsam, Gottesergebenheit, ergeben, Hingabe, Hinwendung, Gottesdienst, Gottesannäherung, Absicht
- Glaube, glauben, gläubig, Gläubige
- Religion, religiös, Religiosität
- ...
- Buddhisten
- Hindus, Tempel
- (Mystik), mystisch
- (Gnosis), Gnostiker
- Christentum, Christen, Kirche
- Judentum, Juden, jüdisch, Thora
- Islam, islamisch, Muslim, muslimisch, Moschee
- Angehörige der Religionsgemeinschaften, Schriftbesitzer, Leute der Schrift

WFD 4.2: Stamm der Religion
- Vermögen, das Gott den Menschen individuell zum besten Wissen und Gewissen verliehen hat
- religionsmündig, Religionsverpflichtete, religiöse Reife, religiös reif, religiös erwachsen
- Glaubensüberzeugung, (Glaubensinhalt)
- (Stamm der Religion, grundlegende Glaubensprinzipien), (unabdingbare Glaubensgrundlagen)
- die Einheit Gottes

- (seine) Gerechtigkeit
- (Prophetentum)
- (Imamat)
- Auferstehung
- (Zweige der Religion)

WFD 4.3: Zweige der Religion
- Glaubenspraxis, (Zweige der Religion: 10 Handlungsprinzipien)
- Ritual, Ritus
- Kulthandlungen, kultisch
- Gebet
- Fasten, fasten
- Fastenmonat, heiliger Monat Ramadan
- 19./21./23. Ramadan: Nacht der Entscheidung, Nacht des Beschlusses
- Wiederbelebung
- Fünftelabgabe
- Almosen, Spende, milde Gabe
- Pilgerfahrt
- kleine Wallfahrt
- große Pilgerfahrt
- Weihezustand
- Opfer (in Mina)
- Opfertier
- (Bewerfen der Felsen)
- ...
- Anstrengung
- große Anstrengung
- kleine/äußere Anstrengung
- ...

WFD 4.4: *halal* und *haram*
- gültig vs. ungültig
- (bei Gott) angenommen, angekommen, anerkannt
- Gebot, (verbindliche Anweisung: islamische Einstufungskategorie für religiöse Rechtsentscheide)
- erlaubt, (zulässig)
- (indifferent)
- religiöse Pflicht, obligatorisch, verpflichtend
- (gesellschaftliche/kollektive Verpflichtung)
- (individuelle/persönliche Verpflichtung)

- ...
- Ehe
- Ehevertrag
- (Musik)
- (Speiseregeln)
- (rituelle) Schlachtung
- (Verzehrverbot)
- Schweinefleisch
- Alkohol
- ...
- vorsichtshalber Pflicht, Vorsichtsmaßnahme, sicherheitshalber
- sehr stark empfohlen, empfohlen, Empfohlenes
- verpönt
- Verbot, verboten, verbieten

WFD 4.5: Moral
- s Gute, gute Tat, Wohltat, Tugend
- Erkenntnis von Gott, (Verhältnis des Menschen zu Gott)
- fromm
- Gottesfurcht, Ehrfurcht vor Gott
- Demut, demütig
- Verschmelzung, (Entwerdung), (Auflösung der eigenen Seele in der göttlichen Erhabenheit aufgrund tiefer Liebe)
- ...
- (zwischenmenschliche Beziehungen)
- Moral, moralisch
- Ethik, ethisch
- Weisheit
- Wertschätzung der Menschen, Wert, wertvoll
- Güte, gütig
- Wahrhaftigkeit, wahrhaftig
- Recht, gerecht, Gerechtigkeit, Integrität, Rechtschaffenheit
- Ehre, ehren, ehrlich, ehrenvoll, Verehrung, verehrt
- Würde, würdigen, würdevoll
- Weitsicht, Einsicht
- nach Wissen streben
- ...
- Geschwisterlichkeit, Brüderlichkeit, Schwester/Bruder im Glauben
- Gemeinschaft, Gemeinde
- Ritterlichkeit, Vorzüglichkeit

- Aufrichtigkeit
- Selbstlosigkeit, (Selbstverzicht)
- Bevorzugung der Leute
- Geduld, Standhaftigkeit, (Langmut)
- Nachsicht, nachsichtig
- (Umgang mit den) Nachbarn
- Versprechen einhalten

WFD 4.6: Sünden
- s Schlechte, Sünde, (Fehlleistung), Fehltritt
- begehen, sündigen
- schändlich
- sittenlos
- verwerflich
- irdisch
- materiell
- weltlich
- vergänglich
- Polytheismus
- Götzendiener, Götzen
- Unglaube, ungläubig
- Irrglaube
- Leugner, Verleugner, Widersacher
- Abtrünnigkeit
- Frevel, Frevler
- Ketzerei
- tyrannisches Ego
- Gelüste
- Unfug, Unheil
- betrügen
- Lügen
- üble Nachrede
- Lästern
- Einflüsterung
- Geringschätzung des Anderen, verachten, abwerten
- bezichtigen, exkommunizieren, ausgrenzen, diskriminieren
- Heuchler, (Heuchelei)
- Unterdrückung, Unrecht, ungerecht, Ungerechtigkeit
- (Abkehr von der Sünde)
- (Buße), Reue, bereuen

- Sühne
- vergelten, Ersatzleistung

WFD 4.7: Gebetsvorbereitung
- Gebetsvorbereitung
- Reinheit
- Gebetszeit
- Frühgebet (Morgengebet)
- Morgendämmerung
- trügerische/(unwahre) Morgendämmerung
- wahre Morgendämmerung
- Sonnenaufgang
- Mittagsgebet
- Sonnenhöchststand
- (Nachmittagsgebet)
- Abendgebet
- Sonnenuntergang
- Spätabendgebet
- (versäumt/verpasst)
- Nachholgebet, Gebet nachholen
- mit Absicht der Schuldbegleichung
- (zum Gebet geeignete Kleidung)
- Gebetsort, Gebetsplatz
- Gebetsstein, (Gebetssiegel)
- Gebetsteppich
- Gebetsrichtung

WFD 4.8: Gebet
- Anbetung, anbeten
- Gebet, beten
- vollziehen, verrichten, rezitieren, (Rezitation)
- Pflichtgebet
- tägliches Pflichtgebet (Ritualgebet)
- …
- (empfohlenes/freiwilliges Ritualgebet)
- (Einzelgebet) vs. Gemeinschaftsgebet
- Freitagsgebet
- Gemeinschaftsritualgebet
- Vorbeter, vorbeten, (Leiter des Gemeinschaftsgebets)

- Mitbetende
- ...
- Gebetsabschnitt, Gebetseinheit, Zyklus (von Riten)
- ...
- (Verneigung)
- Niederwerfung
- Bekenntnisverlesung
- Abschiedsgruß (Abschlussgruß)
- Zweifel (beim Ritualgebet)
- Vorsichtsgebetsabschnitt
- Unachtsamkeitsniederwerfungen, (zusätzliche Niederwerfungen)

WFD 4.9: Reinheit
- Regel der rituellen Reinheit, ritueller juristischer Zustand, (Voraussetzung für eine Reihe von rituellen Handlungen)
- materiell/körperlich
- rituelle Unreinheit eines Gegenstandes od. des menschlichen Körpers
- ursächlich für rituelle Unreinheit
- Blut
- (Urin)
- ...
- rituell verunreinigt, verunreinigen, Verunreinigung
- reinigen, Reinigung
- Reinigungsmittel (rituell Reinigendes)
- Sand/Erde/(Lehm), Überstäubung
- Wasser
- absolutes pures reines Wasser
- reichlich Wasser
- wenig Wasser
- fließendes Wasser
- ...
- Zusatzgemisch
- auswringen, Auswringung
- (Sonne)
- ...
- rituelle Reinheit, rituell rein
- spirituell
- Reinheitsverlust
- (Schlaf)
- ...

- rituelle Waschung
- Gebetswaschung
- rituelle Ganzkörperwaschung (Vollkörperreinigung)
- rituelle Waschung des Verbandes (rit. Waschung bei Wunden)
- rituelle Trockenwaschung, (Trockenreinigung)

WFD 4.10: Tod
- Sterbewelt, Totenwelt
- Tod, Ableben
- r Tote, r Verstorbene, r Märtyrer
- Totengewand, (Leichentuch)
- Grab
- Grabwelt
- Befragungen im Grab
- Zwischenwelt, (Todeszwischenphase)
- Jenseits, (das jenseitige Leben)
- Tag der Auferstehung
- Tag des Jüngsten Gerichts
- (Versammlung), (Vorstellung u. Abrechnung), (Waage), (Brücke), Beweisgrund, Zeuge, Bezeugung
- Hölle
- ewige Strafe, Rechenschaft ablegen, Bestrafung, tadeln
- Fürbitte, Fürsprache
- Vergebung
- retten, erretten
- Paradies
- Lohn, Belohnung

Ein großer Teil des Predigtwortschatzes gehört zu der Kategorie 4 „Glaubenspraxis und Rituale". Diese Kategorie beinhaltet Wortschatzeinheiten aus den Predigten, die die Religion im Allgemeinen und den Islam im Besonderen als den „rechtleitenden Weg Gottes" zur Vollkommenheit des Menschen im diesseitigen Leben präsentieren (WFD 4.1). Die Lehren und Normen, deren Wortschatz in dieser Kategorie verortet ist, haben sich aus der Zusammenführung von theologischen Strukturen der vorigen Kategorien (2 und 3) gebildet und gelten dem Vollzug der Religionspraxis bzw. werden für diesen Zweck fortwährend hervorgebracht. Die Stellung dieser Kategorie (4) ist bildlich-abstrakt unter den zwei vorigen Kategorien (2 und 3) vorzustellen.

Im Zuge der Glaubenspraxis unterscheidet die Zwölferschia zwischen den fünf Grundlagen des Glaubens einerseits und zehn sogenannten Zweigen der Religion andererseits (arab. *uṣūl ad-dīn* und *furūʿ ad-dīn*; WFD 4.2 und 4.3). Das Verstehen und bewusste Verinnerlichen der fünf Grundlagen ist der gläubigen religionsmündigen Person überlassen, während sie oder er sich bei den restlichen Detailfragen (zehn Zweige der Religion) an eines der Vorbilder der Nachahmung wenden muss.[137] Für das Gelingen dieser kommunikativen Hinwendung fungiert eine gemeinsame Fachsprache zwischen dem islamtheologischen Expertenkreis und den Laien, unter deren Wortschatzeinheiten diejenigen zur Bewertung von islamreligiösen Worten, Taten und Sachverhalten zentral sind. Die Ergebnisse des Rechtsfindungsprozesses, durchgeführt von der Gelehrsamkeit, lassen sich in einer Skala von verpflichtenden bis verbietenden Rechtsurteilen systematisieren (arab. *ḥalāl* bis *ḥarām*; WFD 4.4). Dieses rechtsurteilsbezogene Evaluationssystem kommt häufig in der arabischen Lingua franca und nicht selten auch durch dafür entwickelte äquivalente Wortschatzeinheiten zur Sprache.

In dieser Kategorie versammeln sich semantische Wortfelder verschiedener Themenbereiche aus der Lebens- sowie Todeswelt[138] eines Gläubigen. Die belehrende Funktion des Predigens realisiert sich dabei vorwiegend in der textbasierten Darstellung von „guten“ bzw. „schlechten“ Taten aus religiöser Sicht (WFD 4.5 und 4.6). So lassen sich die Wortfelder über Ethik sowie Sünde (WFD 4.5 und 4.6) mit ihren vergleichsweise klaren, binären Bewertungen in dieser Kategorie mit einschließen. Die Wortschatzeinheiten *weltlich, materiell* und *irdisch* sind im Wortfeld 4.6 und im Rahmen der in den Predigten punktuell angesprochenen „Sünden“ dargestellt worden und das Weltliche steht in der schiitischen Weltsicht nicht grundsätzlich gegenüber dem Göttlichen.

Wie in islamischen Predigten auf die Religionspraxis Bezug genommen wird, beschreibt Bauer so: „Ihr Verhältnis zur weltlichen Seite des Lebens ist stärker durch die Normen ihres jeweiligen Wirkungskreises geprägt als durch eine vermeintliche Dichotomie religiös-weltlich.“ (Bauer 2011: 201). Somit setzt sich das Weltliche per se nicht dem Spirituellen gegenüber, wonach dann eine konträre Bedeutungsbeziehung zwischen den beiden entstehen würde. Vielmehr zeigen die in den Predigten als „weltlich“ dargestellten Sachverhalte eine kompatible Relation mit dem religiösen Glauben, solange die Perspektiven auf die weltliche, materielle oder irdische Sphäre des Lebens gemäß der hierarchischen Ordnung des Glaubens ausgerichtet und dementsprechend dargestellt werden.

Die Kategorie 4 („Glaubenspraxis und Rituale“) gliedert sich in den weiteren Wortfeldern für jeweils einen Bereich der Glaubenspraxis auf. In eigenständigen

---

137 Ausführlich dazu vgl. Kap. 4.1.2.

138 Im Zusammenhang mit der WFD *Tod* (4.10) hat Leo Weisgerber unter einer klassischen Definition des Wortfeldbegriffs das Wortfeld „Aufhören des Lebens“ als Beispiel für ein linear, und kein hierarchisch dargestelltes Wortfeld zustande gebracht (s. Weisgerber 1971: 184).

semantischen Wortfeldern sind Predigtwortschatzeinheiten aus Themenbereichen wie „Gebetsvorbereitung", „Gebet" und „Reinheit" (WFD 4.7, 4.8 und 4.9) eingeordnet. Die „gottesdienstlichen vs. sozialen Angelegenheiten" eines Menschen machen verschiedene Kapitel der schiitischen Rechtshandbücher aus, die in der Regel mit *ṭahāra* („kultischer Reinheit": Bauer 2011: 206) beginnen. Insofern gibt es generell mehrere Themenbereiche in der Religionsausübung, die sich in den Rechtswerken finden und mit potenziell einschlägigen Wortschatzeinheiten in anderen Predigtstellen Eingang finden können. Da sie aber im Predigtkorpus vorliegender Arbeit nicht thematisiert worden sind, stellen sie dementsprechend keine Wortschatzeinheiten zur Bildung neuer Wortfelder in dieser Kategorie zur Verfügung.

5.3 Wortfelddarstellungen

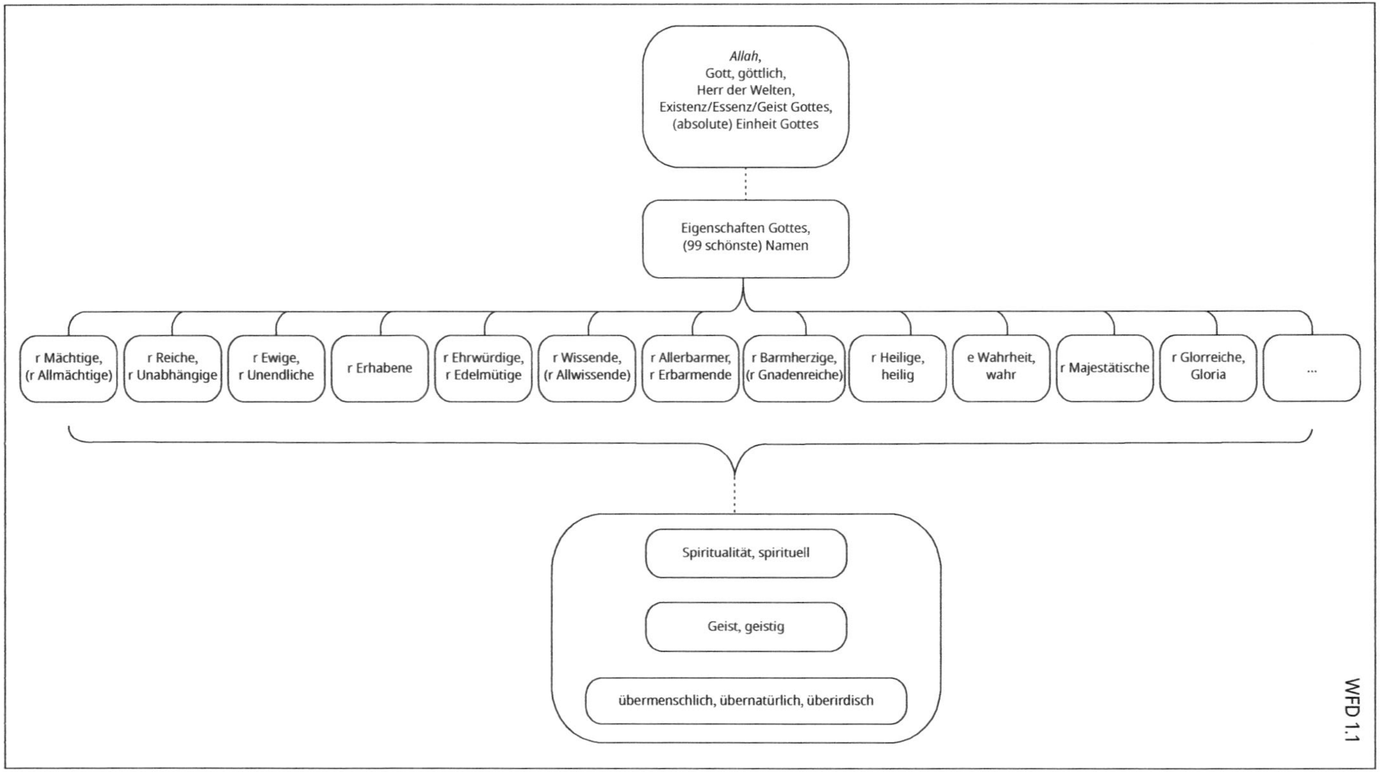

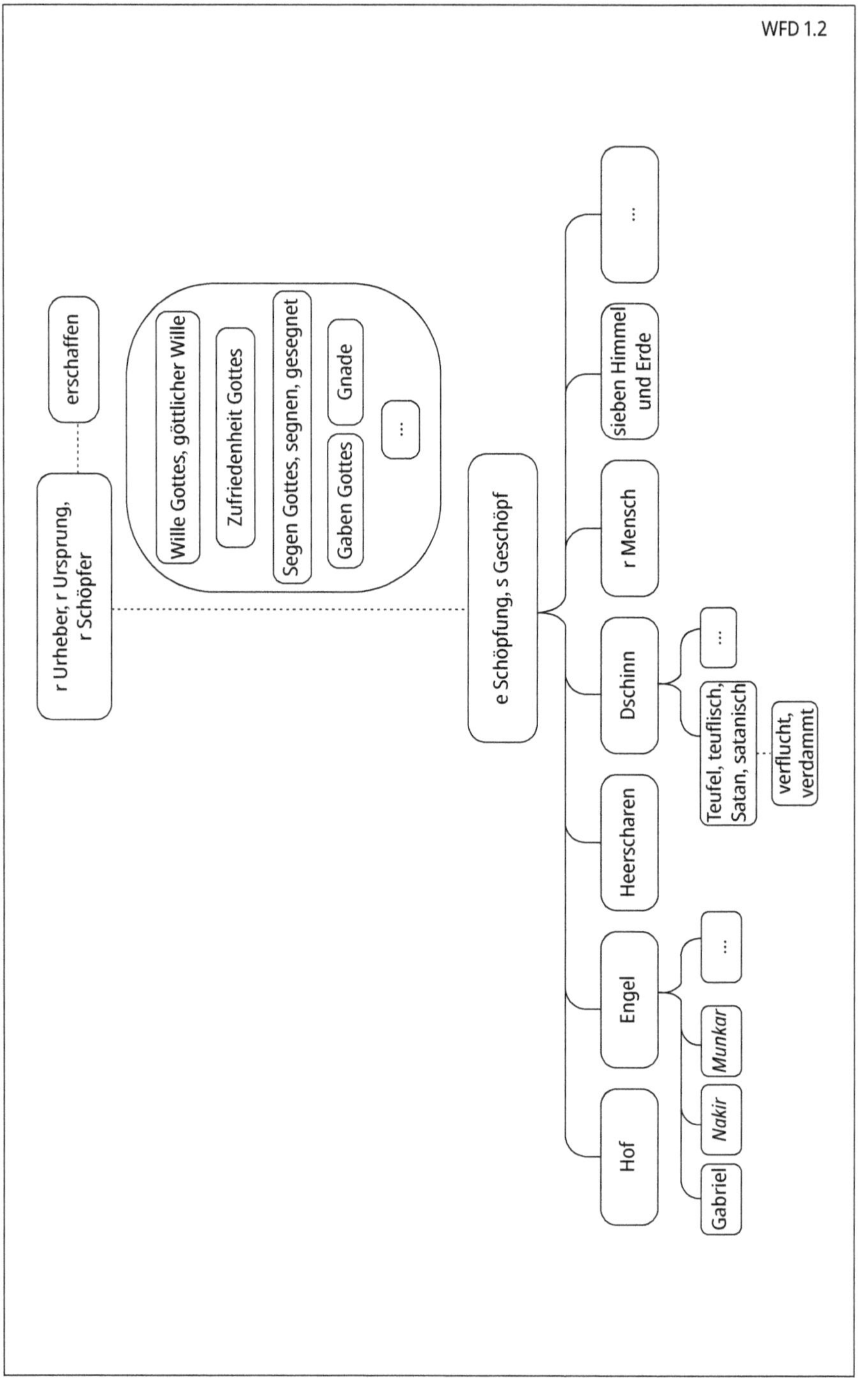
WFD 1.2
r Urheber, r Ursprung, r Schöpfer
erschaffen
Wille Gottes, göttlicher Wille
Zufriedenheit Gottes
Segen Gottes, segnen, gesegnet
Gaben Gottes
Gnade
...
e Schöpfung, s Geschöpf
Hof
Engel
Heerscharen
Dschinn
r Mensch
sieben Himmel und Erde
...
Gabriel
Nakir
Munkar
...
Teufel, teuflisch, Satan, satanisch
verflucht, verdammt
...

WFD 2.1

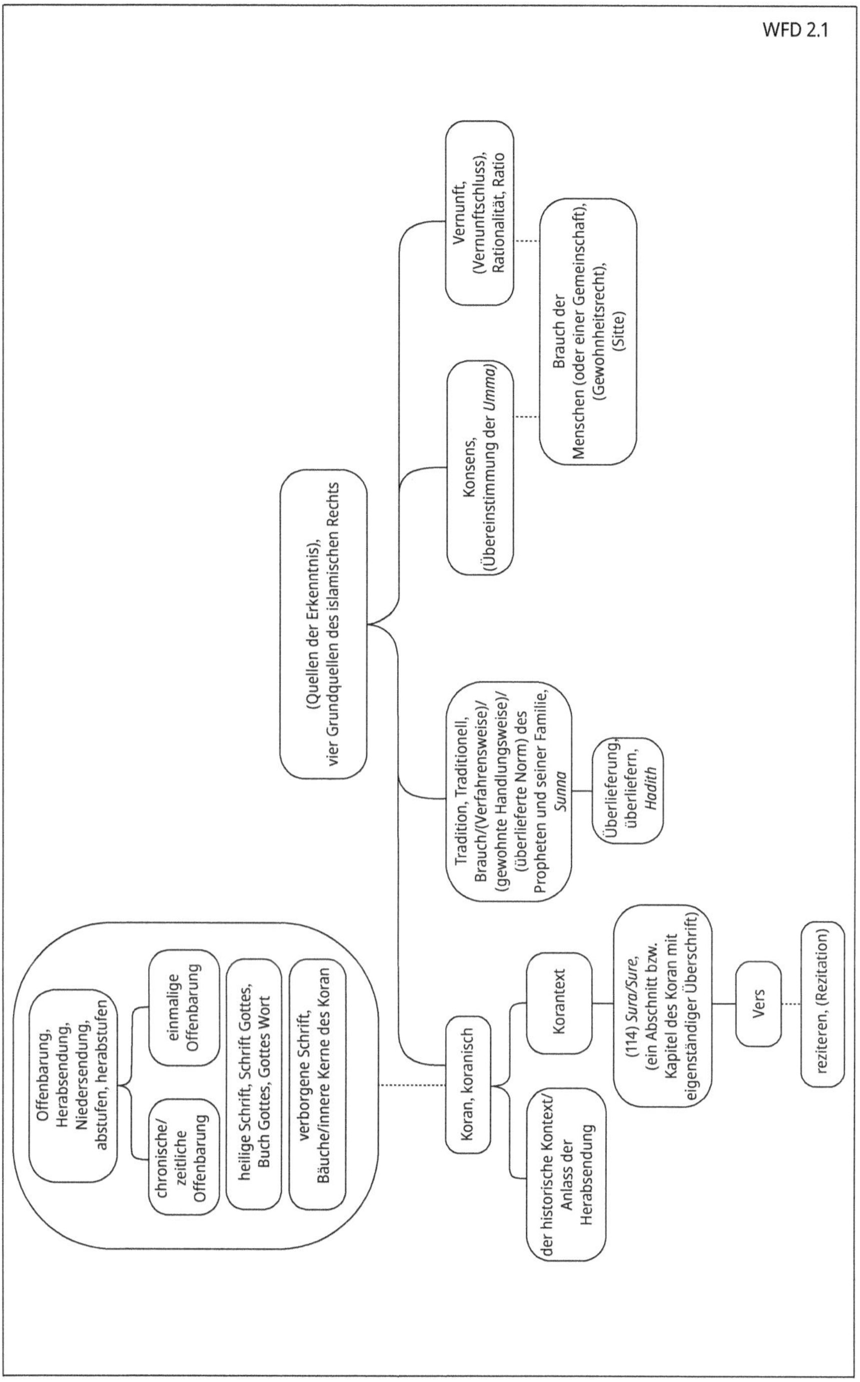

(Quellen der Erkenntnis), vier Grundquellen des islamischen Rechts
Koran, koranisch
Tradition, Traditionell, Brauch/(Verfahrensweise)/ (gewohnte Handlungsweise)/ (überlieferte Norm) des Propheten und seiner Familie, *Sunna*
Konsens, (Übereinstimmung der *Umma*)
Vernunft, (Vernunftschluss), Rationalität, Ratio
Brauch der Menschen (oder einer Gemeinschaft), (Gewohnheitsrecht), (Sitte)
Überlieferung, überliefern, *Hadith*
Offenbarung, Herabsendung, Niedersendung, abstufen, herabstufen
einmalige Offenbarung
chronische/ zeitliche Offenbarung
heilige Schrift, Schrift Gottes, Buch Gottes, Gottes Wort
verborgene Schrift, Bäuche/innere Kerne des Koran
Korantext
der historische Kontext/ Anlass der Herabsendung
(114) *Sura/Sure*, (ein Abschnitt bzw. Kapitel des Koran mit eigenständiger Überschrift)
Vers
rezitieren, (Rezitation)

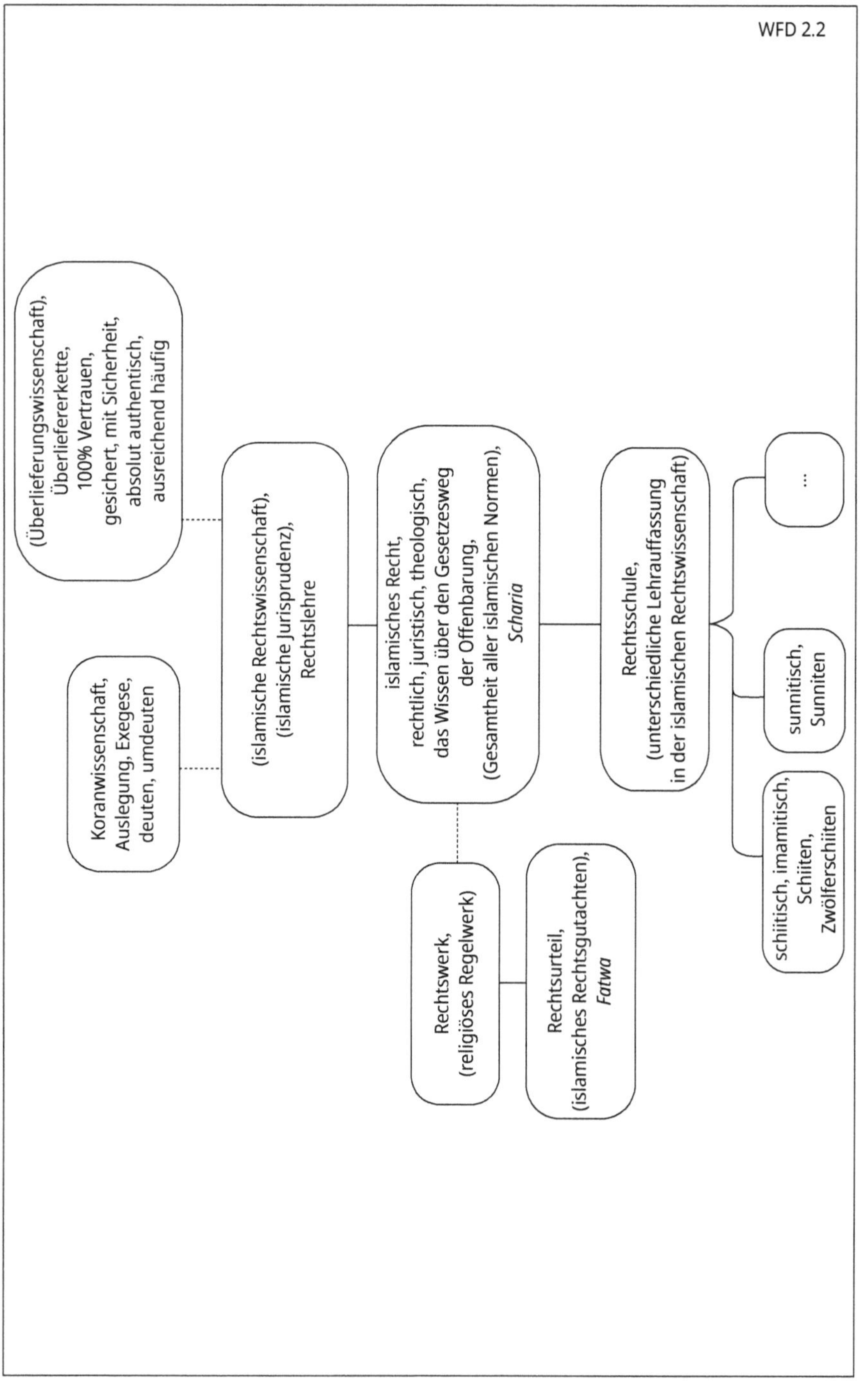
WFD 2.2
Koranwissenschaft, Auslegung, Exegese, deuten, umdeuten
(Überlieferungswissenschaft), Überliefererkette, 100% Vertrauen, gesichert, mit Sicherheit, absolut authentisch, ausreichend häufig
(islamische Rechtswissenschaft), (islamische Jurisprudenz), Rechtslehre
islamisches Recht, rechtlich, juristisch, theologisch, das Wissen über den Gesetzesweg der Offenbarung, (Gesamtheit aller islamischen Normen), Scharia
Rechtswerk, (religiöses Regelwerk)
Rechtsurteil, (islamisches Rechtsgutachten), Fatwa
Rechtsschule, (unterschiedliche Lehrauffassung in der islamischen Rechtswissenschaft)
schiitisch, imamitisch, Schiiten, Zwölferschiiten
sunnitisch, Sunniten
...

WFD 2.3

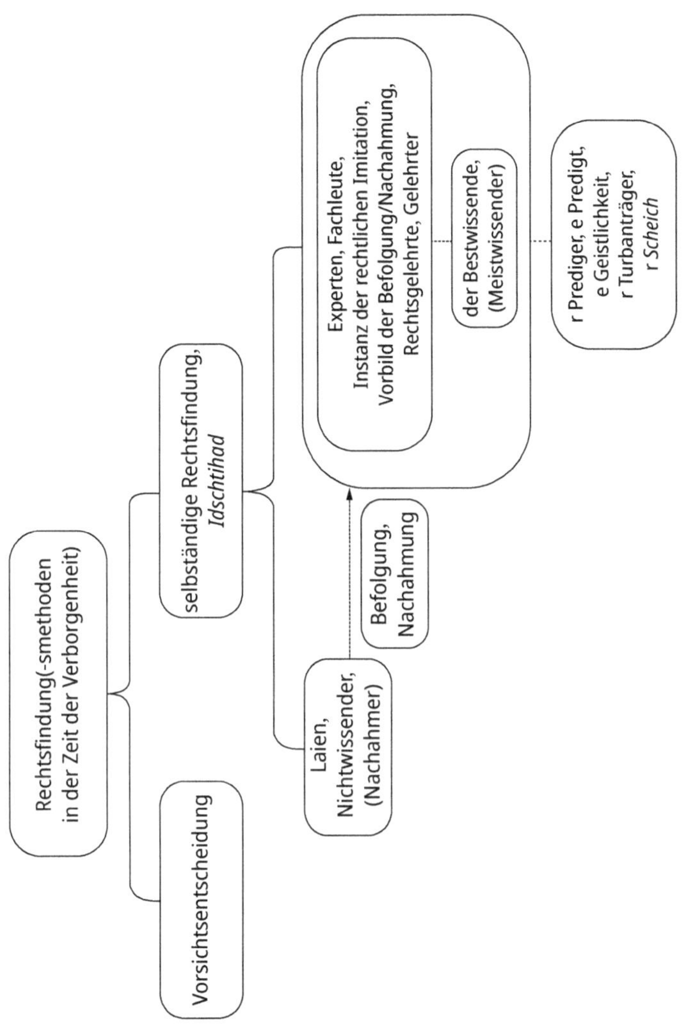
Rechtsfindung(-smethoden
in der Zeit der Verborgenheit)
Vorsichtsentscheidung
selbständige Rechtsfindung,
Idschtihad
Laien,
Nichtwissender,
(Nachahmer)
Befolgung,
Nachahmung
Experten, Fachleute,
Instanz der rechtlichen Imitation,
Vorbild der Befolgung/Nachahmung,
Rechtsgelehrte, Gelehrter
der Bestwissende,
(Meistwissender)
r Prediger, e Predigt,
e Geistlichkeit,
r Turbanträger,
r *Scheich*

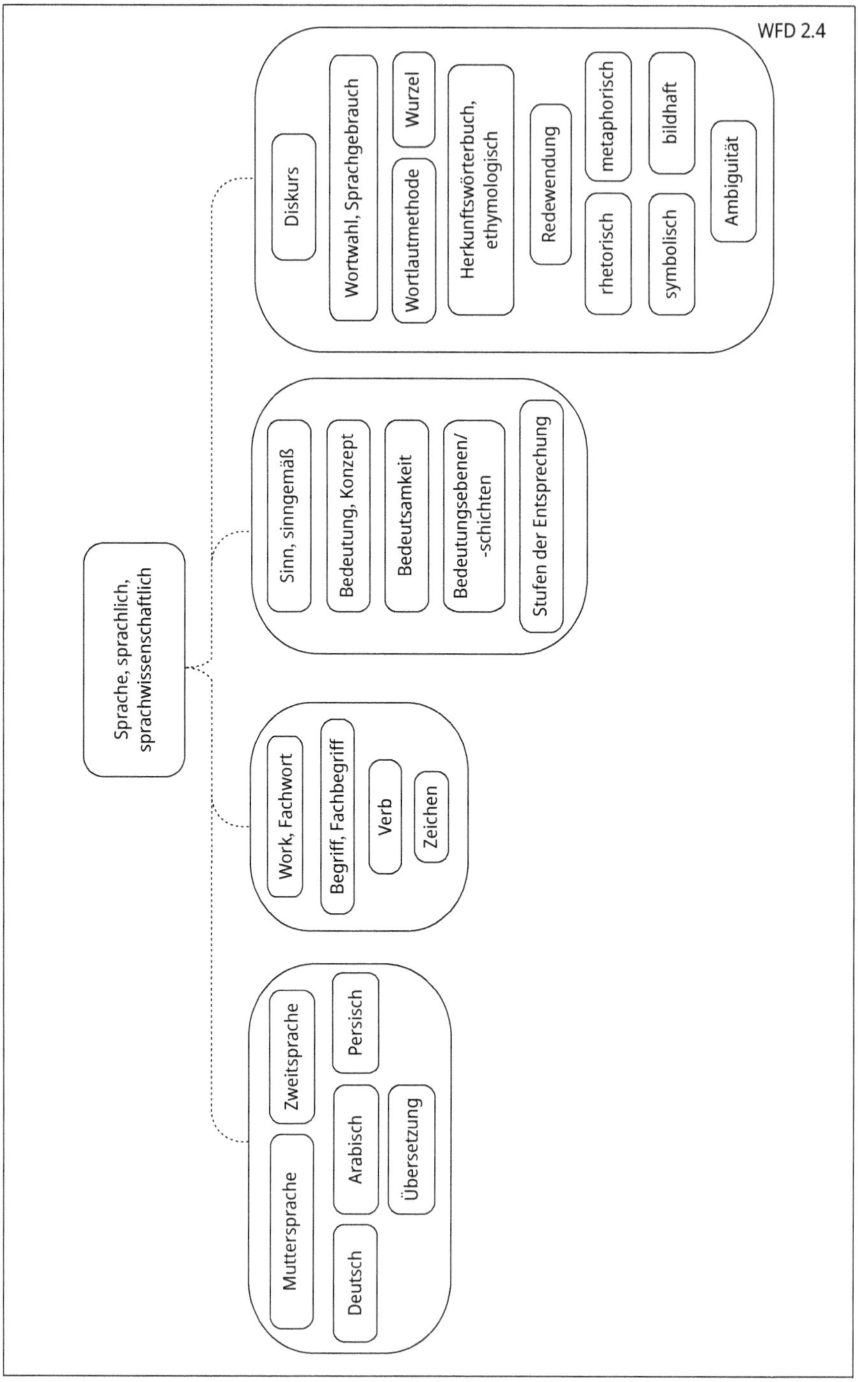
WFD 2.4
Sprache, sprachlich, sprachwissenschaftlich
Muttersprache
Zweitsprache
Deutsch
Arabisch
Persisch
Übersetzung
Work, Fachwort
Begriff, Fachbegriff
Verb
Zeichen
Sinn, sinngemäß
Bedeutung, Konzept
Bedeutsamkeit
Bedeutungsebenen/ -schichten
Stufen der Entsprechung
Diskurs
Wortwahl, Sprachgebrauch
Wortlautmethode
Wurzel
Herkunftswörterbuch, ethymologisch
Redewendung
rhetorisch
metaphorisch
symbolisch
bildhaft
Ambiguität

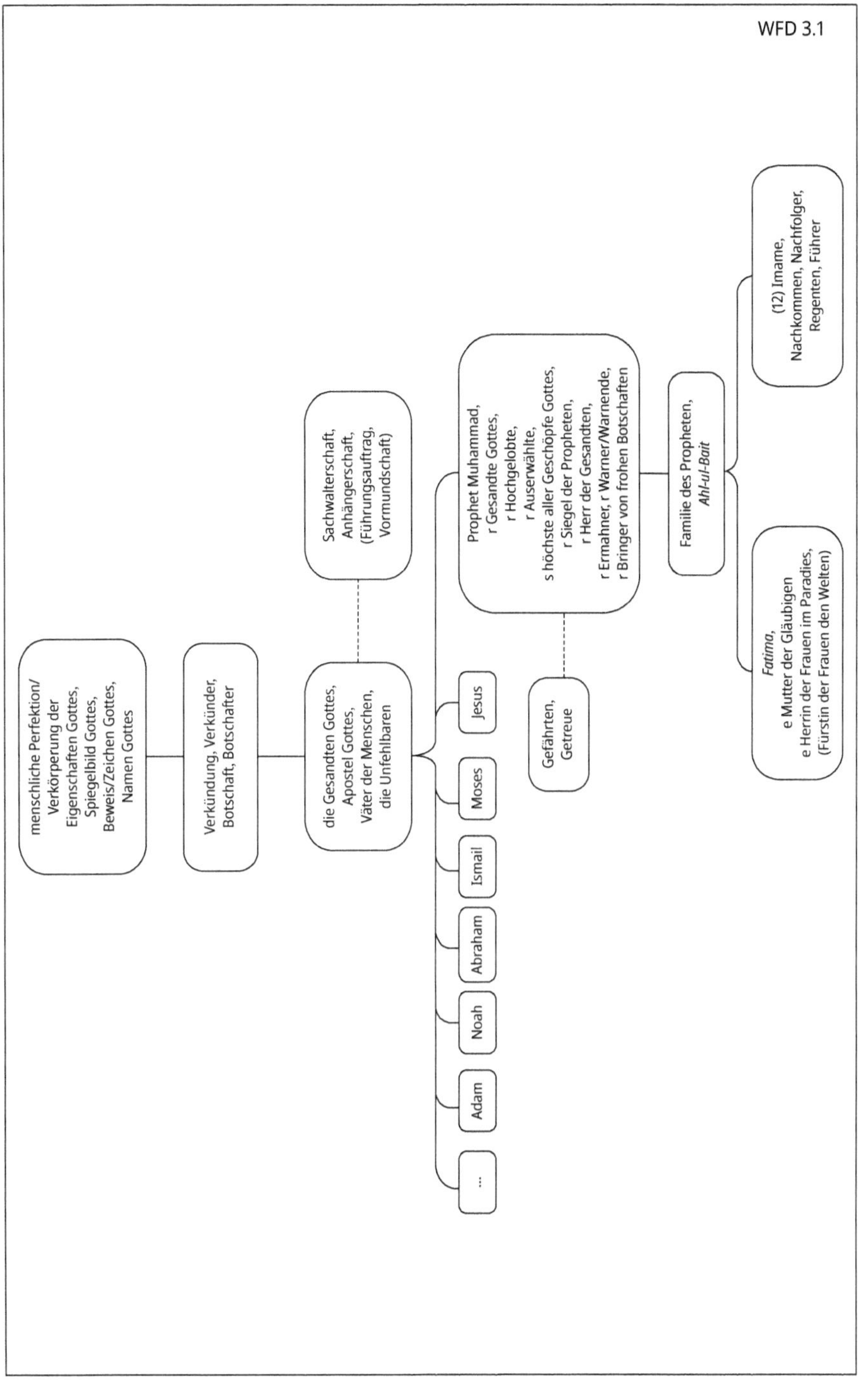
WFD 3.1
menschliche Perfektion/ Verkörperung der Eigenschaften Gottes, Spiegelbild Gottes, Beweis/Zeichen Gottes, Namen Gottes
Verkündung, Verkünder, Botschaft, Botschafter
die Gesandten Gottes, Apostel Gottes, Väter der Menschen, die Unfehlbaren
Sachwalterschaft, Anhängerschaft, (Führungsauftrag, Vormundschaft)
...
Adam
Noah
Abraham
Ismail
Moses
Jesus
Prophet Muhammad, r Gesandte Gottes, r Hochgelobte, r Auserwählte, s höchste aller Geschöpfe Gottes, r Siegel der Propheten, r Herr der Gesandten, r Ermahner, r Warner/Warnende, r Bringer von frohen Botschaften
Gefährten, Getreue
Familie des Propheten, *Ahl-ul-Bait*
Fatima, e Mutter der Gläubigen e Herrin der Frauen im Paradies, (Fürstin der Frauen den Welten)
(12) Imame, Nachkommen, Nachfolger, Regenten, Führer

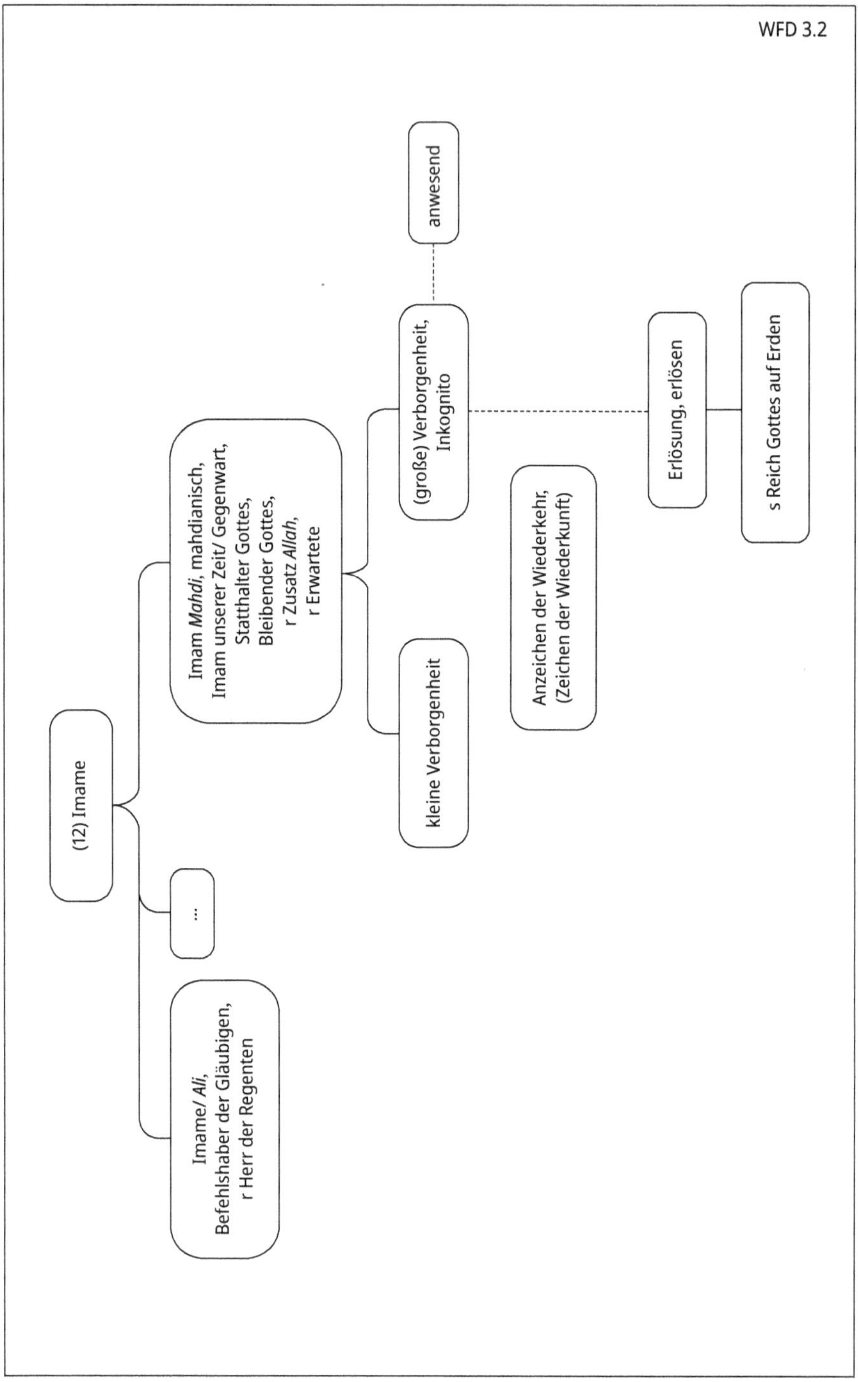
WFD 3.2
(12) Imame
Imame/ *Ali*, Befehlshaber der Gläubigen, r Herr der Regenten
...
Imam *Mahdi*, mahdianisch, Imam unserer Zeit/ Gegenwart, Statthalter Gottes, Bleibender Gottes, r Zusatz *Allah*, r Erwartete
kleine Verborgenheit
(große) Verborgenheit, Inkognito
anwesend
Anzeichen der Wiederkehr, (Zeichen der Wiederkunft)
Erlösung, erlösen
s Reich Gottes auf Erden

WFD 4.1

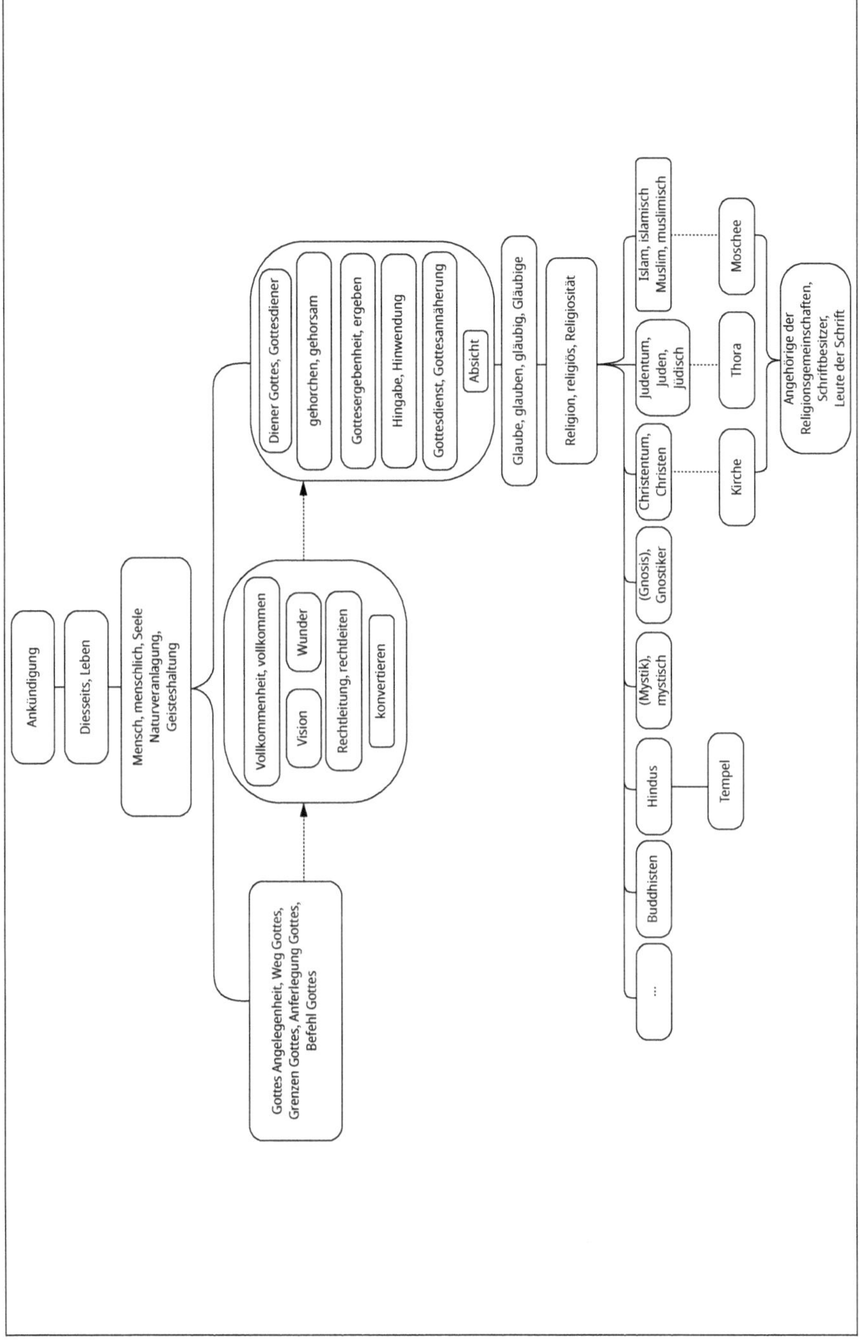
Ankündigung
Diesseits, Leben
Mensch, menschlich, Seele
Naturveranlagung,
Geisteshaltung
Vollkommenheit, vollkommen
Vision
Wunder
Rechtleitung, rechtleiten
konvertieren
Gottes Angelegenheit, Weg Gottes,
Grenzen Gottes, Anferlegung Gottes,
Befehl Gottes
Diener Gottes, Gottesdiener
gehorchen, gehorsam
Gottesergebenheit, ergeben
Hingabe, Hinwendung
Gottesdienst, Gottesannäherung
Absicht
Glaube, glauben, gläubig, Gläubige
Religion, religiös, Religiosität
...
Buddhisten
Hindus
Tempel
(Mystik),
mystisch
(Gnosis),
Gnostiker
Christentum,
Christen
Kirche
Judentum,
Juden,
jüdisch
Thora
Islam, islamisch
Muslim, muslimisch
Moschee
Angehörige der
Religionsgemeinschaften,
Schriftbesitzer,
Leute der Schrift

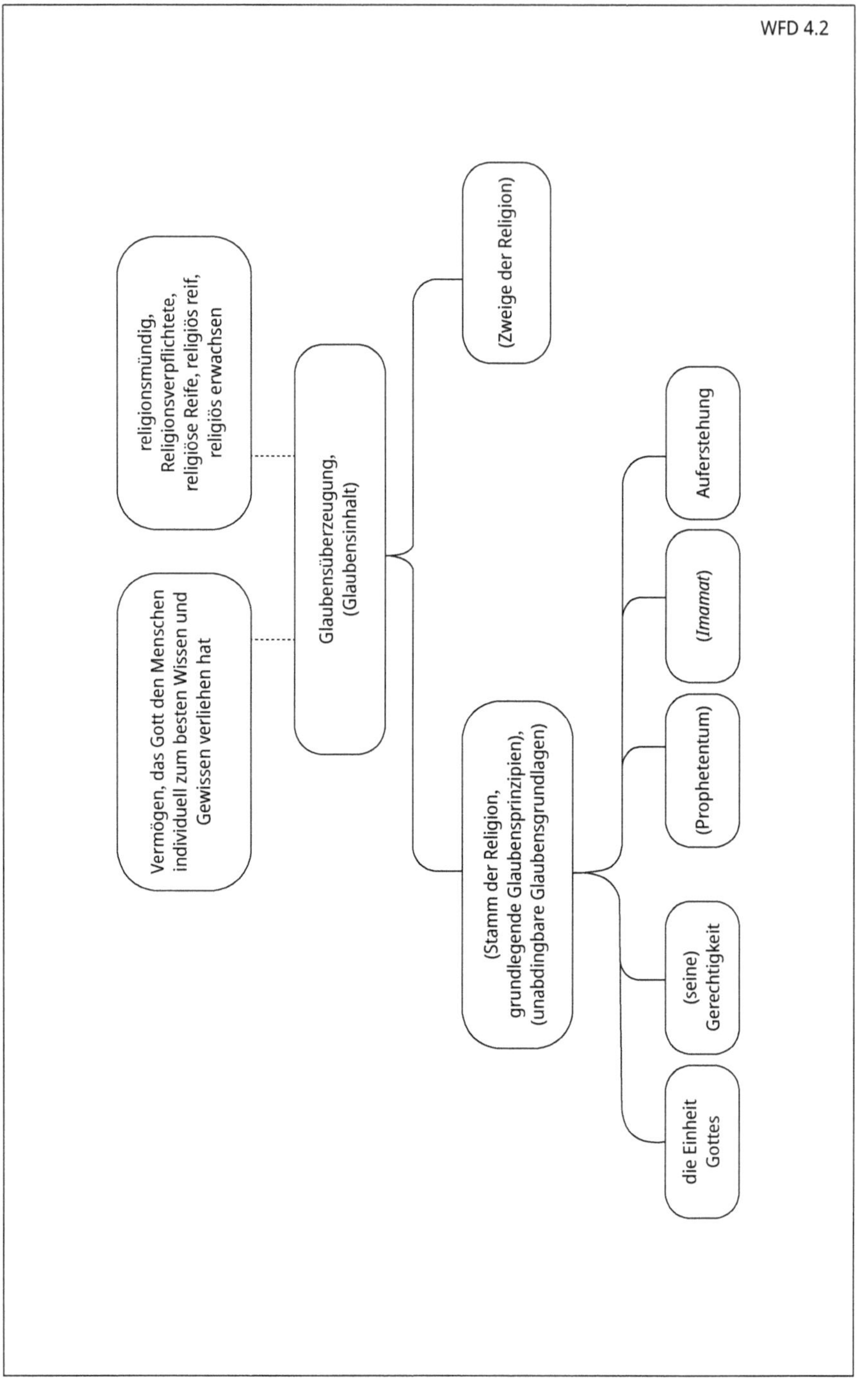
WFD 4.2
religionsmündig, Religionsverpflichtete, religiöse Reife, religiös reif, religiös erwachsen
Vermögen, das Gott den Menschen individuell zum besten Wissen und Gewissen verliehen hat
Glaubensüberzeugung, (Glaubensinhalt)
(Zweige der Religion)
(Stamm der Religion, grundlegende Glaubensprinzipien), (unabdingbare Glaubensgrundlagen)
Auferstehung
(*Imamat*)
(Prophetentum)
(seine) Gerechtigkeit
die Einheit Gottes

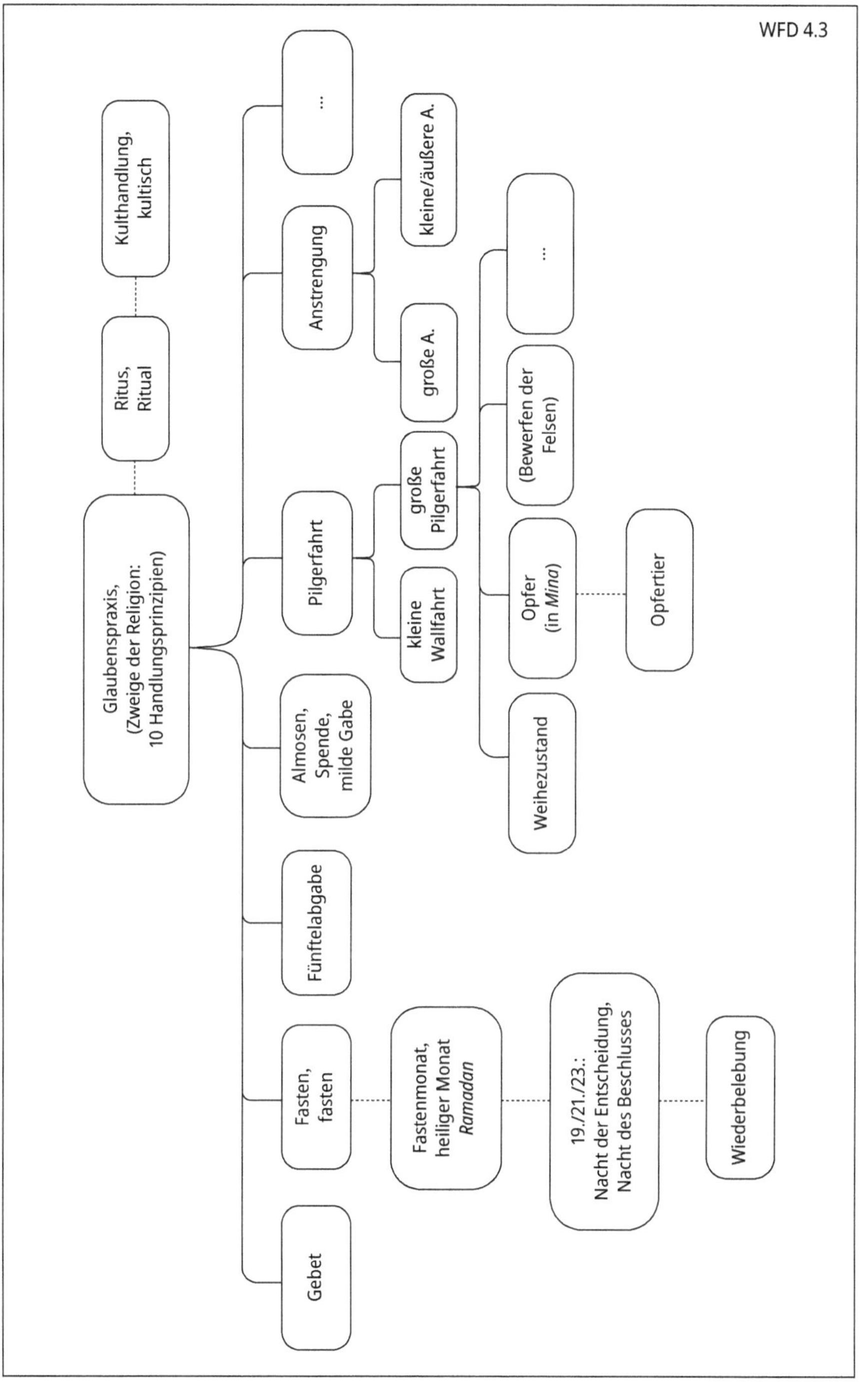

WFD 4.3
Glaubenspraxis, (Zweige der Religion: 10 Handlungsprinzipien)
Ritus, Ritual
Kulthandlung, kultisch
Gebet
Fasten, fasten
Fastenmonat, heiliger Monat *Ramadan*
19./21./23.: Nacht der Entscheidung, Nacht des Beschlusses
Wiederbelebung
Fünftelabgabe
Almosen, Spende, milde Gabe
Pilgerfahrt
kleine Wallfahrt
große Pilgerfahrt
Weihezustand
Opfer (in *Mina*)
Opfertier
(Bewerfen der Felsen)
…
Anstrengung
große A.
kleine/äußere A.
…

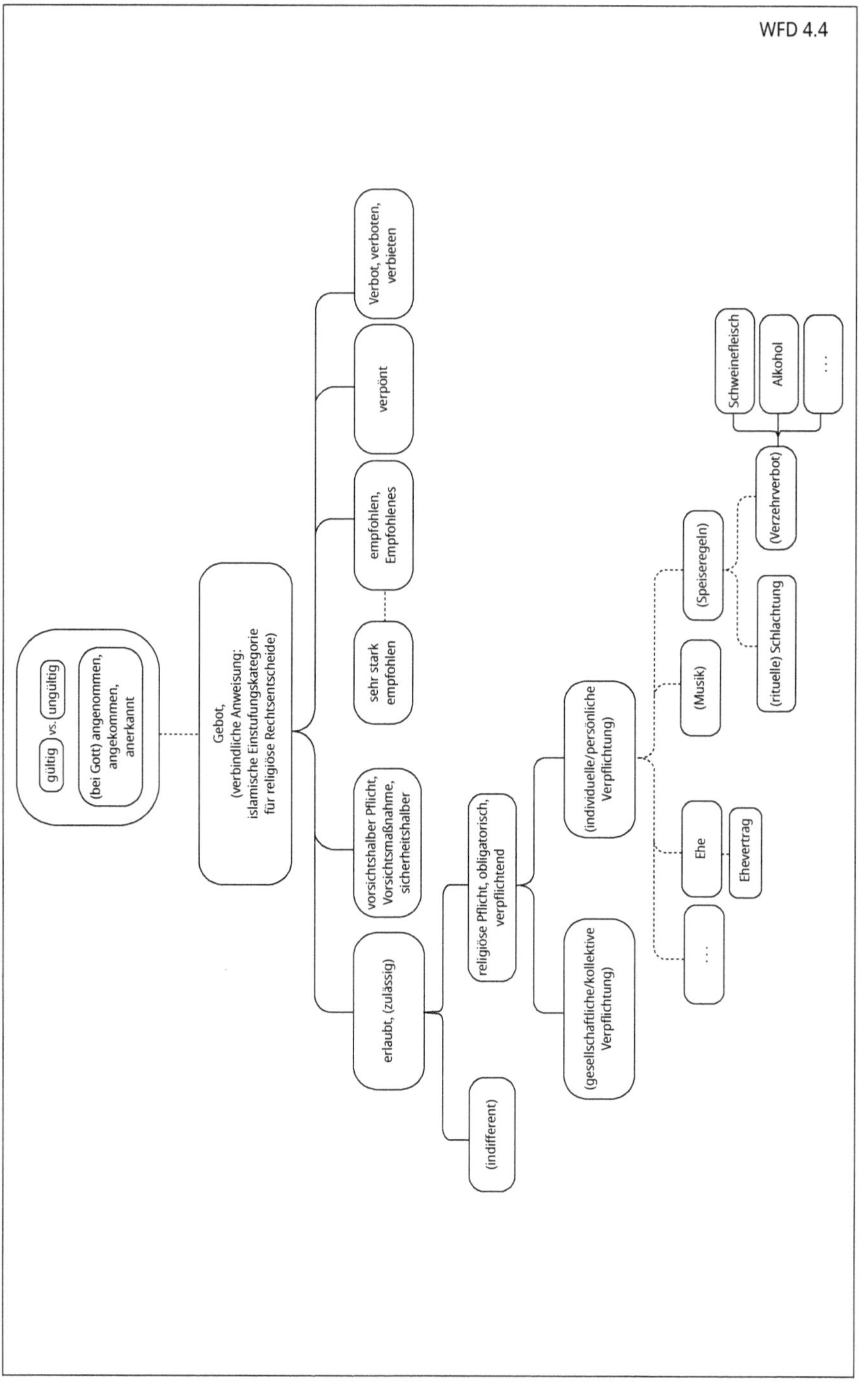
WFD 4.4
gültig
vs.
ungültig
(bei Gott) angenommen, angekommen, anerkannt
Gebot, (verbindliche Anweisung: islamische Einstufungskategorie für religiöse Rechtsentscheide)
Verbot, verboten, verbieten
verpönt
empfohlen, Empfohlenes
sehr stark empfohlen
vorsichtshalber Pflicht, Vorsichtsmaßnahme, sicherheitshalber
erlaubt, (zulässig)
(indifferent)
religiöse Pflicht, obligatorisch, verpflichtend
(individuelle/persönliche Verpflichtung)
(gesellschaftliche/kollektive Verpflichtung)
…
Ehe
Ehevertrag
(Musik)
(Speiseregeln)
(rituelle) Schlachtung
(Verzehrverbot)
Schweinefleisch
Alkohol
…

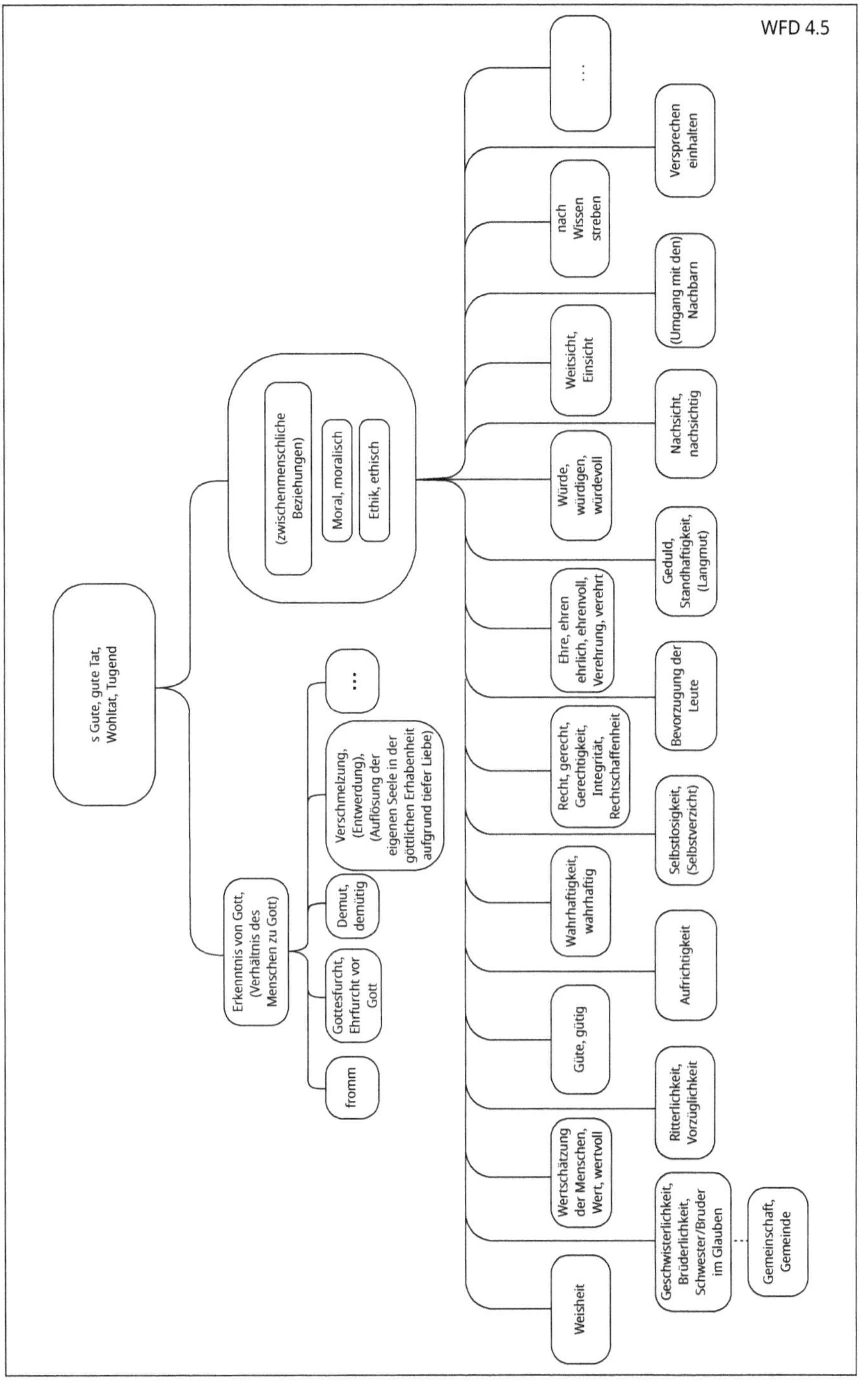
WFD 4.5
s Gute, gute Tat, Wohltat, Tugend
Erkenntnis von Gott, (Verhältnis des Menschen zu Gott)
fromm
Gottesfurcht, Ehrfurcht vor Gott
Demut, demütig
Verschmelzung, (Entwerdung), (Auflösung der eigenen Seele in der göttlichen Erhabenheit aufgrund tiefer Liebe)
...
(zwischenmenschliche Beziehungen)
Moral, moralisch
Ethik, ethisch
Weisheit
Wertschätzung der Menschen, Wert, wertvoll
Güte, gütig
Wahrhaftigkeit, wahrhaftig
Recht, gerecht, Gerechtigkeit, Integrität, Rechtschaffenheit
Ehre, ehren ehrlich, ehrenvoll, Verehrung, verehrt
Würde, würdigen, würdevoll
Weitsicht, Einsicht
nach Wissen streben
...
Geschwisterlichkeit, Brüderlichkeit, Schwester/Bruder im Glauben
Gemeinschaft, Gemeinde
Ritterlichkeit, Vorzüglichkeit
Aufrichtigkeit
Selbstlosigkeit, (Selbstverzicht)
Bevorzugung der Leute
Geduld, Standhaftigkeit, (Langmut)
Nachsicht, nachsichtig
(Umgang mit den) Nachbarn
Versprechen einhalten

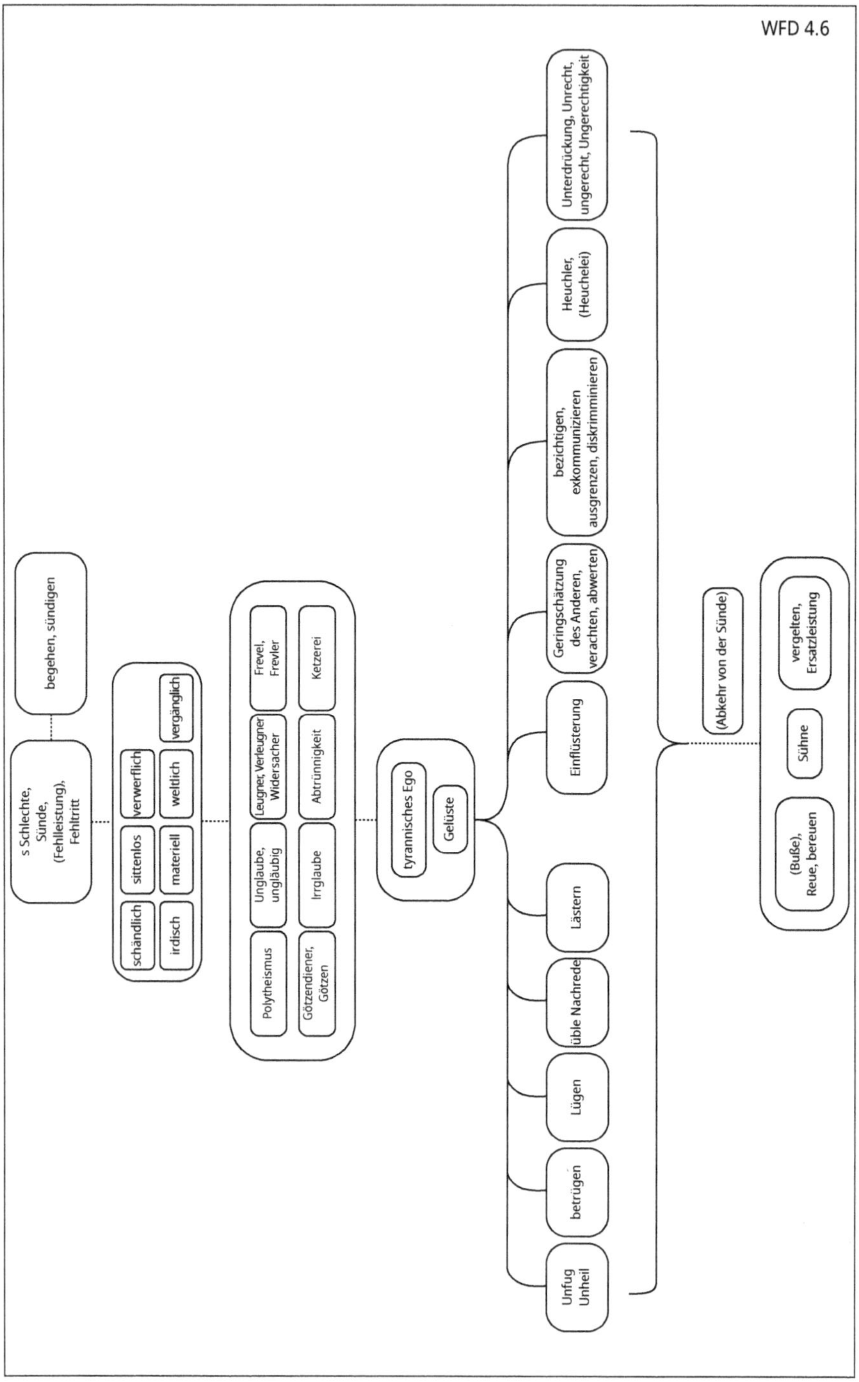
WFD 4.6
s Schlechte, Sünde, (Fehlleistung), Fehltritt
begehen, sündigen
schändlich
sittenlos
verwerflich
irdisch
materiell
weltlich
vergänglich
Polytheismus
Unglaube, ungläubig
Leugner, Verleugner Widersacher
Frevel, Frevler
Götzendiener, Götzen
Irrglaube
Abtrünnigkeit
Ketzerei
tyrannisches Ego
Gelüste
Unfug Unheil
betrügen
Lügen
üble Nachrede
Lästern
Einflüsterung
Geringschätzung des Anderen, verachten, abwerten
bezichtigen, exkommunizieren ausgrenzen, diskriminieren
Heuchler, (Heuchelei)
Unterdrückung, Unrecht, ungerecht, Ungerechtigkeit
(Abkehr von der Sünde)
(Buße), Reue, bereuen
Sühne
vergelten, Ersatzleistung

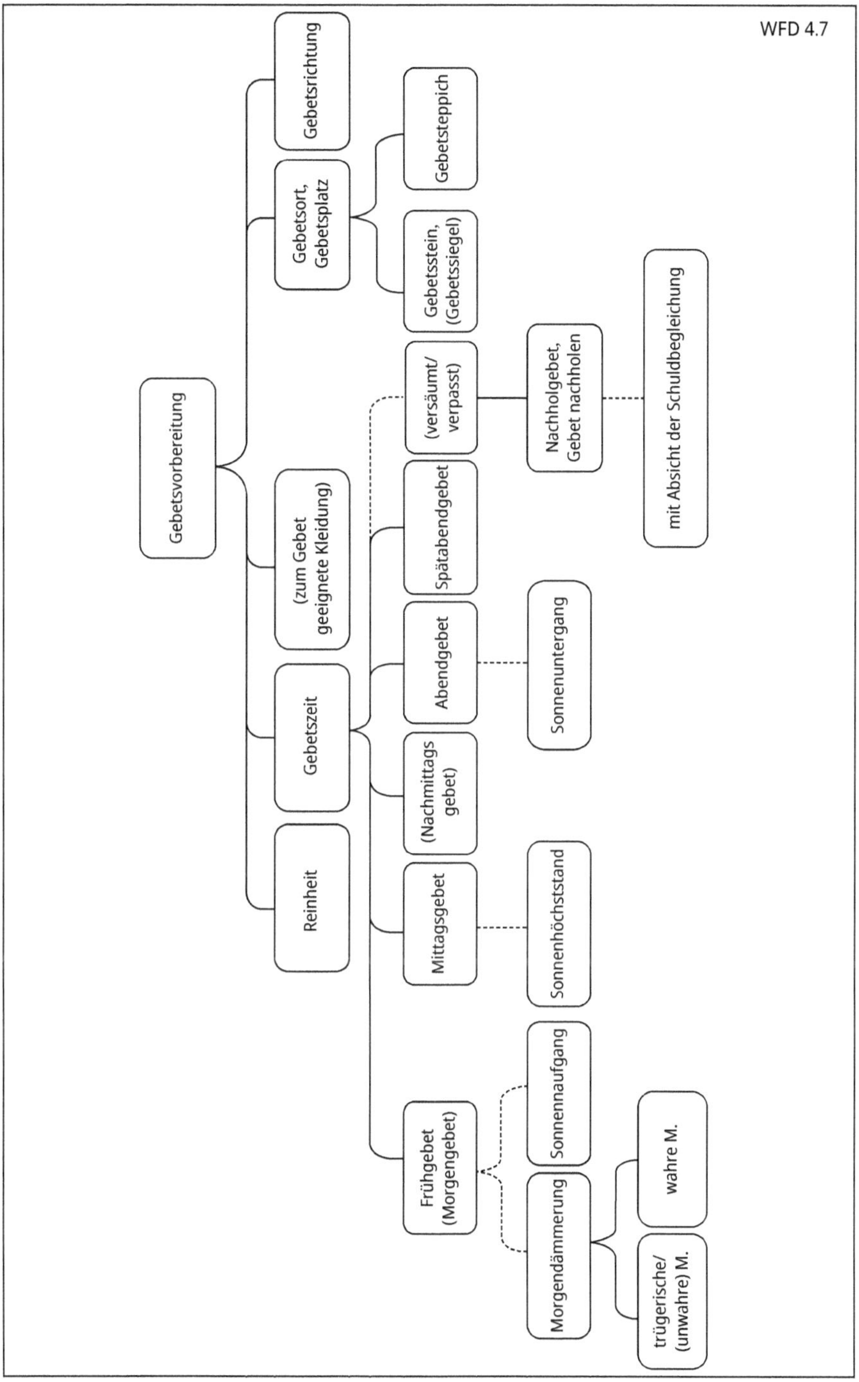
WFD 4.7
Gebetsvorbereitung
Reinheit
Gebetszeit
(zum Gebet geeignete Kleidung)
Gebetsort, Gebetsplatz
Gebetsrichtung
Frühgebet (Morgengebet)
Mittagsgebet
(Nachmittags gebet)
Abendgebet
Spätabendgebet
(versäumt/ verpasst)
Gebetsstein, (Gebetssiegel)
Gebetsteppich
Sonnenaufgang
Morgendämmerung
Sonnenhöchststand
Sonnenuntergang
Nachholgebet, Gebet nachholen
wahre M.
trügerische/ (unwahre) M.
mit Absicht der Schuldbegleichung

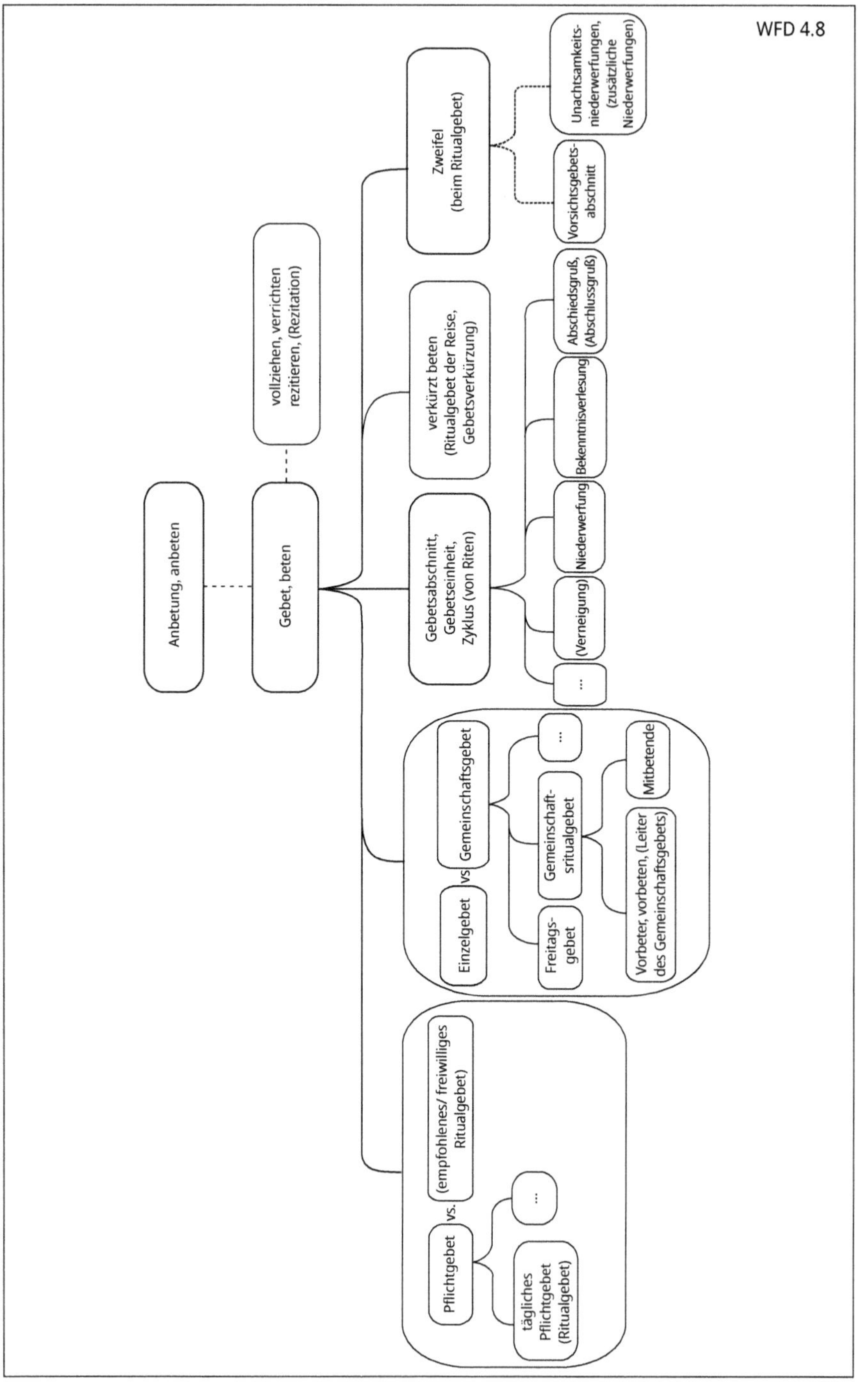
WFD 4.8
Anbetung, anbeten
Gebet, beten
vollziehen, verrichten
rezitieren, (Rezitation)
Zweifel
(beim Ritualgebet)
Vorsichtsgebets-
abschnitt
Unachtsamkeits-
niederwerfungen,
(zusätzliche
Niederwerfungen)
verkürzt beten
(Ritualgebet der Reise,
Gebetsverkürzung)
Gebetsabschnitt,
Gebetseinheit,
Zyklus (von Riten)
...
(Verneigung)
Niederwerfung
Bekenntnisverlesung
Abschiedsgruß,
(Abschlussgruß)
Einzelgebet
vs.
Gemeinschaftsgebet
Freitags-
gebet
Gemeinschaft-
sritualgebet
...
Vorbeter, vorbeten, (Leiter
des Gemeinschaftsgebets)
Mitbetende
Pflichtgebet
vs.
(empfohlenes/ freiwilliges
Ritualgebet)
tägliches
Pflichtgebet
(Ritualgebet)
...

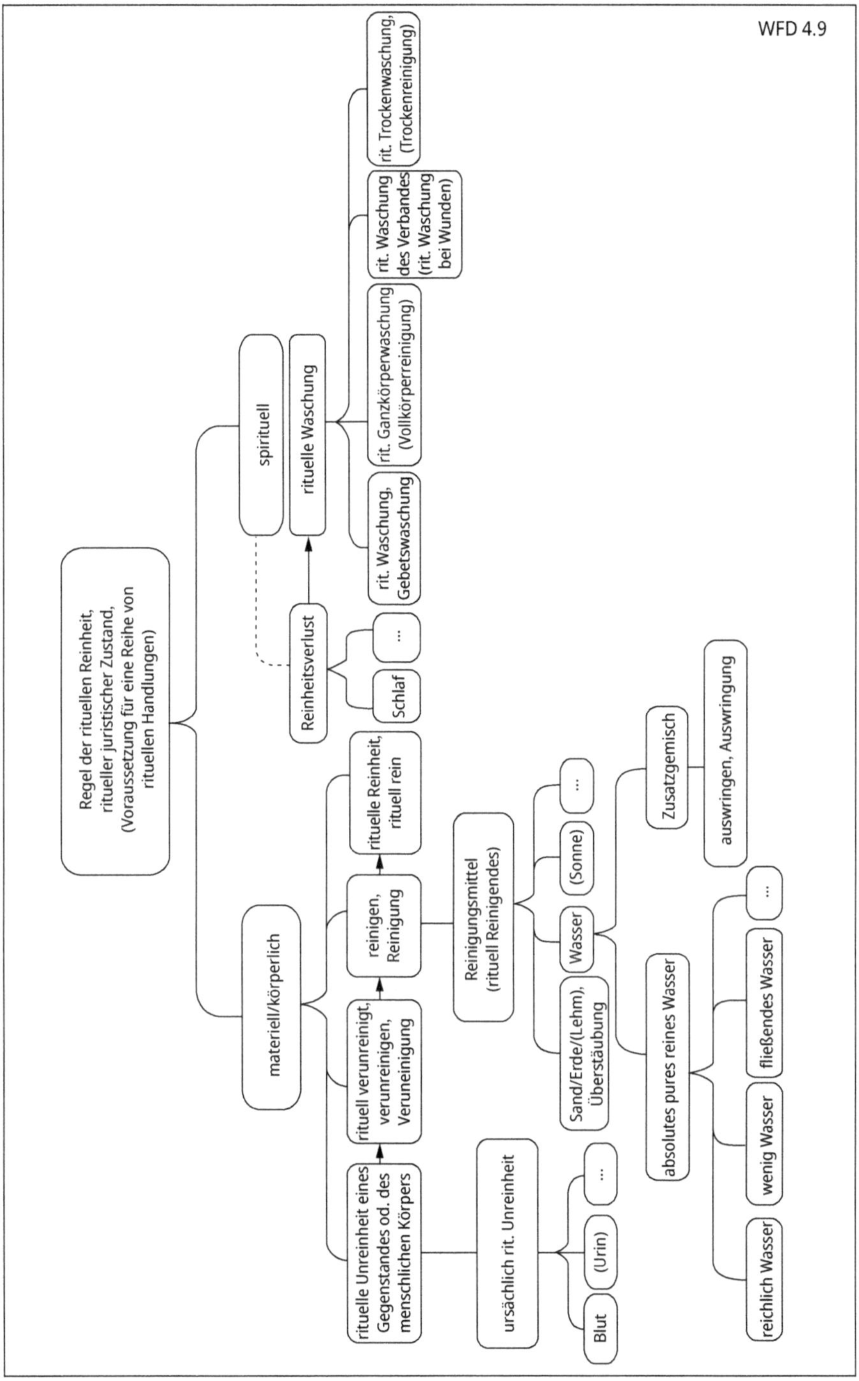
WFD 4.9
Regel der rituellen Reinheit, ritueller juristischer Zustand, (Voraussetzung für eine Reihe von rituellen Handlungen)
spirituell
rituelle Waschung
rit. Waschung, Gebetswaschung
rit. Ganzkörperwaschung (Vollkörperreinigung)
rit. Waschung des Verbandes (rit. Waschung bei Wunden)
rit. Trockenwaschung, (Trockenreinigung)
Reinheitsverlust
Schlaf
…
materiell/körperlich
rituelle Unreinheit eines Gegenstandes od. des menschlichen Körpers
rituell verunreinigt, verunreinigen, Veruneinigung
reinigen, Reinigung
rituelle Reinheit, rituell rein
Reinigungsmittel (rituell Reinigendes)
Sand/Erde/(Lehm), Überstäubung
Wasser
(Sonne)
…
Zusatzgemisch
auswringen, Auswringung
absolutes pures reines Wasser
reichlich Wasser
wenig Wasser
fließendes Wasser
…
ursächlich rit. Unreinheit
Blut
(Urin)
…

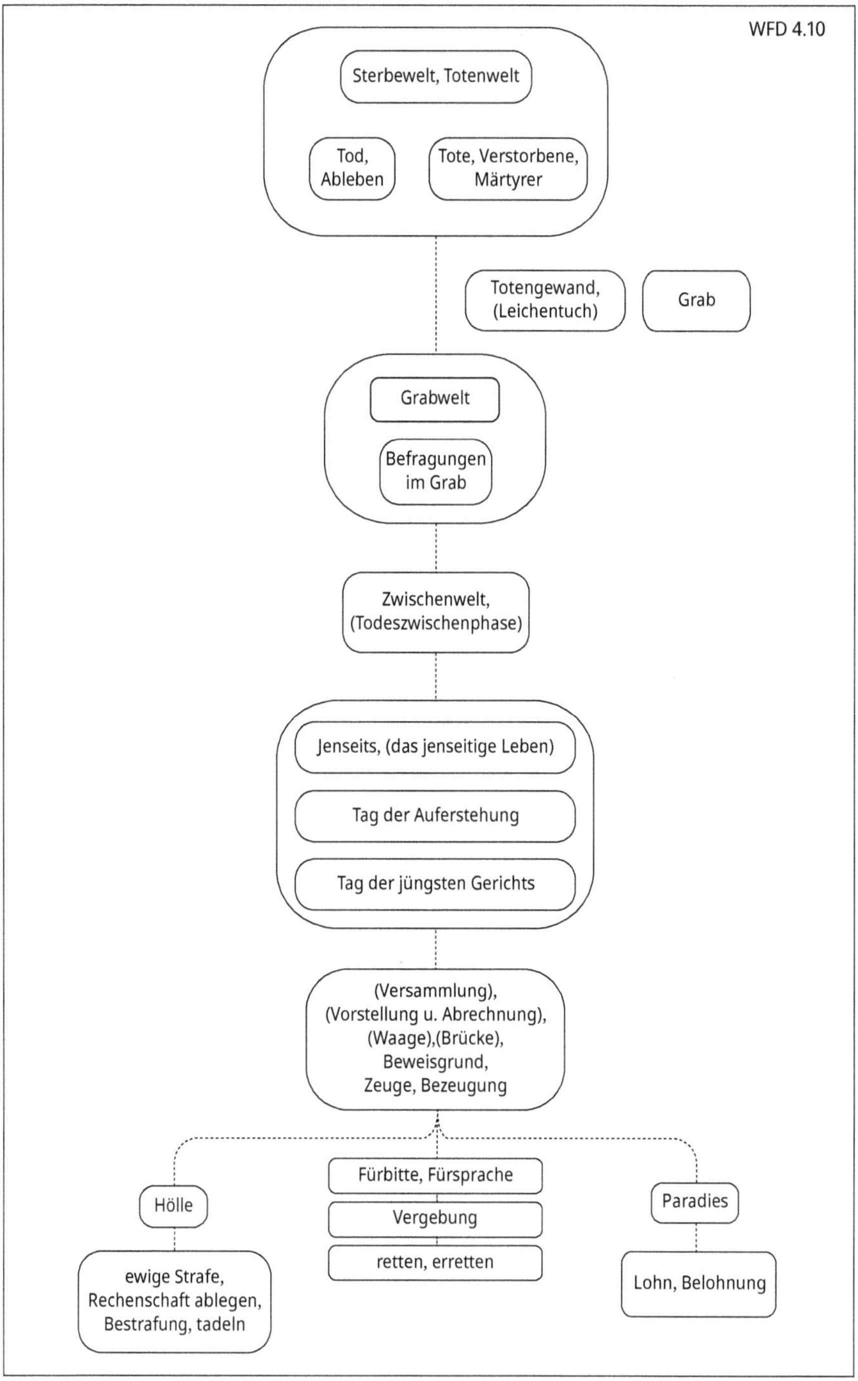
WFD 4.10
Sterbewelt, Totenwelt
Tod, Ableben
Tote, Verstorbene, Märtyrer
Totengewand, (Leichentuch)
Grab
Grabwelt
Befragungen im Grab
Zwischenwelt, (Todeszwischenphase)
Jenseits, (das jenseitige Leben)
Tag der Auferstehung
Tag der jüngsten Gerichts
(Versammlung), (Vorstellung u. Abrechnung), (Waage),(Brücke), Beweisgrund, Zeuge, Bezeugung
Hölle
ewige Strafe, Rechenschaft ablegen, Bestrafung, tadeln
Fürbitte, Fürsprache
Vergebung
retten, erretten
Paradies
Lohn, Belohnung

5.4 Erkenntnisse aus der Wortschatzanalyse

Die Aufgabe der vorliegenden qualitativen, Kategorien basierten und wortfeldsemantischen Analyse besteht in diesem Kapitel darin, die Ergebnisdarstellungen zu interpretieren.[139] Die zusammenfassende Beschreibung von relevanten Bedeutungsaspekten in den vier zentralen Themenfeldern (vgl. Kap. 5.2) und die darin enthaltenen Wortfelddarstellungen (vgl. Kap. 5.3) ergeben systematische Ergebnisse über den Predigtwortschatz. Diese Beobachtungen können als Thesen über die Charakteristika des deutschsprachigen (Fach)Wortschatzes der schiitischen Predigten im empirischen Umfeld formuliert werden.

5.4.1 Modifikation von allgemeinsprachlichen Bedeutungsrelationen

Der theoretische Teil dieser Arbeit verschafft einen Überblick über verschiedene semantische Bedeutungsrelationen jeweils mit allgemeinsprachlichen und predigtspezifischen Beispielen (vgl. Kap. 2.5.1). Die aus der Allgemeinsprache bekannten Relationen bestehen unter vielen Wortschatzeinheiten aus den Predigten wie z. B. den fünf grundsätzlichen Glaubensprinzipien, die eine semantische Über- und Unterordnung darstellen, oder den Synonymen *Gebetsstein* und *Gebetssiegel* als Beispiel für die semantische Gleichnamigkeit.

Dennoch folgen zahlreiche Wortschatzeinheiten nicht den für die Allgemeinsprache geltenden semantischen Beziehungen. Im religionssprachlichen Predigtkontext bewegen sich die Wortschatzeinheiten deutlich flexibler als sonst in verschiedenen Wortfeldern, sodass manchmal ihre Zugehörigkeit zu einem Wortfeld sowie die Bestimmung ihrer Relationen nicht ganz eindeutig erscheinen. Diese auffällige Eigenschaft lässt sich an dieser Stelle als erste These erläutern. Allen voran erleben die Relationen der Gegenordnung (Komplenymie, Antonymie und Konversonymie) gewisse Herausforderungen, wenn Wortschatzeinheiten in der Predigt auftreten, zwischen denen üblicherweise eine solche Relation besteht und diese dann auf einmal relativiert wird.

Typische Beispiele für die Bedeutungsgegenordnungen in den allgemeinsprachlichen Kontexten sind bspw. die Wörter *tot* und *lebend* für Komplenymie, *groß* und *klein* für Antonymie und schließlich *geben* und *nehmen* für Konversonymie (s. Roelcke 2017: 43–45). Auf den ersten Blick scheinen die isoliert betrachteten Wörter *anwesend* und *abwesend* aus dem Predigtkorpus in einer absoluten

139 Ausführlich zur Darstellung der Erkenntnisse in einer qualitativen Forschung s. u. a. Kuckartz 2012.

Bedeutungsgegenordnung zueinander zu stehen, so wie es bei *tot* vs. *lebend* der Fall ist. Denn ein Gegenstand oder eine Person kann an einem bestimmten Ort ohne einen Zwischenzustand und uneingeschränkt entweder *anwesend* oder *abwesend* sein. Diese klare Gegenordnung stimmt indessen mit der semantischen Relation zwischen beiden Wörtern in ihrem glaubensspezifischen Wortgebrauch kaum überein:

Gemäß einer Predigtpassage kann der „abwesende" verborgene Imam zugleich für gläubige Menschen mit „spiritueller Richtung" (TXT3, PRD3, 2018-06-11, Absatz 5) durchaus „anwesend" sein. Verglichen wird die Funktion des abwesenden, aber doch anwesenden Imam mit den Sonnenstrahlen trotz bewölkten Himmels – eine in der Predigt ausgeführte Metapher, die in dieser Weise auf zahlreichen schiitischen Überlieferungstexten beruht (s. bspw. Sadūq, URL88a, 88b, 88c). Demzufolge stehen die Wortschatzeinheiten *anwesend* und *abwesend* in keiner Relation des semantisch absoluten Bedeutungsgegensatzes zueinander wie sonst.

Diese Relationsabweichung sieht zunächst wie eine Bewegung von absoluter in Richtung relativer Gegenordnung aus, wobei zwischen der Wahrnehmung des Imams als *anwesend* gegenüber *abwesend* ein Kontinuum vorstellbar gemacht wird. Eine absolute Gegenordnung gilt jedenfalls nicht mehr. Jedoch trifft eine relative Gegenordnung zwischen den Wörtern *anwesend* und *abwesend* auch nicht den Kern der betreffenden Predigtstellen. Das große Bedeutungsspektrum weitet sich vielmehr bis hin zu einer synonymen Relation zwischen *anwesend* und *abwesend*, da die Anwesenheit des *eigentlich* verborgenen Imams für die eine oder andere Person – aufgrund ihrer spirituellen Stärke – als höchst spürbar zu charakterisieren sein mag, so die entsprechende Predigtstelle.

In dieser neuen Art kontroverser Relation verbinden sich die Einheiten nicht unmittelbar mit einer durchgezogenen Linie miteinander, denn ein definierbarer konstant erkennbarer Zusammenhang zwischen den Wörtern besteht nicht per se. Die Relation zwischen den Wortschatzeinheiten *anwesend* und *abwesend* im Predigtkontext wird daher stattdessen mit einer unterbrochenen gestrichelten Linie in der betreffenden Wortfelddarstellung gekennzeichnet, um damit auf eine diffuse Relation von der absoluten, relativen bis zu *keiner* Gegenordnung gleichzeitig hinzudeuten.

In ähnlicher Weise stehen die Wörter *verboten* gegenüber *erlaubt* in ihrem allgemeinsprachlichen Gebrauch in einer absoluten Gegenordnung zueinander. Zwischen den beiden Begriffen, wenn sie bspw. im Rahmen der Regel für Straßenverkehrsteilnehmende (Auto, Motorrad, Fahrrad etc.) oder bei Rauchverbotsregelungen verwendet werden, besteht kein Kontinuum. Hier handelt es sich um die rechtliche Definition der Begriffe im Sinne des Gesetzgebers und die damit einhergehenden Kosequenzen; nicht darum, inwieweit diese Regelungen praktisch von Menschen respektiert (oder ihrerseits unterschiedlich streng/unterschiedlich flexibel wahrgenommen) werden.

In der islamischen Rechtslehre allgemein und in einem predigtbedingten Äußerungskontext insbesondere – wiederum als institutionalisierte Normgeberinstanz – ist jedoch zwischen dem Gegensatzpaar *verboten* und *erlaubt* eine abweichende semantische Relation mit weiteren Zwischenzuständen feststellbar (u. a. *empfohlen* und *verpönt*; s. WFD 4.4). Diese Zwischenzustände kennt das zuhörende Publikum schon und über sie wird problemlos kommuniziert.

Eine andere Herausforderung bei der Darstellung von Gegenordnungen in den Wortschatzeinheiten betrifft die unterschiedliche Behandlung von Predigtwortschatzeinheiten. Beispielsweise gehören die Nomen *Recht* gegenüber *Unrecht* oder als Adjektiv *gerecht* gegenüber *ungerecht* jeweils zu unterschiedlichen Bedeutungsfeldern (WFD 4.5 und 4.6), da die Einordnung dieser Begriffe im Hinblick auf ihre religiös-ethische Bewertung erfolgt ist. Somit sind die positiv angesprochenen Wortschatzeinheiten *Recht* und *gerecht* im Wortfeld über die Tugenden und die in negativen Zusammenhängen gebrauchten Wortschatzeinheiten *Unrecht* und *ungerecht* im Wortfeld „Sünde" verortet worden. In einer anderen Gegensatzrelation werden die Wortschatzeinheiten hingegen in ein und dasselbe Wortfeld – mit „vs."-Kennzeichnung – eingeordnet (s. Beispiel unten).

Der Grund dafür ist, dass Predigtstellen über moralische Empfehlungen keine so definitiven Bedeutungsbeziehungen zwischen den Wortschatzeinheiten aufweisen können, wie es bei den Wortschatzeinheiten im Bereich Rituale der Fall ist: „Pflichtgebet vs. empfohlenes freiwilliges Ritualgebet" oder „Einzelgebet vs. Gemeinschaftsgebet" (WFD 4.8). Insofern gibt es für unterschiedliche Themenbereiche jeweils einschlägig verwendete Wortschatzeinheiten, deren Relation zueinander im Hinblick auf andere benachbarte Wortschatzeinheiten in einem bestimmten Wortfeld erkannt werden kann. Das führt dazu, dass die Einordnung des die Predigt betreffenden Wortschatzes in den Wortfelddarstellungen nicht immer, sondern nur sporadisch ein und derselben Herangehensweise folgt, wie die Semantiktheorien mit allgemeinsprachlichen Begriffen (wie Gegenstände, Tiere, Verwandschaftsbeziehungen o. ä.; s. Löbner 2003: 136) umgehen.

Ein anderes Beispiel, an dem sich die Bedeutungsrelationen im Predigtwortschatz von denen des allgemeinsprachlichen Wortschatzes unterscheiden, betrifft die polysemen Wortschatzeinheiten. Das polyseme, allgemeinsprachliche Lexem *Seite* verbindet mehrere Bedeutungsvarianten miteinander, denen ein bestimmtes Muster gemeinsam ist (s. Löbner 2003: 60). Erst durch den spezifischen Textzusammenhang übernimmt das Lexem in der Regel eine semantische Funktion und gehört darauffolgend einem Wortfeld an.

Die Zuordnung einer Polysemie in einem Wortfeld wird in starkem Maße dann erschwert, wenn das Wort in einer bestimmten Predigtstelle alle seine Bedeutungsvarianten inkludierend[140] verwendet wird. In der späteren Wortfeldtheorie spricht man bei mehrfacher Feldzugehörigkeit einer Polysemie eher von einem „polyparadigmatischen, aber semantisch einheitlichen Lexem" (s. Salvador 1985: 50 und Coseriu 1995: 122; zu Wortfeld und Polysemie s. Willems und Willems 2010). Das kann beim polysemen Wortgebrauch in den Predigten nur bedingt gültig sein. Denn die Struktur des Wortfeldes erweist sich als komplex, wenn bestimmte Wortschatzeinheiten in unterschiedlich relevanten Zusammenhängen berücksichtigt werden und mit denen nicht nur ein, sondern mehrere arabische Äquivalente bezeichnet werden. Betrachten wir ein konkretes Beispiel von Polysemie – die Wortschatzeinheit *Erlösung*:[141]

Dieses Wort wird in verschiedenen Predigten als Übersetzung für drei verschiedene arabische Begriffe verwendet: a) ‚Befreiung, Entlassung' (arab. *naǧāt*), b) ‚Vergebung Gottes gegenüber Sünden' (arab. *ʿafw*), c) ‚Wiederkehr des zwölften Imams' (arab. *faraǧ*). Die allgemeine ökonomische Tendenz der (Fach)Sprache für die Entstehung von Polysemien (s. u. a. Löbner 2003: 60 und Roelcke 2020a: 96–99) verstärkt sich hierbei durch die mündliche Sprachproduktion und den hohen Bedarf an spontaner Äquivalenzfindung in der Predigtkommunikation.

Das Wort *Erlösung* tritt in semantisch unterschiedlichen, aber pragmatisch auch nicht leicht voneinander differenzierbaren Bedeutungen auf, weswegen es möglich zu sein scheint, die Bedeutung auf eine einheitliche, indessen ambig gebrauchte einzugrenzen. Die Verwendung des Wortes *Erlösung* in einem bestimmten Predigtkontext lässt eine von ihren drei genannten Bedeutungen als „tatsächlich gemeinte" erahnen. Zugleich verbindet sie sich aber unmittelbar mit anderen Gebrauchsassoziationen. Die Entscheidung über die Einordnung einer solchen Polysemie in den Wortfelddarstellungen wird im Hinblick auf die überwiegende Verwendung in den Predigten getroffen. Beim Wort *Erlösung* gilt dies für seine dritte Bedeutung (der zwölferschiitische Glaube an die Erscheinung des Erlösers; s. WFD 3.2), wobei auf seinen gesamten Bedeutungsumfang hingewiesen wird.

5.4.2 Unabgeschlossenheit von Wortfeldern bzw. Kategorienbestimmungen

Anlehnend an Triers Wortfeldtheorie ergibt sich die Bedeutung eines Wortes erst aus der Beleuchtung verschiedener Beziehungen innerhalb seines Wortfeldes. Ein

140 Ausführlich zur bewusst gestalteten semantischen Ambiguität in den Predigten vgl. Kap. 4.3.2.7.
141 Ausführlich zum Begriff *Erlösung* im christlichen und muslimischen Kontext sowie zur Kritik einer Komparation s. Işık und Kurnaz 2015; Mohagheghi 2015.

bestimmtes Wort als Teil eines Netzes zu aktivieren, soll demnach „einerseits Inklusionsverhältnisse, andererseits Exklusions- oder Abgrenzungsverhältnisse“ (Raible 1981: 40) verursachen. Die ausgewählten Wortschatzeinheiten aus den Predigten sind in vier nächsthöheren Hyperonymen, in denen jeweils mehrere Wortfelder dargestellt werden, zusammengefasst. Der Versuch, dabei unterschiedliche Wortfelder voneinander abzugrenzen, war zum Teil erfolgreich und ist zum Teil gescheitert.

In diesem Sinne gilt folgende Unterscheidung zwischen den Wortfelddarstellungen:

Es gibt Wortfelder, deren einzelne Bezugsobjekte ihres Gegenstandsbereichs trennscharf voneinander abgegrenzt werden können. Dazu gehören bspw. die fünf täglichen Pflichtgebete (s. Teil der WFD 4.7), die sich mit den Wochentagsnamen vergleichen lassen. Ähnliches gilt für die Wortschatzeinheiten des islamischen Einstufungssystems (s. Teil der WFD 4.4), die mit den Schulnoten vergleichbar sind. Daneben bestehen andere Wortfelder, bei denen die einzelnen Wörter des Feldes in ihrem Referenzbereich (ihrer Extension) nicht trennscharf voneinander abgegrenzt werden können. Vielmehr ergeben sich darin zahlreiche Überschneidungen als möglich, wie z. B. bei den Wohltaten in den zwischenmenschlichen Beziehungen (s. Teil der WFD 4.5).

Aufgrund bestehender Überschneidungen sind die Bedeutungsrelationen zwischen den Wortschatzeinheiten im Großen und Ganzen nicht so eindeutig zu erkennen und das geht eben auf die thematisch, lokal sowie temporal zufällig aufgenommene Datenerhebung zurück. Weiterhin konnten in vielen Fällen keine abgeschlossenen Wortfelder gebildet werden. Doch besteht immerhin das Potenzial, neue predigtrelevante Wörter bzw. Komposita aus dem Bereich der Predigtpraxis zu den bereits generierten Wortfeldern hinzuzufügen und die skizzierten Darstellungen mit zusätzlichen Einheiten zu erweitern, denn mit „Religion kann alles zur Sprache kommen; religiöse Begriffe kennen keinen definitiv abgrenzbaren Bedeutungsraum“ (Gerber 2009: 13). Dafür profitiert auch die deutschsprachige schiitische Predigtkommunikation vom Potenzial der deutschen Sprache mit ihrer hohen Zahl an Determinativkomposita und bildet entsprechend fachterminologisch-hierarchische Systeme (s. Efing und Roelcke 2021: 62 und 95–96). So entsteht z. B. eine Relation der Hyperonymie zwischen den Wortschatzeinheiten *Gebet* und *Mittagsgebet*; die letztere Wortschatzeinheit steht wiederum in organisierbarer kohyponymer Relation zu *Spätabendgebet*. Ein anderes Beispiel für großes Wortschöpfungspotenzial in den Predigten sind Gegensatzpaare, die durch Derivationssuffixe (Roelcke 2017: 44) gekennzeichnet sind: *rein/unrein, Reinheit/Unreinheit*, etc.

In der WFD 4.4 sind unter anderen islamischen Verpflichtungen persönlicher Art einige verordnete Verzehrregeln schematisiert worden. Die Wörter *Speiseregeln* und *Verzehrverbot* treten im vorliegenden Predigtkorpus nicht auf. Ohne sie als Bindeglied ist jedoch die Schilderung der Bedeutungsbeziehung zwischen *persönlichen Verpflichtungen* und *Schweinefleisch* ausgeschlossen. Das Korpus selbst beinhaltet nur die zwei letzteren. Gelöst wird dieses Problem durch Inklammersetzung von Einheiten, die im Predigtkorpus nicht explizit vorliegen, deren Präsenz jedoch für die semantische Verbindung des gesamten Wortfeldes nötig ist. Dabei stellt die Wortschatzeinheit *persönliche Verpflichtungen* ein Hyperonym zu mehreren Wörtern dar, die einerseits jeweils dessen Hyponyme sind (Ehe, Musik, Speiseregel etc.), andererseits können sie selbst wiederum als Hyperonym für andere Wörter fungieren, die ihnen unmittelbar untergeordnet sind.

Die wortleeren Einheiten mit drei gesetzten Punkten in den Wortfelddarstellungen repräsentieren die Unabgeschlossenheit des Prozesses, zugehörige lexikalische Einheiten ins einschlägige semantische Wortfeld einzuordnen. Zum Beispiel vermittelt die Angabe „…“ die Information, dass neben *Speiseregel* und Regelungen hinsichtlich islamischer *Ehe* noch mehr mögliche alternative Entitäten als Einheiten zum Wortfeld dazu gehören können, die sich dann unter den *persönlichen Verpflichtungen* unterordnen. Oder in einem anderen heteronymen Beispiel wird auf die Erwähnung der Namen von zehn Imamen in der betreffenden Wortfelddarstellung (3.2) verzichtet und die anderen Imam-Namen mit drei Punkten angedeutet.[142]

Die Anzahl solcher Bedeutungsüber- und -unterordnungen bzw. der potenziellen Wortfelder kann durchaus in allen Kategorien beliebig groß werden. Es steht die Möglichkeit offen, dass aus zukünftigen Predigten als Untersuchungskontexten neues Datenmaterial aufgenommen, durch Vergegenwärtigung der Forschungsfrage eventuell weitere (Sub-)Codes eingefügt und durch Analyse der späteren Bedeutungsbeziehungen in den aktuellen Wortfeldern integriert werden. Die Tatsache, dass jede Subkategorie in ihrer aktuellen Form dennoch über (manchmal auch zahlreiche) potentielle Wortschatzeinheiten verfügt, die zwar semantisch zum selben Wortfeld gehören, aber im vorliegenden Rahmen nicht genannt und skizziert worden sind, eröffnet ein breites Feld für den Predigtwortschatz. In diesem Fall müssten bestimmte Wortfelddarstellungen in ihrer aktuellen Konstellation aufgebrochen, eventuell in mehrere neue Wortfelder eingeteilt und auf diesem Wege der gesamte Umfang des Wortschatzes erheblich erweitert werden.

Eine imaginäre Predigtstelle kann bspw. die geltenden Rechtsurteile über die Speiseregeln aufgreifen, dabei einschlägige Wortschatzeinheiten verwenden und darauf aufbauend ließe sich eine eigene semantische Wortfelddarstellung unter der Überschrift „Speisevorschriften“ (s. WFD 4.4) gestalten. Dieses Beispiel kann sich bis zu den verzehrerlaubten Fischarten aus der Sicht der Rechtsschule ausdifferenzieren:

142 Mehr zur Heteronymie als einer der Typen von Oppositionen und die inkompatible logische Bedeutungsbeziehung s. Löbner 2003: 128–130.

Es gibt verschiedene Regeln in der zwölferschiitischen Rechtsschule bezüglich der Tötung des Fisches bzw. der Fischfangmethode. Zum Verzehr erlaubte Fischarten sind ausschließlich Fische mit Schuppen. Ebenfalls setzt sich die entsprechende Rechtsfindungsdebatte mit der Verzehrfrage von Süß- bzw. Salzwasserfischen auseinander (vgl. URL77). Die konkret bestimmenden Rechtsurteile in diesem Gebiet der schiitischen Normenlehre, falls sie in einer Predigt zur Diskussion gestellt werden, generieren ein entsprechendes Wortfeld. Der Ästhetik bzw. der räumlichen Darstellungsmöglichkeit halber empfiehlt sich aber in diesem Fall, die neuen semantischen Einheiten vom Wortfeldrest „individuelle Verpflichtung" getrennt zu skizzieren. Dieses Beispiel verdeutlicht, wie herausfordernd es manchmal sein kann, semantische Zugehörigkeit zwischen den Wortschatzeinheiten überschaubar zu ermitteln.

Die äußeren Grenzen der Wortfelddarstellungen wurden gemäß dem Forschungsinteresse festgelegt. Es gibt innerhalb jedes Wortfeldes eine unbestimmte Anzahl kleinerer Wortfelder. Als Resultat der wortfeldempirischen Analyse dieser Arbeit liegen vier Hauptkategorien mit insgesamt 18 Wortfelddarstellungen vor. Die darin enthaltenen Wortschatzeinheiten sind nur aus 16 Predigten als Gegenstand entnommen worden. Dieser Wortschatz ist dermaßen weitreichend, dass sich daraus ein breites Spektrum an potenziellen Predigtthemen für schiitische Predigten anschließen lässt. Die potenziellen Wortfelder können untereinander selbst wiederum vernetzt sein. Auf diese Weise erscheint es sinnvoll, sich eine umfassende, miteinander zusammenhängende *Superstruktur* bzw. ein *Gesamtkonstrukt* enormen Umfangs vorzustellen, worin alle bereits entstandenen Wortfelddarstellungen mit den anderen potenziellen, noch nicht erarbeiteten Wortfeldern verknüpft sind und die auch weiter erweitert werden kann.

So eine Darstellung erweist sich allerdings nur in einem digitalen, computergestützten Format als möglich. Die abstrakte Vorstellung einer solchen Superstruktur erinnert an die beiden von Trier eingeführten „Pferderennen-" und „Strahlen-Metaphern" (dazu ausführlich vgl. Kap. 2.6.2). Staffeldt betont bei der methodischen Umsetzung der Wortfeldanalyse, dass man zunächst sicherstellen muss, alle Teilfelder beschrieben zu haben, damit erst darauffolgend „integrativ ein Gesamtfeld" (Staffeldt 2017: 124) beschrieben werden kann.

5.4.3 Umfangsunterschiede zwischen den Kategorien

Die semantische Analyse des Predigtwortschatzes erfolgt in dieser Arbeit in qualitativer Art und Weise. Bei der Analyse sprachlicher Daten können allerdings dazu auch noch bestimmte quantitative Informationen von hoher Bedeutung sein, die sich bei strukturierter Arbeitsweise herausfinden lassen. Daraus können sich inhaltlich relevante Erkenntnisse ergeben, wenn die Wiederholung der verwendeten Wortschatzeinheiten und darauffolgend die gebildeten Größen der jeweiligen Kategorien quantifiziert und miteinander verglichen werden. Im Ergebnis unterscheidet sich das Ausmaß von jedem der vier zentralen Themenfelder, also mit ihren einzelnen Ober- und Unterkategorien eklatant voneinander. Die erstellte Zahlenmatrix illustriert die Frequenz von verschiedenen thematischen Schwerpunkten bzw. die überwiegend prägenden Inhalte in den Predigten.

In der untenstehenden Tabelle sind die 16 untersuchten Predigttexte horizontal angeordnet. Die vertikale Gliederung stellt den Anteil der jeweiligen Codes dar. Rechts sind die Codes in ihren jeweiligen Farben aufgelistet.

Die Kategorie 1 über „Gott und die Schöpfung“ lässt sich lediglich in zwei Wortfelddarstellungen zusammenfassen. Ihr wird ein verhältnismäßig geringer Anteil an Sprachproduktion in den Predigten zuteil (erste Spalte von links, mit gelber Markierung). Die Predigtstellen über das Wesen und die Existenz Gottes tauchen entweder nicht auf oder die Predigten verbleiben in der Regel nicht so lange Zeit bei dieser Kategorie. Die Besonderheiten der Rede über Gott selbst verhindern die Verwendung von diversen Wortschatzeinheiten bzw. es gibt überhaupt wenige davon. Von und über Gott selbst wird in den schiitischen deutschsprachigen Predigten erst implizit, quantitativ selten und schließlich semantisch-vokabularisch durchaus vorsichtig gesprochen.

Die Kategorie 2 „Schrift und Rechtsfindung“ besteht aus vier Wortfeldern mit dem thematischen Schwerpunkt auf den Koran- und Überlieferungstexten und auf Rechtsfindungsprozesse (zweite Spalte mit dunkelblauer Markierung). Je mehr sich der Themenbereich einer bestimmten Predigtstelle vom Göttlichen entfernt, desto größer wird der Raum für die terminologische Entfaltung von neuen religionsspezifischen Wortschatzeinheiten seitens des Predigers.

Bei der dritten Kategorie „Propheten und Imame“ (dritte Spalte mit hellblauer Markierung) nimmt die durchschnittliche Quantität von Wortschatzeinheiten erheblich zu. In dieser Kategorie befinden sich nur zwei Wortfelder. Das weist zunächst auf eine geringe Terminologisierungsquote hin. Dennoch werden die darin bestehenden, verhältnismäßig wenigen Wortschatzeinheiten in den zwei Wortfeldern in durchaus signifikant großer Frequenz in allen Predigten markiert und wiederholt. Die häufige Wiederholung von Eigennamen der für Schiiten heiligen Persönlichkeiten resultiert darin, dass man sie als „Schlüsselwörter“ in der schiitischen Predigtkommunikation charakterisieren kann. Der Begriff „Schlüsselwort“ hat in der Linguistik keine eindeutige Definition und wird manchmal auch als Synonym für „Suchwort“ gebraucht (s. Wynne 2008: 730). Das Verfahren einer solchen, die Eigennamen betreffenden Schlüsselwortanalyse würde allerdings selbstverständlich von einer Analyse der restlichen inhaltlichen Kernbegriffe abweichen.[143]

In korpusbasierten Analysen gelten die signifikant häufig vorkommenden Wörter als Instrumente zum Vergleich von Häufigkeitsmustern und erweisen sich oft dann auch als spannend und relevant (s. Scott 2007: 155–156). So ein Vergleich wird für vorliegendes Predigtkorpus nicht mit einem sonst üblichen „Referenzkorpus" der deutschen Gegenwartssprache (i. S.v. Lemnitzer und Zinsmeister 2006: 106) durchgeführt, sondern mit der Frequenz der Wortschatzeinheiten, die die anderen drei vorliegenden Nachbarkategorien beinhalten. Die starke Präsenz der Eigennamen des Propheten und besonders der Imame in den Wortschatzeinheiten der Predigten beleuchtet die im Vordergrund stehende Rolle der Rechtsschule in der religiösen Identität der Schiiten in Deutschland. Dies offenbart die inhaltlichen Tendenzen und Präferenzen, von denen die deutschsprachige Predigtpraxis der Schiiten geprägt ist.[144]

Die vierte Kategorie „Glaubenspraxis und Rituale" gliedert sich samt exemplarischen Rechtsurteilsthemen in zehn Wortfelder ein. Die Anzahl der Wortfelder in dieser Kategorie ist am größten. Die erste, zweite, dritte und vierte Kategorie enthalten jeweils 879, 612, 1698 und 1766 Wortschatzeinheiten (s. die Angaben auf der rechten Seite der Abb. 15). Ein Vergleich zwischen diesen Zahlen verdeutlicht, worauf der thematische Fokus im gesamten Predigtkorpus (in seiner definierten Zeitspanne) liegt. Die insgesamt 16 Predigten setzen sich überwiegend mit den konkreten Themengebieten des diesseitigen Lebens bzw. mit der religiösen Glaubenspraxis auseinander, die die individuellen und z. T. zwischenmenschlichen Verhältnisse betreffen.

In dieser Kategorie „Glaubenspraxis und Rituale" werden am meisten einschlägige Wortschatzeinheiten terminologisiert. Zahlreiche Äquivalenzfindungen und -nutzungen aus dem Arabischen ergeben sich mit Bezug auf die in den Predigten aufgegriffenen Rechtsurteile; spontan wie auch im Voraus gedacht. Anschließend kann man davon ausgehen, dass die vierte Kategorie mit ihrer permanenten Erweiterung von schiitisch-religionsspezifischer Terminologie im Deutschen bis heute am stärksten die sprachsensible-übersetzungsrelevante Aufmerksamkeit des Predigers auf sich zieht.

143 Ausführlich zur Debatte über die Semantik von Eigennamen s. Pafel und Reich 2016: 117–123.

144 Tobias Funk belegt im Bereich Christentum eine gegensätzliche Tendenz in seiner Arbeit: Demnach sei kaum noch von konfessionsspezifischen Sprachvarianten in den evangelischen und katholischen Weihnachtspredigten auszugehen (s. Funk 1991: 12).

Abb. 15: Quantitativer Vergleich – Zahlenmatrix mit Verteilung von Wortschatzeinheiten in vier Kategorien.

5.4.4 Abstraktionsgrade der verschiedenen Bereiche

Die religionsspezifischen Wortschatzeinheiten sind hinsichtlich ihrer semantischen Relationen strukturiert und in hierarchisch-assoziativen Wortfeldern dargestellt. Betrachtet man die Wortschatzeinheiten unterschiedlicher Kategorien mit Blick auf ihren Abstraktionsgrad, stellt sich diesbezüglich eine beachtenswerte Erkenntnis heraus:

Die Wortschatzeinheiten der vierten Kategorie über die „Glaubenspraxis und Rituale" sind weitgehend *konkreter* Natur. So niedrig der Abstraktionsgrad der Wortschatzeinheiten in diesem Themenfeld auch ist, so handelt es sich doch vorwiegend um die Erläuterung von bestimmten Rechtsurteilen, die im Rahmen des islamischen Rechtssystems gewissermaßen eindeutig definiert werden und worden sind. Der Bedarf an Eindeutigkeit bedeutet dementsprechend umso weniger metaphorischen Wortgebrauch, seltener imaginativen Freiraum für Predigtzuhörende und umso stärker tritt in diesen Predigtstellen das Verständlichkeitspostulat ein. Idealerweise sollen Zuhörende in dieser Kommunikation möglichst konkrete Vorstellungen über ihre Glaubenspraxis aufbauen können.

Die eher konkret angelegten Wortschatzeinheiten erläutern dazu häufig Resultate von Rechtsfindungsprozessen für das Publikum. Auch wenn diese Art des Predigtwortschatzes deutschsprachige Äquivalente für originalarabische (Fach)Ausdrücke sind, stammen sie doch kaum explizit, unmittelbar und wortwörtlich aus dem Koran. Dieser Bestand entwickelt sich andauernd im Laufe der mehr als tausendjährigen Rechtsfindung – ab 941 n. Chr. – innerhalb unterschiedlicher Methoden und Traditionen und ist in der Sekundärliteratur – vom Prediger ausgewählte Rechtswerke – vorgegeben. Diese Wortschatzeinheiten kommen derzeit im Rahmen der deutschsprachig-islamischen Fachsprachennormung zustande, dienen den gegenwärtigen Angelegenheiten der schiitischen Glaubensgemeinschaft in Deutschland und sind ihnen mittlerweile auch bekannte Begriffe; z. B. die meisten Wortschatzeinheiten in den WFD 4.7, 4.8 und 4.9 („Gebetsvorbereitung", „Gebet" und „Reinheit").

Andere Kategorien (v. a. Kategorie 1) erleben diesen Aspekt auf differenzierte Art und Weise. Es gibt in ihnen mehrheitlich Wortschatzeinheiten, die einen direkten Bezug auf die heiligen Texte aufweisen, z. B. als Allererstes die Wörter *der Allerbarmer* und *der Barmherzige* aus dem Wortfeld über die Eigenschaften Gottes (s. WFD 1.1; Koran 1:1). Die Sprache der Koran- und Überlieferungstexte fungiert als einheitliche, vereinheitlichende und inspirierende Vorgabe zur Verwendung ihres Wortschatzes in den Predigten. Bei nahezu allen Wortschatzeinheiten der WFD 1.1 („Gott") handelt es sich um deutschsprachige Übersetzungen arabischen Sprachgebrauchs, der in unterschiedlichen Koranversen über Gott und seine Eigenschaften enthalten ist.

Die Wortschatzeinheiten der ersten drei Kategorien werden verhältnismäßig weniger terminologisiert und bedürfen seltener einer dynamischen Sprachnormung. Das bedeutet allerdings nicht, dass die deutschsprachigen Übersetzungen von gottbetreffenden Wortschatzeinheiten wie zum Beispiel *Segen Gottes* (*ṣalawāṭ allāh*), *der Erhabene* (*al-muta'ālī*) oder *der Majestätische* (*al-ǧalīl*) allgemeinakzeptiert und unumstritten von den Predigern verwendet werden. Vielmehr ist die Wahrscheinlichkeit, dass die Wortschatzeinheiten aus dem Themenfeld der vierten, die Rechtslehre betreffenden Kategorie bzw. ihre Übersetzungen ins Deutsche irgendwann hinterfragt, modifiziert und präzisiert werden, durchaus höher als bei den Wortschatzeinheiten in anderen Themenfeldern. Die rechtswissenschaftliche Fachsprachennormung scheint dabei entsprechend des wachsenden Konkretisierungsbedarfs beschleunigter als in den anderen Kategorien zu erfolgen.

Dies soll anhand einiger Beispiele besser illustriert werden:

Eine Predigtstelle über die Rechtsurteile im Bereich Reinigung eines verunreinigten Kleidungsstücks (vgl. TXT6, PRD3, 2018-07-08, Absatz 14–15) hat in der Regel zum Ziel, diesbezüglich in der Rechtslehre bestehende, praktische Haltungs- und Handlungsvorschriften für das Alltagsleben des Publikums zu veranschaulichen. Anhand des einschlägigen Wortschatzes lässt sich eine ganz genaue Aussage zu diesem praktischen Sachverhalt treffen.

Dieser Aspekt der Religionspraxis manifestiert sich im schiitischen Islam in der konkreten und konkretisierenden Fachsprache der Rechtslehre. Gerade ein beträchtlicher Anteil des Predigtwortschatzes gehört zu eben dieser rechtssprachlichen Semantik, wie zum Beispiel *auswringen (ʿaṣr)* als eine der Etappen bei der Reinigung eines verunreinigten Textils (WFD 4.9), *mit Absicht der Schuldbegleichung* (*ʿammā fī ʾḏ-ḏimma*) als verpflichtende Absichtsaussage im Falle eines Zweifels zu Beginn des Gebets, ob die Gebetszeit verpasst ist oder nicht (WFD 4.7) usw. Das Wortfeld des rechtlichen Evaluationssystems zeigt sich hierbei als charakteristisch. In verschiedenen Predigten weisen die z. T. auch verstreut verwendeten Bezeichnungen *erlaubt, empfohlen, verpönt* und *verboten* das gemeinsame Merkmal auf, dass sie sich alle unter dem gradweise abgestuften Bewertungssystem „Gebot“ subsumieren lassen und dadurch die islamische Einstufungskategorie für religiöse Rechtsentscheide etablieren (s. WFD 4.4). Dieser lineare Wortfeldteil gilt als Basis der Wertung islamischer Handlungen und scheint einige der konkretesten Wortschatzeinheiten zu enthalten, deren Bedeutungsrelationen kaum umstritten sind.

Im Kontrast zu den konkreten Predigtwortschatzeinheiten befinden sich auf der anderen Seite des erläuterten Kontinuums weitgehend *abstrakte* Wortschatzeinheiten, die keine klare Vorstellung vom Sachverhalt liefern und weiträumig von den Zuhörenden erfasst werden können. Das Wort *Ankündigung* (TXT2, PRD2, 2018-06-09, Absatz 14) ist in dieser Hinsicht etwas nicht Funktionelles und ein gutes Beispiel dafür. Abstrakte Wortschatzeinheiten aus dem Predigtkorpus befinden sich mehrheitlich in den Wortfeldern mit dem thematischen Bezug zum Göttlichen. Die weiträumige Vorstellung des abstrakten Sachverhalts dient dazu, sich trotz des unfassbaren Unbegreiflichen teilweise über das Göttliche äußern zu können.[145]

Altmeyer setzt sich im Rahmen seiner aufgeworfenen Forschung über „Fremdsprache Religion“ mit diesbezüglichen Fragen auseinander:

> Wie ist es möglich, in menschlichen Worten von einer Wirklichkeit zu sprechen, die als radikal transzendent geglaubt wird? Und umgekehrt: Wie kann man sich vorstellen, dass dieses transzendente Sein den Menschen Kunde von sich bringt? Oder weniger philosophisch

145 Für den Einstieg in das sprachtheologische Grundproblem im Christentum in Form eines Lehrbuchs s. u. a. Astley 2004.

> und mehr theologisch gefragt: Spricht Gott in menschlicher Sprache und welche menschliche Sprache wäre Gott angemessen? (Altmeyer 2011: 41).

Die sprachliche Herausforderung der Gottesbeschreibung prägt im diskursiven Rahmen des schiitischen Gottesverständnisses zwar eine beträchtliche Anzahl von theoretischen Texten theologischer, philosophischer und mystischer Natur. Die Thematisierung bzw. Problematisierung der Sprache über Gott selbst findet jedoch sehr selten in den Predigtstellen Ausdruck (vgl. das unterschiedliche Ausmaß der vier Themenfelder, Abb. 15).

Zusammenfassend ergibt sich, dass die *abstrakten* Wortschatzeinheiten eher die *Theologie* im Sinne von *ilāhiyāt* – die glaubensbezogenen Inhalte des Schiitentums – betreffen. Die *Religion* im Sinne von *dīn* hingegen beinhaltet eher semantische Wortfelder auf der niedrigsten Abstraktionsstufe, deren Wortschatzeinheiten mehr *konkret* sind, und widmet sich kulturellen, soziologischen und rituell-lebenspraktischen Aspekten (insbesondere Rechtslehre). Bildlich kann man die folgende Hierarchie hinsichtlich der Abstraktheit vs. Konkretheit der vier Themenfelder skizzieren:

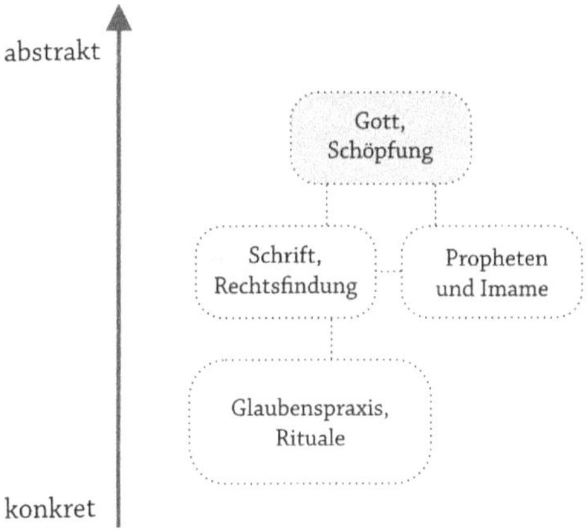

Abb. 16: Unterschiedliche Abstraktion in den vier zentralen Themenfeldern.

Im Allgemeinen ist die Abstraktion der Einheiten erforderlich, um die Wortfelder miteinander verknüpfen zu können (s. Stolze 1999: 33). Die Hauptkategorien stehen in dynamischer Beziehung zueinander und das ist der Grund, warum die Verbindungen zwischen den vier zentralen Themenfeldern in der Abb. 16 mit unterbrochener Linie gekennzeichnet sind (Zu den fachsprachlichen Abstraktionsebenen allgemein s. Roelcke 2020a: 42, 49–52).

5.4.5 Sprachliche Tendenzen der Prediger zu Allgemein-, Fremd- und Fachsprache

Die Abb. 15 mit der quantitativen Verteilung des Predigtwortschatzes stellt Daten – wie bereits angedeutet – für die Interpretation des unterschiedlichen Ausmaßes der jeweiligen Themenfelder und zudem auch der eklatant häufigen Verwendung bestimmter Wortschatzeinheiten zur Verfügung. Vergleicht man nun unmittelbar verschiedene Prediger hinsichtlich des Gebrauchs des vorhandenen Predigtwortschatzes miteinander, finden sich zunächst bei allen Predigern mehrere Wortschatzeinheiten aus dem Wortfeld „Sprache“ (WFD 2.4). Unabhängig vom persönlichen Sprachstil, Predigtanlass, von thematischer Präferenz oder dem verwendeten Wortschatz äußern sich ausnahmslos alle Prediger irgendwie über die (eigene) Sprache des Deutschen in der Predigtkommunikation.

Darüber hinaus kristallisieren sich jeweils spezifische Tendenzen im Wortgebrauch zwischen den Predigern heraus, wodurch sich diese stark voneinander unterscheiden. Um diese individuellen Tendenzen genauer zu erfassen, eignet sich die Methode, gewisse Wortschatzeinheiten aus dem Predigtkorpus auszuwählen, die weitgehend typisch als allgemein-, fremd- oder fachsprachlich identifizierbar sein können. Diese ausgewählten Wortschatzeinheiten dann mit dem Kriterium ihres Sprechers zu sortieren, soll u. a. (fach)linguistisch-kommunikativ relevante Aspekte in der Sprachproduktion der verschiedenen Prediger beleuchten.

Die Wortschatzeinheiten wie *Urheber, der Glorreiche, Geschöpfe, Heerscharen, Bäuche/innere Kerne des Koran, Herabsendung, der Hochgelobte, Sachwalterschaft* u.ä. sind alle aus den Predigten des Predigers 1 (PRD1) entnommen. Die Wortschatzeinheiten, die er in seinen Predigten verwendet, zeichnen sich zumeist durch Abstraktheit – eine empirisch ungenau fassbare Eigenschaft – aus. Der arabischsprachige Anteil in seinen Predigten ist am geringsten, denn er verwendet für fast alle Wortschatzeinheiten – bis hin zu den Schlüsselbegriffen – (nur) deutsche Wörter. Prediger mit diesem Sprachverhalten sind – wenn es noch weitere geben sollte – derzeit noch in der absoluten Minderheit. Über das Themenfeld mit dem Schwerpunkt Rechtsfragen (Kategorie 4 „Glaubenspraxis und Rituale“) äußert er sich vergleichsweise selten. In seinen Predigten treten deutschsprachige Wortschatzeinheiten auf, die bei anderen Predigern entweder gar nicht oder zumindest nicht auf Deutsch zur Sprache kommen, z. B. „Und Gott segne Muhammad, den Hochgelobten, den Verkündeten, den Warner, den Verkünder“ (TXT16, PRD1, 2018-12-02, Absatz 1).

Ähnlich in Bezug auf die Verwendung von fachlichen Wortschatzeinheiten, jedoch unterschiedlich hinsichtlich der thematischen Kategorie drückt sich der Prediger 3 (PRD3) aus, der vorwiegend mit Wortschatzeinheiten im Themenfeld des islamischen Rechts auffällt. Er lässt die die Rechtsurteile betreffenden deutschsprachigen Begriffe, deren arabische Originalwörter er in den meisten Fällen auch ausspricht, für Predigtzuhörende empirisch nachvollziehbar und handlungsrelevant werden. Somit ist sein Wortgebrauch in den Predigten durch Konkretheit von fachsprachlich-religionspraktischen Wortschatzeinheiten wie z. B. *Zusatzgemisch, Unachtsamkeitsniederwerfungen, Auswringen, Verunreinigung* und *Vorsichtsmaßnahme* charakterisiert. Zum Teil generiert diese Terminologisierung Erstaunen bzw. Komik; kurz lachen die Zuhörenden wie aber auch der Sprecher selbst, sofern das neue Äquivalent auf eine lustige Weise fremd klingt.

Im Vergleich dazu weisen die Prediger 2 und 4 (PRD2, PRD4) eine eher allgemeinsprachliche Tendenz in ihrem Wortgebrauch auf. Exemplarisch gehören die Wortschatzeinheiten wie z. B. *Lügen, ungerecht, Unterdrückung, Geschwister, Frieden, Leben* und *Herz* zum Predigtwortschatz dieser zwei Sprachproduzenten. Ferner äußert sich der PRD4 explizit zu seiner Bevorzugung bis hin zum Aufruf zu allgemein-alltäglicher Sprache in deutschsprachigen Predigten der schiitischen Glaubensgemeinschaft. Den im Rahmen von „Tugenden" erläuterten Wortschatzeinheiten können zwar auch abstrakte Konzepte zugrunde liegen, sie zeichnen sich aber (im Gegenteil zur Rede über Gottes Wesen – Kategorie 1) durch ihre empirisch greifbaren Erfahrungen innerhalb von zwischenmenschlichen gesellschaftlichen Beziehungen aus.

Bezeichnen wir die Rede innerhalb der ersten Kategorie als religionssensible Sprache und die Rede innerhalb der vierten als Alltagssprache, so zeigen diese generell mehrere Gemeinsamkeiten und gleichzeitig erhebliche Unterschiede untereinander. Die empirisch und intersubjektiv verstehbare Alltagssprache wird entweder zur Basis für das Sprechen über das Ungreifbare oder wird selbst zum Thema. Der Rechtswissenschaftler B. Schlink vertritt eine These über die Aktualisierung der Glaubensinhalte und versucht das Spektrum der christlichen Predigtsprache – von ihrem theologischen Anspruch bis hin zu der Umwandlung der Predigtsprache in Alltagssprache – präzise zu beschreiben:

> Wird Glaube als individuelle Erfahrung von Heil, Gnade und Vergebung aktualisiert, geschieht es in der Sprache der Psychotherapie. Sie ist die Alltagssprache geworden, in der tiefe individuelle Erfahrungen wahrgenommen und beschrieben werden. [...] Es gibt die andere Möglichkeit, den Glauben nicht als individuelle Erfahrung zu aktualisieren, sondern in gesellschaftliche Sensibilität und gesellschaftliches Engagement zu übersetzen. Aber dann entsprechen die Resultate denen, zu denen sozialpolitische Sensibilität und sozialpolitisches Engagement auch sonst kommen. [...] Nicht daß dieses Moment der Beliebigkeit zu kritisieren wäre [...]. Aber zugleich weckt ihre gewisse Beliebigkeit die Sehnsucht nach einer Vermittlung des Glaubens, die nichts mit Psychotherapie und nichts mit Sozialpolitik zu tun hat, die unverwechselbar, unnachahmbar, ganz besonders, ganz eigen ist. (Schlink 2005: 354–355)

Schlink nimmt eine klare Position gegen die Behandlung von psychotherapeutischen sowie sozialpolitischen Themen in der Predigtsprache ein. Er plädiert stattdessen für eine eigene, von anderen differenzierbare religiöse Sprache. Im Sinne seiner Benennungen befinden sich im vorliegenden Predigtkorpus tatsächlich Wortschatzeinheiten für Auseinandersetzungen sowohl psychotherapeutischer als auch gesellschaftlich-politischer Natur. Für beides gilt eher die Verwendung von Allgemeinsprache und das entspricht der Tendenz bzw. Präferenz von Prediger 2 und 4.

Bei den Predigern 5 und 6 (PRD5, PRD6) kann eine dritte, eher fremdsprachliche Tendenz in ihren Predigten festgestellt werden. Der Anteil der arabischen Wortschatzeinheiten – häufig auch ohne deutschsprachige Übersetzung – fällt in ihren Predigten am größten aus. Trotzdem wird auch hier der Versuch bzw. die Aufmerksamkeit für die Äquivalenzfindung sichtbar, indem die öfters vorkommenden Verzögerungen vor dem Gebrauch einer arabischsprachigen Wortschatzeinheit während der Predigt besser nachvollziehbar werden (zu „Sprechend nach Worten suchen" s. Steger 1984). Die schiitischen Predigten außerhalb der vorliegenden Studie, die aktuell in Deutschland und in deutscher Sprache stattfinden, sind eher als zu dieser Gruppe von Predigten zugehörig einzuschätzen. Die islamische Predigt befindet sich in einer Übergangsphase vom fremdsprachigen Wortgebrauch bis zum einheitlich deutschsprachigen.

Jeder Prediger lässt unvermeidlich seinen eigenen Redestil in seine Predigt einfließen, unabhängig davon, inwiefern dies bewusst oder unbewusst geschieht. In der vorliegenden Untersuchung können unter einer langen Reihe von „Predigtstilen" (Adams 1991: 126) bestimmte Genres schiitischer deutschsprachiger Predigten repräsentieren. Wenn man exemplarische Wortschatzeinheiten aus dem Predigtkorpus in drei grobe Gruppen *Allgemeinsprache, Fremdsprache* und *Fachsprache* aufteilt, ordnen sich die sechs Prediger der vorliegenden Studie aufgrund ihrer abgehaltenen Predigten folgendermaßen in die jeweilige Gruppe ein:

Die Zuordnung der sechs Prediger jeweils in eine der drei genannten Gruppen (*Allgemeinsprache, Fremdsprache* und *Fachsprache*) ist unter Vorbehalt zu verstehen. Bei dieser Abbildung handelt es sich lediglich um eine generell erkennbare Tendenz jedes Predigers auf Basis der Mehrheit seiner verwendeten Wortschatzeinheiten. Unterschiedliche Anlässe, Orte, Zeiten und andere (kon-)textuelle Bedingungen einer Predigt[146] könnten Materialien zur Verfügung stellen, aufgrund dessen die oben dargestellte Positionierung geändert werden könnte bzw. müsste. Nicht nur dürften neue sprachlichen Produktionen die Prediger in differenzierten

146 Zu unterschiedlichen, kontextbedingten Umgangsformen mit (christlich-)religiöser Sprache anhand bestimmter Fallbeispiele s. van Noppen 2006: 62.

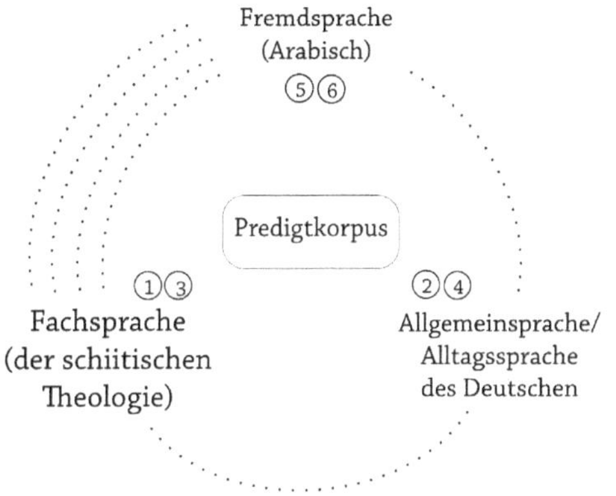

Abb. 17: Unterschiedliche Tendenzen der Prediger (1–6 nummeriert) zu Allgemein-, Fremd- oder Fachsprache.

sprachlichen Tendenzen in der Abb. 17 verorten, sondern die Präzisierung bzw. Miteinschließung neuer Dimensionen könnte das vorliegende Modell auch bereichern. Darauf aufbauend ist die Entwicklung einer „systematischen islamischen Predigtrhetorik" gegenwärtig sowie zukünftig als wünschenswert anzusehen.

Die Wortschatzeinheiten stehen in jeder schiitischen deutschsprachigen Predigt in der Regel in einem Wechselverhältnis zwischen Fach-, Fremd- und Allgemeinsprache. Aus den gestrichelten, zyklisch liegenden Linien zwischen diesen drei soll gerade dieser Austausch hervorgehen. Die Intensität des religionssprachlichen Austausches zwischen Fremdsprache und Fachsprache in der Abb. 17 deutet auf die häufige Äquivalenzsuche für originalarabischen Kernwortschatz und dementsprechend die Terminologisierung von Fachsprache hin – abgesehen davon, ob diese Suche schließlich zu einer Äquivalenzfindung (*Fachwort*) führt oder hingegen eine Äquivalenzlücke (*Fremdwort*) entsteht. Somit besteht die Sprache in der Predigtkommunikation zum einen aus arabischem Fremdwortschatz, der zum Teil mit entsprechendem theologischem sowie rechtsspezifischem Wortschatz des schiitischen Islam übersetzt wird. Eine solche Sammlung kann gut als ein besonderer Fachwortschatz des Deutschen in diesem Kontext bezeichnet werden. Zum anderen unterscheiden sich die in dieser Kommunikation verwendete Sprache und der Wortschatz nicht übermäßig von der deutschen Alltagssprache und weisen in einer isolierten Betrachtung des Wortschatzes viele Gemeinsamkeiten mit der Allgemeinsprache auf.

Diese Erkenntnis – Verortung der Prediger und ihres Sprachstils in der Abb. 17 – soll auf alle Fälle *beschreibend* verstanden werden. Aus dieser beschreibenden Erkenntnis erfolgt in der vorliegenden Arbeit keine präskriptive Vorgabe, die den einen oder den anderen Predigtstil bevorzugt bzw. als richtigen oder besseren empfiehlt (vgl. Kap. 1.7). Nichtdestotrotz wird die deutschsprachige schiitische Predigt im Hinblick auf die drei genannten Tendenzen zur Allgemeinsprache, Fremdsprache oder Fachsprache im nichtakademischen, sozial-kulturell-religiösen Umfeld manchmal durchaus klar bewertet. Im Folgenden wird ein Beispiel dafür dargestellt:

> Zu weit klafft die (deutsche) Sprache der Redner inzwischen von der Sprache der Jugendlichen auseinander [sic]. Einerseits nutzen die Redner zu viele Fremdwörter und Redewendungen, die dem einfachen Jugendlichen unbekannt sind. Andererseits fließen immer wieder arabische Ausdrücke mit ein, die den Vortrag zu einem Gemisch aus Arabisch und Deutsch verformen. Wer seinen Satz zum Beispiel damit beginnt, eine Fatwa zum Thema Chums aus einem Risala-Werk eines Mardschas zitieren zu wollen, hat, ohne es zu merken, die Hälfte seines Satzes auf Arabisch gesprochen. Hinzu kommt, dass die Vorträge in den Moscheen immer häufiger bestimmtes theologisches Wissen voraussetzen, über das der durchschnittliche muslimische Jugendliche nicht verfügen kann. (URL78)

Über solche nichtakademischen Evaluationen von unterschiedlichen Herangehensweisen der Prediger mit sprachrelevanten Aspekten des Predigens hinaus kommt dem Einfluss von unterschiedlichen Faktoren auf diese Predigtstile eine große Bedeutung zu. Tatsächlich entsteht ein begrenztes Sprachmaterial im Rahmen einer *intellektuellen Interaktion* (i. S.v. Collins 1998) in einer bestimmten Predigtsituation als individuelle „micro-action" eines Predigers. Unter dieser Annahme widmet Collins seine Aufmerksamkeit dem externen Einfluss von „macro-structure", die in diesem Kontext den einen oder den anderen Prediger als besser oder erfolgreicher dastehen lässt. Das Profitieren vom sogenannten *cultural capital* stellt er bspw. in den Vordergrund und erläutert:

> Whatever the mode of eminence, some individuals always have more access than others to the cultural capital out of which it is produced. This does not depend on the characteristics of individuals. The opportunity structure focuses attention on some portions of the field and leaves others in the shadows. Cultural capital is apportioned around an attention space; the more valuable CC is that which can be used most successfully in the next round of competition for attention. (Collins 1998: 38)

Es könnte im Interesse der islamischen Predigtlehre liegen, die Hintergründe herauszuarbeiten, warum welche Predigtstile erfolgreich die Zuneigung einer bestimmten Gruppe von Predigtzuhörenden gewinnen und andere nicht bzw. weniger. Beispielsweise durch Leitfaden orientierte Befragung im empirischen Forschungsfeld kann das Publikum der Predigten aufgerufen werden, sich über eigene Vorzugskriterien zu äußern.

Die Predigtzuhörenden sind ein wesentlicher Teil des gesamten Kommunikationsprozesses. Für Prediger als „intellectual attention seekers" (Collins 1998: 38) ist ebenso wichtig zu erfahren, „why would anyone listen to anyone else? What strategy will get the most listeners?“ (Collins 1998: 38).[147] Die darauffolgenden Ergebnisse können im Nachhinein eine Aktualisierung bis hin zur Umwandlung dieser religiösen Sprache und somit eine allmähliche Reduzierung fach- und fremdsprachlichen Predigtwortschatzes erfordern. Diese neue Prämisse wird dann wahrscheinlich ihre Befürworter sowie Gegner finden.

Es ergibt sich an dieser Stelle die Schlussfolgerung, dass die deutschsprachige schiitische Predigt in ihrem gegenwärtigen Zustand viel mehr an die Person des Predigers gebunden ist als es zu Beginn der Predigtanalyse zu vermuten war. Man sollte sich in Erinnerung rufen, warum einige Predigtanalysemethoden und -modelle direkt den Prediger im Blickfeld behalten, um erst auf diesem Wege die Predigten selbst zu erforschen. Die intensive Auseinandersetzung mit der Person des Predigers und seiner Persönlichkeit gibt Auskunft über seine sprachlichen und fachtheologischen Kompetenzen, wovon sich die pragmatischen und semantischen Eigenschaften der Predigt dann ableiten.

147 Als ein gutes Beispiel für die Relevanz von *rhetorical innovations* in der Predigtsprache des Islam (1970er Jahre – Ägypten) und die Kriterien für die Aufmerksamkeit der Zuhörenden, s. Hirschkind 2009: 11.

6 Schluss

Das vorliegende Dissertationsprojekt greift in bildungspolitischer Hinsicht ein heute in Deutschland brisantes Thema auf. An die *Sprachausbildung des religiösen Personals in den Moscheen und muslimischen Gemeinden Deutschlands* geht diese Arbeit mit einer linguistischen Problemstellung heran. Die verschiedenen Forschungsschritte beleuchten einschlägige Aspekte der deutschen Sprache im Kontext der islamischen Religion. Das Ziel der vorliegenden Studie lag darin, die deutschsprachigen schiitischen Predigttexte in ihrer Beziehung zum Kontext des Gesprochenen zu untersuchen. Die Predigtsprache kann letztlich zum größten Teil als „Fachsprache", wenn auch mit ganz eigenen Merkmalen aufgefasst werden.

Die Ergebnisse des empirischen Teils bestehen aus folgenden zwei Aspekten:

Das Miterlebte im Untersuchungsfeld ist zunächst im Hinblick auf bestimmte ausgewählte Gesichtspunkte der Fachsprachenforschung analysiert worden. Das aufgezeichnete Datenmaterial stellt darauffolgend ein transkribiertes Korpus von 16 in Präsenz gehaltenen Predigten dar, aus denen Wortschatzeinheiten ausgewählt wurden, die dann in Bezug auf ihre Semantik bzw. auf die zwischen ihnen bestehenden Bedeutungsrelationen kategorisiert und in Wortfelddarstellungen illustriert worden sind. In diesem letzten Kapitel werden die Ergebnisse der Arbeit in Kürze zusammengefasst (6.1.). All die hier erläuterten Ergebnisse müssen noch anhand von nachfolgenden Forschungen diskutiert werden. Darauf folgen daher diverse Perspektiven und Vorschläge, die zukünftig daran angeknüpft werden können (6.2.).

6.1 Ergebniszusammenfassung

Die Zusammenfassung der wichtigsten Ergebnisse dieser Arbeit widmet sich der Beantwortung der zu Anfang aufgeworfenen Fragestellungen (vgl. Kap. 1.4):

6.1.1 Prediger und Predigtzuhörende

Als Ansatzpunkt der Untersuchung und für die Beleuchtung des gesamten Kontextes basiert die Arbeit auf einer einigenden Definition. Demnach wird die Kommunikation zwischen Imam und Glaubensgemeinschaft bzw. Gemeindemitgliedern als eine asymmetrische Experten-Laien-Kommunikation im Fachbereich *Religion* verstanden. Imame fungieren als Hauptproduzenten der religiösen Sprache. Im schiitischen Islam verfügt der Gelehrte – mit der Bezeichnung *Imam* in der allgemeinen

https://doi.org/10.1515/9783111039138-006

Bedeutung des Begriffs – über das theologisch autorisierte Recht der selbständigen Rechtsfindung, wenn er zu gewissen Ausbildungs- und Qualifizierungsstufen fortgeschritten ist. Im Rahmen des durchaus wesentlichen linguistisch-philologischen Anteils des Rechtsfindungsprozesses entscheidet die jeweilige Schule der schiitischen Tradition, wie der eine oder andere Rechtsgelehrte mit der Sprache des Koran- und Überlieferungstextes umzugehen hat.

Der Bindepunkt zwischen den Rechtsfindungsprozessen (Expertenbereich) und der Lebenspraxis der Glaubensgemeinschaft (Laienbereich) entsteht durch Rechtsurteile, die in den Rechtswerken – immer mehr in digitaler Form – zur Verfügung gestellt werden. Somit lässt sich eine vertikale Hierarchie des theologischen Expertentums im schiitischen Islam vorstellen, auf deren höchster Ebene die sogenannten bestwissenden Rechtsgelehrten (arab. *marǧaʿ at-taqlīd*) und auf deren niedrigster die ihnen folgende (arab. *mukallaf*) Glaubensgemeinschaft verortet sind. Die Institutionalisierung des zwölferschiitischen Islam im politischen System der Islamischen Republik Iran hat ab der 1979er Revolution die zweitgrößte, interne Gruppierung des Islam fachtheologisch sowie religionspraktisch stark beeinflusst. Dies zeigt sich u. a. in der gegenwärtig hohen Stellung der persischen Sprache in der bis dahin hauptsächlich arabischsprachigen schiitischen Literatur. Die prägende Wirkung Irans zeigt sich aber auch in der Voll- oder Teilausbildung von schiitischen internationalen Gelehrten, u. a. deutscher Herkunft in *Ḥawza*-Lehrinstitutionen in der Stadt Qom. Die sprachlich relevanten Eigenschaften dieser deutschsprachigen Imame sind in vielerlei Hinsichten anders als die der nichtdeutschsprachigen Imame, die vom Ausland (Türkei, Bosnien, Iran, Marroko etc.) entsandt werden und in ihrer islamreligiösen Kommunikation üblicherweise (nur) ihre Herkunftssprache verwenden (können).

Zum einen wird häufig über die sprachliche Förderung des religiösen Personals in den Moscheen Deutschlands debattiert und dabei scheint die Durchführung *deutschsprachiger Predigten* weit oben in der Wunschliste der Bundesregierung und anderer gesellschaftspolitischer Akteure zu stehen. Bemerkenswerterweise formulieren beide Kommunikationsbeteiligten in einer Predigt (Experten und Laien) aufgrund von demographisch-sprachlichen Entwicklungen der letzten Jahre das Gleiche als ihr zentrales Anliegen und Interesse.

Zum anderen fehlt aber in allen bisherigen, zumeist staatlich geförderten Sprachschulungen, Programmen und Initiativen für die Lerngruppe Imame eine (fach- und berufs)sprachlich fundierte Grundlage bzw. hat dies bei den vergangenen gefehlt. Deswegen sind die deutschsprachigen (im Vergleich zu den nichtdeutschsprachigen) islamreligiösen Predigten bis heute immer noch in der Minderheit geblieben. Um dem Bedarf der Gemeinden nach deutschsprachigen Predigtangeboten nachzukommen, kann man inzwischen folgende Änderung in den Handlungsfeldern eines Imams feststellen:

Es gibt verschiedene Textsorten innerhalb der islamreligiösen (Berufs)Kommunikation eines Imams, die zum Teil auch auf Deutsch stattfinden. Unter den mündlichen Kommunikationsbereichen eines Imams (bspw. Leitung von Korankursen, Durchführung von religiöser Beratung, Seelsorge, Vorbeten etc.) zeichnet sich das Abhalten von Predigten durch höchste subjektive Sprachleistung aus. Deswegen wird häufig die Tätigkeit des Predigens einem Gelehrten überlassen, der über die theologischen Kompetenzen hinaus über die fachsprachlichen Qualifizierungen im Deutschen verfügt. Zumindest in den schiitischen Gemeinden Deutschlands werden diese Personen weder als *Imam*, noch als *Prediger* bezeichnet, sondern die Personennamen mit ehrenden Wörtern wie z. B. *Sayyid* (URL79), *Scheich* (URL80), *Bruder* etc. betitelt und die Predigt selbst *Kurzvortrag*, *Vortrag*, *Veranstaltung* oder *Rede* genannt. Diese Personen – in dieser Arbeit mit Begründung als *Prediger* bezeichnet – besitzen das Recht, die Aufgabe und zuletzt die nötigen Qualifikationen, deutschsprachige Predigten abzuhalten.

Sechs Charakteristika begründen den Fokus dieser Studie auf die Predigtpraxis:

Die Sprachproduktion in den Predigten ist verhältnismäßig lang, kontinuierlich und *monologisch*. Nicht nur das Medium, sondern auch das Konzept der Predigt erfolgt vorwiegend *mündlich*. Traditionell werden in den Predigten Themen *lebenspraktischer* Natur behandelt. In der Regel richten sich die Predigten kollektiv an *alle interessierten Zuhörenden*. Die *religiös fakultative Teilnahme* des Publikums daran ist nicht durch ihr Alter und Geschlecht, ihren Beruf, ihre Nationalität, ihren sozialen Stand etc. eingeschränkt. Durch die Covid19-Pandemie konnte sich das große *Aktualisierungspotenzial* der religiösen Praxis Predigt (sofortige Weiterführung in digitalem Format) mehr denn je beweisen.

Die oben genannten Charakteristika von Predigten verdeutlichen, dass speziell die praktische Ausbildung der Prediger zum Ziel erklärt werden sollte, wenn pauschal die Notwendigkeit der Imam-Ausbildung in Deutschland zur Diskussion gestellt wird. Auf dem Wege dieser Präzisierung verhilft eine horizontal-vertikale Gliederung der islamreligiösen Sprache in einer Predigtkommunikation zur späteren Ausbildung von Predigenden. Die fachspezifische Differenzierung anhand des Experten-Laien-Konzepts erklärt sich durch die Bestimmung einer der beiden Optionen: a) bei der Imam-Ausbildung handelt es sich zunächst um den Erwerb von theologisch-religiösen Kenntnissen oder b) im weiteren Schritte um eine Art Lehramt, wo die (angehenden) Predigenden als Expert*innen qualifiziert werden, die predigtrelevanten Inhalte der (Laien)Gemeinschaft zu übermitteln.

Mit den schiitischen deutschsprachigen Predigern haben die Gemeinden eine Reihe von traditionellen, bereits ab der Nachkriegszeit laufenden, nichtdeutschsprachigen Predigten hinter sich gelassen. Hierbei stellen die gedolmetschten Predigten eine Übergangsphase dar. Die Zahl der Predigtzuhörenden, die auf eine simultane Verdolmetschung (ins Deutsche) angewiesen sind, nimmt immer mehr zu. Deutschsprachige Prediger bringen somit ihre Zuhörenden durch das Deutsche zusammen. Es ist für sie ausgeschlossen, Zuhörende ohne Deutschkenntnisse zu erreichen. Ebenso verlieren die Imame, die (noch) keine deutschsprachigen Predigten veranstalten (können), Zuhörende mit Deutsch als Erstsprache. Als Bemerkung sei hinzugefügt, dass die vorliegende Studie keinem einzigen Prediger begegnet ist, der in zwei Sprachen gleich gut predigen kann oder will.

6.1.2 Predigt(gesamt)kontext

Nach dem *pragmalinguistischen Kontextmodell* versteht sich die Predigt vornehmlich als Textäußerung. Bestimmte ausgewählte Gesichtspunkte interdisziplinärer Natur (bspw. psychologische, soziologische und kommunikationswissenschaftliche) scheinen andere Aspekte zu überragen.

Gegenwärtig werden die deutschsprachigen schiitischen Predigten in der Regel von Predigern in verhältnismäßig jüngerem *Alter* abgehalten als die nicht-deutschsprachigen. Dementsprechend verteilen sich auch die daran beteiligten Personen: Zuhörende in den deutschsprachigen Predigtkommunikationen weisen oft einen niedrigeren und Zuhörende in den nicht-deutschsprachigen Predigtkommunikationen hingegen tendenziell einen höheren Altersdurchschnitt auf. Obwohl gelegentlich Predigten nur für Frauen und Mädchen durch Predigerinnen angeboten werden, ist das Predigen in seinem gegenwärtigen Stand definitiv *männlich* geprägt. Die gegenüberstehende Kommunikationsseite zeigt sich nicht nur im Hinblick auf ihr Geschlecht, sondern auch hinsichtlich weiterer Faktoren (wie z. B. Nationalität, Bildungsgrad, Religiosität, sozialer Schicht, Familienstand etc.) als überaus heterogen. Der Grad an Öffentlichkeit einer Predigt ist vor allem in den Großstädten Deutschlands hoch. Diese *öffentliche Reichweite* der Präsenzpredigt einerseits und ihre digitale Zugänglichkeit andererseits erschweren es, die tatsächliche Anzahl der Predigtzuhörenden einschätzen und sie als eine (feste) soziale Gruppe bezeichnen zu können. Trotz weitgehender Unbekanntheit zwischen den Kommunikationsteilnehmenden besteht ein hoher Grad an Vertrautheit.

Mehrere soziale Wertvorstellungen von Predigtteilnehmenden schlagen sich im Laufe dieser Praxis nieder und finden zum Teil auch explizit in den Predigten ihren Ausdruck. Der frontal gelegene Sitzplatz (*minbar*) gewährt dem Prediger einen visuellen Zugang zu beiden, geschlechtlich voneinander getrennten Räumlichkeiten. Während der fachliche Status des Predigers die Predigtkommunikation deutlich hierarchisiert, erzeugen gleichzeitig bestimmte religionsrituelle Codes – wie z. B. dass die meisten Predigtteilnehmenden sich anlässlich schiitischer Trauerfeiertage überwiegend in schwarz anziehen – eine starke Gruppenzugehörigkeit zwischen allen Kommunikationsteilnehmenden einer Predigt.

Die soziolinguistischen Aspekte der Predigtkommunikation schlagen sich im Sprachgebrauch nieder. Die in der Predigt allgemeinübliche *Wir*-Anrede, sich gegenseitig mit Vornamen rufen oder das immer häufiger verbreitete *Duzen* zwischen Prediger und Predigtzuhörenden zeigen sich zwar als neue Erscheinungsformen, deren Einflüsse auf diese bilaterale Beziehung unumstritten sind. Diese können jedoch (noch) keine überzeugende Argumentation dafür sein, die bestehenden langjährigen Asymmetrien in einer Predigt seien aufgegeben.

Das klassisch-monologische Predigtformat wird in der Mehrheit der gegenwärtigen Predigten weiter umgesetzt. Dennoch kommen in manchen Predigten bestimmte Zusatzelemente, wie die anschließende Diskussionsrunde (auch wenn es sich eher um *Fragen* handelt als um *Feedback*) oder der Medieneinsatz (z. B. Aufzeichnung der Tabelle für unterschiedliche Fälle der Gebetszweifel an der Tafel) hinzu. Aufgrund dessen nähert sich die Interaktionsform der Predigt eher einem mündlichen, per se religionsneutralen *Vortrag* oder ferner einem *Unterricht* an. Größere Änderungen sind zum Teil bei der Interaktionsform *Gespräch* zu beobachten. Diese Entwicklung lässt immer stärkere Zweifel an der Bezeichnung eines solchen Treffens im Moscheeraum als „Predigt" aufkommen. Die neuen Formen ändern jedoch kaum etwas an der feststellbaren Tatsache, dass die Predigten in allen Interaktionsformen jeweils einem klaren Aufbau folgen. Die Predigt hat einen charakteristischen Aufbau zu Anfang und Ende. Das deutet darauf hin, dass mindestens die übliche Zuschreibung der Eigenschaften *Kohäsion* und *Kohärenz* an schriftliche Textsorten neu überdacht werden sollte.

Die große Bandbreite der Predigtstile bzw. die starke Gewichtung des Predigers hinsichtlich Kohäsion und Kohärenz seiner eigenen sprachlichen Produktion spiegeln sich in der Konzeption der Predigt wider. Man kann von einer *medialen* und *konzeptionellen Mündlichkeit* der Predigten wie aber auch von einer Mündlichkeit wertschätzenden Einstellung ausgehen, auch wenn zahlreiche Predigtstellen mit Rezitation von Koran-, Überlieferungs- und Predigtsammlungstexten einhergehen und die konzeptionelle Mündlichkeit dieser Texte historisch und gegenwärtig nicht unbedingt als identisch verstanden werden sollten.

Im weiteren Verlauf der Arbeit haben bekannte kommunikativ-kognitive Funktionen der Fachsprache neue Erkenntnisse hinsichtlich der Predigtsprache ergeben. Darunter scheint die Predigt am meisten dem *Anonymität*spostulat entgegenzustehen. Gründe dafür gehen zum einen auf den theologischen Kenntnisbereich mit seiner starken Verflochtenheit mit der Zitierung von Personennamen zurück: Das essentielle Gütekriterium zur Verifizierung einer authentischen Überlieferung erlebt demnach u. a. in der Berücksichtigung ihrer „Überliefererkette" ihren Höhepunkt. Zum anderen und vielmehr gegenwartsbezogen stellen die Eigenschaften Anonymität und somit auch die *Objektivität* für die predigende Person, in deren Sprachproduktion offensichtlich subjektive kognitive Denkprozesse und Emotionen involviert sind, kein Qualitätskriterium dar.

Die *Verständlichkeit* der Predigtsprache erklärt sich im Hinblick auf zwei ihrer Charakteristika:

Erstens ihre Mehrsprachigkeit; die arabischsprachigen Teile einer deutschsprachigen Predigt – unabhängig davon, inwiefern sie den arabischen Sprachkenntnissen des Publikums entsprechen – soll im Verhältnis zu ihrer funktional wirkenden, islamreligiösen Assoziation verstanden werden. Der vorliegenden Studie liegt das Bewusstsein zugrunde, dass derzeit keine soziologisch-religionskulturellen Erkenntnisse vorliegen, die über das Verstehen der deutschsprachigen Rezipierenden berichten, wenn die Predigten außer Deutsch auch andere Sprachen (vornehmlich Arabisch) in unterschiedlichen Quantitäten beinhalten.

Zweitens befindet sich die Verständlichkeit der Predigtsprache in einem Dilemma. Auf der einen Seite gibt es Predigtstellen, die bewusst in einer verständlichen Sprache entweder allgemeine gesellschaftlich-gemeinschaftliche Themen behandeln und gelegentlich auch explizit ihr Verständlichkeitspostulat mit den Zuhörenden teilen. Oder es handelt sich um Rechtsfragen, die ebenfalls eine verständliche, möglichst konkrete Predigtsprache beanspruchen, wobei aber das Vorhandensein eines islamreligiösen Vorverständnisses seitens der Rezipierenden vorausgesetzt ist. Auf der anderen Seite hingegen fallen Predigtpassagen auf, die zwar nicht *miss*verständlich, doch bewusst unklar, uneindeutig und ambig zum Ausdruck gebracht werden. Dies betrifft eher abstrakte Dimensionen der religiösen Weltanschauung. Trotz des vermeintlich *un*verständlichen Sprachgebrauchs in diesen Predigtstellen wird die Effizienz der religiösen Kommunikation aufrechterhalten und deren Rezeption sinnvoll unterstützt, da der betreffende Kenntnisbereich, zu dem ein möglichst adäquater Bezug hergestellt werden soll, selbst an keine empirisch greifbare Wirklichkeit anschließen kann.

Die Merkmale *Exaktheit* und *Eindeutigkeit*, die traditionell für Fachsprachen galten, sind kaum mehr als Qualitätszeichen der Predigt zu betrachten. Die Relativierung dieser Merkmale im Predigtwortschatz darf jedoch nicht per se mit dem Gegenteil dessen gleichgesetzt werden. Immerhin bezweckt die Predigt eine möglichst optimale Verständigung über bestimmte Gegenstände und Sachverhalte, diese variiert indessen in unterschiedlichen Zusammenhängen.

Die drei fachsprachenlinguistischen Modelle spiegeln sich in den diversen Beispielen aus dem empirischen Kontext der Predigt wider. Der thematische Schwerpunkt entscheidet darüber, inwiefern der einschlägige Wortschatz Ansprüche auf diese Eigenschaften erhebt. Allen voran treten die lexikalischen Zeichen von den traditionell geltenden Verständlichkeits-, Exaktheits- und Eindeutigkeitspostulaten zurück, die in der Predigtkommunikation für die Beschreibung des Unbegreifbaren verwendet werden. Sie rufen bei den Zuhörenden kein einheitliches Verständnis hervor.

Bei der Beschreibung von Alltags- und Rechtsthemen hingegen werden gewisse Ansprüche auf diese (Güte)Eigenschaften erhoben. Bei letzteren können eventuell auftretende Missverständnisse durchaus Ineffektivität bzw. Ineffizienz der Predigtpassage zur Folge haben. Diese Einsicht ist im Rahmen des systemlinguistischen sowie pragmalinguistischen Modells zu verstehen. Das kognitionslinguistische Funktionsmodell sucht an Stelle des Exaktheits- und Eindeutigkeitspostulats in starkem Maße den Bezug zur linguistischen Vagheit sowie zu polysemen und synonymen Wörtern. Ein *kommunikatives Einverständnis über die bestehenden Mehrdeutigkeiten* kann eine interaktionsfördernde Alternative für die Predigtpraxis anbieten.

Das traditionelle Postulat nach *Eigentlichkeit* der fachsprachlichen Lexik ist im empirischen Feld der Predigten im Vergleich zu fachsprachlichen Kommunikationen in anderen Bereichen schwach ausgeprägt. Denn die Forderung dessen würde alle Formen der Bildhaftigkeit in der religiösen Kommunikation als „unpräzise" bzw. „problematisch" diskreditieren bzw. zu widerlegen versuchen. Das Eigentlichkeitsmerkmal relativiert sich stark im Predigtwortschatz und dies zeigt sich als notwendig für die Kommunikation. Allen voran häufen sich darin neben Metonymie und Differenzierung die *Metaphern* als typische Bedeutungsübertragungen an. Die sprachempirische Realität der Predigt steht damit dem salafistischen Gedankengut bezüglich des metaphorischen bzw. Metaphern zulassenden Textverständnisses gegenüber, was eine verhältnismäßig stärkere Eigenheit der schiitischen Interpretationstradition darstellt.

Die in den Predigten verwendeten Metaphern können in ihrer Intersubjektivität bzw. Subjektivität voneinander unterschieden werden:

Zum einen beruhen die *intersubjektiven* Metaphern auf arabischsprachigem Original, das in den Koran- und Überlieferungstexten erwähnt worden ist und in deutscher Sprache den gleichen Sinn wiedergibt. Ähnliches gilt für bildliche Darstellungen bspw. in den Redewendungen. Gelegentlich benötigt die Verwendung von bestimmten Metaphern eine zusätzliche, kontextuelle Erklärung über die historisch-kulturellen Zusammenhänge, um ihre Rezeption für die Gemeinde der Gegenwart zu ermöglichen. Die deutschen (wortwörtlichen) Übersetzungen dieser Art von Metaphern werden schnell standardisiert und entwickeln sich zu zentralen Elementen für die theoretisch-theologische Wortschatzentwicklung des deutschsprachigen Islam. Diese Metaphern sind bereits häufig in den Beiträgen der Online-Enzyklopädie aufgenommen worden (z. B. *Stamm* vs. *Zweige der Religion*). Übliche Metaphernbereiche aus anderen Textquellen, die immer wieder in unterschiedlichen Predigtstellen vorliegender Forschung auftreten, folgen den Modellen a) der Naturerscheinungen, b) der menschlichen Körperglieder, c) der zwischenmenschlichen Beziehungen und letztlich d) der alltäglichen Gegenstände. Intersubjektive

Metaphern bieten den schiitischen Predigern nicht nur Sprachmaterial bzw. Formulierungshilfe, sondern legitimieren generell weitere metaphorische Sprachproduktionen subjektiver Art im religiösen Text und Kontext.

Zum anderen geht es bei *subjektiven* Metaphern um Zunahme der Gesamtbedeutung der Wörter, die in der Predigt gestützt auf den individuellen kreativen Sprachstil des Predigers produziert werden. Die Metapher in der Predigt dient in vielen Fällen dem Bedürfnis nach bildhafter Ausdrucksweise, besitzt hohes Emotionspotenzial und führt praktisch zum kommunikativen Fortkommen der religiösen Rede. Die Prediger unterscheiden sich bezüglich der Verwendung verschiedener Formen der Bildhaftigkeit stark voneinander.

Die Behandlung von diversen fachsprachlichen Eigenheiten von Predigten zeigt, wie gut sich die in den Hauptwerken über Fachsprachenforschung erläuterten fachsprachlichen Merkmale auch in empirischen Zusammenhängen wiederfinden lassen. Allerdings werden zwar die darin diskutierten fachsprachlichen Eigenschaften zum großen Teil ihrem fachübergreifenden Anspruch gerecht (s. bspw. Roelcke 2020a), trotzdem könnte es bereichernd sein, hinsichtlich der angeführten Beispiele (v. a. in den Erläuterungen über Metaphorik oder Verständlichkeit) theologisch-religiöse Fachsprache sichtbarer miteinzuschließen.

6.1.3 Übergang vom Kontext zum Wortschatz: Äquivalenzfindung und übersetzungsrelevante Aspekte in den Predigten

Beim Übergang vom Predigtkontext zum -text und -wortschatz beschäftigt sich die Arbeit mit dem Vergleich von verschiedenen Strategien der Äquivalenzfindung und Terminologisierung der deutschsprachigen Predigtlexika. Man kann zwischen drei Gruppen des arabischen Sprachgebrauchs in den Predigten differenzieren: a) Entweder befinden sich in den Predigtstellen bestimmte Schlüsselbegriffe, oder b) direkte Zitate aus den Koran- und Überlieferungstexten oder c) feste Textmuster und Redeformeln.

Eine breite Reichweite von persönlichen, übersetzungsrelevanten, bewussten oder unbewussten Umgangsformen mit der ersten Gruppe (a) – *Schlüsselbegriffe* – und ihrem bilingualen Sprachgebrauch (Deutsch und Arabisch) unterscheidet die Prediger voneinander:

Es besteht ein *breiter Konsens über die deutsche Übersetzung*. Dieser Begriff wird in der Predigt solide und sicher ohne jegliche Erklärung im Satz erwähnt. Für die arabisch-deutsche Äquivalenzfindung und deren Hinterfragung sind nur begrenzte qualifizierte Gelehrtenkreise autorisiert. Ihren Übersetzungen der Schlüsselbegriffe in den Predigten kommt viel stärker individueller als institutioneller Charakter zu. Fehlt der Konsens über eine einheitliche Übersetzung bzw. steht der Prediger kritisch gegenüber einer bereits etablierten, allgemein geltenden Übersetzungsalternative, so bricht die Rede zugunsten einer sprachlichen Thematisierung bewusst ab. Die Äquivalenzfindung und -bildung werden selbst zum Gegenstand der Predigt und spiegeln die Fach- und Sprachkompetenz des Predigers wider. Häufig führt diese Umgangsform zu einem konkreten *Äquivalenzvorschlag* gemäß einer eigenen Überzeugung. Der Verzicht auf eine wortwörtliche Übersetzung und eine *Tendenz zur „sinngemäßen" Übersetzung* lässt sich in den Fällen beobachten, in denen die Kontinuität der Rede vom Prediger bevorzugt wird, um die Kohäsion der Kommunikation aufrechtzuerhalten. Die Herausforderung der Äquivalenzfindung in der Predigt mündet manchmal in Verzweiflung, bis hin zur *Nachfrage nach einer Entsprechung beim Publikum*. Der Prediger tritt hierbei aus seiner alleinigen Rolle als Sprachproduzent heraus und die Predigtzuhörenden gestalten den Predigtwortschatz aktiv, spontan und vor Ort mit.

Im Gegensatz zu den vier genannten Umgangsformen geht es manchmal um originalarabische Begriffsbenennung ohne deutsche Übersetzung, bei denen die *fehlende Äquivalenzfindung kurz begründet* wird. Hierbei steht die Annahme im Hintergrund, die Zuhörenden seien mit den Grundbegriffen des islamischen Wortschatzes auf Arabisch bekannt und vertraut – eine Übersetzung ins Deutsche sei „fachlich". Die Verifizierung dieses Anspruchs ist gerade dadurch erschwert, dass die Predigtzuhörenden zwar oft einen erheblichen Mangel an arabischen Sprachkenntnissen aufweisen, sich durch reguläre Teilnahme an den Predigten jedoch möglicherweise eine gewisse Sammlung des einschlägigen Kernwortschatzes angeeignet haben können. In bestimmten Predigtstellen *häufen sich die originalarabischen Schlüsselbegriffe an, ohne dass dem eine (rechtfertigende) Erläuterung folgt*. Es ist hier von einem größeren Anspruch seitens des Predigers hinsichtlich der Arabischkenntnisse der Zuhörenden auszugehen.

Ausgehend vom dringenden Bedarf deutschsprachiger Benennungen im Kontext der islamreligiösen Lexika tritt die zunächst deskriptive und dann präskriptive Aufgabe der wissenschaftlichen Disziplinen zur Terminologisierung des islamreligiösen Deutschen in den Vordergrund. Zwei Besonderheiten kennzeichnen die Terminologisierung innerhalb dieser (Fach)Sprache: Erstens steht zwar der deutschsprachige islamreligiöse Predigtwortschatz wie in anderen Fächern unter einem permanenten Erneuerungsdruck, der Spielraum für Entstehung, Erweiterung, Verwaltung und Eliminierung des Kernwortschatzes erfolgt jedoch so gut wie nie auf der Ebene des ursprünglichen textbasierten Arabischen, sondern stattdessen im Rahmen der Übersetzungsarbeit. Zweitens ist aufgrund der horizontalen Position unterschiedlicher Expertenkreise zueinander (Interpretationspluralität und -autorität unter den Predigern) eine vertikalisierende, vereinheitlichende Institutionalisierung wenigstens in naher Zukunft noch nicht vorhersehbar.

Im Hinblick auf die zweite Gruppe des arabischen Sprachgebrauchs in den Predigten ist festzuhalten: (b) Direkte *Zitate aus den Koran- und Überlieferungstexten* (inklusive der jeweiligen Verweise und Angaben) bringen alle ihre lexikalischen sowie syntaktischen Eigenheiten in die gegenwärtigen Predigten in deutscher Sprache mit. Bezugnehmend auf die gesprochene Predigtstelle werden diese arabischsprachigen Textstellen in kurzen Wortgruppen (re)zitiert und unmittelbar danach übersetzt. Somit kommt die Eigenschaft *Intertextualität* zum Ausdruck. Inwiefern die einzelnen Prediger die externen Textzitate wörtlich bzw. sinngemäß übersetzen, steht in keinem direkten Zusammenhang mit der kommunikativen Effizienz einer Predigt, denn allein das Aussprechen dieser Texte in ihrem arabischen Original zielt unter den glaubensbezogenen Aspekten auf spirituelle Wirkung, Segen und Gottes Belohnung ab und macht den großen Sinn und Zweck des gesamten Predigtgeschehens aus.

Wesentliche arabischsprachige Predigtteile machen standardisierte feste *Textmuster und (Rede)Formeln* (c) aus, deren Nutzung sich nicht nur auf die Predigt beschränkt, sondern die häufig in stereotypen Alltagssituationen unter den Menschen muslimischen Glaubens auf Arabisch verwendet werden. Bei einer Minderheit der Predigtstellen, die diese Textmuster in Begleitung deutscher Übersetzung verwenden, folgen Übersetzungen ebenso in fester (automatisch formulierter) Wortwahl; dazu gehören z. B. die Eröffnung im Namen Gottes (*bismillāhi ʹr-raḥmāni ʹr-raḥīm*), Dankbarkeit gegenüber Gott (*al-ḥamdu li-llāhi rabbi ʹl-ʿālamīn*), Begrüßung- und Abschiedsformeln (*as-salāmu ʿalaykum wa raḥmatu ʹllāhi wa barakātuh*), Friedensgruß an den Propheten und die Imame (*allāhumma ṣalli ʿalā Muḥammad wa āli Muḥammad* oder in seiner verkürzten Form *ʿalayhi ʹs-salām*). Einige dieser originalarabischen islamreligiösen Wörter bzw. Wortgruppen haben inzwischen auch ihren Weg in den Fundus des deutschsprachigen Vokabulars gefunden, wie dies am Beispiel der Aufnahme des Begriffs *in šāʾa ʹllāh* im Duden (*Inschallah*) ersichtlich wird.

6.1.4 Ergebnisse der semantischen Auswertung

Im Rahmen des vorliegenden Dissertationsprojektes werden religionsspezifische Wortschatzeinheiten in ausgewählten schiitischen Predigttexten deutscher Sprache unter fachsprachlichen und semantischen Aspekten analysiert, wobei die Wortbeschreibung mit besonderem Augenmerk auf die schiitische Theologie erfolgt. Zwar äußern sich die philosophisch-theologischen Traditionen des Schiitentums zu einer „Negativen Theologie" (arab. *ilāhiyāt as-salbī*), bei der jede Beschreibung von Gottes Eigenschaften mit dem Bewusstsein über die Unbegreiflichkeit seines Wesens erfolgen muss. Dennoch erreicht der Mensch die Gottesannäherung und -erkenntnis mittelbar durch zwei Vermittlerphänomene (benannt als die „Zwei Gewichtigen"; arab.

taqalayn). Im Hinblick auf diese theologische Grundlage kann man sich eine theologisch begründete Vertikalität vorstellen, aufgrund derer die semantische Differenzierung zwischen den predigtrelevanten Wortschatzeinheiten ermöglicht wird.

Zur Beschreibung der farbig markierten Wortschatzeinheiten wird in dem betreffenden Kapitel zunächst auf drei unterschiedliche Bedeutungsanteile – deskriptive, soziale und expressive (Löbners Modell) – zugegriffen. Demnach findet der exemplarisch erwähnte Ausdruck *Niederwerfung* folgendermaßen seine Beschreibung in der Online-Enzyklopädie: „eine Stellung des Ritualgebets". Die digitale Datenbank fungiert gegenwärtig wie ein Wörterbuch für die schiitische Theologie und Religionspraxis in deutscher Sprache. Als Referent für diesen Ausdruck – Körperposition – wird die Übereinstimmung mit den Fakten angestrebt, die als angenommen gelten. Um sich der *deskriptiven Bedeutung* der häufig aus dem Arabischen übersetzten Wortschatzeinheiten zu widmen, bevorzugt die Enzyklopädie von den potentiellen Wortarten die Substantive für den einschlägigen Beitrag.

Der *soziale Bedeutungsanteil* wird den Wortschatzeinheiten zugeschrieben, die zur Einhaltung von spezifischen sozialen Regeln in der Kommunikation dienen und größtenteils durch ritualisierte Mittel in unterschiedlichen Predigtsituationen kongruent zum Ausdruck gebracht werden, bspw. die islamreligiösen Begrüßungs- und Verabschiedungsforme(l)n oder der von allen Predigern gleichermaßen angeforderte Friedensgruß an den Propheten und die Imame, der mit konventionell vorgesehenen Formeln von den Predigtzuhörenden im Chor vollzogen wird. Der dritte, ebenfalls nichtdeskriptive Bedeutungsanteil betrifft die *expressive Bedeutung* von Wortschatzeinheiten wie z. B. das Adverb *so Gott will* (*in šāʾa ʾllāh*), dessen Verwendungskriterium seine Übereinstimmung mit den persönlichen Gefühlen (hier Hoffnung) des Predigers über die darauffolgende bzw. bereits ausgesprochene Aussage darstellt. Subjektive Einstellungen und Bewertungen des Predigers während der mündlichen Sprachproduktion zeigen sich zudem auch bei seiner Wortwahl zwischen den Begriffen mit unterschiedlichen Konnotationen. Die expressive Bedeutung der jeweiligen Begriffe offenbart in diesem Fall die hintergründig ausgedrückte Bewertung des Sprechers.

Die religionsspezifischen Wortschatzeinheiten in ausgewählten schiitischen Predigttexten deutscher Sprache stehen in diversen semantischen Bedeutungsrelationen zueinander. Anhand ihrer Analyse innerhalb von vier zentralen Themenfeldern wird ein umfassendes Bild von islamisch-mündlicher Kommunikation erstellt. Diese Themenfelder haben sich durch eine semantische Ordnung aller markierten Wortschatzeinheiten aus den Predigten entwickelt. Ungefähr darüber wurde in den 16 Predigten gesprochen.

Diese sind folgende: 1. Gott und Schöpfung, 2. Schrift und Rechtsfindung, 3. Propheten und Imame, 4. Glaubenspraxis und Rituale. Die Wortschatzausschnitte aus den Predigten sind zunächst in den semantischen Wortfeldern und dann in diese vier Hauptkategorien eingeordnet, jeweils in entsprechenden Textabschnitten beschrieben und graphisch gestaltet worden. Die aus der Wortschatzanalyse gewonnenen Ergebnisse lassen sich so auffassen:

– Für die Allgemeinsprache geltende semantische Relationen werden im Predigtkontext z. T. aufgehoben oder relativiert. Eklatante Beispiele finden sich in verschiedenen Relationen der Gegenordnung, indem Wortschatzeinheiten wie *anwesend/abwesend*, deren Bedeutungsgegenordnung sonst leicht als eine absolute bezeichnet werden kann, im Predigtkontext eine relative bis hin zu gar keiner Gegenordnung aufweisen. Oder zwischen anderen, ebenfalls absoluten Gegensatzpaaren wie *verboten/erlaubt* bestehen weitere semantische Einheiten (u. a. *empfohlen* und *verpönt*; s. WFD 4.4), die genau in dieser semantischen Relation für das zuhörende Publikum bekannt sind. Während man allgemeinsprachliche Begriffe hinsichtlich ihrer Relation weitgehend einheitlich zuordnen kann, lassen sich die Wortschatzeinheiten *Einzelgebet* vs. *Gemeinschaftsgebet* in einem Wortfeld und die Gegensatzpaare *Recht/Unrecht* bzw. *gerecht/ungerecht* aufgrund ihrer unterschiedlichen thematischen Behandlungen jeweils in unterschiedlichen Wortfeldern darstellen. Auch die Darstellung von polysemen Bedeutungsrelationen zeigt sich insofern herausfordernd, wenn außer den unterschiedlichen Bedeutungsvarianten eines Polysems durch mündliche Sprachproduktion des Predigers festgestellt wird, dass dieser ökonomisch einheitliche Wortgebrauch eigentlich als (spontane) Übersetzung für drei unterschiedliche arabischsprachige Wörter verwendet worden ist, die sich jeweils in unterschiedlichen Wortfeldern verorten.

– Weder die einzelnen Wortfelddarstellungen noch die vier Kategorien als zentrale Themenfelder sind abgeschlossen. Die äußeren Grenzen der Wortfelddarstellungen sind der Machbarkeit halber gesetzt. Nahezu alle Wortfelder zeigen sich semantisch bereit, neue predigtrelevante Wortschatzeinheiten aufzunehmen und somit ihren Umfang auszuweiten. Diese Eigenschaft verstärkt sich durch das Potenzial der deutschen Sprache für die Bildung von Determinativkomposita in der Predigtkommunikation, wie z. B. die Wortschatzeinheiten *Gebet* und *Mittagsgebet*. Dementsprechend können die vier Hauptkategorien mit insgesamt 18 Wortfelddarstellungen, die auf dem Basismaterial von nur 16 Predigten fußen, auf Basis neuer Materialien beliebig anwachsen. Die Darstellung einer solchen *Superstruktur* bzw. eines solchen *Gesamtkonstrukts* scheint nur in einem digitalen Format machbar zu sein und dennoch ist eine Erweiterung weiterhin möglich.

– Die vier zentralen Themenfelder beinhalten auffallend unterschiedliche Wortfelddarstellungen und Wortschatzeinheiten. Aus deren quantitativer Verteilung geht hervor, dass in den Predigten generell selten über Gott und die Schöpfung und dabei mit geringer Wortschöpfung gesprochen worden ist. Verlässt man diesen

Themenbereich, nimmt die Quote der terminologischen Bildung von neuen religionsspezifischen Wortschatzeinheiten seitens der Prediger zu. Über den Propheten des Islam und noch mehr über die 12 Imame wird eklatant häufig gesprochen, sodass ihre Eigennamen als Schlüsselwörter dieser Sprachproduktion gekennzeichnet werden können. So realisieren sich die herausragende Stellung der Rechtsschule und die religiöse Identität der in Deutschland lebenden Schiiten in der Verwendung von Wortschatzeinheiten in den Predigten. Die größte Anzahl von Wortschatzeinheiten sowie Wortfelddarstellungen gehört zum Bereich der Glaubenspraxis im Allgemeinen und zu den Rechtsurteilsthemen im Besonderen, in dem die Terminologisierung am dynamischsten verläuft.

– Auf der Basis der letztgenannten Erkenntnis zeigen sich die Wortschatzeinheiten aus dem Bereich der islamischen Rechtslehre als weitgehend *konkret*, da es sich hierbei um die Erläuterung von bestimmten Rechtsurteilen für deren Vollzug im diesseitigen Leben handelt. Dafür finden sich im Korantext zwar die Schlüsselbegriffe wie *Gebet* und *Wallfahrt*. Deren Konkretisierung in Form von lebenspraktischen Rechtsurteilen erfolgt jedoch erst durch Rechtsfindungsprozesse, z. B. Wörter wie *Rechtswerk, kleine Verborgenheit, vorsichtshalber Pflicht*. Hingegen finden die *abstrakten* Wortschatzeinheiten im Themenfeld über Gottes Wesen häufig ihren unmittelbaren Bezug zum Text und zur Sprache des Koran. Dabei gelten die Koran- und teilweise auch Überlieferungstexte als vereinheitlichende und inspirierende Vorgaben zum Sprachgebrauch in den Predigten; als Beispiele können die Wortschatzeinheiten *Zufriedenheit Gottes, Gnade, sieben Himmel und Erde, Buch Gottes* genannt werden.

– Ein Vergleich zwischen den typischen Wortschatzeinheiten aus jedem Themenfeld im Hinblick auf die Sprecher offenbart, dass man die sechs Prediger der vorliegenden Untersuchung jeweils einer von drei Tendenzen zuordnen kann: PRD1 und PRD3 tendieren in ihrem Sprachgebrauch eher zur *Fachsprache*. Religionsspezifische, häufig neu terminologisierte Wörter in deutscher Sprache werden am häufigsten von diesen zwei Personen verwendet. PRD2 und PRD4 weisen eine eher *allgemeinsprachliche* Orientierung auf. Dabei diskutiert der PRD2 überwiegend ethisch-moralische Fragestellungen und der PRD4 äußert sich sogar explizit gegen den fachlichen Sprachgebrauch und widmet sich den sozialpolitischen Themen. In den Predigten von PRD5 und PRD6 tritt am meisten arabische *Fremdsprache* auf. Diese drei Gruppen (Allgemein-, Fremd- und Fachsprache) stellen somit drei typische Predigtstile dar.

6.2 Ausblick

Sowohl an die auf empirische Erfahrungen basierenden Ergebnisse dieser Arbeit als auch im Hinblick auf den predigtrelevanten Wortschatzausschnitt schließen sich zahlreiche Zukunftsperspektiven an. Diese betreffen das wissenschaftliche Gebiet genauso wie das nichtwissenschaftliche Umfeld. Um diese Anknüpfungspunkte möglichst überschaubar vorstellen zu können, wird dieses Unterkapitel in drei verschiedene Teile unterteilt: Islamreligiöse deutsche (Fach)Sprachschulung zum Abhalten von Predigten (6.2.1), Islamische Predigtlehre als Teil der universitären praktischen Theologie (6.2.2) und zuletzt (angewandte) linguistische Anknüpfungspunkte (6.2.3).

6.2.1 Islamreligiöse deutsche (Fach)Sprachschulung zum Abhalten von Predigten

Die Impulsidee zur vorliegenden Arbeit entstand im Anschluss an die empirische Feststellung, für die Sprachausbildung der Imame in Deutschland fehle eine linguistische Fundierung. Die Verfasserin war sich der Tatsache bewusst, dass durch den Gebrauch der deutschen Sprache im religiösen Kontext des Islam ein größeres kommunikatives Verständnis innerhalb von entsprechenden Gesellschaftsgruppen wie über deren Grenzen hinweg hergestellt werden kann. Jede methodisch-didaktische Planung im Rahmen der islamreligiösen Sprachschulung sollte zunächst auf die vorbereitende Grundlagenforschung gestützt sein und die sprachliche Produktion in dieser deutschsprachigen Kommunikation wissenschaftlich zu beschreiben versuchen.

Die Schlussfolgerung der Arbeit richtet sich in einer zyklischen Bewegung zurück zur anfangs als vorrangiges Ziel definierten Sprachschulung von (angehenden) Imam*innen – speziell bei ihrer beruflich-religiösen Praxis des Predigens. Angesprochen sind Vorstandsmitglieder der Gemeinden und muslimischen Institutionen, bereits tätiges Gemeindepersonal, Zuständige des Goethe-Instituts für die Sprachschulung des religiösen Personals, die beteiligten Mitarbeitenden mit einem bestimmten Erfahrungswissen und aber vor allem auch Absolventinnen und Absolventen der universitären Studiengänge für islamische Theologie, die im Wege eines Praktikums oder einer Zusatzausbildung für die Ausübung der Tätigkeiten in den Gemeinden befähigt werden sollen.

Der vorgeschlagene Rahmen für einschlägige Fort- und Weiterbildungsangebote ist, die gewonnenen Erkenntnisse der Arbeit in verschiedene Programmbestandteile einzubinden. Wie in der Einleitung bereits angesprochen, soll dies mit besonderer Berücksichtigung des Frauenanteils erfolgen. Während Akca in ihrer

Arbeit die Rolle der religiösen *Nichtexpertinnen* bei der Generierung von islamreligiösem Wissen sichtbar macht (s. Akca 2020: 191–241), liegt es perspektivwechselnd im Interesse vorliegender Arbeit, dass ihre Ergebnisse eben von theologischen *Expertinnen* zur deutschsprachigen Wissensgenerierung umgesetzt werden.

Parallel zu dieser zukunftsorientierten Perspektive lohnt es sich, auch gegenwartsorientiert einen leichten Übergang vieler muslimischer Gemeinden von den herkunftssprachlichen Predigtprogrammen zu den immer mehr nachgefragten deutschsprachigen Programmen anzustreben. Momentan finden zahlreiche Predigten in nichtdeutscher Sprache mit begleitender Simultanübersetzung statt. Bei der Ausbildung zur Fachübersetzung sind fünf Kompetenzbereiche (allgemein- und fachsprachliche Kompetenz in Ausgangs- sowie Zielsprache und dazu noch eine entsprechende Fachkompetenz; s. Roelcke 2020a: 218) nachgefragt. Der persönlichen Erfahrung nach stoßen die gegenwärtigen Dolmetschenden häufig auf Äquivalenzfindungsprobleme. Für ihre (vornehmlich ehrenamtliche) Arbeitswelt können ihnen die aus dieser Arbeit resultierenden Wortfelddarstellungen als eine relevante Wortschatzsammlung zur Verfügung gestellt werden.

Diese thematisch angeordnete Wortschatzsammlung gilt als eine Art erste Vorlage für die islamreligiöse Sprache des Deutschen. Beträchtliche Teile einer schiitischen deutschsprachigen Predigt entsprechen der deutschen Allgemeinsprache der Gegenwart bzw. die Tendenz zu alltäglichem Wortgebrauch charakterisiert einen der bestehenden Predigtstile (vgl. Kap. 5.4.5). Aus dieser Erkenntnis heraus scheint das Deutsche als Erstsprache nicht mehr ein Muss für das Abhalten deutschsprachiger Predigten zu sein. Auch für Gelehrten nichtdeutscher Erstsprache wird sinnvollerweise die Möglichkeit nahegelegt, nach dem Abschluss von DaF-Kursen auf fortgeschrittenem Niveau in deutscher Allgemeinsprache berufsspezifische, exklusive Ergänzungskurse zu konzipieren, um das Deutsche zudem auch für spezifische Kommunikationskontexte (DaFF) zu erlernen. Hierbei kommt die Interaktion zwischen Gelehrten mit Deutsch als Fremdsprache und Gelehrten mit Deutsch als Erstsprache in den Gemeinden große Bedeutung zu.

Für eine praxisorientierte Reflexion spielt das Bewusstsein über eine höhere Wahrscheinlichkeit eine große Rolle, dass den schiitischen Gelehrten – im Vergleich zu den eher dezentralisierten, herkunftssprachlich getrennten sunnitischen Gelehrten – aufgrund ihrer mehrheitlichen Mitgliedschaft im Dachverband (IGS) gegenwärtig ein optimaler Zugang zu einer systematisierten Sprachförderung gewährleistet werden kann. Die stärker institutionalisierte Struktur der schiitischen Gemeinden in Deutschland verhindert eher einen konstruktiven, gemeinde- und gemeindevertreterfokussierten Umgang mit dieser Thematik. Dennoch kann man optimistisch sein, dass die derzeit oft von außen erlebte Verweigerungshaltung schiitischer Gemeinden gegenüber Initiativen (vgl. bspw. URL81) sich auslöst, sofern die künftig geplanten Sprachförderungsprogramme institutionell genehmigt und akzeptiert werden.

6.2.2 Islamische Predigtlehre als Teil der universitären praktischen Theologie

Aus den Ergebnissen des ersten empirischen Teils dieser Arbeit leiten sich zahlreiche Schwerpunkte im Rahmen von einschlägigen universitären Disziplinen wie Ethnographie, Soziologie, Religions- und Kommunikationswissenschaft ab. Die schiitische deutschsprachige Predigtpraxis wurde in dieser Arbeit lediglich unter ausgewählten Aspekten dieser Disziplinen in Betracht gezogen, die unmittelbar die Sprache der Predigt beeinflussen. Über diese linguistischen Grundbausteine hinaus bringt die Predigtkommunikation weitere, für die genannten Fächer relevante Untersuchungsgegenstände und Forschungsfragen mit sich.

Mehrere anschließende Studien können im Fachgebiet *Islamische Theologie* in Deutschland verortet sein. Nicht nur die islamtheologischen Curricula in bestehenden, bereits eingerichteten Lehrstühlen[148] lassen sich mit der Ausbildung einer predigtrelevanten Sprache bereichern, indem sie nach der Bedeutung des sprachempirischen Befunds der vorliegenden Studie für Theorie und Praxis islamischer deutschsprachiger Predigt suchen und diese interpretieren. Die Bedeutungserschließung des islamreligiösen Wortschatzes wird im Kontext der hermeneutischen Positionen erarbeitet werden können.

Des Weiteren kann sogar ein gesamter Studiengang – bspw. unter den Namen „Islamische Predigtlehre auf Deutsch“ – aufgebaut und bedarfsanalytisch entwickelt werden. Die primäre Adressierung eines solchen Studiengangs an Schiiten und zugleich der Ausgrenzung schiitischer Gelehrten aus Imamausbildungsprogrammen ein Ende zu setzen, wird durch empirische Beobachtungen dieser Arbeit sinnvoll. Die schiitischen deutschsprachigen Prediger werden zurzeit weder in den nicht-universitären Imamausbildungsinitiativen (bspw. *Islamkolleg Deutschland*) miteinbezogen, noch profitieren sie von den resultierenden Auswirkungen oder kommen überhaupt damit in Berührung. Die deutschlandweiten schiitischen Moscheen, Vereine und Einrichtungen weisen hinsichtlich ihrer Bedürfnisse und In-

---

148 Das Zentrum für Islamische Theologie (ZITH) in Tübingen, das Zentrum für Islamische Theologie (ZIT) in Münster, das Institut für Islamische Theologie (IIT) in Osnabrück, Das Zentrum für Islamische Studien (ZEFIS) in Frankfurt/Gießen, das Department Islamisch-religiöse Studien (DIRS) in Erlangen-Nürnberg. Neben diesen Zentren sind weitere islamische Lehrstühle an der Akademie der Weltreligionen (WAR) der Universität Hamburg, am Zentrum für Komparative Theologie Kulturwissenschaften (ZeKK) der Universität Paderborn und am Berliner Institut für Islamische Theologie an der Humboldt-Universität (BIT) entstanden.

teressen, insbesondere in der Szene des Predigthaltens eine gewisse Homogenität auf. So gut wie alle Prediger kennen sich gegenseitig und das, was sie als gemeindebezogene Herausforderung sowie Anforderung wahrnehmen, liegen sie durchaus nah beieinander, was die Verschiebung ihres Anliegens von Gemeinden auf universitäre und zentrale Plattformen rechtfertigt. Immerhin ist es vorstellbar, dass die Gründung eines solchen Studiengangs aufgrund aktueller Diskrepanzen zwischen den Bedürfnissen sunnitischer Gemeinden in Deutschland noch wenig realistisch bleibt.

Eine Grenzsetzung zwischen der Ausbildung von Religionslehrkräften, die sich für den Islamunterricht an Schulen eignet, gegenüber der Imam-Ausbildung, die sich hauptsächlich auf Basis von Predigten realisiert, ist hierbei lohnenswert. Das BIT erweist sich zum einen aufgrund seiner vordergründig interdisziplinären Agenda und zum anderen wegen der Einbindung der schiitischen Rechtsschule in die deutschsprachige islamische Theologie als gut geeignet.

Mit Blick auf die grundlegenden Erkenntnisse des linguistischen Schwerpunkts *Deutsch als Fach- und Berufssprache* lassen sich im Rahmen der Islamischen Predigtlehre eigene didaktische Analysen für die praktische Theologie des Islam entwickeln. In diesem Sinne sei die Förderung des akademischen Dialogs zwischen den Disziplinen islamische praktische Theologie und Deutsch als Fremd- und Fachsprache angeregt. Auch wenn die Organisierung eines solchen Dialogs zunächst auf relativ wenige Akteur*innen beschränkt bleibt, ist es trotzdem ein Ansatz.

6.2.3 (Angewandte) linguistische Anknüpfungspunkte

Im linguistischen Fachbereich können nach dem Beispiel dieses Projektes zukünftig andere kommunikative Sprachverwendungsbereiche unter der muslimischen deutschsprachigen Glaubensgemeinschaft – häufig in mehrsprachigen Konstellationen – *fachsemantisch* sowie *korpuslinguistisch* untersucht werden. Die empirische Bedeutungsforschung (u. a. Busse 2016 und 2015: 54) im Bereich des deutschsprachigen Islam scheint bspw. für alle weiteren semantischen Teile der Exegesen und Auslegungslehre sowie die Hermeneutik einschlägiger Texte grundlegend zu sein. „Semantische Kämpfe“ und „Wettbewerb“ um Erklärungshoheit und Gegenstandsspezifikation sowie die damit verknüpften sozialen Privilegien sind alltägliche Diskussionsthemen im Bereich der Wissenschaften (s. etwa Felder 2006, 2013; Konerding 2015: 78), die dann im Hinblick auf die sprachliche Interpretation von koranischen und überlieferten Texten untersucht werden können.

Es wird eine Studie vorgeschlagen, die die folgende Hypothese ausarbeitet: Das salafistische Verständnis der koranischen und überlieferten Texten vertrete die fachsprachliche Konzeption des systemlinguistischen Inventarmodells der 50er bis etwa 70er Jahre. Am Beispiel von sprachlichen, seinerzeit geltenden Güteeigenschaften von Fachwörtern (Roelcke 1991, 2020a: 92–105) könnte gezeigt werden, wie die Annahmen der traditionellen Fachsprachensemantik über das Exaktheits-, Eigentlichkeits- und Eindeutigkeitspostulat in der religionssprachlichen Kommunikation zu Extremismus führen. Das Gedankengut des islamreligiösen Extremismus kann aus der Perspektive eines traditionellen Fachsprachenmodells zu erklären sein.

Demgegenüber könnten andere, pragmalinguistische sowie kognitionslinguistische Perspektiven auf die islamreligiöse Sprachenforschung – im Grunde genommen – ein differenziertes Religionsverständnis nahelegen. Das salafistische Gedankengut lässt im weitesten Sinne keinen Raum für Assoziativität des menschlichen Denkens zu; erinnert sei an die kontroversen Positionen über den Metapherneinsatz in der Fachsprache (u. a. Ickler 1993: 94). „So sollte bewusst bleiben, dass die Ausdrücke Wissen und Wahrheit diskursgebundene deklarative Rahmen identifizieren, die – in einschlägigen kulturellen Traditionen und Diskursen funktional – selbst wieder kulturspezifische, symbolisch-verbale Modellierungen sind“ (Konerding 2015: 78).

Die intensive Beschäftigung mit Wortfeldern in dieser Arbeit hat zur systematischen Erfassung relevanter Wortschatzeinheiten geführt. Dies kann zu einer gewiss langjährig andauernden Entwicklung eines *islamreligiösen Lexikons in deutscher Sprache* einen enormen Beitrag leisten. Die Wortfelddarstellungen können der Beginn intensiver Wortschatzarbeit bzw. ein gut geeigneter Anfang für Wortschatzerweiterung in diesem Zusammenhang sein. Teile bestimmter Felder kann man durch Aufdecken der semantischen Relationen mit komplexen, funktional-semantischen und neuen Feldern ergänzen. Dabei eröffnen sich wiederum zahlreiche Forschungsschwerpunkte, u. a. die *Ambiguitätsfrage des Wortschatzes der islamischen Rechtslehre* oder die auftretenden Hindernisse bei der Normierung neuer Begriffe. Die Bedeutung einer Wortfeldstrukturierung als solche ist für die Theorie und Praxis des Erstellens eines Wörterbuchs unumstritten. Die systemlinguistisch orientierten Wortfelddarstellungen für den in der Predigtkommunikation relevanten Wortschatz dienen dazu, den derzeit fast ausschließlich alphabetisch geordneten Lexika eine eher thematisch orientierte Strukturierung zu verleihen. Die Erstellung von ein- und zweisprachigen (deutschsprachig, arabisch-deutsch und umgekehrt) Lexika des Gesamtbereichs islamischer Theologie, die nach Wortschatzbereichen geordnet sind, ist von zentraler Bedeutung für die islamreligiöse Kommunikation im Alltag, im Beruf und in der gesamten deutschsprachigen Öffentlichkeit.

Eine Ergänzung- und Bereicherungsidee zu dieser Arbeit, die aus organisatorischen und Graphikdesign betreffenden Gründen in diesem Rahmen unmöglich war und dennoch zur besseren Überschaubarkeit von Wortfelddarstellungen beitragen würde, besteht in der Benennung von arabischsprachigen Äquivalenten für jede Wortschatzeinheit in den Wortfelddarstellungen. Diese Ergänzung dient nicht nur zur Übersetzungshilfe. Angeregt sei vielmehr auch eine eigene Untersuchung arabisch- bzw. persischsprachiger Predigten, um anhand von deren Ergebnissen die (relative) Äquivalenz der Wortschätze prüfen zu können.

Darüber hinaus kann aufgrund des vorliegenden Predigtkorpus danach gefragt werden, inwiefern *rechtsschulspezifische Prägung bei der Predigtsprache* (hier schiitische) zu beobachten ist. Dazu empfiehlt sich die Erstellung eines neuen, empirisch erhobenen Predigtkorpus mit dem Zweck der kontrastiven Analyse, das hinsichtlich aller Variablen gleich wie das vorliegende ist, bis auf die Rechtsschule der Sprachproduzenten (bspw. Sunniten).

Ebenfalls aus einem semantischen Blickwinkel scheint die *Framesemantik* einen bemerkenswerten Theorierahmen für die Predigtwortschatzanalyse vorzulegen. Vorgeschlagen wird bspw. eine Studie über die unterschiedlichen stereotypischen bzw. prototypischen Denkmuster – mental aktivierte „Frames" – die der jeweilige, für diese Arbeit erhobene Predigtwortschatz bei bestimmten predigtzuhörenden Gruppen hinterlässt. In diesem Sinne spiegeln sich bei der Framesemantik bestimmte Vorstellungen während der Produktion und Rezeption von unterschiedlichen Predigtwörtern wider und bilden die entsprechende kommunikative Erwartungshaltung ab.

Auch wenn sich die Sprachproduzierenden genauso wie die Forschenden der einschlägigen Fächer für die Unterschiede zwischen der Fach- und Standardsprache wesentlich mehr im Wortschatzbereich interessieren, können die Ergebnisse der vorliegenden Forschung gute Ansatzpunkte für die anschließende Analyse von Besonderheiten der Predigtsprache im Bereich *Grammatik* zur Verfügung stellen, bspw. die flexions- und wortbildungsmorphologischen Besonderheiten. Die Tatsache, dass fachsprachliche Eigenschaften wie Objektivität und Anonymität bei der Predigtsprache in wesentlichem Umfang suspendiert, hingegen andere, die Grammatik betreffende Eigenschaften wie eine Großzahl an Komposita und Derivata (s. Roelcke 2020a: 117) in starkem Maße vorangetrieben werden, kann der fachübergreifenden Aufteilung neue Impulse innerfachsprachlicher Variation verleihen.

Im Rahmen von Fachtextlinguistik kann man z. B. unterschiedliche Textsorten wie ein religiöses Rechtsgutachten (arab. *fatwā*) oder bei den deutschsprachigen Schiiten ein weit verbreiteten Epos (arab. *laṭmīya*)[149] inhaltlich gliedern und jeweils die Textualitätsmerkmale bestimmen. Zu den Ergebnissen dieser Arbeit gehört eine predigerbezogene Differenzierung in Bezug auf die metaphorische Sprachverwendung in den Predigten. Aufgrund des persuasiven Charakters der Predigtrede und zudem aufgrund der hohen Bedeutung der Redekunst in allen islamischen Predigttraditionen können über die vornehmlich am Wortschatz orientierten Forschungen hinaus auch andere Bereiche erfasst werden:

Es lohnt sich, die in dieser Arbeit vorgestellten Predigtstile im Hinblick auf ihre *Rhetorik* in Betracht zu ziehen. Komparative und kontrastive Studien über die predigtrelevanten Metaphern sind empfehlenswert – bspw. kann der Frage nachgegangen werden, welche Gemeinsamkeiten und Unterschiede sich zwischen den kognitiven Konzepten eines metaphorischen Wortschatzes auf Arabisch/Persisch im Vergleich zum Deutschen ergeben. Die schiitischen deutschsprachigen Prediger vorliegender Studie sowie andere aktuell tätige und aber auch die zukünftig sich betätigenden Prediger in deutscher Sprache verfügen über ihre eigenen religionssprachlichen Kompetenzen und entwickeln häufig ihre eigenspezifischen Äquivalenzsysteme für den nötigen Wortschatz. Auch an die drei in dieser Arbeit festgestellten Predigtstile (allgemein-, fremd- und fachsprachliche Tendenzen) kann eine andere Studie mit der zentralen Frage angeschlossen werden, welchen dieser Predigtstile sich die Zuhörenden am liebsten anhören wollen. Welche Gruppen von Zuhörenden (differenziert in Kriterien wie Geschlecht, Alter, Gemeinde, Bildungsniveau etc.) welchen Stil wann und bei welchen Themen bevorzugen und worauf sich ihre Präferenzen gründen. Erst dadurch lässt sich der Appell von PRD4 bewerten, man solle für die „Allgemeinheit“ predigen und beim Predigen „Fachsprache“ vermeiden.

Die vorliegende Arbeit hat sich die Sensibilisierung dafür zum Ziel gesetzt, eine sprachliche Kernkompetenz (*linguistic competency*) hervorzuheben, wie dies von einem Londoner Religionspädagogen genannt wird (s. Wright 1993: 79). Unter diesem Begriff versteht er eine Kompetenz, die über das nötige (hier theologische) Wissen hinaus auch religiöse Urteilsfähigkeit zum kritisch-produktiven Umgang mit religiösen Wahrheitsansprüchen besitzt (s. Wright 1996: 175). So wie Stöberl (2007) eine empirische Untersuchung über Sprachgewohnheiten von Anwälten, Ärzten, Handwerkern und Ingenieuren durchgeführt hat, könnte eine ähnliche Untersuchung im Rahmen individueller Predigergewohnheiten spannend sein. Unter dem Schwerpunkt fachsprachliche *Pragmatik* schließen sich mehrere Diskussionen und Evaluationen im Rahmen der Predigtkommunikation zwischen

149 Das Epos ist eine Form der gesprochenen, geschriebenen oder gesungenen Dichtung, in der es um die Heldentaten oder Leidensgeschichten der Imame und ihrer Anhänger geht (vgl. URL82).

verschiedenen Predigern sowie zwischen ihnen und den Predigtzuhörenden hinsichtlich ihrer redebedingten Vermittlungen an.

Parallel zur Ergänzung der vorliegenden Arbeit durch eher *beschreibende* Studien kann man aus *fachsprachendidaktischem* Interesse an diese Praxis herangehen. Die Fachkommunikationsforschung stellt sich die zentrale Forschungsfrage – vergleichbar zur Entwicklung von optimierenden Ansätzen im Bereich der Ärzt*in/Patient*in- oder Verwaltung/Bürger*in-Kommunikation –, wie die Sprache der Predigt auf eine optimierende Art und Weise vermittelt werden kann (eher *präskriptive* Ausrichtung). Dieser Aufgabe haben sich bis jetzt vornehmlich die Vertretenden der Religionen (z. B. christlich sowie muslimisch) gewidmet und nicht die einschlägigen Forschungen angewandter Linguistik.[150]

Die Tätigkeiten der Imame werden intern – von ihnen selbst sowie von den Gemeindemitgliedern – fast nie als *Beruf* bezeichnet, da es im Kontext der spirituellen Verantwortung im Wege der Glaubenspraxis verstanden wird. Die aufgerufenen Konzepte hinter der Bezeichnung „Beruf", die deren Gebrauch für die Tätigkeiten des religiös-geistigen Personals in diesem soziokulturellen Milieu in Deutschland verhindern, können selbst eine relevante Studie ausmachen. Allerdings existiert die „Berufssprache als eigenes Kommunikationssystem wie die Alltags- oder Fachsprache, [...] nicht. Der Begriff der Berufssprache entsteht zunächst in einem unterrichtlichen Kontext und ergibt sich aus der Notwendigkeit einer beruflichen Qualifikation" (Roca und Bosch 2005: 80). Das ist der Grund, warum die Untersuchung der Predigtsprache in diesem speziellen Kommunikationsbereich dennoch extern größtenteils unter Deutsch für den Beruf angesiedelt werden kann.[151]

Zudem kann man das nachgefragte Konzept DaFF für muslimische Gelehrte als eine Art *Lehrkraftfortbildung* betrachten, bei der über die soliden Kenntnisse über die zu vermittelnden Inhalte hinaus Kenntnisse in relevanten Sprachen (Deutsch, Arabisch, Persisch etc.) insbesondere mit dem Fokus auf die sprachliche Fertigkeit „Sprechen" vorausgesetzt sind. Die predigtrelevanten Wortfelddarstellungen als ein wesentliches Ergebnis dieser Arbeit können im DaFF-Unterricht in Form von verschiedenen Übungstypen zunächst didaktisiert und dann effektiv eingesetzt werden, da die Gelehrten bereits die theologischen Konzepte hinter den Begriffen kennen. Für den methodischen Ansatz dieser Vertikalisierung könnte der Begriff „Theologie/Predigt-Transfer" eingeführt werden. Darunter ver-

150 Zur *Effizienz* und *Effektivität* fachsprachlicher Kommunikation s. Roelcke 2020a: 35–40; zum Wechsel von einer „deskriptiven zur präskriptiven Fachtextsortenlinguistik" s. Göpferich 2000; zur „Qualität" fachsprachlicher Kommunikation s. Antos und Weber 2005 und Göpferich und Engberg 2004.

151 Berufs- und fachbezogene Didaktik der deutschen Sprache; ausführlich dazu s. Efing 2014; Kiefer, Efing, Jung und Middeke 2013 und Roelcke 2016b.

steht man, einen theologisch-religiösen Fachtext wie auch eine Gruppe von thematisch nahgelegenen Rechtsurteilen zu einer Predigt umzuwandeln und dies im Unterricht zu üben.

Dabei kann es sinnvoll sein, den Unterricht auf konkrete *Aufgaben* und *simulierte Predigtsituationen* auszurichten, die den (angehenden) Gelehrten begegnen können. So gut wie beim allgemeinen Fremdsprachenunterricht kann von der Vorentlastung von Fachthemen gesprochen werden (s. u. a. Bimmel, Kast und Neuner 2011: 61, 73 und Brinitzer, Hantschel, Kroemer und Möller-Frorath u. a. 2013: 157). Die Aktivierung des Vorwissens erfolgt bspw. zunächst durch den Bildimpuls, den sogenannten Wortigel, das Assoziogramm usw. Durch die Wortfelddarstellungen treten eher die Aneignung des bestehenden Wortschatzes bzw. eine kritische Äquivalenzdebatte in den Vordergrund. Das letztere zeigt sich aufgrund des kreativen Umgangs der Lernenden mit der überlieferten, originalarabischen Sprache auf dem Boden eigener Zugänge zur deutschen Sprache als besonders wünschenswert. Die wortfeldorientierte Behandlung des Sprachsystems sollte dann im Zuge der Kommunikationsfähigkeit der Deutschlernenden weiterentwickelt werden, um eventuell zum Abbau von kommunikativen Barrieren in diesem Kontext beizutragen.

Sowohl im Erst- als auch im fremdsprachlichen Fachsprachenunterricht für islamische Gelehrte sollte die Individualisierung im Verlauf des Spracherwerbs mit dem Einsatz moderner Medien gefördert werden. Eines der Ergebnisse dieser empirischen Arbeit zeigt diesbezüglich, dass die schiitische deutschsprachige Predigt sich immer mehr an die Zuhörenden wendet, weswegen neue, vollkommen von der Predigttradition abweichende Interaktionsformen wie „Vortrag“ und „Unterricht“ (wegen Medieneinsatzes oder wegen inklusiver Frage-Antwort-Runde) ins Leben gerufen worden sind. Infolgedessen sind Studien über eine *Zuhörendenzentrierte muslimische Predigt* vorstellbar, bei denen der erhöhte Anteil der Predigtzuhörenden am gesamten Predigtgeschehen erforscht wird.

Obwohl die Forschungsergebnisse sich nicht ohne Weiteres auf andere Kontexte übertragen lassen, kann die Didaktik der Predigtsprache im Rahmen der *angewandten islamischen Theologie im Ausland* durch Folgeuntersuchungen erfolgen. Eine Ausbildung der (angehenden) schiitischen Gelehrten beispielsweise in der Stadt Qom (Iran) vergrößert die Reichweite der Ergebnisse dieser Arbeit.

In anderen, zumindest europäischen Sprachen außer Deutsch gibt es zwar auch Forschungen über Fachsprache allgemein – im Englischen unter *English for Specific Purposes* (ESP), im Spanischen unter *Español con Fines Específicos* (EFE) usw. – und die Fachsprache der Religion im Besonderen. Dabei geht es indessen fachübergreifend um akademisch-wissenschaftliche Zwecke.[152] Die fachliche Behandlung der Disziplin Theologie sowie ihrer Didaktik im Sinne von Praktischer Theologie scheint im Vergleich mit dem Deutschen als Fachsprache sowie deren Semantik und Didaktik noch weitgehende Desiderate aufzuweisen. Die Ergebnisse vorliegender Arbeit können bspw. neue Perspektiven auf das Spanische als religiöse mündliche Kommunikationssprache eröffnen, etwa auf die schiitischen Predigten, die in verhältnismäßig kleinen, lateinamerikanischen Gemeinden abgehalten werden. Denn wie die muslimische Predigtsprache in Deutschland stehen auch andere religiöse Gemeinschaften weltweit vor der Herausforderung, ihr religiöses Lexikon im Minderheitenkontext neu zu formulieren und zu normieren. Entsprechenden Forschungsarbeiten soll die vorliegende Studie als Anregung und Anstoß dienen.

152 *English for Academic Purposes* (EAP) im Sinne von English als allgemeiner Sprache im universitären Bereich; s. u. a. Basturkmen 2015. Für einige Literaturhinweise zum Spanischen s. u. a. URL83.

Literaturverzeichnis

Für die persischsprachigen Literaturangaben ist das Erscheinungsjahr kalendarisch umgestellt (vom Solarkalender zum gregorianischen Kalender) und kann daher ggf. in Nuancen abweichen.

Adams, Jay E. (1991): *Predigen: zielbewusst, anschaulich, überzeugend*. Gießen, Basel: Brunnen.

Ahrenholz, Bernt (2014): Lernersprachenanalyse. In: Settinieri, Julia, Sevilen Demirkaya, Alexis Feldmeier, Nazan Gültekin-Karakoç und Claudia Riemer (Hrsg.), *Empirische Forschungsmethoden für Deutsch als Fremd- und Zweitsprache. Eine Einführung*, S. 167–180. Paderborn: Schöningh.

Ahrens, Gerhard (1992): *Medizinisches und naturwissenschaftliches Latein*. Leipzig: Verlag Enzyklopädie.

Akca, Ayşe Almıla (2020): *Moscheeleben in Deutschland. Eine Ethnographie zu Islamischem Wissen, Tradition und religiöser Autorität*. Bielefeld: transcript.

ʿAlī ibn al-Ḥussayn Zayn al-ʿĀbidīn (ca. 700 n. Chr./2011): *Risālat al-Ḥuqūq* [dt. Sendschreiben über die Rechte; übers. von Pietsch, Roland]. Bremen: Eslamica.

Altmeyer, Stefan (2011): *Fremdsprache Religion. Sprachempirische Studien im Kontext religiöser Bildung*. Stuttgart: Kohlhammer.

ʿAmīd, Ḥassan (2010): *Farhang-e Fārsī-ye ʿAmīd* [dt. ʿAmīd-Enzyklopädie). Teheran: *Rāh-e rošd*-Verlag.

Amir-Moazami, Schirin (2016): Dämonisierung und Einverleibung: Die ›muslimische Frage‹ in Europa. In: do Mar Castro Varela, María und Paul Mecheril (Hrsg.), *Die Dämonisierung der Anderen. Rassismuskritik der Gegenwart*, 21–40. Bielefeld: transcript.

Amir-Moazami, Schirin (2018): Epistemologien der »muslimischen Frage« in Europa. In: Amir-Moazami, Schirin (Hrsg.), *Der inspizierte Muslim. Zur Politisierung der Islamforschung in Europa*, 91–124. Bielefeld: transcript.

Anṣārī Maḥallātī, Moḥammad Bāqer (2007): *Ġadīr dar amwāǧ* [dt. Ġadīr in den Wellen – FT], Bd. 2. Qom: *Dalīl-e mā*-Verlag.

Antos, Gerd und Tilo Weber (Hrsg.) (2005): *Transferqualität. Bedingungen und Voraussetzungen für Effektivität, Effizienz und Erfolg des Wissenstransfers* (Transferwissenschaften 4). Frankfurt a.M. u.a.: Peter Lang.

Arens, Edmund (2009): Religiöse Sprache und Rede von Gott. Sprechhandlungstheoretische und kommunikationstheoretische Überlegungen. In: Hoberg, Rudolf und Uwe Gerber (Hrsg.), *Sprache und Religion*, 41–60. Darmstadt: Wissenschaftliche Buchgesellschaft.

Arkoun, Mohammed (1982): Lectures du Coran. Paris: G.-P. Maisonneuve et Larose.

Arntz, Reiner, Heribert Picht und Klaus-Dirk Schmitz (2014): *Einführung in die Terminologiearbeit*. 7., vollständig überarbeitete und aktualisierte Aufl. Hildesheim u.a.: Olms.

Aslan, Ednan, Evrim Erşan Akkılıç und Jonas Kolb (2015): *Imame und Integration* (Wiener Beiträge zur Islamforschung). Wiesbaden: Springer.

Astley, Jeff (2004): *Exploring God-talk: Using language in religion* (Exploring faith, Theology for life). London: Darton, Longman and Todd.

Ayaß, Ruth (1997): *Das Wort zum Sonntag. Fallstudie einer kirchlichen Sendereihe*. Stuttgart u.a.: Kohlhammer.

Bakeman, Roger und John M. Gottman, (1994): *Observing interaction. An introduction to sequential analysis*. 2. Aufl. Cambridge: Cambridge University.

Bär, Jochen A., Thorsten Roelcke und Anja Steinhauer (Hrsg.) (2007): *Sprachliche Kürze. Konzeptuelle, strukturelle und pragmatische Aspekte* (Linguistik – Impulse & Tendenzen 27). Berlin, New York: de Gruyter.

Basturkmen, Helen (2015): *English for Akademic Purposes*. New York, London: Routledge.

https://doi.org/10.1515/9783111039138-007

Bauer, Thomas (2011): *Die Kultur der Ambiguität. Eine andere Geschichte des Islams*. Berlin: Verlag der Weltreligionen.
Baumann, Klaus-Dieter, Hartwig Kalverkämper und Kerstin Steinberg-Rahal (Hrsg.) (2000): *Sprachen im Beruf: Stand – Probleme – Perspektiven*. Tübingen: Narr.
Baumann, Klaus-Dieter (2004): Emotionen in der Fachkommunikation. Ein kommunikativ-kognitiver Untersuchungsansatz. In: Baumann, Klaus-Dieter und Hartwig Kalverkämpfer (Hrsg.), *Pluralität in der Fachsprachenforschung* (Forum für Fachsprachenforschung 67), 83–119. Tübingen: Narr.
Bayer, Klaus (2004): *Religiöse Sprache. Thesen zur Einführung*. Münster: LIT Verlag.
Bearman, Peri, Thierry Bianquis und C. Edmund Bosworth (2004): *Encyclopaedia of Islam. Volume XII.* New Edition. Leiden: Brill.
Becher, Ilse, Albert Lindner und Peter Schulze (1991): *Lateinisch-griechischer Wortschatz in der Medizin*. München: Urban & Fischer.
Becker, Andrea und Markus Hundt (1998): Die Fachsprache in der einzelsprachlichen Differenzierung. In: Hoffmann, Lothar, Hartwig Kalverkämper und Herbert Ernst Wiegand (Hrsg.), *Fachsprachen*. 1. Halbbd., 118–133. Berlin, Boston: de Gruyter.
Becker, Carl Heinrich (1906): Die Kanzel im Kultus des alten Islam. In: Bezold, Carl (Hrsg.), *Orientalische Studien. Bd. I. Theodor Nöldeke zum Siebzigsten Geburtstag*, 31–51. London: forgotten books.
Beneš, Eduard (1971): Fachtext, Fachstil, Fachsprache. In: *Sprache und Gesellschaft. Beiträge zur soziolinguistischen Beschreibung der deutschen Gegenwartssprache*, 118–132. Düsseldorf: Schwann.
Betz, Werner (1974): Lehnwörter und Lehnprägungen im Vor- und Frühdeutschen. In: Maurer, Friedrich und Heinz Rupp (Hrsg.), *Deutsche Wortgeschichte*. Bd. 1, 135–163. Berlin, Boston: de Gruyter.
Bimmel, Peter, Bernd Kast und Gerd Neuner (2011): *Deutschunterricht planen neu. Teilbereich Deutsch als Fremdsprache* (Fernstudienprojekt zur Fort- und Weiterbildung im Bereich Germanistik und Deutsch als Fremdsprache. Fernstudieneinheit 18.) Kassel, München: Langenscheidt.
Bitter, Gottfried (2005): Was soll werden? Marginale Wünsche an die Praktische Theologie. In: Nauer, Doris, Rainer Bucher und Franz Weber (Hrsg.), *Praktische Theologie. Bestandaufnahme und Zukunftsperspektiven. Ottmar Fuchs zum 60. Geburtstag* (Praktische Theologie heute 74), 33–43. Stuttgart: Kohlhammer.
Bobzin, Hartmut (2017): *Der Koran*. Überarbeitete Neuausgabe. Mit umfangreichen Erläuterungen. München: C.H. Beck.
Bohnsack, Ralf (2010): *Rekonstruktive Sozialforschung. Einführung in qualitative Methoden*. Stuttgart: UTB.
Bohren, Rudolf und Klaus-Peter Jörns (Hrsg.) (1989): *Die Predigtanalyse als Weg zur Predigt*. Tübingen: A. Franke.
Bohren, Rudolf (2000): Die Gemeinde predigt mit. In: Josuttis, Manfred, Heinz Schmidt und Stefan Scholpp (Hrsg.), *Auf dem Weg zu einer seelsorglichen Kirche. Theologische Bausteine, Christian Möller zum 60. Geburtstag*, 11–21. Göttingen: Vandenhoeck & Ruprecht.
Bortz, Jürgen und Nicola Döring (2006): *Forschungsmethoden und Evaluation für Human- und Sozialwissenschaftler*. 4., überarbeitete Aufl. Heidelberg: Springer Medizin.
Brede, Julia Ricart (2014): Beobachtung. In: Settinieri, Julia, Sevilen Demirkaya, Alexis Feldmeier, Nazan Gültekin-Karakoç und Claudia Riemer (Hrsg.), *Empirische Forschungsmethoden für Deutsch als Fremd- und Zweitsprache. Eine Einführung*, 137–146. Paderborn: Schöningh.
Brinitzer, Michaela, Hans-Jürgen Hantschel, Sandra Kroemer, Monika Möller-Frorath und Lourdes Ros (2013): *DaF unterrichten. Basiswissen Didaktik Deutsch als Fremd- und Zweitsprache*. Stuttgart: Klett.
Brussat, Frederic und Mary Ann Brussat (1996): *Spiritual literacy. Reading the sacred in every day life*. New York: Scribner.

Buber, Martin (2014): *Das Dialogische Prinzip*. Gütersloh: Gütersloher Verlagshaus.
Buhlmann, Rosemarie und Annelise Fearns (2000): *Handbuch des Fachsprachenunterrichts. Unter besonderer Berücksichtigung naturwissenschaftlich-technischer Fachsprachen*. Tübingen: Narr.
Buhlmann, Rosemarie und Anneliese Fearns (2018): *Handbuch des fach- und berufsbezogenen Deutschunterrichts – DaF, DaZ, CLIL* (Forum für Fachsprachen-Forschung 141). Berlin: Frank & Timme.
Buldt, Bernd (2008): Genus proximum. In: Mittelstraß, Jürgen (Hrsg.), *Enzyklopädie Philosophie und Wissenschaftstheorie*. 2. Aufl., Bd. 3. Stuttgart, Weimar: Metzler.
Busch, Reinhard und Gabriel Goltz (2011): Die Deutsche Islam Konferenz. Ein Übergangsformat für die Kommunikation zwischen Staat und Muslimen in Deutschland. In: Meyer, Hendrik und Klaus Schubert (Hrsg.), *Politik und Islam*, 29–46. Wiesbaden: VS Verlag.
Busse, Dietrich (2009): *Semantik*. Paderborn: Fink.
Busse, Dietrich (2012): *Frame-Semantik. Ein Kompendium*. Berlin, Boston: de Gruyter.
Busse, Dietrich (2015): Bedeutung. In: Felder, Ekkehard und Andreas Gardt (Hrsg.), *Handbuch Sprache und Wissen*, 34–56. Berlin, Boston: de Gruyter.
Busse, Dietrich (2016): Einführung: Kulturwissenschaftliche Orientierungen in der Sprachwissenschaft. In: Jäger, Ludwig, Werner Holly, Peter Krapp, Samuel Weber und Simone Heekeren (Hrsg.), *Sprache – Kultur – Kommunikation. Ein internationales Handbuch zu Linguistik als Kulturwissenschaft / Language – Culture – Communication. An International Handbook of Linguistics as a Cultural Discipline* (Handbücher zur Sprach- und Kommunikationswissenschaft 43), 645 –661. Berlin, Boston: de Gruyter.
Busse, Heribert (1988): Die Kanzel des Propheten im Paradiesesgarten. In: Havemann, Axel und Baber Johansen (Hrsg.), *Gegenwart als Geschichte. Islamwissenschaftliche Studien. Fritz Steppat zum 65. Geburtstag*, 99–111. Leiden: Brill.
Bußmann, Hadumod (Hrsg.) (2002): *Lexikon der Sprachwissenschaft*. 3., aktualisierte und erweiterte Aufl. Stuttgart: Kröner.
Calderini, Simonetta (2020): *Women as Imams. Classical Islamic Sources and Modern Debates in Leading Prayer*. London: I. B. Tauris & Company.
Caputo, John D. (2005): In Praise of Ambiguity. In: de Paulo, Craig J. N., Patrick Messina und Marc Stier (Hrsg.), *Ambiguity in the Western Mind*, 15–34. New York: Peter Lang.
Carol, Sarah und Lukas Hofheinz (2021): *Eine Inhaltsanalyse von Freitagspredigten der Türkischen Islamischen Union der Anstalt für Religion e.V.* Berlin: Wissenschaftszentrum Berlin für Sozialforschung (WZB).
Cekin, Ahmet (2004): *Stellung der Imame: eine vergleichende Rollenanalyse der Imame in der Türkei und in Deutschland*. Tübingen: Universität Tübingen.
Ceylan, Rauf (2008): *Islamische Religionspädagogik in Moscheen und Schulen. Ein sozialwissenschaftlicher Vergleich der Ausgangslage, Lehre und Ziele unter besonderer Berücksichtigung der Auswirkungen aus den Integrationsprozess der muslimischen Kinder und Jugendlichen in Deutschland*. Hamburg: Kovač.
Ceylan, Rauf (2010): *Die Prediger des Islam. Imame – wer sie sind und was sie wirklich wollen*. Freiburg i.Br.: Herder.
Ceylan, Rauf (2019): *Imamausbildung in Deutschland. Perspektiven aus Gemeinden und Theologie*. Frankfurt a.M.: Akademie für Islam in Wissenschaft und Gesellschaft (AIWG).
Chafe, Wallace L. (1982): Integration and involvement in speaking, writing, and oral literature. In: Tannen, Deborah F. (Hrsg.), *Spoken and written language: Exploring orality and literacy*, 35–53. Norwood: Ablex.
Cohen, David K., Stephen W. Raudenbush und Deborah Loewenberg Ball (2003): Resources, Instruction and Research. *Educational Evaluation and Policy Analysis* 25. 119–142.

Collins, Randall (1990): Stratification, Emotional Energy and the Transient Emotions. In: Kemper, Theodore (Hrsg.), *Research Agenda in the Sociology of Emotions*, 27–57. Albany: SUNY Press.

Collins, Randall (1998): *The Sociology of Philosophies. A Global Theory of Intellectual Change*. Cambridge: Belknap Press of Havard University.

Coseriu, Eugenio (1967/1974): Lexikalische Solidaritäten. In: Kallmeyer, Werner (Hrsg.), *Lektürekolleg zur Textlinguistik*. Bd. 2: *Reader*, 73–86. Frankfurt a.M.: Athenäum.

Coseriu, Eugenio (1995): Defensa de la Lexemática. Lo acertado y lo erróneo en las discusiones acerca de la semántica estructural en España. In: Hoinkes, Ulrich (Hrsg.), *Panorama der lexikalischen Semantik: thematische Festschrift aus Anlaß des 60. Geburtstags von Horst Geckeler*, 113–124. Tübingen: Narr.

Daum, Andreas W. (2006): Wissenschaftspopularisierung im 19. Jahrhundert. In: Faulstich, Peter (Hrsg.), *Öffentliche Wissenschaft. Neue Perspektiven der Vermittlung in der wissenschaftlichen Weiterbildung*, 33–50. Bielefeld: transcript.

Debatin, Bernhard (1995): *Die Rationalität der Metapher. Eine sprachphilosophische und kommunikationstheoretische Untersuchung* (Grundlagen der Kommunikation und Kognition). Berlin, New York: de Gruyter.

Dehḫodā ʿAlī Akbar, (1963): *Loġat-nāme Dehḫodā* [dt. Dehḫodā-Enzyklopädie – FT]. Bd. 30. Teheran: *Sāzmān-e modīrīyat wa barnāmerīzī-ye kešwar*.

Demirkaya, Sevilen (2014): Analyse qualitativer Daten. In: Settinieri, Julia, Sevilen Demirkaya, Alexis Feldmeier, Nazan Gültekin-Karakoç und Claudia Riemer (Hrsg.), *Empirische Forschungsmethoden für Deutsch als Fremd- und Zweitsprache. Eine Einführung*, 213–227. Paderborn: Schöningh.

DIN 2330 (2013): *Begriffe und Benennungen – Allgemeine Grundsätze*. Berlin: Beuth.

Dix, Carolin (2021): *Die Predigt im 21. Jahrhundert. Multimodale Analyse einer Kommunikativen Gattung* (Wissen, Kommunikation und Gesellschaft). Wiesbaden: Springer VS.

Doetsch, Holger (2006): Die perfekte Präsentation. In: Altendorfer, Otto und Ludwig Hilmer (Hrsg.), *Medienmanagement*. Bd. 4: *Gesellschaft – Moderation & Präsentation – Medientechnik*, 139–146. Wiesbaden: VS Verlag für Sozialwissenschaften.

Dresing, Thorsten und Thorsten Pehl (2015): *Praxisbuch Interview, Transkription & Analyse. Anleitungen und Regelsysteme für qualitativ Forschende*. 6. AufR. Marburg: Eigenverlag.

Dreßler, Markus (2019): Religion und religiöse Tradition: Unterscheidungsdiskurse zu den Grenzen des Islams. *Zeitschrift für Religionswissenschaft* 27 (1), 48–77.

Drewer, Petra (2003): *Die kognitive Metapher als Werkzeug des Denkens. Zur Rolle der Analogie bei der Gewinnung und Vermittlung wissenschaftlicher Erkenntnisse* (Forum für Fachsprachenforschung 62). Tübingen: Narr.

Dube, Christian (2004): *Religiöse Sprache in Reden Adolf Hitlers. Analysiert an Hand ausgewählter Reden aus den Jahren 1933–1945*. Norderstedt: Books on Demand Verlag.

Dürscheid, Christa (2016): *Einführung in die Schriftlinguistik*. 5., aktualisierte und korrigierte Aufl. (UTB 3740). Göttingen: Vandenhoeck & Ruprecht.

Efing, Christian (2014): Berufssprache & Co. Berufsrelevante Register in der Fremdsprache. Ein varietätenlinguistischer Zugang zum berufsbezogenen DaF-Unterricht. *Informationen Deutsch als Fremdsprache* 41 (4), 415–441.

Efing, Christian und Thorsten Roelcke (2021): *Semantik für Lehrkräfte: Linguistische Grundlagen und didaktische Impulse*. Tübingen: Narr Studienbücher.

Ehlich, Konrad (2006): Mehrsprachigkeit in der Wissenschaftskommunikation – Illusion oder Notwendigkeit? In: Ehlich, Konrad und Dorothee Heller (Hrsg.) *Die Wissenschaft und ihre Sprachen* (Linguistic Insights 52), 17–38. Frankfurt a.M. u.a.: Lang.

Eisenstadt, Michael und Mehdi Khalaji (2011): *Nuclear Fatwa. Religion and Politics in Iran's Proliferation Strategy*. Washington: Washington Institute for Near East Policy.
Ende, Werner (1984): Der schiitische Islam. In: Ende, Werner und Udo Steinbach, Udo (Hrsg.), *Der Islam in der Gegenwart*. 3. Aufl., 70–90. München: Beck.
Endreß, Gerhard (1997): *Der Islam. Eine Einführung in seine Geschichte*. München: Beck.
Engelberg, Stefan und Irene Rapp (2017): Lexikalische Dekomposition. In: Staffeldt, Sven und Jörg Hagemann (Hrsg.), *Lexikalische Analysen im Vergleich* (Semantiktheorien 1; Stauffenburg-Einführungen 32), 51–75. Tübingen: Stauffenburg.
Engelhardt, Jan Felix (2017): *Islamische Theologie im deutschen Wissenschaftssystem: Ausdifferenzierung und Selbstkonzeption einer neuen Wissenschaftsdisziplin*. Wiesbaden: Springer VS.
Engemann, Wilfried (2020): *Einführung in die Homiletik*. 3. Aufl. Tübingen: Narr Francke Attempto.
Eqbālī, Abbās und Mahwaš Ḥasanpūr (2016): *Negāhī sabk-šenāsāne be Ḫotbe Mottaqīn* [dt. Der stilistische Ansatz zur Mottaqīn-Predigt – FT]. Zeitschrift *Faslnāme Pažuhešnāme Nahǧ-ol-balāġe* 4 (14), 109–128. Hamadan: Abu Ali Sina-Universitätsverlag.
Erdmann, Karl Otto (1900): *Die Bedeutung des Wortes. Aufsätze aus dem Grenzgebiet der Sprachpsychologie und Logik*. Leipzig: Avenarius.
Esen, Muammer (2013): Imam. In: Heinzmann, Richard (Hrsg. im Auftrag der Eugen-Biser-Stiftung), *Lexikon des Dialogs*, Bd. 1, *Abendmahl – Kult*. Freiburg i.Br. u.a.: Herder.
Falsafī, Moḥammad Taqī (2015): *Soḫan wa Soḫanwarī* [dt. Die Rede und die Redekunst – FT]. 11 Aufl. Qom: *Farhang-e Eslāmī* Verlag.
Felber, Stefan (2013): *Kommunikative Bibelübersetzung. Eugene A. Nida und sein Modell der dynamischen Äquivalenz*. Stuttgart: Deutsche Bibelgesellschaft.
Felder, Ekkehard (Hrsg.) (2006): *Semantische Kämpfe. Macht und Sprache in den Wissenschaften*. Berlin, New York: de Gruyter.
Felder, Ekkehard (2009): Sprachliche Formationen des Wissens. Sachverhaltskonstitution zwischen Fachwelten, Textwelten und Varietäten. In: Felder, Ekkehard und Marcus Müller (Hrsg.), *Wissen durch Sprache. Theorie, Praxis und Erkenntnisinteresse des Forschungsnetzwerkes „Sprache und Wissen"*, 21–78. Berlin: de Gruyter.
Felder, Ekkehard und Andreas Gardt (2015): Sprache-Erkenntnis-Handeln. In: Felder, Ekkehard und Andreas Gardt (Hrsg.), *Handbuch Sprache und Wissen*, 3–33. Berlin, Boston: de Gruyter.
Fiehler, Reinhard, Birgit Barden, Mechthild Elstermann, Barbara Kraft (2004): *Eigenschaften gesprochener Sprache* (Studien zur deutschen Sprache 30). Tübingen: Narr.
Fillmore, Charles J. (1976): Frame semantics and the nature of language. In: Harnad, Steven R., Horst D. Steklis und Jane Lancaster (Hrsg.), *Origins and Evolution of Language and Speech*, 20–32. New York: The New York Academy of Sciences.
Fillmore, Charles J. (1977): Schemata and Prototypes. Lecture notes of a symposium held at Trier University. In: Dirven, René und Günter A. Radden (Hrsg.) (1987), *Fillmore's Case Grammar. A Reader*, 99–106. Heidelberg: Groos.
Fillmore, Charles J. (1982): Frame Semantics. In: The Linguistic Society of Korea (Hrsg.), *Linguistics in The Morning Calm*, 111–137. Seoul: Hanshin Publishing Corp.
Fleischer, Gerald (1989): *Dia-Vorträge: Planung, Gestaltung, Durchführung*. 2. Aufl. Stuttgart: Thieme.
Földes, Csaba und Thorsten Roelcke (Hrsg.) (2022): *Handbuch Mehrsprachigkeit* (Handbücher Sprachwissen 22). Berlin, Boston: de Gruyter.
Foucault, Michel (1991): *Die Ordnung des Diskurses. Mit einem Essay von Ralf Konersmann*. Frankfurt a.M.: Fischer Taschenbuchverlag GmbH.
Fraas, Claudia (1998): Lexikalisch-semantische Eigenschaften von Fachsprachen. In: Hoffmann, Lothar, Hartwig Kalverkämper und Herbert Ernst Wiegand (Hrsg.), *Fachsprachen/Languages for*

Special Purposes. Ein internationales Handbuch zur Fachsprachenforschung und Terminologiewissenschaft/An International Handbook of Special-Language and Terminology Research, 1. Halbband (Handbücher zur Sprach- und Kommunikationswissenschaft 14 (1)), 428–437. Berlin, New York: de Gruyter.

Frese, Hans-Ludwig (2002): *Den Islam ausleben. Konzepte authentischer Lebensführung junger türkischer Muslime in der Diaspora*. Bielefeld: transcript.

Fritz, Gerd (2006): *Historische Semantik*. 2., aktualualisierte Aufl. (Sammlung Metzler 313). Stuttgart, Weimar: Metzler.

Funk, Tobias (1991): *Sprache der Verkündigung in den Konfessionen. Tendenzen religiöser Sprache und konfessionsspezifische Varianten in deutschsprachigen Predigten der Gegenwart* (Europaische Hochschulschriften, Reihe I, Deutsche Sprache und Literatur 1245). Frankfurt a.M.: Peter Lang.

Gabka, Kurt (1967): *Theorien zur Darstellung eines Wortschatzes. Mit einer Kritik der Wortfeldtheorie*. Halle: Niemeyer.

Gansel, Christina (2017): Prototypensemantik und Stereotypensemantik. In: Staffeldt, Sven und Jörg Hagemann (Hrsg.), *Lexikalische Analysen im Vergleich* (Semantiktheorien 1; Stauffenburg-Einführungen 32), 77–95. Tübingen: Stauffenburg.

Gardt, Andreas (2003): *Geschichte der Sprachwissenschaft in Deutschland. Vom Mittelalter bis ins 20. Jahrhundert*. Berlin, New York: de Gruyter.

Gärtner, Stefan (2002a): Zwischen Schweigsamkeit und Sprachgewirr. Gottesrede in der Moderne. *International Journal of Practical Theology* 6 (1), 64–83.

Gärtner, Stefan (2002b): Identitätsbildung durch Glauben? Zur religiösen Kommunikation mit Kindern und Jugendlichen. *Religionspädagogische Beiträge* 48, 53–67.

Gärtner, Stefan (2009): *Zeit, Macht und Sprache. Pastoraltheologische Studien zu Grunddimensionen der Seelsorge*. Freiburg i.Br.: Herder Verlag.

Gebhardt, Winfried, Martin Engelbrecht und Christoph Bochinger (2005): Die Selbstermächtigung des religiösen Subjekts. Der „spirituelle Wanderer“ als Idealtypus spätmoderner Religiosität. *Zeitschrift für Religionswissenschaft* 13, 133–152.

Geckeler, Horst (1971): *Strukturelle Semantik und Wortfeldtheorie*. München: Fink.

Gerber, Uwe (2009): Religion und Sprache in theologischer Reflexion. In: Gerber, Uwe und Rudolf Hoberg (Hrsg.), *Sprache und Religion*, 13–24. Darmstadt: Wissenschaftliche Buchgesellschaft.

Gläser, Rosemarie (1990): *Fachtextsorten im Englischen* (Forum für Fachsprachen-Forschung 13). Tübingen: Narr.

Gleser, Christian (2002): Religiöse Orientierungen und Erziehungseinstellungen muslimischer Mütter. Ergebnisse einer Pilotstudie zu den Erziehungseinstellungen muslimischer Mütter. *Zeitschrift für Religions- und Geistesgeschichte* 54 (3), 244–257.

Gloning, Thomas (2002): Ausprägungen der Wortfeldtheorie. In: Cruse, D. Alan, Franz Hundsnurscher, Michael Job, und Peter Rolf Lutzeier (Hrsg.), *Lexikologie. Ein internationales Handbuch zur Natur und Struktur von Wörtern und Wortschätzen*. 1. Halbbd. (= HSK 21.1), 728–737. Berlin, New York: de Gruyter.

Göpferich, Susanne (2000): Von der deskriptiven zur präskriptiven (prospektiven) Fachtextsortenlinguistik. In: Baumann, Klaus-Dieter, Hartwig Kalverkämper und Kerstin Steinberg-Rahal (Hrsg.), *Sprachen im Beruf: Stand – Probleme – Perspektiven*, 83–103. Tübingen: Narr.

Göpferich, Susanne und Jan Engberg (Hrsg.) (2004): *Qualität fachsprachlicher Kommunikation* (Forum für Fachsprachen-Forschung 66). Tübingen: Narr Francke Attempto.

Görg, Manfred und Bernhard Lang (Hrsg.) (2001): *Neues Bibel-Lexikon*. Bd. 3, *O-Z*. Düsseldorf: Patmos Verlag.

Göttert, Karl-Heinz (2009): *Einführung in die Rhetorik: Grundbegriffe – Geschichte – Rezeption*. 4. Aufl. Stuttgart: UTB.

Gräb, Wilhelm (2013): *Predigtlehre. Über religiöse Rede*. Göttingen: Vandenhoeck & Ruprecht.

Grabner-Haider, Anton (1973): *Sprachanalyse und Religionspädagogik. Wissenschaftstheoretische und didaktische Überlegungen*. Einsiedeln: Benziger.

Grabner-Haider, Anton (1975): *Sprechen und Glauben. Ein sprachanalytischer Beitrag zur Theorie und Methode der Religionspädagogik*. Donauwörth: Auer.

Graf, Peter, Wolfgang G. Gibowski (Hrsg.) (2007): *Islamische Religionspädagogie. Etablierung eines neuen Faches: bildungs- und kulturpolitische Initiativen des Landes Niedersachsen*. Göttingen: V&R unipress.

Gleave, Robert und Eugenia Kermeli (Hrsg.) (2001): *Islamic Law. Theory and Practice*. New York: Bloomsbury.

Greule, Albrecht (2004): Gesangbuch und Kirchenlied im Textsortenspektrum des Frühneuhochdeutschen. In: Simmler, Franz (Hrsg.), *Textsortentypologien und Textallianzen von der Mitte des 15. bis zur Mitte des 16. Jahrhunderts*, 521–533. Berlin: Weidler.

Greule, Albrecht (2006) (Hrsg.): *Studien zu Sprache und Religion. Aktuelle Probleme der religiösen Kommunikation aus der Sicht Studierender* (Philologia 88/ Sprachwissenschaftliche Forschungsergebnisse). Hamburg: Kovač.

Grice, H. Paul (1993): Logik und Konversation. In: Meggle, Georg (Hrsg.): *Handlung, Kommunikation, Bedeutung* (Suhrkamp Taschenbuch Wissenschaft 1083), 243–265. Frankfurt a.M.: Suhrkamp.

Gries, Stefan (2010): Corpus linguistics and theoretical linguistics: a love-hate relationship? Not necessarily ... *International Journal of Corpus Linguistics* 15, 327–434.

Grözinger, Albrecht (2008): *Homiletik. Lehrbuch Praktische Theologie*. Bd. 2. Gütersloh: Güterloher Verlagshaus.

Grözinger, Albrecht (2009): Rhetorik und Stilistik in der Theologie. In: Fix, Ulla, Andreas Gardt und Joachim Knape (Hrsg.), *Rhetorik und Stilistik. Ein internationales Handbuch zeitgenössischer Forschung* 2. Halbbd. (Handbücher zur Sprach- und Kommunikationswissenschaft 31), 1798–1810. Berlin, New York: de Gruyter.

Gülich, Elisabeth (1981): Dialogkonstitution in institutionell geregelter Kommunikation. In: Schröder, Peter und Hugo Steger (Hrsg.): *Dialogforschung* (Jahrbuch 1980 des Instituts für deutsche Sprache), 418–456. Düsseldorf: Schwann.

Hadi, Abu und Fatima Özoguz (übers.) (2010): *Die Blätter der Niederwerfung (As-Sahifat-us-Sadschadiyya) Imam Zain-ul-Abidin (a.)*. Bremen: Eslamica.

Hagemann, Jörg (2017): Metapher und Metonymie. In: Staffeldt, Sven und Jörg Hagemann (Hrsg.), *Lexikalische Analysen im Vergleich* (Semantiktheorien 1; Stauffenburg-Einführungen 32), 231–262. Tübingen: Stauffenburg.

Hahn, Walther von (1983): *Fachkommunikation. Entwicklung, linguistische Konzepte, betriebliche Beispiele* (Sammlung Göschen, Bd. 2223). Berlin, New York: de Gruyter.

Haß, Ulrike und Petra Storjohann (2015): Wort und Wortschatz. In: Felder, Ekkehard und Andreas Gardt (Hrsg.), *Handbuch Sprache und Wissen*, 143–166. Berlin, Boston: de Gruyter.

Hauck, Friedrich und Gerhard Schwinge (2005): *Theologisches Fach- und Fremdwörterbuch*. 10. Aufl. Göttingen: Vandenhoeck & Ruprecht.

Haug, Sonja, Stephanie Müssig und Anja Stichs (2009): *Muslimisches Leben in Deutschland. Studie im Auftrag der Deutschen Islam Konferenz. Forschungsbericht 6 des Bundesamtes für Migration und Flüchtlinge (BAMF)*. Nürnberg: Bundesamt für Migration und Flüchtlinge.

Heather, Noel (2000): *Religious Language and Critical Discourse Analysis. Ideology and Identity in Christian Discourse Today*. Oxford: P. Lang.

Heckmann, Friedrich (1992): *Ethnische Minderheiten, Volk und Nation. Soziologie inter-ethnischer Beziehungen*. Stuttgart: Enke.

Heringer, Hans-Jürgen (1974): *Praktische Semantik*. Stuttgart: Klett.

Heringer, Hans-Jürgen, Günther Öhlschläger, Bruno Strecker und Rainer Wimmer (1977): *Einführung in die Praktische Semantik*. Heidelberg: UTB.

Heusinger, Siegfried (2004): *Die Lexik der deutschen Gegenwartssprache*. München: Fink.

Hirschkind, Charles (2009): *The Ethical Soundscape. Cassette Sermons and Islamic Counterpublics*. New York: Columbia University.

Hoberg, Rudolf (1970): *Die Lehre vom sprachlichen Feld. Ein Beitrag zu ihrer Geschichte, Methodik und Anwendung*. Bd. 11. Mannheim: Institut für Deutsche Sprache.

Hoberg, Rudolf und Uwe Gerber (2009) (Hrsg.): *Sprache und Religion*. Darmstadt: Wissenschaftliche Buchgesellschaft.

Hofstede, Geert (1993): *Interkulturelle Zusammenarbeit: Kulturen – Organisationen – Management*. Wiesbaden: Springer Fachmedien.

Hoffmann, Lothar (1988): *Vom Fachwort zum Fachtext. Beiträge zur Angewandten Linguistik* (Forum für Fachsprachen-Forschung 5). Tübingen: Narr.

Hoffmann, Lothar, Hartwig Kalverkämper und Herbert Ernst Wiegand (Hrsg.) (1998 1999): *Fachsprachen/Languages for Special Purposes. Ein internationales Handbuch zur Fachsprachenforschung und Terminologiewissenschaft/An International Handbook of Special-Language and Terminology Research*. 2 Halbbände (Handbücher zur Sprach- und Kommunikationswissenschaft 14 (1–2)). Berlin, New York: de Gruyter.

Ḫomeinī, Seyyed Ruḥollāh Mūsawī (2003): *Welāyat-e faqīh* [dt.Statthalterschaft des Rechtsgelehrten – FT]. Teheran: *Mo'assese tanzīm wa našr-e āṯār-e emām Ḫomeinī*.

Hunner-Kreisel, Christine und Sabine Andresen (Hrsg.) (2010): *Kindheit und Jugend in muslimischen Lebenswelten: Aufwachsen und Bildung in deutscher und internationaler Perspektive*. Wiesbaden: VS Verlag.

Hunze, Guido und Ulrich Feeser (2000): Von der Normativität zur Generativität des „Faktischen". Plädoyer für empirisch-kritische Denk- und Arbeitsweisen in der Theologie. *Religionspädagogische Beiträge* 45, 59–68.

Ickler, Theodor (1993): Zur Funktion der Metapher, besonders in Fachtexten. In: *Fachsprachen – Internationale Zeitschrift für Fachsprachenforschung, -didaktik und Terminologie* 15 (3–4), 96–110.

Işık, Tuba und Serdar Kurnaz (2015): Soteriologie „islamisch"? Replik auf Jürgen Werbick. In: von Stosch, Klaus und Aaron Langenfeld (Hrsg.): *Streitfall Erlösung* (Beiträge zur Komparativen Theologie 14), 233–242. Paderborn: Schöningh.

Īyāzī, Seyyed Moḥammad ʿAlī (2000): *Naqdī bar nazarīye goftārī būdan-e zabān-e qor'ān* [dt. Kritik der Theorie der Mündlichkeit der Koransprache – FT]. In: *Našrīye pažūhešhā-ye falsafī-kalāmī* [dt. Zeitschrift für philosophisch-kalām-Studien]. Nr. 4, 191–198. Qom: Universität Qom.

Īzadī, Ḥossein (2018): *Darāmadī bar maktab-e feqhī-ye Qom wa Naǧaf* [dt. Einführung in die Rechtsschule von Qom und Nadschaf – FT]. Qom: Ešrāq hekmat Verlag.

Jakob, Karlheinz (1991): *Maschine, Mentales Modell, Metapher. Studien zur Semantik und Geschichte der Techniksprache* (Reihe Germanistische Linguistik 123). Tübingen: Niemeyer.

Janner, Gerhard (2006): Einführung Sprache und Religion. In: Greule, Albrecht (Hrsg.): *Studien zu Sprache und Religion. Aktuelle Probleme der religiösen Kommunikation aus der Sicht Studierender* (Philologia 88/ Sprachwissenschaftliche Forschungsergebnisse), 9–12. Hamburg: Kovač.

Jastrow, Otto (1984): Ein islamischer Sprachraum? Islamische Idiome in den Sprachen muslimischer Völker. In: Ende, Werner und Udo Steinbach (Hrsg.), *Der Islam in der Gegenwart*. 3. Aufl., 582–589. München: Beck.

Jeffner, Anders (1972): *The study of religious language* (Library of philosophy & theology). London: SCM Press.
Kaempfert, Manfred (1972): Religiösität als linguistische Kategorie? Über einige allgemeine Eigenschaften religiöser Texte. *Linguistica Biblica* 17/18, 31–52.
Kaempfert, Manfred (1974): Lexikologie der religiösen Sprache. In: Fischer, Helmut (Hrsg.), *Sprachwissen für Theologen*, 62–81. Hamburg: Furche-Verlag.
Kaempfert, Manfred (1983): Einige Thesen zu einer vielleicht möglichen allgemeinen Theorie der religiösen Sprache. In: Kaempfert, Manfred (Hrsg.): *Probleme der religiösen Sprache*, 257–272. Darmstadt: Wissenschaftliche Buchgesellschaft.
Kalverkämper, Hartwig (1998): Rahmenbedingungen für die Fachkommunikation. In: Hoffmann, Lothar, Hartwig Kalverkämper und Herbert Ernst Wiegand (Hrsg.), *Fachsprachen/Languages for Special Purposes. Ein internationales Handbuch zur Fachsprachenforschung und Terminologiewissenschaft/An International Handbook of Special-Language and Terminology Research*, 1. Halbband (Handbücher zur Sprach- und Kommunikationswissenschaft 14 (1), 24–47. Berlin, New York: de Gruyter.
Kalwa, Nina (2013): *Das Konzept „Islam". Eine diskursanalytische Untersuchung*. Berlin, Boston: de Gruyter.
Kamp, Melanie (2006): Mehr als Vorbeter: Zur Herkunft und Rolle von Imamen in Moscheevereinigungen. In: Färber, Alexa und Riem Spielhaus (Hrsg.), *Islamisches Gemeindeleben in Berlin*, 40–46. Berlin: Der Beauftragte des Senats von Berlin für Integration und Migration.
Karakaşoğlu-Aydın, Yasemin und Ursula Boos-Nünning (2005): *Viele Welten leben: Zur Lebenssituation von Mädchen und jungen Frauen mit Migrationshintergrund.* Münster u.a.: Waxmann.
Kermani, Navid (2011): *Gott ist schön. Das ästhetische Erleben des Koran*. 4. Aufl. München: Beck.
Kiefer, Karl-Hubert (2013): *Kommunikative Kompetenzen im Berufsfeld der internationalen Steuerberatung: Möglichkeiten ihrer Vermittlung im fach- und berufsbezogenen Fremdsprachenunterricht unter Einsatz von Fallsimulationen*. Frankfurt a. M. u.a.: Lang.
Kiefer, Karl-Hubert, Christian Efing, Matthias Jung, und Annegret Middeke (2013): *Berufsfeld-Kommunikation: Deutsch* (Wissen – Kompetenz – Text, Bd. 7). Frankfurt a.M. u.a.: Lang.
Kim, Kyunghee (2018): Interferenzen der Kulturen und der Medien. In: Donat, Sebastian, Martin Fritz, Monika Raic und Martin Sexl (Hrsg.): *Interferenzen – Dimensionen und Phänomene der Überlagerung in Literatur und Theorie. Proceedings des Workshops, im Rahmen des 21. Kongresses der ICLA Wien 2016*, 219–228. Innsbruck: Universität Innsbruck.
Klein, Wassilios (1997): Propheten/Prophetie. Religionsgeschichtlich. *Theologische Realenzyklopädie* 27, 473–476.
Kluck, Nora (2014): *Der Wert der Vagheit* (Linguistics & Philosophy 5). Berlin, Boston: de Gruyter.
Koch, Peter und Wulf Oesterreicher (1985): Sprache der Nähe – Sprache der Distanz. Mündlichkeit und Schriftlichkeit im Spannungsfeld von Sprachtheorie und Sprachgeschichte. *Romanistisches Jahrbuch* 36, 15–43.
Konerding, Klaus-Peter (1993): *Frames und lexikalisches Bedeutungswissen: Untersuchungen zur linguistischen Grundlegung einer Frametheorie und zu ihrer Anwendung in der Lexikographie*. Tübingen: Niemeyer.
Konerding, Klaus-Peter (2015): Sprache und Wissen. In: Felder, Ekkehard und Andreas Gardt (Hrsg.), *Handbuch Sprache und Wissen*, 57–80. Berlin, Boston: de Gruyter.
Krämer, Gudrun (2005): *Geschichte des Islam*. München: Beck.
Krämer, Sybille (2006): *Sprache, Sprechakt, Kommunikation. Sprachtheoretische Position des 20. Jahrhunderts* (suhrkamp taschenbuch wissenschaft 1521). Frankfurt a.M.: Suhrkamp.

Kremer, Klaus (2008): Plotins negative Theologie. „Wir sagen, was Es nicht ist. Was Es aber ist, das sagen wir nicht.“ In: Schüßler, Werner (Hrsg.), *Wie lässt sich über Gott sprechen? Von der negativen Theologie Plotins bis zum religiösen Sprachspiel Wittgensteins*, 9–27. Darmstadt: Wissenschaftliche Buchgesellschaft.

Kuckartz, Udo, Thorsten Dresing, Stefan Rädiker und Claus Stefer (2008): *Qualitative Evaluation. Der Einstieg in die Praxis*. Wiesbaden: VS-Verlag.

Kuckartz, Udo (2012). *Qualitative Inhaltsanalyse. Methoden, Praxis, Computerunterstützung*. Weinheim: Beltz Juventa.

Kuhn, Thomas S. (1977): *The Essential Tension: Selected Studies in Scientific Tradition and Change*. Chicago: University of Chicago.

Kulainī, Muḥammad ibn Yaʿqūb (1987): *Kitāb al-Kāfī*. Bd. 1. Teheran: *Islāmiyye* Verlag.

Kurnaz, Serdar (2017): Zur Bedeutung des islamischen Rechts in der Moderne. In: Kurnaz, Serdar und Wolfram Weiße (Hrsg.), *Islamisches Recht zwischen Recht, Ethik und Theologie. Dokumentation einer öffentlichen Antrittsvorlesung* (Dokumentationsreihe der Akademie der Weltreligionen der Universität Hamburg 5). Münster, New York: Waxmann.

Kurnaz, Serdar (2019): Hadith. In: Hallermann, Heribert, Thomas Meckel, Michael Droege und Heinrich de Wall (Hrsg.), *Lexikon für Kirchen- und Religionsrecht*, Bd. 2. Paderborn: Schöningh.

Kurnaz, Serdar (2020): *Tradition und Fortschreibung bei Ibn Rušd. Eine rechtsschulübergreifende Analyse zu Kauf- und Tauschgeschäften im islamischen Recht* (Theologie, Bildung, Ethik und Recht des Islam 4). Baden-Baden: Nomos.

Kurz, Paul Konrad (2004) *Unsere Rede von Gott. Sprache und Religion* (Literatur-Medien-Religion 10). Münster: Lit Verlag.

Lakoff, George und Mark Johnson (1980): *Metaphors we live by*. Chicago: University of Chicago.

Langacker, Ronald. W. (1987): *Foundations of cognitive grammar: Theoretical Prerequisites*. Stanford, CA: Stanford University.

Langer, Inghard, Friedemann Schulz von Thun und Reinhard Tausch (1993): *Sich verständlich ausdrücken. Anleitungstexte, Unterrichtstexte, Vertragstexte, Amtstexte, Versicherungstexte, Wissenschaftstexte u.a.* 5. Aufl. München, Basel: Reinhardt.

Lasch, Alexander und Wolf-Andreas Liebert (2015): Sprache und Religion. In: Felder, Ekkehard und Andreas Gardt (Hrsg.), *Handbuch Sprache und Wissen*, 475–492. Berlin, Boston: de Gruyter.

Leimgruber, Stephan (1978): *Das Sprechen vom Geist. Religiöse Sprache und Erfahrung am Beispiel der Firmung* (Studien zur Praktischen Theologie 16). Zürich: Benziger.

Lemnitzer, Lothar und Heike Zinsmeister (2006): *Korpuslinguistik. Eine Einführung*. Tübingen: Narr.

Levine, Donald N. (1985): *The Flight from Ambiguity. Essays in Social and Cultural Theory*. Chicago, London: The University of Chicago.

Linell, Per (2009): Rethinking Language, Mind, and World Dialogically. Interactional and Contextual Theories of Human Sense-Making. Charlotte: Information Age Publ.

Linke, Angelika, Markus Nussbaumer und Paul R. Portmann (2004): *Studienbuch Linguistik*. 5. erweiterte Aufl. (Reihe Germanistische Linguistik. Band 121). Tübingen: Niemeyer.

Löbner, Sebastian (2003): *Semantik. Eine Einführung*. Berlin: de Gruyter.

Löffler, Heinrich (2010): *Germanistische Soziolinguistik*. 4. Aufl. Berlin: Erich Schmidt.

Luttermann, Karin (1996): *Gesprächsanalytisches Integrationsmodell am Beispiel der Strafgerichtsbarkeit* (Rechtslinguistik 1). Münster: Lit.

Lutz-Bachmann, Matthias (Hrsg.) (1994): *Und dennoch ist von Gott zu reden: Festschrift für Herbert Vorgrimler*. Freiburg i.Br.: Herder.

Lutzeier, Peter Rolf (1983): Wortfelder als Maßstab für Interpretationen am Beispiel des Feldes der Stimmungen im Deutschen. *Zeitschrift für Sprachwissenschaft* 2 (1), 45–71.

Lutzeier, Peter Rolf (1985): *Linguistische Semantik*. Stuttgart: Metzler.
Lutzeier, Peter Rolf (2002): Wort und Bedeutung. Grundzüge der lexikalischen Semantik. In: Dittmann, Jürgen und Claudia Schmidt (Hrsg.), *Über Wörter. Grundkurs Linguistik*, 33–58. Freiburg i.Br.: Rombach.
Maǧlesī, Moḥammad Bāqer (1983): *Mir'āt ul-ʿuqūl* [dt. Spiegel der Vernunft – FT]. Bearbeitete und korrigierte Version von Mahallātī, Hāšem Rasūlī. Teheran: Verlag *Dār-ul-kutub-ul-islāmiyya*.
Maienborn, Claudia (2017): Konzeptuelle Semantik. In: Staffeldt, Sven und Jörg Hagemann (Hrsg.), *Lexikalische Analysen im Vergleich* (Semantiktheorien 1; Stauffenburg-Einführungen 32), 151–188. Tübingen: Stauffenburg.
Makārem Šīrāzī, Nāṣer (2010): *Resāle tożīhol masā'el* [dt. Rechtswerk – FT]. 47. und wesentlich bearbeitete Aufl. (1. Aufl. 1994). Qom: Quds Verlag.
Malmström, Hans (2015): What is your darkness? An empirical study of interrogative practices in sermonic discourse. *International Journal of Practical Theology* 19 (2), 247–270.
Martin, David (2002): *Christian Language and Its Mutations. Essays in Sociological Understanding* (Theology and Religion in Interdisciplinary Perspective Series). London: Routledge.
Mayring, Philipp (2010): *Qualitative Inhaltsanalyse, Grundlagen und Techniken*. 1. Aufl. Weinheim: Beltz.
McAuliffe, Jane Dammen (Hrsg.) (2001–2006): *Encyclopaedia Of The Quran*. 5 Bände. Leiden: Brill.
McEnery, Tony, Richard Xiao und Yukio Tono (2006): *Corpus-based language studies. An advanced resource book*. London, New York: Routledge.
McNeill, David (1992). *Hand and mind: What gestures reveal about thought*. Chicago: University of Chicago.
Melzer, Friso (1951): *Der christliche Wortschatz der deutschen Sprache*. Lahr: Kaufmann.
Melzer, Friso (1990): *Das Wort in den Wörtern. Die deutsche Sprache im Dienste der Christus-Nachfolge. Ein theo-philologisches Wörterbuch (TVGMS)*, 2. Aufl. Gießen: Brunnen.
Michalak, Magdalena, Valerie Lemke und Marius Goeke (2015): *Sprache im Fachunterricht. Eine Einführung in Deutsch als Zweitsprache und sprachbewussten Unterricht* (Narr Studienbücher). Tübingen: Narr Francke Attempo.
Moʿīn, Moḥammad (2002): *Farhang-e Moʿīn* [dt. Moʿīn-Enzyklopädie]. Bd. 2 (reprint). Teheran: *Ketāb-e rāh-e no*.
Mohagheghi, Hamideh (2015): Erlösung aus Leid, Unheil und Sünde? Reflexionen aus muslimischer Perspektive. In: Stosch, Klaus von, und Aaron Langenfeld (Hrsg.), *Streitfall Erlösung* (Beiträge zur Komparativen Theologie 14), 195–206. Paderborn: Schöningh.
Moḥaqqeq, Moḥammad Bāqer (1993): *Asmā' wa ṣefāt-e elāhī dar qor'ān* [dt. Namen und Eigenschaften Gottes im Koran – FT]. Bd. I. Teheran: *Entešārāt-e eslāmī*.
Möhn, Dieter und Roland Pelka (1984): *Fachsprachen. Eine Einführung* (Germanistische Arbeitshefte 30). Tübingen: Niemeyer.
Morris, Charles W. (1972): *Grundlagen der Zeichentheorie. Ästhetik und Zeichentheorie*. Übersetzt von Roland Posner. München: Hanser.
Motzki, Harald (2014): *Wie glaubwürdig sind die Hadithe? Die klassische islamische Hadith-Kritik im Licht moderner Wissenschaft* (essentials). Wiesbaden: Springer VS.
Mukherjee, Joybrato (2009): *Anglistische Korpuslinguistik. Eine Einführung* (Grundlagen der Anglistik und Amerikanistik 33). Berlin: Schmidt.
Nadrī Abyāne, Ferešte (2005): *Wīžegīhā-ye ḫatābī-ye ḫoṭbe-ye Fadakīye* [dt. Sprachliche Merkmale der *Fadakīye*-Predigt – FT]. In: *Maǧalle-ye bānovān-e Šīʿe* 4, 133–164. Qom.
NaẓarīʿAlī Monfared, (2006): *Fann-e ḫatābe* [dt. Die Technik der Ansprache – FT]. Veröffentlichungen von *Ḥouze ʿelmīyye ḫwāharān's* Management Center. Qom: *Hāǧar*.

Nekounam, Jafar (2000): Spoken or written language of the Qur'an. In: *Našrīye pažūhešhā-ye falsafī-kalāmī* [dt. Zeitschrift für philosophisch-kalām-Studien – FT], 20–37. Qom: Universität Qom.

Neubert, Gunter (1989): Kurzgefasste Gegenüberstellung der Fachwortbildung im Englischen und Deutschen. Nachwort zu: Kucera, Antonin (1989), *Compact-Wörterbuch der exakten Naturwissenschaften und der Technik / The compact dictionary of exact science and technology*. Bd. I. English-German. 2. überarb. Aufl. Wiesbaden: Brandstetter.

Neuland, Eva und Peter Schlobinski (2015): Sprache in sozialen Gruppen. In: Felder, Ekkehard und Andreas Gardt (Hrsg.), *Handbuch Sprache und Wissen*, 291–313. Berlin, Boston: de Gruyter.

Nicol, Martin (2003): Lexikonartikel „Predigt. I. Allgemein." In: Betz, Hans Dieter (Hrsg.), *Religion in Geschichte und Gegenwart. Handwörterbuch für Theologie und Religionswissenschaft (RGG)*. 4. neu bearb. Aufl., Bd. 6. Tübingen: Mohr Siebeck.

Niehr, Thomas, Jörg Kilian und Jürgen Schiewe (Hrsg.) (2020): *Handbuch Sprachkritik*. Stuttgart: Metzler.

Ogden, Charles Kay und Ivor Armstrong Richards (1969): *The Meaning of Meaning: A Study of the Influence of Language upon Thought and of the Science of Symbolism*. 1. Aufl. London: Routledge & Kegan Paul.

Otto, Gert (1999): *Rhetorische Predigtlehre. Ein Grundriss*. Mainz: Matthias-Grünewald Verlag.

Özoguz, Fatima (übers.) (2007 u. 2009): *Nahdsch-ul-Balagha. Pfad der Eloquenz. Aussagen und Reden Imam Alis (a.). Gesammelt und zusammengestellt von Scharif Radhi Muhammad ibn Hussain*. Bd. I und II. Bremen: Eslamica.

Öztürk, Halit (2007): *Wege zur Integration: Lebenswelten muslimischer Jugendlicher in Deutschland*. Bielefeld: transcript.

Pafel, Jürgen und Ingo Reich (2016): *Einführung in die Semantik. Grundlagen, Analysen, Theorien*. Stuttgart: Metzler.

Panagl, Oswald (1991): Katholische Sprache. Eine sprachwissenschaftliche Annäherung. In: Donnenberg, Josef und Werner Reiss (Hrsg.), *Katholische Sprache zwischen Klischee, Propaganda und Prophetie. Versuche der Unterscheidung. Chancen der Erneuerung*, 19–52. Salzburg: Müller.

Paul, Ingwer (2009): Rhetorisch-stilistische Eigenschaften der Sprache von Religion und Kirche. In: Fix, Ulla, Andreas Gardt und Joachim Knape (Hrsg.), *Rhetorik und Stilistik. Ein internationales Handbuch zeitgenössischer Forschung. Rhetorik und Stilistik* (Handbücher zur Sprach- und Kommunikationswissenschaft, 31). 2. Halbbd., 2257–2274. Berlin, New York: de Gruyter.

Peier, Martin (2018): *gehört: Wirkungen der Rede am Beispiel der Predigt*. Zürich: Theologischer Verlag.

Peukert, Helmut (1977): Sprache und Freiheit. Sprache und Freiheit. Zur Pragmatik ethischer Rede. In: Kamphaus, Franz und Rolf Zerfass (Hrsg.), *Ethische Predigt und Alltagsverhalten* (Gesellschaft und Theologie, Abteilung Praxis der Kirche 25), 44–75. München: Grünewald.

Pew Forum on Religion & Public Life; Prognose des Pew Research Center (2011): *The Future of the Global Muslim Population. Projections 2010–2030*. Washington: Pew Research Center.

Pfefferkorn, Oliver (2005): *«Übung der Gottseligkeit»: Die Textsorten Predigt, Andacht und Gebet im deutschen Protestantismus des späten 16. und 17. Jahrhunderts* (Deutsche Sprachgeschichte, Texte und Untersuchungen 1). Frankfurt a.M.: Peter Lang.

Pfündel, Katrin, Anja Stichs und Kerstin Tanis (2021): *Muslimisches Leben in Deutschland 2020 – Studie im Auftrag der Deutschen Islam Konferenz* (Forschungsbericht, Bundesamt für Migration und Flüchtlinge 38). Nürnberg: Bundesamt für Migration und Flüchtlinge.

Pietsch, Roland (2016): Mit den Augen des Herzens sehen. Über die Symbolik der mystisch-metaphysischen Schau im Islam. *Blätter Abrahams. Beiträge zum interreligiösen Dialog* 16, 53–68.

Pietsch, Roland (2020): Die Weisheit der Erleuchtung. Über die Lichtmetaphysik von Šihāb ad-Dīn Yaḥya Suhrawardī und ihre weitreichenden Zusammenhänge. *Spektrum Iran – Zeitschrift für islamisch-iranische Kultur* 32 (2), 21–43.

Polenz, Peter von (2013): *Deutsche Sprachgeschichte vom Spätmittelalter bis zur Gegenwart*. Bd. 3, *19. und 20. Jahrhundert*. Berlin, Boston: de Gruyter.

Putnam, Hilary (2021): *Die Bedeutung von „Bedeutung"*. Hrsg. und übersetzt von Wolfgang Spohn. 4. Aufl. . Frankfurt a.M.: Klostermann.

Qomī, Qāżī Saʿīd (1983): *Kelīd-e behešt* [dt. Der Schlüssel des Paradieses – FT]. Eingeleitet und überarbeitet von Meškāt, Moḥammad. Teheran: *az-Zahrā*.

Qomī, Qāżī Saʿīd (1994): *Šarḥ-e touhīd-e Ṣadūq* [dt. Ausführung der Gottes Einheit aus der Sicht von *Sadūq* – FT]. Überarbeitet und korrigiert von Ḥabībī, Nağafqolī. Teheran: *Wezārat-e farhang wa eršād-e eslāmī*.

Rabbānī Golpāygānī, Alī (2013): *Darāmadī bar šīʿe šenāsī* [dt. Einführung in den Schiitentum – FT]. Qom: *Markaz-e beynolmelalī-ye tarğome wa našr-e al-Moṣṭafā*.

Rahner, Karl (1956): Priester und Dichter. In: Schriften zur Theologie. Zur Theologie des geistlichen Lebens. Bd 3. Einsiedeln: Benziger S. 349–375.

Rahner, Karl (1977): Die menschliche Sinnfrage vor dem absoluten Geheimnis Gottes. *Geist und Leben* 50 (6), 436–450.

Raible, Wolfgang (1981): Sem-Probleme oder: Gibt es semantische Merkmale? *Romanistisches Jahrbuch* 32, 27–40. Berlin, New York: de Gruyter.

Ritsert, Jürgen (1972): *Inhaltsanalyse und Ideologiekritik. Ein Versuch über kritische Sozialforschung*. Frankfurt a.M.: Athenäum.

Roca, Francisca und Gloria Bosch (2005): Deutsch für den Tourismus im Spannungsfeld zwischen Gemein-, Berufs- und Fachsprache. *Encuentro: revista de investigación e innovación en la clase de idiomas* 15, 79–85. Madrid: Universidad de Alcalá.

Roche, Jörg und Sandra Drumm (2018): *Berufs-, Fach- und Wissenschaftssprachen: Didaktische Grundlagen* (Kompendium DaF/DaZ, 8). Tübingen: Narr.

Roelcke Thorsten (1989): *Die Terminologie der Erkenntnisvermögen: Wörterbuch und lexikosemantische Untersuchung zu Kants „Kritik der reinen Vernunft"* (Reihe Germanistische Linguistik 95). Berlin: de Gruyter.

Roelcke, Thorsten (1991): Das Eindeutigkeitspostulat der lexikalischen Fachsprachensemantik. *Zeitschrift für germanistische Linguistik* 19, 194–208.

Roelcke, Thorsten (1992): Lexikalische Konversen. Definition und Klassifikation. *Zeitschrift für germanistische Linguistik* 20, 318–327.

Roelcke, Thorsten (2016a): Exaktheit – Eindeutigkeit – Eigentlichkeit. Zur semiotischen Explikation terminologischer Grundeigenschaften. *Zeitschrift für Semiotik* 38, 89–103.

Roelcke, Thorsten (2016b): Deutsch als fachliche Fremdsprache für Experten und Laien – eine Typologie. *Deutsch als Fremdsprache* 53, 214–222.

Roelcke, Thorsten (2017): Semiotisches Dreieck und semantische Relationen. In: Staffeldt, Sven und Jörg Hagemann (Hrsg.), *Lexikalische Analysen im Vergleich* (Semantiktheorien 1; Stauffenburg-Einführungen 32), 25–49. Tübingen: Stauffenburg.

Roelcke, Thorsten (2018a): Soziale Gruppen in der Fachkommunikation. In: Neuland, Eva und Peter Schlobinski (Hrsg.), *Handbuch Sprache in Gruppen* (Handbücher Sprachwissen 9), 455–472. Berlin, Boston: de Gruyter.

Roelcke, Thorsten (2018b): Technical Terminology. In: Humbley, John, Gerhard Budin und Christer Laurén (Hrsg.), *Languages for Special Purposes: An International Handbook*, 489–508. Berlin, Boston: de Gruyter Mouton.

Roelcke, Thorsten (2020a): *Fachsprachen*. Berlin: Schmidt.
Roelcke, Thorsten (2020b): Berufssprache und Berufliche Kommunikation – eine konzeptionelle Klärung. *Sprache im Beruf. Kommunikation in der Aus- und Weiterbildung – Forschung und Praxis* 3 (1), 3–17.
Rohe, Mathias (2016): *Der Islam in Deutschland. Eine Bestandsaufnahme*. München: Verlag Beck.
Rolf, Eckard (2005): *Metaphertheorien. Typologie, Darstellung, Bibliographie*. Berlin, New York: de Gruyter.
Rorty, Richard M. (1967): *The linguistic turn. Essays in philosophical method. With two retrospective essays*. Chicago: University of Chicago.
Rosch, Eleanor (1977): Human Categorization. In: Warren, Neil (Hrsg.): *Studies in Cross-Cultural Psychology*. Bd. 1, 1–49. London u.a.: Academic Press.
Rūdgar, Qanbar ʿAlī (2011): *Ḫoṭbe* [Predigt – FT]. In: Haddād Ādel, Gholām Alī (Hrsg.): *Dānešnāme-ye ǧahān-e eslām* [dt. Enzyklopädie der islamischen Welt – FT]. Bd. 15. Teheran: Islamic Encyclopedia Foundation.
Ruh, Ulrich (2007): Sprachen des Glaubens. *Herder Korrespondenz* 61 (6), 271–273.
Salmeyī, Masʿūd (2013): *Raweš-šenāsī-ye soḫanrānī-ye dīnī* [dt. Methodologie des religiösen Vortrags – FT]. Qom: Verlag *Moassese-ye āmūzešī wa pažūhešī-ye emām Ḫomeinī*.
Salmeyī, Masʿūd (2017): *Raweshā-ye ḫoṭbe-ḫwānī* [dt. Die Methoden der Predigtführung – FT]. Qom: *Zekrā*.
Salvador, Gregorio (1985): *Semántica y lexicología del español*. Madrid: Paraninfo.
Saussure, Ferdinand de (1972): *Cours de linguistique générale*. Hrsg. von Tullio de Mauro. Paris: Payot.
Scherer, Carmen (2006): *Korpuslinguistik* (Kurze Einführungen in die germanistische Linguistik 2). Heidelberg: Winter.
Schippan, Thea (1972): *Einführung in die Semasiologie*. Berlin: Bibliographisches Institut.
Schippan, Thea (1992): *Lexikologie der deutschen Gegenwartssprache*. Tübingen: Niemeyer.
Schleiff, Ute (2005): *Religion in anderer Sprache. Entstehung, Bewahrung und Funktion religiös bedingter Diglossie*. Berlin: Logos.
Schlink, Bernhard (2005): *Vergewisserungen. Über Politik, Recht, Schreiben und Glauben*. Zürich: Diogenes.
Schmid, Hansjörg (2007): Auf dem Weg zum Integrationslotsen? Das Rollenverständnis der Imame in Deutschland ändert sich. *Herder Korrespondenz* 61, 25–30.
Schiewe, Jürgen, Thomas Niehr und Sandro M. Moraldo (Hrsg.) (2019): *Sprach(kritik)kompetenz als Mittel demokratischer Willensbildung. Sprachliche In- und Exklusionsstrategien als gesellschaftliche Herausforderung* (Greifswalder Beiträge zur Linguistik). Bremen: Hempen.
Schmelter, Lars (2014): Gütekriterien. In: Settinieri, Julia, Sevilen Demirkaya, Alexis Feldmeier, Nazan Gültekin-Karakoç und Claudia Riemer (Hrsg.), *Empirische Forschungsmethoden für Deutsch als Fremd- und Zweitsprache. Eine Einführung*, 33–45. Paderborn: Schöningh.
Schmitz, Sabine und Tuba Işık (Hrsg.) (2015): *Muslimische Identitäten in Europa. Dispositive im gesellschaftlichen Wandel*. Bielefeld: transcript.
Scholz, Jan, Udo Simon und Max Stille (2021): Zur islamischen Homiletik. In: Meyer-Blanck, Michael (Hrsg.), *Handbuch homiletische Rhetorik*, 621–656. Berlin, Boston: De Gruyter.
Schönherr, Beatrix (1997): *Syntax – Prosodie – nonverbale Kommunikation. Empirische Untersuchungen zur Interaktion sprachlicher und parasprachlicher Ausdrucksmittel im Gespräch* (Reihe Germanistische Linguistik 182). Tübingen: Niemeyer.
Schreiber, Constantin (2017): *Inside Islam. Was in Deutschlands Moscheen gepredigt wird*. Berlin: Ullstein.
Schwarz, Monika (2008): *Einführung in die kognitive Linguistik*. 3. Aufl. (UTB 1636). Tübingen: Francke.

Schwarz-Friesel, Monika (2017): Die Drei-Stufen-Semantik der Kritischen Kognitionslinguistik. In: Staffeldt, Sven und Jörg Hagemann (Hrsg.), *Lexikalische Analysen im Vergleich* (Semantiktheorien 1; Stauffenburg-Einführungen 32), 189–204. Tübingen: Stauffenburg.
Schwitalla, Johannes (2012): *Gesprochenes Deutsch. Eine Einführung*. Berlin: Schmidt.
Schwöbel, Christoph (2005): Lexikonartikel „Theologie." In: Betz, Hans Dieter (Hrsg.), *Religion in Geschichte und Gegenwart. Handwörterbuch für Theologie und Religionswissenschaft (RGG)*. 4. neu bearb. Aufl., Bd. 8. Tübingen: Mohr Siebeck.
Scott, Mike (2007): *Word Smith Tools. Version 5.0*. Oxford: University Press.
Seidensticker, Tilman (2014): *Islamismus. Geschichte, Vordenker, Organisationen*. München: Beck.
Šarīʿatī Sabzewārī, Moḥammad Bāqer (2013): *Ḫoṭbe wa ḫaṭābe dar eslām* [dt. Predigt und Ansprache im Islam – FT]. Qom: *Būstān-e ketāb*.
Siegert, Manuel (2020): *Die Religionszugehörigkeit, religiöse Praxis und soziale Einbindung von Geflüchteten* (BAMF-Kurzanalyse 2 des Forschungszentrums Migration, Integration und Asyl des Bundesamtes für Migration und Flüchtlinge). Nürnberg: Bundesamt für Migration und Flüchtlinge.
Sinai, Nicolai (2017): *Der Koran. Eine Einführung*. Ditzingen: Reclam.
Sinclair, Hohn (1998): Korpustypologie. Ein Klassifikationsrahmen. In: Teubert, Wolfgang (Hrsg.), *Neologie und Korpus* (Studien zur deutschen Sprache 11), 111–128. Tübingen: Narr.
Skovgaard-Petersen, Jakob (1997): *Defining Islam for the Egyptian State: Muftis and Fatwas of the Dār Al-Iftā* (Social, Economic and Political Studies of the Middle East and Asia 59). Leiden: Brill.
Sloterdijk, Peter (2020): *Den Himmel zum Sprechen bringen: Über Theopoesie*. 3. Aufl. Berlin: Suhrkamp.
Soeffner, Hans-Georg und Ronald Hitzler (1994a). Qualitatives Vorgehen – „Interpretation". In: Herrmann, Theo und Werner H. Tack (Hrsg.), *Methodologische Grundlagen der Psychologie*, 98–136. Göttingen u.a.: Hogrefe.
Soeffner, Hans-Georg und Ronald Hitzler (1994b): Hermeneutik als Haltung und Handlung. Über methodisch kontrolliertes Verstehen. In: Schröer, Norbert (Hrsg.), *Interpretative Sozialforschung: Auf dem Wege zu einer hermeneutischen Wissenssoziologie*, 28–54. Opladen: Westdeutscher Verlag.
Spielhaus, Riem (2012): Making Islam relevant: Female Authority and Representation of Islam in Germany. In: Kalmbach, Hillary und Masooda Bano (Hrsg.), *Women, Islam and Mosques: Changes in Contemporary Islamic Authority*, 437–455. Leiden: Brill.
Spielhaus, Riem (2019): Geschichte der Moscheen, Gemeinden und Verbände. In: Mediendienst Integration (Hrsg.), *Handbuch Islam und Muslime*, 119–128. Berlin: Robert-Bosch-Stiftung.
Spuler-Stegemann, Ulrike (2014): *Muslime in Deutschland. Informationen und Klärung*. Freiburg i.Br.: Herder.
Staffeldt, Sven (2017): Wortfeldtheorie. In: Staffeldt, Sven und Jörg Hagemann (Hrsg.), *Lexikalische Analysen im Vergleich* (Semantiktheorien 1; Stauffenburg-Einführungen 32), 97–149. Tübingen: Stauffenburg.
Steger, Hugo (1984): Probleme der religiösen Sprache und des religiösen Sprechens. In: Möning, Klaus (Hrsg.), *Sprechend nach Worten suchen. Probleme der philosophischen, dichterischen und religiösen Sprache der Gegenwart* (Schriftenreihe der Katholischen Akademie der Erzdiözese Freiburg). 96–133. München u.a.: Schnell u. Steiner.
Steggink, Otger (1988): Lexikonartikel „Mystik". In: Schütz, Christian (Hrsg.), *Praktisches Lexikon der Spiritualität*, 904–910. Freiburg i.Br.: Herder.
Steinberg, Rudolf (2018): *Zwischen Grundgesetz und Scharia: Der lange Weg des Islam nach Deutschland*. Frankfurt a.M.: Campus.
Stichs, Anja (2016): *Wie viele Muslime leben in Deutschland? Eine Hochrechnung über die Anzahl der Muslime in Deutschland zum Stand 31. Dezember 2015* (Working Paper 71 des Forschungszentrums

Migration, Integration und Asyl des Bundesamtes für Migration und Flüchtlinge), Nürnberg: Bundesamt für Migration und Flüchtlinge.

Stiver, Dan (1996): *The philosophy of religious language. Sign, symbol, and story*. Cambrige, Mass.: Blackwell.

Stöberl, Helmut (2007): *Der Zusammenhang von Sprache und Beruf im Kontext unternehmerischer Praxis. Eine empirische Untersuchung über Sprachgewohnheiten von Anwälten, Ärzte, Handwerkern und Ingenieuren* (Europäische Hochschulschriften 21, 314). Berlin: Lang.

Stoevesandt, Hinrich und Anton Drewes (Hrsg.) (1979): *Karl Barth. Gesamtausgabe. Predigten 1954–1967*. Zürich: Theologischer Verlag.

Stolze, Radegunis (1999): *Die Fachübersetzung, Eine Einführung*. Tübingen: Narr.

Storjohann, Petra (2017): Korpuslinguistik und Semnatik. In: Staffeldt, Sven und Jörg Hagemann (Hrsg.), *Lexikalische Analysen im Vergleich* (Semantiktheorien 1; Stauffenburg-Einführungen 32), 205–229. Tübingen: Stauffenburg.

Strauss, Anselm L. und Juliet M. Corbin (1996): *Grounded Theory. Grundlagen qualitativer Sozialforschung*. Weinnheim: Beltz.

Sobḥānī, Ǧaʿfar (1992): *Touhīd wa šerk* [Die Einheit Gottes und der Götzendienst – FT]. Qom: *Dār-ol-oswa*.

Sobḥānī, Ǧaʿfar (2007): *Āgāhī-ye sewwom yā ʿelm-e ġeyb* [Das dritte Bewusstsein oder das verborgene Wissen – FT]. Qom: Imam Sadeq Institut.

Ṭabāṭabāʾī'Allāme Seyyed Moḥammad Ḥossein, (1995): *Al-Mīzān*. Überarbeitet und korrigiert von Mūsawī Hamedānī, Seyyed Moḥammad Bāqer. Bd. 1. Qom: Ǧāmeʿe modarresīn-e Qom.

Takim, Liyakat N. (2006): *The Heirs of the Prophet. Charisma and Religious Authority in Shi'ite Islam*. Kindle Aufl. New York: State University of New York.

Ṭāleqānī, Mojāā Solṭān Moḥammadī (2017): *Ṣanaʿāt-e ḫatābe ya āʾīn-e soḫanwarī* [dt. Die Technik der Ansprache oder die Tradition der Redekunst – FT]. Teheran: *Mortażawī*.

Temmermann, Rita und Marc van Campenhoudt (Hrsg.) (2014): *Dynamics ans Terminology. An interdisciplinary Perspective in monolingual and multilingual culturebound communication* (Terminology and Lexicography Research and Practice 16). Amsterdam u.a.: Benjamins.

Thiele, Michael (2008): *Öffentliche Rede im kirchlichen Raum* (Theolinguistica 1). Regensburg: Universitätsverlag Regensburg.

Al-Tirmiḏī, Abū ʿAbd Allāh Muḥammad ibn ʿAlī al-Ḥakīm (2009): *Bayān al-farq aṣ-ṣadr wa-l-qalb wa-l-fu'ād wa-l-lubb*. Englische Übersetzung von Nicholas Heer: A ṢŪFĪ PSYCHOLOGICAL TREATISE. A translation of the Bayān al-Farq bayn al-Ṣadr wa al-Qalb wa al-Fu'ād wa al-Lubb of Abū ʿAbd Allāh Muḥammad ibn ʿAlī al-Ḥakīm al-Tirmidhī. *The Muslim World* 51, 25–36, 82–91, 162–172, 244–258.

Track, Joachim (1996): Lexikonartikel „Philosophie, analytische". In: *Theologische Realenzyklopädie*. Bd. 26. Paris – Polen, 560–572. Berlin, New York: de Gruyter.

Trier, Jost (1931/1973): *Aufsätze und Vorträge zur Wortfeldtheorie*. Hrsg. von Lee, Anthony van der und Oskar Reichmann. The Hague, Paris: Mouton.

Trillhaas, Wolfgang (1974): *Einführung in die Predigtlehre*. Darmstadt: Wissenschaftliche Buchgesellschaft.

Ucar, Bülent und Danja Bergmann (Hrsg.) (2010): *Islamischer Religionsunterricht in Deutschland. Fachdidaktische Konzeptionen, Ausgangslagen, Erwartungen und Ziele*. Beiträge zur Interdisziplinären Fachtagung an der Universität Osnabrück 11. bis 12. Dezember 2009. Göttingen: V&R unipress.

Ucar, Bülent (Hrsg.) (2010): *Imame-Ausbildung in Deutschland: Islamische Theologie im europäischen Kontext* (Veröffentlichungen des Zentrums für Interkulturelle Islamstudien der Universität Osnabrück, Bd. 3). Göttingen: V&R unipress.

Noppen, Jean-Pierre van (Hrsg.) (1983): *Metaphor and religion* (Theolinguistics 2; Studiereeks T.U.B., Nieuwe Serie, n° 12). Brüssel: V.U.B.

Noppen, Jean-Pierre van (Hrsg.) (1988): *Erinnern, um Neues zu sagen. Die Bedeutung der Metapher für die religiöse Sprache*. Frankfurt a.M.: Athenäum.

Noppen, Jean-Pierre van (1996): *Critical Theolinguistics. Methodism, its discourse and its work ethic* (Series A: General & Teoretical Papers 400). Duisburg: L.A.U.D.

Noppen, Jean-Pierre van (2006): From theolinguistics to critical theolinguistics. The case for communicative probity. *ARC. The Journal of the Faculty of Religious Studies, McGill University* 34, 47–65.

Vogel, Matthias (2002): *Deine Sprache verrät dich. Begriffsanalytische Untersuchungen zu alt- und neupietistischen Predigten* (Angewandte Sprach- und Übersetzungswissenschaft 1). Berlin: Logos.

Warnke, Ingo (1995): Sem-Isomorphie. Überlegungen zum Problem wortartenheterogener Bedeutungsverwandschaft. *Zeitschrift für Dialektologie und Linguistik (ZDL)* 62 (2), 166–181.

Weber, Heinrich (2004): Wo gibt es Wortfelder? In: Tóth, József (Hrsg.), *Quo vadis Wortfeldforschung?* 37–56. Frankfurt a.M.: Lang.

Weinrich, Harald (1976): *Sprache in Texten*. Stuttgart: Klett.

Weisgerber, Leo (1971): *Grundzüge der inhaltbezogenen Grammatik*. Bd. 1. 4. Aufl. Düsseldorf: Schwann.

Wensierski, Hans-Jürgen von, und Claudia Lübcke (Hrsg.) (2007): *Junge Muslime in Deutschland. Lebenslagen, Aufwachsprozesse und Jugendkulturen*. Opladen, Farmington Hills: Budrich.

Wernet, Andreas (2009): *Einführung in die Interpretationstechnik der objektiven Hermeneutik*. 3. Aufl. Wiesbaden: VS.

Wichter, Sigurd und Gerd Antos (2001): *Wissenstransfer zwischen Experten und Laien. Umriss einer Transferwissenschaft* (Transferwissenschaften 1). Frankfurt a.M.: Lang.

Wiegand, Herbert Ernst und Werner Wolski (2011): 18. Lexikalische Semantik. In: Althaus, Hans Peter, Werner Henne und Herbert Ernst Wiegand (Hrsg.), *Lexikon der Germanistischen Linguistik*. Berlin, New York: Niemeyer.

Wiggermann, Karl-Friedrich (1998): Lexikonartikel „Agende". In: Betz, Hans Dieter (Hrsg.), *Religion in Geschichte und Gegenwart. Handwörterbuch für Theologie und Religionswissenschaft (RGG)*. 4. neu bearb. Aufl., Bd. 1. Tübingen: Mohr Siebeck.

Willems, Klaas und Dominique Willems (2010): Verbales Wortfeld, Norm und Polysemie. Eine synchronische Analyse des verbalen *hören*-Paradigmas im Französischen. *Zeitschrift für romanische Philologie (ZrP)* 126 (2), 237–274.

Wittgenstein, Ludwig (2011 [1953]): *Philosophische Untersuchungen*. Hrsg. von Savigny, Eike von (Klassiker Auslegen 13). 2. bearb. Aufl. Berlin: Akademie-Verlag.

Wöhrle, Stefanie (2006): *Predigtanalyse: Methodische Ansätze – homiletische Prämissen – didaktische Konsequenzen*. Berlin: Lit.

Wright, Andrew (1993): *Religious education in the secondary school. Prospects für religious literacy* (The Roehampton teaching studies series). London: Fulton.

Wright, Andrew (1996): Language and Experience in the Hermeneutics of Religious Understanding. In: *British Journal of religious education (BJRE)* 18, 166–180.

Wüster, Eugen (1970): *Internationale Sprachnormung in der Technik, besonders in der Elektrotechnik. Die nationale Sprachnormung und ihre Verallgemeinerung*. 3., abermals ergänzte Auflage (1. Aufl. 1931). Bonn: Bouvier.

Wynne, Martin (2008): Searching and concordancing. In: Lüdeling, Anke und Merja Kytö (Hrsg.), *Corpus linguistics. An international handbook*. Bd. 1 (Handbücher zur Sprache und Kommunikationswissenschaft 29), 706–737. Berlin: de Gruyter.

Ziebertz, Hans-Georg (2001): Empirische Religionspädagogik. In: Mette, Norbert und Folkert Rickers (Hrsg.), *Lexikon der Religionspädagogik*. Bd. 2, 1746–1750. Neukirchen-Vluyn: Neukirchener Verlag. S. 1746–1750.

Zimmermann, Mirjam (2010): *Kindertheologie als theologische Kompetenz von Kindern. Grundlagen, Methodik und Ziel kindertheologischer Forschung am Beispiel der Deutung des Todes Jesu*. Neukirchen-Vluyn: Neukirchener Verlag.

Zimmermann, Thomas Ede (2014): *Einführung in die Semantik*. Darmstadt: Wissenschaftliche Buchgesellschaft.

Zirker, Hans (1972): *Sprachprobleme im Religionsunterricht* (Patmos Religionspädagogik). Düsseldorf: Patmos.

Zirker, Hans (1991): Sprachformen des Glaubens. In: Eicher, Peter (Hrsg.), *Neues Handbuch theologischer Grundbegriffe*. 5. Bd., 76–85. München: Kösel.

Internetquellen

URL1: https://www.bmi.bund.de/SharedDocs/pressemitteilungen/DE/2020/11/dik-imamausbildung.html (zuletzt abgerufen am 07.12.2021)

URL2: Bestandserhebung zur Ausbildung religiösen Personals islamischer Gemeinden (2020). Hrsg.: BAMF – Bundesamt für Migration und Flüchtlinge, Geschäftsstelle der Deutschen Islam Konferenz. Nürnberg. In: https://www.deutsche-islam-konferenz.de/SharedDocs/Anlagen/DE/Publikationen/Broschueren/bestandserhebung-ausbildung-religioeses-personal.html?nn=598134 (zuletzt abgerufen am 03.02.2021)

URL3: https://www.tagesspiegel.de/wissen/durchbruch-fuer-die-deutsche-islamtheologie-osnabruecker-professoren-bereiten-imam-ausbildung-vor/25252940.html (zuletzt abgerufen am 07.12.2021)

URL4: https://www.uni-heidelberg.de/fakultaeten/theologie/forschung/predigtforschung.html (zuletzt abgerufen am 07.12.2021)

URL5: http://sprache-und-wissen.de/wissensdomaenen/religion/ (zuletzt abgerufen am 07.12.2021)

URL6: http://theolinguistik.net/index.html (zuletzt abgerufen am 30.09.2021)

URL7: http://www.eslam.de/begriffe/w/wasser.htm (zuletzt abgerufen am 11.11.2021)

URL8: www.igs-deutschland.org (zuletzt abgerufen am 03.03.2021)

URL9: Brockelmann/Fischer/Heffening/Taeschner 1935. In: https://dmg-web.de/page/transliteration_de (zuletzt abgerufen am 12.11.2021)

URL10: http://www.eslam.de/index.htm (zuletzt abgerufen am 15.03.2021)

URL11: https://www.staatslexikon-online.de/Lexikon/Klerus (zuletzt abgerufen am 07.12.2021)

URL12: https://www.duden.de/rechtschreibung/Charisma (zuletzt abgerufen am 25.04.2021)

URL13: https://www.duden.de/rechtschreibung/Imam (zuletzt abgerufen am 25.04.2021)

URL14: http://eslam.de/begriffe/i/imam.htm (zuletzt abgerufen am 25.04.2021)

URL15: http://www.eslam.de/begriffe/u/ueberlieferung.htm (zuletzt abgerufen am 14.11.2021)

URL16: https://www.zmo.de/muslime_in_europa/downloads/Artikel/Kamp_%20Mehr%20als%20Vorbeter.pdf (zuletzt abgerufen am 28.04.2021)

URL17: http://www.eslam.de/begriffe/q/quranwissenschaft.htm (zuletzt abgerufen am 25.04.2021)

URL18: http://www.eslam.de/begriffe/b/bida.htm (zuletzt abgerufen am 25.04.2021)

URL19: http://eslam.de/begriffe/r/religioeses_rechtsurteil.htm. (zuletzt abgerufen am 25.04.2021)

URL20: http://www.eslam.de/begriffe/r/religioeses_regelwerk.htm (zuletzt abgerufen am 25.04.2021)

URL21: https://www.leader.ir/en/services/8/Jurisprudence-&-Religious-affairs (zuletzt abgerufen am 24.10.2019)

URL22: https://www.sistani.org/english/book/48/ (zuletzt abgerufen am 24.10.2019)

URL23: http://www.eslam.de/begriffe/s/scheichulislam.htm (zuletzt abgerufen am 25.04.2021)

URL24: http://www.eslam.de/begriffe/s/statthalterschaft_des_rechtsgelehrten.htm (zuletzt abgerufen am 25.04.2021)

URL25: http://www.eslam.de/begriffe/s/stamm_der_religion.htm (zuletzt abgerufen am 25.04.2021)

URL26: https://religionen-im-gespraech.de/sites/default/files/dokumente/wissenschaftsrat.2010.islamische_theologie.auszug.pdf (zuletzt abgerufen am 28.04.2021)

URL27: https://www.bmbf.de/files/WissenschaftsratEmpfehlung2010.pdf (zuletzt abgerufen am 28.04.2021)

URL28: https://www.kas.de/c/document_library/get_file?uuid=5733b4ed-d48c-39a3-59bf-e3d94990df50&groupId=252038 (zuletzt abgerufen am 28.04.2021)

https://doi.org/10.1515/9783111039138-008

URL29: http://www.deutsche-islam-konferenz.de/DIK/DE/DIK/4ReligioesesPersonal/ImameTheologie/ProjekteImame/projekteimame-inhalt.html (zuletzt abgerufen am 28.04.2021)
URL30: https://www.muenchen.info/soz/pub/pdf/388_muenchen_kompetenz_broschuere.pdf (zuletzt abgerufen am 28.04.2021)
URL31: https://www.ditib.de/detail1.php?id=180&lang=de (zuletzt abgerufen am 28.04.2021)
URL32: https://www.goethe.de/lhr/prj/daz/uen/ima/iqi/deindex.htm (zuletzt abgerufen am 28.04.2021)
URL33: http://www.deutsche-islam-konferenz.de/DIK/DE/Magazin/MedienPolitik/Diskussion/ImameThelogie/Kommentare/kommentar-ceylan-inhalt.html;jsessionid=5871EC2624910EE0EC7E57A5AB5F7778.2_cid359?nn=3334586 (zuletzt abgerufen am 28.04.2021)
URL34: http://www.migazin.de/2019/01/29/wehrbeauftragter-bartels-dringt-auf-seelsorger-fuer-muslimische-soldaten/ (zuletzt abgerufen am 02.05.2021)
URL35: http://www.eslam.de/begriffe/a/am/ansprache.htm (zuletzt abgerufen am 02.05.2021)
URL36: https://www.ibn-rushd-goethe-moschee.de/texte/predigten/ (zuletzt abgerufen 04.05.2021)
URL37: http://www.eslam.de/begriffe/f/freitagsgebet.htm (zuletzt abgerufen am 14.05.2021)
URL38: http://www.eslam.de/manuskripte/reden/rede_fatimas2.htm (zuletzt abgerufen am 08.05.2021)
URL39: http://www.eslam.de/manuskripte/reden/rede_zainabs_in_kufa.htm (zuletzt abgerufen am 08.05.2021)
URL40: http://www.eslam.de/begriffe/m/mitbetender.htm (zuletzt abgerufen am 08.05.2021)
URL41: http://www.eslam.de/begriffe/k/kanzel.htm (zuletzt abgerufen am 10.05.2021)
URL42: https://www.facebook.com/alirschadjugend/photos (zuletzt abgerufen am 12.05.2021)
URL43: http://www.eslam.de/begriffe/m/mahram-verwandte.htm (zuletzt abgerufen am 13.05.2021)
URL44: https://www.youtube.com/channel/UCc9ZH0rKjw1ldo_Uuum3New (zuletzt abgerufen am 07.12.2021)
URL45: http://www.shabab-alirschad.de/fiqh/rituell-unrein-wieder-rein-machen-nach-aya-khamenei/ (zuletzt abgerufen am 14.11.2021)
URL46: https://www.facebook.com/alhadijugend/photos (zuletzt abgerufen am 07.12.2021)
URL47: http://www.eslam.de/begriffe/q/quran.htm (zuletzt abgerufen am 31.05.2021)
URL48: http://www.eslam.de/begriffe/u/ueberlieferung.htm (zuletzt abgerufen am 31.05.2021)
URL49: http://www.eslam.de/begriffe/n/nahdsch-ul-balagha.htm (zuletzt abgerufen am 31.05.2021)
URL50: http://www.eslam.de/begriffe/s/sahifat-ul-sadschadiyya.htm (zuletzt abgerufen am 31.05.2021)
URL51: http://www.imam-khomeini.ir/fa/ (zuletzt abgerufen am 07.12.2021)
URL52: http://www.eslam.de/begriffe/e/erhalt_von_rechtsurteilen.htm (zuletzt abgerufen am 30.06.2021)
URL53: http://farsi.khamenei.ir/treatise-content?id=228#2790 (zuletzt abgerufen am 30.06.2021)
URL54a, 54b, 54c, 54d, 54e, 54f, 54g: Ali Khamenei, speech, March 21, 2003: http://farsi.khamenei.ir/speech-content?id=3167&q=., Ali Khamenei, speech, March 23, 2004: http://farsi.khamenei.ir/speech-content?id=3236&q=., Ali Khamenei, speech, March 21, 2005: http://farsi.khamenei.ir/speech-content?id=3274&q=., Ali Khamenei, speech, June 4, 2006: http://farsi.khamenei.ir/speech-content?id=3341&q=., Ali Khamenei, speech, November 9, 2006: http://farsi.khamenei.ir/speech-content?id=3362&q=., Ali Khamenei, speech, June 4, 2009: http://farsi.khamenei.ir/speech-content?id=7089&q=., Ali Khamenei, speech, February 19, 2010: http://farsi.khamenei.ir/speech-content?id=8906&q= (zuletzt abgerufen am 30.06.2021)
URL55: Ali Khamenei, „Message“ April 17, 2010: https://www.leader.ir/en/content/6676/Only-US-has-committed-nuclear-offence (zuletzt abgerufen am 30.06.2021)

URL56: https://foreignpolicy.com/2014/10/16/when-the-ayatollah-said-no-to-nukes/ (zuletzt abgerufen am 30.06.2021)
URL57: https://www.washingtonpost.com/news/fact-checker/wp/2013/11/27/did-irans-supreme-leader-issue-a-fatwa-against-the-development-of-nuclear-weapons/ (zuletzt abgerufen am 30.06.2021)
URL58: https://www.memri.org/reports/renewed-iran-west-nuclear-talks-%E2%80%93-part-ii-tehran-attempts-deceive-us-president-obama-secy (zuletzt abgerufen am 30.06.2021)
URL59: https://www.opendemocracy.net/en/opensecurity/nuclear-assurances-when-fatwa-isnt-fatwa/ (zuletzt abgerufen am 30.06.2021)
URL60: https://www.bonn-evangelisch.de/mobile/aktuell/archiv-2007-CC03A03F018D49F08ADB13F9BC8D2543.php (zuletzt abgerufen am 12.07.2021)
URL61: https://www.predigtpreis.de/ (zuletzt abgerufen am 12.07.2021)
URL62: http://www.eslam.de/begriffe/i/indifferent.htm (zuletzt abgerufen am 28.07.2021)
URL63: http://www.eslam.de/begriffe/r/religioes_erwachsen.htm (zuletzt abgerufen am 03.08.2021)
URL64: https://www.facebook.com/GemeinschaftderMitte/photos/2898373906886213 (zuletzt abgerufen am 03.08.2021)
URL65: http://www.eslam.de/manuskripte/buecher/nahdsch-ul-balagha/predigten/nahdsch-ul-balagha_003_predigt.htm (zuletzt abgerufen am 06.08.2021)
URL66: https://www.uni-muenster.de/ZIT/Hadith-Sira-Geschichte/hadithwissenschaften.html (zuletzt abgerufen am 07.09.2021)
URL67: http://www.eslam.de/begriffe/s/subhanahu_wa_taala.htm (zuletzt abgerufen am 15.09.2021)
URL68: http://www.eslam.de/begriffe/s/segnungs-bittgebet.htm (zuletzt abgerufen am 15.09.2021)
URL69: http://www.eslam.de/begriffe/d/dankpreisung.htm (zuletzt abgerufen am 15.09.2021)
URL70: http://www.eslam.de/begriffe/m/maschaallah.htm (zuletzt abgerufen am 15.09.2021)
URL71: http://www.eslam.de/begriffe/v/vergebungsersuchen.htm (zuletzt abgerufen am 15.09.2021)
URL72: http://www.eslam.de/begriffe/z/zufluchtnahme.htm (zuletzt abgerufen am 15.09.2021)
URL73: http://www.eslam.de/begriffe/z/zwei_gewichtige.htm (zuletzt abgerufen am 21.09.2021)
URL74: http://www.eslam.de/begriffe/n/niederwerfung.htm (zuletzt abgerufen am 15.08.2020)
URL75: http://www.eslam.de/begriffe/a/as/ayatollah.htm (zuletzt abgerufen am 15.08.2020)
URL76: http://www.myquran.de/index.php/nahju-l-balagha-nahju/177-predigten-nahju-l-balagha-deutsch/2520-nahjul-balagha-nahju-l-balagha-deutsch-german-english-predigt-imam-ali-ansprache-sp-1325730389 (zuletzt abgerufen am 15.08.2020)
URL77: http://www.eslam.de/begriffe/f/fisch.htm (zuletzt abgerufen am 29.09.2020)
URL78: https://offenkundiges.de/islamische-jugendarbeit-auf-deutsch-kann-das-gelingen/ (zuletzt abgerufen am 14.10.2021)
URL79: Titel der Nachkommen des Propheten Muhammad und Ausdruck für Würdenträger bzw. Geistliche im Islam. In: http://www.eslam.de/begriffe/s/sayyid.htm (zuletzt abgerufen am 21.10.2021)
URL80: Der Begriff wird heute häufig als Ehrentitel für führende Geistliche, sowohl von Muslimen als auch von Angehörigen anderer Religionen verwendet. In: http://www.eslam.de/begriffe/s/scheich.htm (zuletzt abgerufen am 21.10.2021)
URL81: https://www.rundblick-niedersachsen.de/die-imam-ausbildung-in-osnabrueck-laeuft-gut-an-aber-grosse-verbaende-sperren-sich/ (zuletzt abgerufen am 19.10.2021)
URL82: http://www.eslam.de/begriffe/e/epos.htm (zuletzt abgerufen am 18.10.2021)
URL83: https://cvc.cervantes.es/ensenanza/biblioteca_ele/diccio_ele/diccionario/ensenanzafinesespec.htm (zuletzt abgerufen am 30.07.2021)
URL84: https://www.youtube.com/watch?v=NXYiequJBNQ (zuletzt abgerufen am 20.10.2021)

URL85: *Markaz-e ettelāʿāt-e madārek-e eslāmī* [dt. Zentrum für Informationen über islamische Dokumente] (Hrsg.) (2010): *Farhang-nāmeh Osūl-e Feqh* [dt. Enzyklopädie der Rechtswissenschaftsprinzipien]. Bd. I. Verlag *Daftar-e tabliqāt-e eslāmi-e Howze-ye elmiyye*. Qom. In: http://lib.eshia.ir/71601/1/324 (zuletzt abgerufen am 13.09.2021)

URL86: Heimbach, Marfa (2010): Zwischen Religion und Alltag. Der Imam in der muslimischen Gemeinde. In: Newsletter Jugendkultur, Islam und Demokratie. Von Bundeszentrale für politische Bildung (bpb); erstellt am 17.01.2018. S. 45–47. In: https://www.bpb.de/jugendkultur-islam-und-demokratie/ (zuletzt abgerufen am 08.10.2021)

URL87: Jacobs, Andreas/Lipowsky, Janosch (2019): Imame – made in Europe? Ausbildung und Beschäftigung von islamischen Geistlichen in Deutschland und Frankreich. Konrad-Adenauer-Stiftung: Analysen & Argumente Nr. 346. In: https://bit.ly/31Keb19 (zuletzt abgerufen am 08.10.2021)

URL88a, 88b, 88c: Sadūq, Scheikh (geb. ca. 923): *Kamāl ud-Dīn wa Tamām un-Niʿma* [dt. Vollkommenheit des Glaubens und die Vervollständigung der Gaben]. In: https://lib.eshia.ir/27045/1/253/%D9%8A%D8%B3%D8%AA%D8%B6%D9%8A%D8%A6%D9%88%D9%86,https://lib.eshia.ir/27045/1/207/%D8%A7%D9%84%D8%A7%D9%88%D8%B5%DB%8C%D8%A7%D8%A1, https://lib.eshia.ir/27045/2/485/%D9%81%D9%83%D8%A7%D9%84%D8%A7%D9%86%D8%AA%D9%81%D8%A7%D8%B9 (zuletzt abgerufen am 08.10.2021)

URL89: Tabatabai, Allameh Seyyed Mohammad Hossein (1971): *Al-Mizan fi tafsir al-Quran*. Bd. 18 und 11. Verlag *Mu'assasata al-almi lil-matbouaat*: Beirut. In: https://archive.org/details/baba7baba7_yahoo_05/%D8%A7%D9%84%D9%85%D9%8A%D8%B2%D8%A7%D9%86%20%D9%81%D9%8A%20%D8%AA%D9%81%D8%B3%D9%8A%D8%B1%20%D8%A7%D9%84%D9%82%D8%B1%D8%A7%D9%86%2018/page/n255/mode/2up (zuletzt abgerufen am 08.10.2021)

URL90: https://www.duden.de/ (zuletzt abgerufen am 09.12.2021)

URL91: www.dwds.de (zuletzt abgerufen am 29.11.2022)

URL92: https://lib.eshia.ir/11008/101/320 (zuletzt abgerufen am 29.11.2022)

Register

Abstrakt 36, 39, 40, 42, 45, 60, 70, 136, 148–150, 174, 205, 220, 247, 250–255, 265, 272
Adäquat 2, 134, 136, 138, 178, 182, 265
Akzeptanz/Akzeptabilität 55, 77, 118, 176, 213
Allgemeinsprache 4, 31, 146, 158, 164, 189, 241, 256–258, 271, 274
Alltagssprache 1, 10, 12, 104, 255, 257
Alter 54, 82, 94, 99–106, 147, 262, 263
Ambiguität 110, 143, 147–150, 167–169, 209, 228, 244, 277
Anlass 53–55, 91–92, 94, 97, 102, 106–107, 138, 186, 208, 225, 256, 263
Anonymität 15, 17, 54, 132–134, 150, 264, 278
Anrede 75, 109–112, 118, 197, 264
Antonymie 36, 241
Appell 114, 115, 123, 133, 187, 279
Äquivalenz 3, 19, 23, 24, 56, 145, 156, 171–183, 197, 244, 249, 251, 255–257, 267–268, 274, 278–279, 281
Assoziation 46, 144, 146, 156, 164, 169, 244, 265
Ästhetik 14, 32, 95, 124, 247
Asymmetrie 70, 93, 103–104, 112, 260, 264
Aussprache 57, 79, 186, 188
Auswendig 95, 126–128, 172, 180, 185
Authentizität 17, 47–50, 75, 77, 129, 130, 133

Bildhaftigkeit 150, 156, 266, 267

Christentum 4, 5, 10, 11, 32, 81, 92, 154, 170, 184, 214, 231, 252
Curriculum 84, 85, 275

DaFF 5, 19, 20, 87, 274, 280
Deduktiv 27, 62, 64, 178
Denotation 18, 35, 195
Deskriptiv 113, 182, 193–199, 268, 270
Deutlichkeit 136, 150
Deutsch als Erstsprache 2, 5, 87, 263, 274
Deutsch als Zweitsprache 47, 54, 209, 228
Deutsch als Fremdsprache 5, 32, 33, 38, 84, 256, 257–258, 274
Dialog 9, 113, 115–116, 125, 178, 276
Dichtung 149, 153, 154, 279
Didaktik 5, 20, 29, 86, 87, 280–282
Digital 48, 55, 97, 99, 126, 172, 247, 261–263, 270, 271
Diskurs 12, 19, 29, 41, 56, 59, 79, 81, 82, 124, 134, 148, 174, 198, 206, 209, 228, 253, 277
Diskussionsrunde 101, 118, 264
Dolmetschen 24, 53, 85, 87, 98, 183, 262, 274

Effektivität 9, 266, 280
Effizienz 106, 139, 180, 185, 265, 266, 269
Eigentlichkeit 135, 140, 150–157, 169, 266, 277
Eindeutigkeit 15, 113, 131, 135, 140, 145, 147, 150, 174, 250, 265, 266, 277
Emotion 9, 56, 72, 108, 123, 127, 132, 133, 149, 150, 154, 176, 265, 267
Enzyklopädie 18, 22, 61, 62, 63, 130, 152, 173, 175, 177, 182, 184, 195, 196, 266, 270
Ethik 32, 50, 98, 114, 118, 124, 141, 216, 221, 235, 243, 272
Ethnographie 8, 47, 82, 105, 185, 275
Exaktheit 77, 113, 135, 140–147, 150, 265, 266, 277
Exegese 91, 93, 108, 109, 133, 140, 141, 151, 168, 208, 226, 276
Expressiv 115, 124, 168, 170, 195, 198–199, 270

Fachlichkeit 31, 128, 137, 185
Frame 37, 41, 45–46, 278
Frau 2, 51, 96, 101–107, 112, 149, 211, 229, 263, 273

Gefühl 8, 35, 106, 108–110, 117, 137, 175, 198–199, 270
Geheimnis 136–138, 168, 171, 194, 206, 213
GER 4, 86
Geschlecht 51, 58, 94, 101–105, 200, 262, 263, 279
Gespräch 51, 56, 69, 90, 106, 115, 116, 125, 264
Geste/Gestik 51, 56, 123
Globalisierung 1, 24, 98
Gottesdienst 7, 17, 27, 95, 115, 126, 214, 222, 231
Grammatik 17, 24, 56, 59, 60, 116, 278

Hermeneutik 18, 33, 44, 46, 60, 88, 148, 173, 175, 275, 276
Heterogen 47, 49, 50, 57, 98, 102, 103, 263

https://doi.org/10.1515/9783111039138-009

Heteronymie 37, 66, 145, 246
Homogen 83, 276
Horizontal 65, 69, 213, 248, 262, 268
Hyperonym 36, 62, 66, 199, 245, 246
Hyponyme 36, 63, 65, 66, 245, 246

Identität 49, 72, 81, 88, 108, 112, 113, 213, 249, 272
Individuum 40, 54, 84, 94, 96, 108, 109, 130, 136, 156, 164, 175, 183, 193, 214, 215, 247, 249, 254, 255, 258, 267, 279, 281
Induktiv 64, 178
Intentionalität 113–115, 165
Interaktion 13, 57, 58, 71, 88, 91, 93, 94, 108, 115–125, 147, 196, 258, 264, 266, 274, 281
Interdisziplinär 11, 29, 100, 263, 276
Intersubjektivität 27, 35, 145, 147, 152–156, 163, 255, 266
Intertextualität 76, 157, 185, 186, 269
Intonation 123, 197
Iran 8, 48, 50, 74, 79–84, 87, 89, 130, 131, 261, 281

Jugend 6, 33, 85, 91, 101, 258

Kinder 6, 13, 89, 91
Kirche 10, 29, 79, 214, 231
Kohärenz 59, 124, 186, 264
Kohäsion 124, 125, 186, 264, 268
Kollektivität 45, 72, 85, 94, 108, 109, 118, 197, 215, 234, 262
Komparativ 136, 275, 279
Komplenymie 36, 241
Konkret 15, 28, 29, 30, 34, 36, 42, 60, 70, 250, 251–255, 265, 272
Konnotation 35, 104, 128, 186, 189, 195, 196, 199, 270
Kontinuum 37, 70, 117, 124, 242, 252
Konversonymie 37, 241
Körper 30, 98, 114, 122, 123, 154, 163, 169, 195, 206, 211, 212, 219, 220, 229, 239, 266, 270
Kreativität 95, 164, 267, 281

Latein 21, 22, 23, 24, 173, 282
Lingua franca 24, 221
Literarisch 27, 153, 154, 166

Mann 2, 51, 53, 96, 101–106, 112, 141, 157, 180, 263
Medien 3, 32, 51, 54, 101, 102, 119, 122, 131, 134, 189, 264, 281
Mehrdeutigkeit 34, 147, 151, 266
Mehrsprachigkeit 1, 3, 13, 16, 23–25, 135, 171, 210, 265
Mehrwortterminus 61, 63, 64, 144, 146
Mimik 56, 123
Missverständlich 40, 74, 86, 109, 134, 139–144, 150, 157, 265, 266
Monolog 92, 104, 115–125, 262, 264
Moral 98, 107, 114, 165, 216, 235, 243, 272
Mündlichkeit 52, 58, 96, 125–132, 264
Mysterium 138, 168, 171, 213
Mystik 10, 26, 155, 194, 214, 231, 253

Nationalität 80, 102, 124, 262, 263
Netz 10, 34, 43, 49, 54, 109, 182, 184, 245, 247
Nonverbal 17, 56, 115, 116, 124, 197
Normativ 5, 7, 8, 30, 53, 61, 115, 137
Normung 19, 182, 251

Objektivität 7, 15, 113, 134, 265, 278
Öffentlichkeit 70, 99, 102–103, 181, 263, 277

Pädagogik 6, 13, 58, 85, 113
Philosophie 22, 25, 26, 74, 141, 179, 206, 210, 252, 253, 269
Phonisch 125, 126, 128
Physisch 103, 104, 114, 121, 170, 196
Poetisch 26, 32, 150, 154, 166
Polysemie 34, 145–147, 243, 244, 266, 271
Pragmatik 3, 113, 178, 279
Präskriptiv 6, 7, 8, 14, 115, 182, 257, 268, 280
Predigtlehre 4, 5, 6, 7, 69, 99, 182, 258, 273, 275, 276
Prototyp 16, 32, 37, 39, 40, 90, 278
Psychologie 102, 113, 137, 263

Rationalität 26, 132, 208, 225
Räumlichkeit 51, 94, 103–107, 263
Rechtsfindung 76, 77, 81, 120, 193, 199, 200, 208, 209–211, 221, 227, 247, 248, 251, 261, 270, 272

Rechtslehre 31, 142, 151, 208, 210, 226, 243, 251, 252, 253, 272, 277
Rechtsschule 17, 82, 101, 129, 195, 200, 208, 210, 213, 226, 246, 247, 249, 272, 276, 278
Rechtswissenschaft 20, 23, 45, 78, 96, 101, 107, 133, 141, 183, 208, 226, 251, 255
Redewendung 104, 156, 157, 209, 228, 258, 266
Referenz 34, 39, 60, 75, 112, 195, 245, 249
Relativierung 138, 147, 186, 265
Religionspädagogik 6, 13, 25, 58, 113, 279
Rezitation 57, 95, 126, 127, 128, 180, 185, 218, 225, 238, 264
Rhetorik 3, 9, 10, 14, 32, 129, 140, 141, 151, 257, 279

Schriftlichkeit 58, 125–129, 132
Seelsorge 84, 85, 86, 91, 262
Segen 13, 58, 172, 178, 186–188, 205, 224, 251, 269
Sinngemäß 172, 177–179, 185, 209, 228, 268, 269
Sitzordnung 51, 103–105, 118, 125
Spiritualität 69, 148, 169, 194, 204, 207, 223
Spontaneität 52, 92, 95, 155, 170, 175, 178, 180, 244, 249, 268, 271
Sprachleistung 90–92, 262
Sprachstil 59, 109, 128, 137, 164, 254, 257, 267
Sprechakt 115, 154
Statistik 47, 48, 49, 55, 81
Status 22, 53, 70, 71, 75, 83, 92, 104, 112, 263
Stereotyp 37, 39, 40, 45, 118, 186, 269, 278
Stil. *Siehe* Sprachstil
Stilistik 10, 154
Studium 4, 6, 54, 69, 71, 75, 80, 81, 84, 87, 112, 273, 275, 276
Subjektivität 27, 139, 156, 198, 266
Symbol 12, 59, 107, 110, 112, 154, 155, 161, 169, 170, 193, 196, 209, 228, 277
Systematisierung 31, 79, 163, 174, 210
Synonymie 34, 35, 64, 65, 71, 82, 145–147, 173, 241, 242, 248, 266
Syntax 9, 22, 59, 127, 129, 138, 180, 269

Tafel 57, 121, 122, 146, 184, 264
Technik 9, 23, 24, 69, 163, 177, 183
Terminologie 19, 20, 33, 34, 52, 93, 139, 141–145, 150, 153, 175, 182, 184, 249
Terminologisierung 36, 144, 171, 182, 183, 248, 255, 257, 267, 268, 272
Transfer 53, 70, 93, 173, 280
Transzendente 30, 153, 205, 207, 252

Unbegreiflichkeit 170, 171, 194, 269
Unsagbar 154, 168, 170
Unterricht 3, 5, 13, 22, 24, 33, 38, 84, 85, 91, 97, 114–125, 264, 276, 280, 281
Unverständlich 56, 134, 136, 139, 265

Vagheit 140, 143, 144, 148, 266
Verbal 52, 87, 92, 116, 129, 131, 142, 189, 207, 277
Verbindlichkeit 96, 113, 124, 143
Verständlichkeit 15, 56, 113, 134–139, 147, 171, 251, 265, 267
Vertikal 22, 69, 70, 79, 93, 119, 169, 194, 195, 199, 200, 205, 248, 261, 262, 268, 270, 280
Vertrautheit 103, 263
Visualisierung 64, 121, 163, 202, 214

Wahrheit 59, 76, 82, 110, 136, 141, 144, 145, 168, 204, 212, 223, 277, 279
Wortwörtlich 128, 152, 170, 172, 177, 185, 186, 251, 266, 268

Zukunft 2, 7, 50, 80, 85, 93, 176, 189, 199, 246, 257, 260, 268, 273, 274, 276, 279

www.ingramcontent.com/pod-product-compliance
Lightning Source LLC
Chambersburg PA
CBHW050515170426
43201CB00013B/1961
* 9 7 8 3 1 1 1 6 1 9 5 7 6 *